공존과 생태의 시대

# 지속가능한 리더십

# Sustainable Leadership

앤디 하그리브스, 딘 핑크 지음

정바울, 양성관, 이경호, 김재희 옮김

# 지속가능한 교육리더십을 상상하며

안전하고 평화로운 교실에서 열정적인 교육활동을 하고 싶은 것은 모든 교사들의 소망이다. 내가 하는 교육활동이 학생의 바람직한 성장에 구체적으로 도움을 줄 수 있다는 확신은 교사들의 정체성 확립과 직무 효능감을 위해 꼭 필요하다. '나는 이 학교에서 꼭 필요한 존재야'라는 느낌은 교사에게 지속적인 열정을 발휘하는 동력이다.

2023년 한국의 학교는 교육활동 침해라는 구체적 경험을 통해 교사의 정체성과 효능감이 심각하게 위협받고 있음을 확인하였다. 이 위협은 어느 한 가지 요인이 아니라 여러 층위를 통해 구조적으로 상당 기간 누적되어 온 것이다. 가르침과 배움의 권리를 보장하는 법과 제도는 학교의 안정화를 위한 최소 조건이다. 그러나 법과 제도에만 과잉 의존하면 학교 본연의 기능이 위축될 수 있다. 학교를 학교답게 복원하고자 하는 노력은 어느 기간 집중해야 할 특별한 조치가 아니라 지속적 관심과 노력, 구체적인 조치에 대한 이행과 함께 이뤄져야 한다.

지금 학교는 교육활동 침해에서 비롯한 기능 위축 외에도 다양한 위협 요인들이 있다. 학령인구 감소에 따른 교육구조의 변화, 심화하는 교육격차, 전인적 발달을 외면하는 대입 중심의 평가 체제, 균형을 잃은 교육재정 투입, 디

공존과 생태의 시대

# 지속가능한 리더십

공존과 생태의 시대

# 지속가능한 리더십

**초판 1쇄 인쇄** 2024년 2월 24일
**초판 1쇄 발행** 2024년 2월 29일

**지은이** 앤디 하그리브스, 딘 핑크
**옮긴이** 정바울, 양성관, 이경호, 김재희
**펴낸이** 김승희
**펴낸곳** 도서출판 살림터

**기획** 정광일
**편집** 이희연
**북디자인** 이순민

**인쇄.제본** (주)신화프린팅
**종이** (주)명동지류

**주소** 서울시 양천구 목동동로 293 22층 2215-1호
**전화** 02) 3141-6553
**팩스** 02) 3141-6555
**출판등록** 2008년 3월 18일 제313-1990-12호
**이메일** gwang80@hanmail.net
**블로그** https://blog.naver.com/dkffk1020
**한국교육연구네트워크** https://www.kednetwork.or.kr

ISBN 979-11-5930-270-1 93370

지털, 인공지능 등 에듀테크의 도입, 여전한 투입산출 기반의 교육행정, 사교육의 창궐 등 복잡하게 얽혀 있는 교육문제는 해결의 조짐이 보이지 않는다.

한국에서 좋은 학교라는 통념은 '우수한 학생을 뽑아 더 많은 학습을 투입한 후 상위권 대학에 보내는 것'이다. 우수한 성취를 보이는 학생들은 선발권을 가진 소수의 학교에 입학하여 집중적으로 대학입시를 준비한다. 학교를 정상화하는 노력은 '공부를 덜 시키는 학교'라는 왜곡된 프레임으로 인해 학생과 학부모의 선택에서 후 순위로 밀린다. 학교 효과보다 선발효과에 기대는 것은 한국 교육의 오랜 병폐이기도 하다. 이러한 질곡의 상황은 학교 개선을 위한 노력을 무색케 한다. 고등학교에서 혁신학교가 정체 현상을 보이는 것 역시 이와 무관하지 않다.

이 같은 내외의 위협과 난관은 포괄적이며 강력한 교육개혁을 요구한다. 그러나 이미 교육을 바라보는 관점은 양극화되어 있으며, 보수는 보수대로, 진보는 진보의 입장에서 각기 다른 해결책을 내어놓고 경합한다. 조정과 중재의 역할을 맡은 국가교육위원회 역시 그 위상을 제대로 세우고 있지 못하다. 그 결과 정부의 성격에 따라 교육의 방향은 갈지자 행보를 거듭하고 있다. 일선 교사들을 포함한 모든 교육 구성원들은 오랜 시간 교육에서 균형과 안정, 그리고 지속가능한 변화를 기다리고 있다.

앤디 하그리브스와 딘 핑크의 '지속가능한 리더십'은 이러한 교육적 위협을 학교 리더십을 바로 세우는 것에서 극복하고자 한다. 그동안 교육리더십에 관한 학술적 정리가 없었던 것도 아니고, '권한의 분산(empowering)'을 통한 학교 교육력 제고에 대한 주장도 꽤 있었다. 그러나 저자들은 이 같은 추상적 논의를 넘어서 어떻게 하면 학교혁신의 동력과 개혁을 위한 움직임이 중단없이 지속될 수 있는가에 관해 묻는다.

혁신학교의 성공을 위협하는 것 중 하나는 핵심 동력의 부재 혹은 일시성이다. 5년마다 학교를 바꾸는 전보 시스템(물론 초빙과 유예 제도를 활용하고 있긴 하다), 학교관리자의 잦은 교체 등은 구성원의 노력에 의한 지속가능한 혁신을 어렵게 하고 있다.

사람을 구하는 것은 지속가능한 리더십의 발휘를 위해 중요하다. 그러나 책 본문에서도 언급하듯이 개인의 재능에 지나치게 의존하는 혁신의 절차에는 위험이 도사린다. 그가 학교장이든, 핵심 활동가 교사이든 자신이 있는 동안 존재를 입증하는 것을 넘어 지속가능한 혁신을 위해 조직의 규범과 문화를 정착시켜야 한다. 즉 개인의 능력과 네트워크에 기반한 혁신은 초기 성공을 담보할 수 있을지 몰라도 학교의 문화에 스며들지 못했을 경우 이들이 학교를 떠나면 퇴행의 길을 걷는다.

한국의 학교 문화를 결정하는 가장 큰 요인은 '학교장의 경영 철학'이다. 그렇다고 해서 리더십 교체기를 맞은 학교가 '탁월한 교장이 오기를 목 빠지게 기다리는 것'도 좋은 모습은 아니다. 저자들은 리더십의 승계 과정에서 두 가지의 근거 없는 신화에 맞서자고 한다. 새로 오는 리더는 모두를 구원할 것이라는 구세주 신화, 전임자는 그 무엇으로도 대체할 수 없는 완벽한 사람이라는 레베카 신화가 그것이다.

저자들은 리더십의 승계 과정은 교체기에만 일어나는 것이 아닌 처음 게획 속에 이미 들어있어야 한다고 말한다. 이를 우리 식으로 풀면 열정적인 교사들, 탁월한 교장이 학교에 들어옴과 동시에 그 이후 리더십의 지속가능성까지도 고민해야 한다는 것이다.

뛰어난 카리스마와 문제해결력은 물론 중요하다. 그러나 이것이 리더의 역할로만 한정되었을 때는 오히려 위협 요인이 될 수도 있다. 탁월한 리더는 구성원에게 역할을 부여할 뿐만 아니라 그 과정에서 그들을 성장시키고 특별한 영감을 준다. 권한 위임은 단순히 리더의 권한과 책임을 구성원에게 분산하는 것에서 한 걸음 더 나아가야 한다. 권한을 위임받은 구성원은 단지 그것을 동일하게 행사하는 것을 넘어 그 경험이 자신의 성장은 물론 리더를 향한 구체적 피드백으로 동반 성장의 결과로 나타나야 한다. 지속적 동기부여는 리더십의 지속가능성을 위해 구체적 경험과 끊임없는 체감을 통해 이뤄져야 한다.

그동안 저자들은 교육에 대한 애정과 균형 잡힌 시각으로 교육 개선을 위한 제안을 많이 해왔다. '학교교육 제4의 길' 시리즈의 저작자인 앤디 하그리브스는 서울시교육청이 주관한 2020년 서울교육 국제웨비나에 참석하여 코로나 시기 교육개혁에 관한 자신의 견해를 밝히기도 했다. 딘 핑크는 교사 출신으로 교장과 교육감까지 역임한 교육전문가이자 행정가이다. 흔히 정책에 반대하는 논거를 수집하는 것은 쉽지만 실천 가능한 대안의 제시는 어렵다고 말한다. 저자들은 현실에서 적용 가능한 실천적 대안과 제안으로 독자들의 영감을 자극하고 있다.

번역을 맡은 네 분 역시 교육대학 및 사범대학에서 예비교사와 현직교사를 위해 실천적 교육 대안을 고민하고 있는 '현장 친화적' 교수들이다. 그동안 교육청의 정책 수립 과정에서 많은 제언과 아이디어를 주셨으며, 끊임없이 교사들과 교류하면서 대학에 현장감을 불어 넣고 있다. 그래서 '지속가능한 리더십'의 번역 작업은 시기적절한 때에, 읽기 쉬운 방식으로 진행되었다고 생각한다. 이 책은 학교 리더를 포함한 현장교사들은 물론이고, 대학에서 교육학을 수강하는 예비교사들에게도 큰 도움을 줄 것이다.

함영기(서울특별시교육청 교육정책국장)

변화는 존재가 지속될 수 있는 유일한 방식이다. 학교의 현실태를 고려하면 변화는 더욱 절실하고 긴급하다. 모두가 변화에 목말라하지만, 출구가 보이지 않는 갈등과 반목만 있을 뿐 긍정적 변화를 위한 역동성은 찾기 어렵다. 이 책은 학교가 당면한 근본 문제를 정직하게 진단하고, 지속가능한 변화를 담보할 수 있는 우직한 전략을 제안하고 있다.

박상준(서울시교육청 교육정책연구소 소장)


우리 사회에서나 학교가 분노와 갈등의 골이 깊어지는 상황에서 지속가능한 리더십을 가진 퍼스트 펭귄이 절실하다. 이 책은 관계에 대한 지침서이자 지혜서이다. 진정으로 지속가능한 변화와 성장을 원한다면 그리고 우리 삶을 지배하는 모든 곳에서 인간을 행복하게 살아갈 수 있게 하는 근거를 확인할 방법을 탐구하기를 원한다면 이 책은 그 길을 열어줄 수 있을 것이다.

김갑철(서울 남부교육지원청 초등과장, 전 서울 보라매초등학교 교장)


앤디 하그리브스의 글은 읽을 때마다 묵직한 재미와 통증을 동시에 던진다. 교육, 지속가능성, 리더십이라는 언뜻 서로 낯선 세 개의 세계를 깊고 넓은 인문 정신으로 넘나들며 이들이 운명적으로 만나야 할 조화로운 세계를 소망한다. 표준화와 결과적 책무성에 기반한 영미식 교육개혁이 필연적으로 도착하고 마는 무한경쟁 교육, 이것을 이끄는 '탁월한(경박한) 리더십'이 어떻게 교육과 사회와 나라의 '지속불가능'으로 연결되는지를 낱낱이 파헤쳐 그 증거를 들이민다.

무엇보다 이 책의 배경인 2000년대 초반의 미국교육 풍경이 십수 년의 세월을 훌쩍 건너와서 2024년 우리나라 현실과 빙의되는 모습은 섬뜩하고 두렵다. 교육의 지성과 권위와 공동체 문화가 급격하게 와해되는 학교, 리더가 되기를 거부하는 교직 문화, 일부 학교의 성공이 다수 학교의 실패와 좌절로 이어지는 좌충우돌의 혼란이 거의 완벽한 닮은꼴이다.

저자들은 해법을 '지속가능한 리더십'에서 찾는다. 책에서 말하는 '리더십'은 눈앞의 목표와 성과를 위한 유능한 인재의 탁월한 전략이라는 가벼움과 거리가 멀다. '우리 아이들의 삶과 교육'을 위해 학교와 사회와 국가가 마땅히 지녀야 할 품격과 실천이 리더십의 개념이다. 일곱 가지 열쇠 말로 풀어내는 지속가능한 리더십의 언어는 냉정하지만, 마음이 아프지 않고는 말할 수 없는 교육 이야기를 그 속에 꾹꾹 눌러 담았다. 그래서 읽는 내내 아픔이 더 깊어진다. 이를 어찌할 것인가?

안순억(경기 생금초등학교 교장, 전 교육부 교육자치추진단 부단장)

# 앤디 하그리브스의 한국어판 서문

딘 핑크와 함께 지속가능한 리더십을 처음 출간한 후 약 20년이 지났다. 딘과 나는 30년에 걸쳐 8개의 중고등학교에서 변화가 어떻게 유지되거나 사라지는지에 주목하였고, 이러한 혁신과 변화를 오랜 시간에 걸쳐 지속시키는 데 있어 리더십이 어떻게 작동하는지 설명하는 데 도움이 될 수 있는 이론을 찾고 있었다.

마침 전 지구적으로도 우리가 살고 있는 지구 환경과 세상이 지속될 수 있을지, 그리고 그 방법은 과연 무엇인지에 대해 우려하기 시작했다. 유엔에서는 미래 발전의 가능성을 해치지 않으면서 추구할 수 있는 발전, 즉 '지속가능한 개발'이라는 개념을 표방하기 시작했다. 우리의 환경과 지구 전체가 생존할 수 있을지의 여부와 그 방법에 사람들의 관심이 집중되고 있었다. 우리 연구는 학교의 변화가 어떻게 지속될 수 있는지에 관한 것이었으므로, 이 두 가지 사이의 연관성을 탐구하는 것이 관심사였다.

이 책에서는 환경 분야의 지속가능성 개념과 생물학의 생물 다양성 (biodiversity) 개념을 적용하여 상호 연결된 생태계로서 학교는 어떻게 작동하는지, 어떤 형태로 번영하게 되거나 쇠퇴하는지 살펴보고자 했다. 교육 분야에서도 지속가능성에 관한 연구들이 출현하기 시작했지만, 대부분 환경적 지속가능성에 대한 교육과정이나 콘텐츠 제작, 자원의 재활용과 같은 실천을 장려하여 학생들이 환경에 대한 인식 및 책임감 제고, 보다 환경적으로 지속가능한 에너지 사용과 건물 설계 방법 등과 같은 기술적인 분야에 집중한 경향이 있었다. 하나의 생태계로서 학교, 학교 구성원들, 그리고 교육 조직의 지속가능성에 주목한 연구는 거의 없었다.

20년 전 출간, 당시 지속가능성이라는 새로운 렌즈를 통해 교육 조직과 리더십을 조명해 보려던 것은 시대를 조금 앞서간 시도였다. 물론 이전에도 복잡한 시스템처럼 운영되는 조직에 관한 연구들이 간혹 있었지만, 그 연구들은 현대 사회의 정치적, 도덕적 역학 관계에 주목하지 않은 가치중립적이고 추상적인 이론 연구였을 뿐이었다. 사실, 범죄조직과 테러리스트 네트워크도 얼마든지 강력한 민주주의 체제처럼 효과적인 복잡계 시스템으로 작동할 수 있다. 그러나 우리는 생물 다양성과 환경 지속가능성 이론을 통해 인류와 자연계의 가치 및 상호의존성에 대해 단순히 추상적, 분석적인 관점을 넘어 도덕적인 관점에도 특히 주목했다.

기후 변화, 대규모 전쟁, 팬데믹, 인공지능, 민주주의에 대한 심각한 위협 등과 같은 도전에 직면한 세계에서 인류의 본질과 생존 가능성에 대한 근본적인 의문이 제기되면서 그 어느 때보다도 지속가능성과 지속가능한 리더십의 필요성과 중요성이 마침내 전면에 부상할 조짐을 보인다.[1] 사람과 공동체가 지속가능하지 않다면 우리의 환경도 지속가능할 수 없다. 그 무엇보다도 중요한 공동체는 바로 교육 공동체이다. 미래의 세대를 키우는 바로 그곳이

--------------

1   https://sustainableschoolleadership.uk/contact/ 참조

기 때문이다. 이런 까닭에 '지속가능한 리더십'의 한국어판은 우리 아이들과 교사, 지도자, 그리고 이들을 둘러싼 한국 사회에 있어 정말 중요한 적기에 잘 출간되었다고 할 수 있다.

이 책이 출간될 즈음, 오타와 대학교의 동료들과 나는 레고 재단의 지원을 받아 7개 주 40개 혁신학교로 구성된 캐나다 네트워크를 구축하여 코로나19 팬데믹으로 인해 피해를 입은 취약 계층 어린이들과 학생들의 학습 및 정신 건강 회복을 지원하기 위한 연구 프로젝트를 막 완료하였다.[2] 이 프로젝트에 참여한 교사들이 주도된 팀과 다양한 학교들의 혁신 사례들은 이 책에서 주장한 **지속가능한 리더십과 7가지 원칙**이 여전히 유효하고 중요하다는 점을 보여주었다.

- 모든 혁신적인 프로젝트는 취약한 학생들의 학습과 복지를 철저하고 세심하게 다루는 방식에서 **'깊이'**가 있었다.
- 모든 프로젝트가 다 성공에 대한 공동 책임을 강조하는 **'폭'**이 넓었던 것은 아니다. 예를 들어, 학교장도 함께 참여한 교사 팀은 학교장 없이 교사들로만 구성된 팀에 비해 자신들의 성공에 대한 통찰을 다른 교사들에게 더 널리 효과적으로 전파할 수 있는 것으로 드러났다.
- 학교 정원이나 산책로와 같은 물리적인 건축 못지않게 새롭게 도입된 놀이 기반 교육 실천이 좀처럼 쉽게 사라지지 않을 것이라는 교육자들의

---

2  www.playjouer.ca 참조

증언에는 **'길이'** 또는 **'지속'**에 대한 약속이 잘 담겨 있다. 동시에 레고 재단 예산 지원의 단기적 속성은 추가적인 안정적 예산 지원 없이 이 네트워크가 지속될 가능성이 낮다는 점을 잘 보여주었다.

- 프로젝트 초기에 놀이 기반 교육 혁신에 회의적인 교사들을 프로젝트 리더로 참여시킨 학교에서는 교육과 학습에 대한 접근 방식에서 **'다양성'**이 뚜렷하게 나타난 반면, 이 레고 프로젝트가 선호하는 방법을 이미 믿고 있는 열성 지지자들로만 팀을 구성하여 이 프로젝트에 냉소적인 동료들을 덜 참여시킨 학교들에서는 다양성 양상이 눈에 띄게 나타나지 않았다.

- 프로젝트 수행에 있어 교육청 또는 교육지원청 행정가들의 실질적인 관심과 참여를 확보했을 때 교육청 관내 모든 학교 사이에서 좀 더 광범위하게 **'사회 정의'**의 혜택이 더 큰 것으로 입증되었지만, 이러한 참여가 미미하거나 부재한 경우에는 혜택은 현저히 낮았다.

- 프로젝트가 차지하는 위상, 프로젝트가 만들어 낸 직업적 관계와 소속감, 그리고 교사들이 학교 안팎에서 함께 시간을 보낼 수 있는 물리적, 심리적 자원을 제공함으로써 교사들의 활력과 에너지 **'재생'**은 크게 촉진되었다.

- 마지막으로, 에듀테크 기업들이 흔히 선호하는 디지털 혁신에 지나치게 의존하지 않음으로써 **'보존'**이 가능했다. 실제로 프로젝트 참여자들은 팬데믹 동안 과도한 스크린 타임과 게임 및 스크롤 중독이 청소년들에게 피해를 주고 주의력을 분산시킨다고 생각했다. 그 대신 프로젝트 참여 학교들은 3D 프린터, 로봇 공학, 디지털 영화 편집과 같은 기술 도구,

만들기 활동을 강조했고, 골판지와 종이, 요리 재료, 야외에서 돌과 흙 등 같은 더욱 전통적인 재료와 접근 방식을 모색했다.

2024년 초 유엔에서 나에게 의뢰하여 집필한 고위급 국제 교육위원회에 보고한 미래 교육 보고서에서 나는 학교와 교사들에게 혁신이라는 이름 하에 위로부터 쏟아지는 더 많은 정부 시책이나 사업들의 물결이 아닌 진정한 혁신이 필요하다고 조언했다.[3] 그것은 바로 학교의 일상적인 교육과 학습 문화에 내재된 혁신적인 관행을 의미한다. 학생과 교사, 그리고 사회의 지속가능성을 저해하는 오랜 관행들을 어떻게든 고수하고자 사람들은 이젠 그를 내려놓을 때다.

지난 20년 동안 한국은 세계 무대에서 학교 혁신의 빛나는 '등대'이면서, 동시에 이 혁신의 움직임과 한국 시민들의 장기적인 미래를 끊임없이 위협하는 입시 위주의 교육과 시험으로 대표되는 오랜 관행의 '보루'이기도 했다. 나는 최근 몇 년간 한국 교육과 인연을 맺게 된 것을 영광스럽고 자랑스럽게 생각한다. 데니스 셜리와 함께 쓴 『학교 교육 제4의 길』[4]은 강력하고 협력적인 교직을 중시하는 혁신 문화 속에서 교육 정책에 대한 영감과 포용적 비전

---

3  https://www.ei-ie.org/en/item/28147:teachers-need-more-innovation-not-more-innovations 참조. 미래교육에 대한 나의 조언은 다음 글 참조.
   https://www.un.org/sustainabledevelopment/blog/2024/02/teaching-profession-recommendationsteaching-profession-recommendations/
4  앤디 하그리브스, 데니스 셜리(이찬승, 김은영, 홍완기 역)(2015), 학교교육 제4의 길, 21세기교육연구소.

을 제시하는 책으로, 한국어로도 번역되어 한국 교육자들 사이에서 널리 활용되고 있다.

 2019년에 혁신학교 운동 10주년을 기념하기 위한 자리인 경기국제교육컨퍼런스에 초청받아 기조 강연을 하게 된 것은 개인적으로 크나큰 영광이었다. 그때 강연 후 한국 혁신학교 교육 운동을 이끌어 온 선구자적인 운동가인 안순억 선생님 댁에 초대받아 저녁을 함께 나누었던 일은 잊지 못할 감동적인 기억으로 남아있다. 거기서 선물로 받은 도자기 선물은 지금도 소중하게 간직하고 있다. 한국 방문에 동행한 아내 폴린도 함께 제주도에서의 하이킹과 아름다운 자연을 즐기며 한국의 자연과 인간의 지속가능성, 환대가 얼마나 중요한지 경험할 수 있었다.

 코로나19가 발생하기 직전, 나는 보스턴 칼리지의 동료교수인 데니스 셜리와 김덕순 교수와 함께 서울에서 혁신학교 운동의 의미와 교육적 영향을 평가하기 위한 연구를 수행하기도 했다.[5] 물론 나를 포함한 보스턴 칼리지의 동료교수들과 한국교육과의 이 같은 인연은 청년이던 서울교육대학교의 정바울 교수가 나에게 박사과정을 지도받기 위해 보스턴 칼리지로 진학한 것에서 비롯되었다.[6]

--------------------------------

5 Wortham, S., Shim, C., Kim, D. et al. Can Korea have academic achievement plus well-being? The case of Hyukshin schools. Journal of Educational Change (2023).

6 Paul Chung(2011). Changing school from inside out: A qualitative case study of a self-initiated change in South Korea. Unpublished doctoral disseratation. Boston: Boston College.

많은 사람들과 마찬가지로 나 역시 영화, 예술, 문화 분야에서 한국 사회가 이룬 기념비적인 성취를 멀리서 지켜보고 있다. 그러나 한국은 여전히 소위 상위 3대 SKY 대학에 입학하기 위한 치열한 입시 경쟁의 굴레에 갇혀 있다. 그리고 젊은이들이 배움의 다른 측면, 성장하고 발전하는 한 인간으로서 자기 자신과 사회에 대해 깊이 성찰하고 탐구할 시간을 빼앗는 학원 시스템에 갇혀 있다. 한국 학부모들은 2022학년도 한 해에만 사교육비로 총 26조 원(약 200억 달러)을 지출했다. 한국 청소년의 자살과 자살 시도는 비극적이게도 세계 최고 수준이다. 뛰어난 학업성적이나 문화적 명성이 이렇게도 끔찍한 대가를 치르게 할 수는 없다. 이것이 바로 2023년 7월부터 10월까지 장장 석 달에 걸쳐 한국의 교사들이 대규모 집회와 시위를 벌인 까닭일 것이다.

이제 한국은 혁신, 민주주의, 그리고 학생들의 보다 전인적이고 폭넓은 성장의 의미를 믿고 이에 헌신하려는 한국 교육에 내재되어 있는 보다 나은 교육적 정체성을 인정하고 받아들여야 할 때이다. 지속가능성 없이는 성공도 의미가 없다. 혁신은 기회가 제대로 주어지기만 한다면 성공과 지속가능성 두 가지 모두 달성할 수 있다. 한국어로 처음 번역된 이 책이 이러한 움직임을 더 힘차게 밀고 나아가 이를 둘러싼 치열한 논의에 기여할 수 있기를 기대한다.

2024년 2월,

캐나다 오타와

앤디 하그리브스

# 앤디 하그리브스와 지속가능한 변화, 리더십

"교육 변화와 학교 변화는 쉬울 때라곤 거의 없고, 그것을 설득하거나 정당화하는 것은 항상 어려우며, 심지어 그것을 지속가능하게 한다는 것은 거의 불가능에 가깝다(Hargreaves & Fink, 2003)."

이 책은 불가능에 가까운 교육 변화의 지속가능성에 대해 보스턴 칼리지의 앤디 하그리브스와 교육 컨설턴트인 딘 핑크가 지속가능성 개념과 리더십 개념을 핵심축으로 삼아 일곱 장에 걸쳐 분석한 저서 『Sustainable Leadership(지속가능한 리더십)』을 번역한 책이다.

앤디 하그리브스는 교육 개혁과 교육 변화 분야의 챔피언이라고 해도 과언이 아니다. 2024년에 발표된 '북미 가장 영향력 있는 교육학 분야 Top 10 학자'의 한 명으로 선정되기도 하였다. 앤디 하그리브스는 캐나다 토론토대학교에서 교육 변화 분야의 구루인 마이클 풀란 교수와 함께 오랫동안 교사 교육 및 교육행정 프로그램을 담당했다. 2000년대 초반 보스턴 칼리지의 토머스 모어 브레넌 석좌교수로 자리를 옮겨 가르치다가 현재는 보스턴 칼리지와 오타와 대학교를 오가며 연구교수직과 컨설팅 및 저작 활동을 지금도 왕성하게 수행하고 있다.

공저자인 딘 핑크는 교장, 교육감 등을 두루 거친 경험 많은 실천가이자 세계적인 교육리더십 컨설턴트이다. 그는 토론토 대학교에서 앤디 하그리브스의 지도하에 성공적인 학교 개혁이나 교육 변화가 시간이 흐름에 따라 지속되지 못한 채 점차 '소모(attrition)'되어 가는 현상을 주제로 박사학위 논문을 썼다. 이후 앤디 하그리브스와 딘 핑크는 여러 연구를 함께 수행하였고, UNESCO와 OECD등과 같은 국제기구와 영국, 호주, 뉴질랜드, 홍콩, 싱가포르, 네덜란드 등과 같은 나라의 고위 교육정책결정자들과 교육 리더들을 대상으로 컨설팅을 제공하였다. 이러한 두 사람의 학문적 지식과 컨설팅 경험이 응축된 결정판이 바로 이 책『지속가능한 리더십』이다.

앤디 하그리브스는 나의 지도교수이기도 하다. 대학원 석사과정 교사교육론 시간에 진동섭 교수님께서 소개해 주신 앤디 하그리브스의 「가장된 동료성(contrived collegiality)」이라는 논문 한 편에 매료되어 결국 그가 재직하고 있던 보스턴 칼리지로 진학하였고, 그를 박사과정의 지도교수님으로 모셨다. 앤디 하그리브스는 학문적으로는 독창적이고, 도발적이며, 집요한 완벽주의자적인 면모가 있을 만큼 치열하고 성실했다. 이미 세계적인 석학이라고 인정받는 그였지만 노란색 리갈패드에 밤새 고친 내용으로 빼곡한 '열한 번째 수정본 원고'를 내밀던 기억이 생생하다. 하지만 인간적으로는 늘 기대 이상으로 친절했고, 사려 깊었으며, 유쾌했다는 기억이 난다.

2021년 겨울 앤디 하그리브스가 경기도교육청으로부터 혁신교육 10년을 기념하는 콘퍼런스의 기조 강연자로 초대받게 되어 방한했을 때 내 차로 모시고 이동한 적이 있었다. 이동 중에 그에게 그간 20권이 넘는 책을 쓰셨는 데, 본인이 가장 애정을 느끼는 저작이 무엇이냐고 물었다. 앤디 하그리브스는 잠시 생각에 잠기더니 주저하지 않고 『Professional Capital』('교직과 교사의 전문적 자본'으로 국내 번역 소개됨)'과 본 번역서인 『Sustainable Leadership(지속가능한 리더십)』 두 권을 들었다. 특히 『지속가능한 리더십』은 2006년에 발간되었는데 어쩌면 한 십 년 정도 늦게 발간되었더라면 오히려 더 큰 사랑을 받고 반향이 있었을 것 같다고 아쉬움을 보였다. 그런데 『지속가능한 리더십』이 우리나라에는 한 십여 년쯤 늦게 소개되는 셈이나 마찬가지니까 어쩌면 가장 적기에 발간되는 것일지도 모른다는 생각이 든다. 하지만 꼭 그렇지 않더라도 상관없다. 이 책은 많은 고전이 그렇듯이 이미 간행 연도를 초월하는 가치를 가지고 있기 때문이다.

이 책은 분명히 '지속가능한 리더십'에 대한 책이다. 하지만 이 책 속에는 교사 협력과 전문적 학습공동체를 새롭게 재조명하는 독창적인 해석, 분산적 리더십을 수준별로 펼쳐 보여주는 흥미로운 분석틀, 교육 변화와 혁신을 인바운드(inbound) 궤적과 아웃바운드(outbound) 궤적으로 바라보는 변화에 대한 새로운 관점 등이 포함되어 있다. 그래서 이 책은 비단 리더십뿐만 아니라, 교직 문화, 교육 변화, 전문성 개발 등에 대한 분석과 이해에 활용할 수 있는 아이디어들을 풍부하게 제공해 준다고 할 수 있다. 이런 까닭에 나는 이 책을 번역하여 소개하기로 결심하였지만, 의지의 부족과 게으름으로 인해 실천으로 옮기지 못했다. 그러다가 건국대학교의 양성관 교수님, 고려대학교의 이경호 교수님과 같은 훌륭한 공역자들을 만나 2년 정도 함께 공부하며 번역을 마무리할 수 있었다. 번역의 원칙은 직역에 최대한 가깝게 하면서도 내용을 충분히 전달하려는 데 두었다. 북미의 복잡한 교육 맥락과 까다로운 전문 용어를 최대한 우리 상황에 맞게 풀어쓰려고 노력했다. 또 앤디 하그리브스의 시그니처인 학문적 경계를 횡단하는 개념이나 시적인 표현도 이해하기 쉽게 전달하기 위해 노력했다. 이를 위해 공역자 가운데 한 명은 본문에 삽입된 영시 한 편을 번역하는 데 밤을 꼬박 새우기도 했다(심지어 영문 학 전공임에도 불구하고). 번역을 위한 마중물과도 같은 초벌 번역본을 제공해 준 공역자 김재희 선생님께도 심심한 사의를 전한다.

본 역서를 발간하는 데 있어 어려운 여건임에도 불구하고 의미 있는 연구라고 공감하시고, 물심양면으로 적극적으로 지원하며 묵묵히 기다려 주신 살림터 정광일 대표님을 비롯한 이희연 편집자 및 살림터 관계자들께도 깊은 감사의 말씀을 전한다. 아무쪼록 이 책이 변동성(Volatility) 불확실성(Uncertainty), 복잡성(Complexity), 모호성(Ambiguity)으로 가득 차고 빠르게 변화하는 VUCA 시대와 기후 위기와 인구 급감 등으로 인한 지속불가능한 세상을 살아가고 있는 교육자들에게 지속가능한 교육과 리더십을 상상하고 또 실천할 수 있는 유용한 안내서의 역할을 할 수 있기를 간절히 바란다.

역자들을 대표해서,
2024년 2월
정바울 씀

## 감사의 글

이 책은 대부분 앤디 하그리브스와 아이보 굿슨이 미국 스펜서 재단의 지원을 받아 수행한 프로젝트, "시간과 변화 : 중등교육의 문화, 구조, 시간과 변화에 대한 연구"를 기반으로 쓰였다. 우리는 또한 두 개의 다른 프로젝트에도 참여했는데, 온타리오주 최대 교육구 중 한 곳과 협력하여 온타리오주 교육개혁 자금의 지원을 받은 '교육구조 개혁(Change Frames)'과 온타리오주 교장협의회에서 지원한 '리더십 승계(Succeeding Leaders)' 프로젝트가 그것이다.

이 책에 사용된 사례 연구 데이터들은 이러한 프로젝트에 참여한 동료들의 적극적인 지원으로 얻어진 것들이다. 마이클 베이커, 콜린 비옷, 캐롤 브레이먼, 마사 풋, 코리 자일스, 아이보 굿슨, 숀 무어, 폴쇼, 로버트 화이트, 소니아 제임스 윌슨에게 많은 도움을 받았다. 보스턴의 낸시 스탈, 폴 정, 크리스틴 큐와 토론토의 레오 산토스가 탁월하게 행정 및 연구 지원을 했다.

아낌없이 시간을 내주며 열린 마음으로 우리와 함께 일하고 연구보고서 초안에 대해 지속적인 피드백을 제공해 준 교사 및 행정가들에게 큰 감사를 드린다. 특히 지속가능한 개발을 위한 교육 이니셔티브에 대한 통찰력과 정보를 제공해 준 루시 하그리브스에게도 감사를 드린다.

개인적으로 가장 큰 감사와 사랑은 70년이 넘는 세월 동안 우리의 튼튼한 버팀목이 되어 준 아내 폴린과 라모나에게 보내고 싶다.

**앤디 하그리브스**는 보스턴 칼리지 린치 교육대학의 토마스 모어 브레넌 교육 석좌교수이다. 이 석좌교수 자리의 사명은 사회 정의를 증진하고 교육 분야의 이론과 실제를 연결하는 것으로 그는 그 임무를 잘 수행하고 있다. 영국 북부 공장 도시에서 자란 앤디 하그리브스는 초등학교에서 가르치고 옥스퍼드 대학교를 비롯한 여러 영국 대학에서 강의를 하다가 1987년 캐나다의 온타리오 교육연구소로 자리를 옮겨 국제 교육 변화 센터를 설립하고 그곳의 소장을 역임했다. 2002년 현재 보스턴 칼리지에 부임한 앤디 하그리브스는 25권 이상의 교육 관련 저서를 집필 및 편집했다. 이러한 그의 책들은 그동안 여러 언어로 출간되었다. 그의 이전 저서『지식사회와 학교교육: 불안정한 시대의 교육(Teaching in the Knowledge Society: Education in the Age of Insecurity)』은 미국교육연구협회와 미국도서관협회로부터 우수 도서상을 받았다.

**딘 핑크**는 30개국 이상에서 폭넓은 경험을 쌓은 교육전문가이다. 캐나다 최대의 제조업 도시인 온타리오주 해밀턴에서 태어나고 자란 그는 34년 동안 공교육에 종사했으며, 그중 30년은 부장교사, 교감, 교장, 교육감 등 리더십 직책을 맡아 수행했다. 1993년 조기 퇴직 후 박사학위를 취득하였고,『학교의 변화(Changing Our Schools)』(루이스 스톨과 공저)와『좋은 학교와 현실의 학교:학교개혁은 왜 지속되지 못하는가?(Good School/Real Schools: Why School Reform Doesn't Last)』를 저술했다. 그리고 뒤이어『학습과 시간에 대한 이야기(It's About Learning and It's About Time)』(루이스 스톨, 로나 얼과 공저)를 저술했다. 가장 최근에 발간된 그의 책은 2005년에 나온『리더십 개선: 학습 리더 개발과 유지(Leadership for Mortals: Developing and Sustaining Leaders of Learning)』이다.

| 차 례 |

들어가기

지속가능한 발전, 민주주의, 그리고 평화는 불가분의 관계라는 점을
인식해야 하는 시대가 도래했다.

-왕가리 마타이(케냐 환경부 차관보, 노벨평화상 수상 연설, 2004. 12. 10., 오슬로)

# 지속가능성과 지속불가능성

## 리더십과 변화

교육 분야에서 변화를 제안하기는 쉽지만 실행하기는 어렵다. 그런데 변화를 지속하기는 더욱더 어렵다. 시범학교는 변화의 가능성은 보여주지만, 교육체제 전반의 성공적 변화로 이어지는 경우는 드물다. 혁신은 초기에 지지자들을 쉽게 끌어모을 수 있지만, 혁신에 회의적인 교육자들을 설득해 실행에 헌신하도록 하기는 더욱 어렵다. 우수한 혁신학교는 홀로 밝게 빛날 수 있지만 종종 주변 학교의 우수한 교사와 학생들까지 끌어들여 주변 다른 학교들을 어두운 그림자 속에 남겨두기도 한다. 국가 차원의 문해력 향상을 위한 개혁은 초기에 성과를 거두지만 곧 정체기에 도달한다. 성과가 저조한 학교는 엄청난 노력과 사회적 압력이 있으면 실패 영역에서 잠시 벗어날 수는 있지만 그 노력이 소진되고 사회적 압력이 사라지면 그들은 다시 빠르게 퇴보한다.

지속가능한 발전은 성공적 리더십에 달려 있다. 그러나 리더십을 지속가능하게 만들기는 쉽지 않다. 카리스마 넘치는 리더는 학교를 매우 우수한 수준으로 끌어올릴 수 있지만, 그를 이을 후임자는 그를 따라 하기도 벅차기 마련이다. 훌륭한 리더는 새로운 도전을 위해 다른 곳으로 자리를 옮길 때, 최고의 인재들을 데리고 가고 싶은 유혹에 빠지는데, 이로 인해 기존 학교는 이전에 이루어 놓은 모두를 위험에 빠뜨리는 경우도 종종 있다. 영웅적인 리더는 막대한 시간과 에너지를 투입하여 위대한 업적을 달성할 수 있지만, 점차 이러한 에너지는 고갈되고 리더와 그 직원들은 소진을 경험하기 마련이다.

모든 학생에게 도움이 되고 지속될 수 있는 양질의 교육을 제공하려면 지속가능한 리더십에 관심을 두어야 한다. 변화를 위한 첫 번째 과제는 바람직한 변화인지 확인하는 것이고 두 번째 과제는 실행 가능한 변화인지 확인하는 것이다. 그리고 이보다 더 큰 과제는 변화를 지속가능하게 만드는 것이다. 지속가능성이란 무엇인가? 우리에게 요구되는 것은 무엇인가? 그리고 이를 실현하기 위해 어떤 전략적 노력을 기울여야 하는가? 이 책에서는 교육리더십과 변화에 대한 이러한 근본적인 문제들을 다룬다.

## 지속가능성의 필요성

지속가능한 리더십에 관한 책은 UN이 '지속가능한 발전을 위한 교육 10년 (2005~2014)'을 시작하는 해에 맞춰 출간되었다. 저명한 자연주의자이자 환경운동가인 제인 구달(Jane Goodall)의 말에 의하면, 지금은 우리가 "소비 욕구를 억제"하고 "우리의 식욕이 멸종을 초래하고 있다"라는 사실을 인식해야 할 때이다. 왜냐하면 우리는 천연자원을 재생 가능한 수준 이상으로 고갈시키고 있을 뿐만 아니라 전체 생태계와 생물 다양성의 근간을 훼손하고 있기 때문이다.[1]

환경의 지속가능성에 대한 고민과 동참의 중요성과 시급성은 우리 삶의 다른 영역에서 지속가능성을 증진해야 할 필요성을 역설한다. 그중에도 가장 관심을 가져야 할 영역은 리더십과 교육 분야이다. 왜냐하면 점점 더 짧은 시간 내에 더 높은 수준의 문해력과 수학 수준에 도달해야 한다는 강박 관념이 교사와 리더를 지치게 하고, 뛰어난 교육자를 배출하는 자원 풀(pool)을 고갈시켜 재생을 어렵게 만들고 있으며, 그리고 모든 사람들의 성취와 개선을 위한 에너지가 다른 곳에 집중되면서 인문학, 보건 교육, 예술 등 다른 광범위한 학습영역들은 황무지로 바꾸어 놓고 있기 때문이다.

우리는 이제 일상생활 속에서 지속가능성에 초점을 맞추는 것이 환경, 생태계, 그리고 우리 삶에 어떤 의미인지 이해하기 시작했다. 공장, 농업, 식품 소비에서 **더 크고 더 높다는 것**은 종종 실제로 너무 많은 것을 의미한다. 때로는 소비가 터무니없을 정도로 훨씬 많은 경우도 있다.[2] 지금은 **더 빠르고 더욱 빠르다는 것**이 더 나은 것을 의미하는 경우는 거의 없다.[3] 이러한 단어들은 성숙한 어른의 절제된 욕구보다는 즉각적인 만족을 추구하는 어린아이와 같은 절제되지 않은 욕구를 표현하는 것이다. 우리는 아이들에게 물려줄 세상을 생각하지 않고 함부로 소비해서는 안 된다. 우리는 공기, 물, 토지를 정화하기 위해 우리 모두가 치러야 할 비용을 고려하지 않고 (대부분의 경제학자가 주장하는) 국민총생산의 무한한 증가만을 추구할 수 없다. 그리고 우리가 강에 버리는 화학 폐기물, 호수에 내리는 산성비, 개발도상국 어린이들의 기본적 인권을 박탈하는 노동 조건으로 인해 위협받는 사람들의 삶과 생계를 고려하지 않고 우리의 식욕을 충족시키기 위해 계속해서 더 많은 것을 잡거나 재배해서는 안 된다.[4]

선구적인 과학 저널리스트이자 현대 환경운동의 상징적인 창시자인 레이첼 카슨(Rachel Carson)은 1960년대 초 DDT 살충제의 광범위하면서 오래 지속되는 독성의 영향력을 폭로했다. 그녀는 "우리 시대가 해결해야 할 핵심 문제를 "식물과 동물의 조직에 축적되고 심지어 생식 세포에 침투하여 우리의 미래를 좌우할 유전 물질을 파괴하거나 변화시키는 물질로 인간의 전체 환경

이 오염되는 것"이라고 지적했다.[5]

그녀는 더 많은 것을 생산하고 자연을 통제하고 지배하고 표준화하려는 우리의 노력은 상호관계와 상호의존성의 문제라고 지적하면서, "우리가 연어의 먹이인 날도래를 독살하면 개울에 사는 연어가 죽어 개체 수가 줄어든다. 호수에 사는 모기를 살충제로 죽이면 독이 먹이사슬의 연결 고리에서 연결 고리로 이동하여 곧 호수 가장자리의 새들이 그 희생자가 된다. 우리가 느릅나무에 살충제를 뿌리면 다음 해 봄에 개똥지빠귀의 노랫소리가 들리지 않는다"라고 말한다.[6] 교육 분야에서도 이러한 '침묵의 봄'이 등장할 수 있으며, 빠른 진행과 모든 것을 소모시키는 표준화된 교육 개혁은 그 여파로 인해 지친 교육자들과 배움의 즐거움이 사라지는 문제를 남긴다.

현대 환경운동가들의 경고는 암울하고 긴급하여 그들을 절망에 빠뜨리는 것이 아니라 말 그대로 경고, 그러니 회복 조치를 취할 것을 촉구한다. 이 중 일부는 벌목 회사나 대규모 오염원과 극적인 싸움의 형태를 취한다. 그러나 일반적으로 대부분의 중요한 변화와 마찬가지로 환경 지속가능성에 투자되는 대부분의 에너지는 소수의 영웅적인 행동보다는 다수의 작은 노력, 즉 우리의 행동 방식, 구매 방식, 소비 제품의 변화를 통해 표현된다. 모든 변화 및 리더십과 마찬가지로 환경 지속가능성을 위한 노력도 우리 자신으로부터 시작된다.[7]

환경 지속가능성은 우리 삶의 질과 지구의 미래가 달려 있는 도덕적 의무이다. 어느 정도 조직 간 차이는 있겠지만,[8] 환경운동과 지속가능성에 대한 헌신은 교육 조직과 다른 조직에도 중요한 가르침을 준다. 그러한 가르침은 영혼 없는 표준화보다 풍부한 다양성의 가치 중시, 긴 안목의 필요성, 인적 및 재정적 자원 보존과 재생을 위한 신중한 지혜, 모두를 위한 공존의 리더십을 발휘해야 한다는 도덕적 의무감, 인내심을 갖고 결과를 기다리는 신중한 태도, 우리 모두 활동가가 되어 변화를 만들어 낼 수 있다는 인식 등이다.

## 기업의 지속가능성

기업 세계에서 지속가능성은 자연환경만큼이나 필수적이고 바람직한 것이지만, 기업들은 종종 환경 파괴에 대해 비판을 받는다. 지속가능한 방식으로 운영되는 기업은 그렇지 않은 기업보다 지속적인 수익과 성공률을 갖고 있다. 짐 콜린스와 조지 포라스(Jim Collins & George Porras)는 유망하고 오래 지속되며 성공한 18개 기업을 대상으로 하여 베스트셀러가 된 연구에서(성공하지 못한 18개 기업의 대조군과 체계적으로 비교) 지속가능한 기업이 어떻게 보다 오래 지속되는지 보여준다.

- 기업의 수익추구보다 도덕적 목적 우선하기
- 변화 추구 과정에서 장기적 목적 유지
- 천천히 시작하고 지속적으로 전진하기
- 비전을 가진 한 명의 리더에 대한 지나친 의존 금지
- 스타급 직원의 영입보다 자체 리더십 육성
- 다양한 실험을 통한 학습 [9]

지속가능한 기업은 허황한 꿈이 아니라 실제로 번영하는 기업이다. 사회적 책임을 다하는 기업은 무엇을 생산하고, 국내외 근로자를 어떻게 대우하며, 환경과 지역사회에 어떤 영향을 주는지를 고민하는 기업이다. 이런 기업에 장기적으로 투자하면 전통적인 포트폴리오 구성에 비해 주식 시장 투자 수익률이 더 높아진다. 윌리엄 그레이더(William Greider)는『자본주의의 영혼』이라는 저서에서 다우존스 지속가능성 지수에서 수익성이 높은 상위 10% 기업이 다우존스에 상장된 모든 기업을 대상으로 한 광범위한 글로벌 지수보다 2~3% 더 높은 성과를 낸다고 지적한다. 마찬가지로, 근로자에 대한 태

도 및 실제 환경 영향 측면에서 높은 친환경 가치 등급을 받은 기업의 다양한 포트폴리오가 친환경 가치 등급이 낮은 기업의 유사한 포트폴리오보다 1.5~2.4% 높은 점수를 받았다.[10] 이처럼 사회적 책임이 있는 기업에 투자하는 것은 세계에서 가장 빠르게 성장하는 펀드 운용 전략 중 하나이다.[11]

데이비드 배트스톤(David Batstone)은 도덕적으로 방어가 가능하고 지속가능한 길을 모색하는 기업의 경험을 다음의 무결성(Integrity)과 수익성을 연결하기 위한 8가지 원칙으로 정리한다.

① 회사의 생존 가능성을 보장하는 이사 및 경영진의 책임
② 경영과정이 가시화되고 의사결정이 면밀히 검토될 수 있는 투명성
③ 회사에 대한 의무감과 헌신성을 갖고 있는 공동체
④ 제품 및 거래에 대한 정직성
⑤ 회사의 의사결정에 근로자가 참여하는 것을 포함한 근로자에 대한 대우의 품위
⑥ 환경에 대한 태도, 접근 방식, 환경에 대한 부정적 영향을 줄이려는 노력의 지속가능성
⑦ 모든 관계에서 균형, 평등뿐만 아니라 다양성 존중
⑧ 모든 글로벌 사업부와 파트너십에서 근로자와 시민의 권리를 존중하는 인류애

배트스톤(Batstone)은 이런 방식으로 원칙을 지키는 기업이 "장기적 관점에서 재무상태가 더 우수하다"고 주장한다.[12] 돈과 도덕성은 혼재될 수 있다. 원칙을 지키는 수익은 다양한 방식으로 달성되고 있다. 예를 들어, 농업과 산업에서 자연 자본주의를 표방하는 기업들은 서로 다른 제품을 생산하는 제조업체들 사이에 상호의존적인 네트워크를 구축하여 각 기업의 폐기물을 다음 기업의 원료로 제공하고, 그 결과 폐기물을 거의 0에 가깝게 줄이는 연쇄적인 보존과 비용 절감 효과를 가져온다.[13] 이러한 녹색 자본주의의 초기 실험은 몇 년 만에 기업 이미지를 재정의하고 비즈니스 비용을 절감하는 등

비즈니스 관행의 주류로 자리 잡았다. 세계지속가능개발기업협의회(The World Business Council for Sustainable Development)를 구성하는 150개 이상의 기업 연합은 친환경 효율성을 "인간의 필요를 충족하고 삶의 질을 높이는 동시에 수명 주기 전반에 걸쳐 생태계에 미치는 자원 집약도를 점진적으로 줄이면서 경쟁력 있는 가격의 상품과 서비스를 제공하는 것"이라고 말하며 장려한다. 이것은 최소한 지구의 예상 수용 능력에 부합하는 수준이라고 할 수 있다.[14]

또 다른 중요한 환경적 발전은 슬로푸드 운동이다. 이탈리아 북부에서 시작된 이 운동은 미니애폴리스와 오리건주 포틀랜드까지 확산되어 현지에서 구입하여 제철에 먹는 가정식 식품의 건강한 식습관을 장려한다. 그렇게 함으로써 지역 재배자 및 유통업체의 비즈니스를 활성화하고 있다. 이러한 관행은 대량 생산되고 대량 소비되며 맛이 훨씬 떨어지는 패스트푸드의 대체 식품을 장기간 보관하고 장거리 운송 및 배달하는 데 드는 환경, 재정, 인건비를 줄여준다.[15] 슬로푸드, 슬로시티(대중교통 이용 증가), 심지어 슬로섹스 운동은 더 빠르고, 더 크고, 더 많은 것이 항상 더 나은 것을 의미하지는 않는다는 것을 확인할 수 있게 한다.

많은 기업이 항상 환경에 대한 책임을 수용하는 데 관심을 보였던 것은 아니다. 그러나 환경운동의 압력으로 인해 점점 더 많은 기업이 적응적 변화에 참여하여 점점 더 생태학적 측면에 주의를 기울이고 있다.[16] 예를 들어, 그린 마운틴 커피 로스트(Green Mountain Coffee Roast)와 스타벅스(Starbucks) 커피가 공정무역 커피를 생산하고 판매하는 데 매우 성공적인 사업을 추진하자 크래프트 푸드(Kraft Foods)는 2004년 11월에 소규모 생산자들에게 더 많은 지원을 제공하고 환경에 민감한 시장에 대응하기 위해 켄코(Kenco) 브랜드를 통해 자체 지속가능한 커피를 생산하고 판매할 것이라고 발표했다.[17]

이러한 성공과 지속가능성의 모든 징후는 강력하지만, 많은 기업 리더십은 여전히 매우 다르게 행동하고 있다. 너무 많은 기업이 목적보다 이윤을 우선시할 뿐만 아니라 이윤을 유일한 복적으로 삼고 있다. 오직 수익만이 중요하다. 인수합병, 구조조정, 사업 규모 축소는 공공의 이익을 증진하기보다는 개인의 탐욕에서 비롯된다. 분기별 수익 증가에 대한 주주들의 만족할 줄 모르는 욕구를 충족시키기 위해 장기적이고 지속가능한 성장을 위한 교육, 리더십 개발, 연구 인프라에 대한 장기 투자가 부족하다.[18] 환경 자원은 끝없이 소모되고 완전히 일회용인 것으로 취급되며 기업 발전 계획에 충분히 반영되지 않는다.[19] 환경보존 비용은 국가 경제 계산 및 전략에서 완전히 생략된다.[20] 기업들은 직원의 교육 및 개발을 위해 이전에 투입된 상당한 투자에도 불구하고 직원의 규모를 편법으로 축소한다.[21] 그들은 기적을 일으킬 수 있는 수단으로 리더들을 계속해서 자주 교체한다. 이러한 리더들에게는 회사의 운명을 바꿀 수 있는 시간은 몇 달밖에 주어지지 않고, 실패하면 즉시 교체된다. 또한 주식 시장 붕괴 또는 캐시디(Cassidy)가 닷콘 재앙(The dot con disaster)이라고 부르는 사건에서 보았듯이 회계사와 경영진은 경쟁적 이미지를 수호하고 즉각적인 성과에 대한 압도적인 요구를 만족시키기 위해 분식회계를 하여 불명예스럽게도 노골적인 기업 사기로 이어지기도 한다.[22] 미시적 관리, 표준화, 단기 목표, 직원들의 소진, 끝없는 리더 교체 행렬, 냉소적이거나 심지어 사기적인 성과 표시 등은 지속불가능한 기업 경영이 공공 부문 전반과 특히 공교육에 남긴 부정적인 유산이다.

비즈니스 세계의 너무 많은 부분이 지속불가능하고 책임감 없는 상태가 되었다.[23] 변화 관리 전문가인 에릭 에이브러햄슨(Eric Abrahamson)에 따르면, 이는 다음 같은 두 가지 구성 요소로 이루어진 반복적 변화 증후군에서 분명하게 드러난다:

■ **사업 과부하**: 조직이 합리적으로 감당할 수 있는 것보다 더 많은 변화 관련 사업을 시작하는 경향

■ **잦은 변화에 따른 혼돈**: 너무 많은 이니셔티브가 조직에 영향을 미쳐서 어

떤 변화를 실행하고 있는지, 왜 실행하고 있는지 거의 아무도 모를 때 발생하는 지속적인 격변의 상태로 이는 결국 조직의 기억력 상실로 이어짐[24]

교육리더십과 변화를 위한 도전은 비즈니스 세계의 관행을 무시하는 것이 아니라 가장 성공적이고 지속가능한 관행에서 배우는 것이다. 창의적인 회계 처리가 필요하더라도 시험 결과와 결부시켜 공교육을 빠른 수익과 끝없는 이윤을 창출하려는 일시적인 사업으로 취급해서는 안 된다. 대신, 미래 세대를 육성하는 보편적인 과정으로서, 교육은 가장 오래 지속되는 기업 중 하나로 취급되어야 한다. 교육 분야는 환경운동 단체나 가장 성공적이고 영속적인 기업들이 지속가능한 개선과 리더십을 실현하고 영속화하기 위해 채택하는 원칙과 실행방식을 배워야 한다. 지속가능성은 단순히 환경 과학에서 빌려온 단순한 은유적 표현이 아니다. 지속가능성은 모든 생명의 풍요로움과 상호 연결성을 풍요롭게 하고 보존하기 위한 기본 원칙이며, 학습은 질 높은 삶을 위한 핵심 요인이다.

## 지속불가능한 교육리더십과 변화

지난 10여 년 동안 교육 개혁과 표준화 운동은 지속불가능한 상태에 이르렀고, 교육리더십도 함께 몰락했다. 가르치기 전에 학습이 먼저 이루어져야 하고 학습이 이루어졌을 때는 이를 알고 입증할 수 있어야 한다는 '건설적이고 설득력 있는 표준'에 대한 생각은 '표준화(모든 사람을 위한 하나의 문해 또는 수학 프로그램, 하나의 교육 방법, 만병통치약적인 처방)'와 무자비한 시장 경쟁 추구("우리의 표준은 무슨 일이 있어도 당신의 표준보다 높을 것")라는 강박적인 집착으로 변질되어 버렸다.

표준화 운동은 '표준 버블'이 되었다. 주식 시장이나 부동산 거품과 마찬가시로 표준화 운동은 모든 학생의 학업성취도를 높이고 부유층과 빈곤층 간의 격차를 줄이려는 좋은 의도에서 시작되었다. 그러나 성공적인 투자 전략에 대한 초기 소식이 금융 투기 열풍을 불러일으킬 수 있는 것처럼, 교육 수준 향상에 대한 초기 또는 예외적인 성공 신호는 모든 사람의 수준이 언제 어디서나 향상될 수 있고 향상되어야 한다는 집단적 가정과 주장으로 빠르게 확대될 수 있다. 성취도 결과가 좋지 않은 것은 용납되어서는 안 된다. 실패는 선택 사항이 아니다. 결과가 기대에 미치지 못하면 교사와 교육과정에 대한 통제를 강화하거나 리더를 교체하거나 학교를 폐쇄하는 것이 정답이다. 끊임없는 빠른 변화와 빠른 개선이 답이다.

인터넷 거품과 마찬가지로 주식 시장의 거품은 기업이 수익이나 제품을 창출하지 못하거나, 근로자와 리더가 자신의 한계를 넘어서거나, 기업 수익률이 부풀려지고, 급여 지급이 연기되고, 회계장부 수치에 문제가 생길 때 파열점에 도달한다. 겉으로 보이거나 느껴지지 않을 수도 있지만, 교육 표준화 거품도 곧 터질 것이다. 실제로 영국, 호주, 캐나다의 많은 지역에서 이미 이러한 현상이 나타나고 있다. 그 징후는 도처에서 발견되고 있다.

미국 뉴욕주와 캐나다 온타리오주에서 우리는 동료들과 함께 20세기 지난 30년 동안 8개 고등학교에서 약 250명의 교사와 지도자들의 교육 변화와 개혁 경험을 조사해 왔다. 1990년대 중반 이후(그리고 심지어 '아동낙오방지법' 법안이 시행되기 전 미국에서), 두 나라의 교육자들은 교육 개혁에서 표준화가 신속하고 무자비하게, 그리고 널리 확산되면서 다음과 같은 결과를 가져왔다고 보고한 바 있다.

- 직업 교육 및 특수 교육 학생들이 비현실적이고 내용적 지식으로 가득 찬 표준을 충족할 수 없기 때문에 임박한 졸업에 어려움을 경험했다.
- 모든 학생이 세계은행, 경제협력개발기구 등이 전 세계적으로 추진하고 있는 정교

한 지식 중심 경제에 기여하고 경쟁하는 법을 배우기 위해 필수적으로 배워야 할 교육과정의 범위를 축소하고 교실의 창의성을 파괴했다.

- 혁신학교는 다양한 학생들의 삶과 학습을 연결할 수 있는 고유한 역량이 제한되어 주변의 기존 학교와 점점 더 구별되지 않게 되었다.

- 과목 및 내용 기반 표준이 유리한 학생에게는 이득을 주고 나머지 학생들에게는 불이익을 주는 방식으로 정의되고 설계되어 엘리트 학교와 다른 학교 간의 학습 격차가 확대되었다.

- 시험에 나올 내용만 가르치는 것부터 사전 시험에서 합격점에 근접한 학생들에게만 보충교육을 실시하는 방식으로 대부분의 교육 에너지를 집중하는 것까지 시험 점수를 올리기 위한 냉소석이고 계산석인 전략을 장려한다.

- 개혁의 속도와 우선순위로 인해 교사가 학생의 요구에 대응하거나 적시에 과제를 표시할 시간이나 유연성이 없어짐에 따라 교사의 자신감과 역량이 약화되었다.

- 교사들이 엄청난 양의 교육과정 운영, 시험 및 개혁 요구에 직면하여 고개를 숙이고 혼자 고군분투하면서 전문가 공동체가 약화되었다.

- 교사들이 개혁 과정에서 억압, 환멸, 무시를 당했다고 느끼면서 심지어 젊은 교사들 사이에서도 스트레스, 사직, 이직률이 증가했다.

- 지속적으로 반복되는 개혁 요구에 지친 중·고 경력 교사들 사이에서 변화에 대한 저항이 증폭되었고, 과거를 그리워하는 방어적 태도를 취하며 현재의 어려움을 토로했다.

- 교장들이 점점 더 절망감과 공포감을 느끼며 학교 안팎으로 순환 근무를 하고, 점점 더 많은 교장들이 교직에서 조기 퇴임하면서 리더가 자주 교체되었다.[25]

미국 중등학교 교장 협회는 이러한 추세가 리더십 채용에 미치는 영향에 대해 보고했다. 연구 결과를 기반으로 협회는 양질의 리더를 유치하지 못하는 이유는 "직무 스트레스 증가, 부족한 학교 자금 지원, 학교 관리와 리더십 발휘의 어려움, 새로운 교육과정 표준화, 점점 더 다양해지는 다문화 학생, 가정과 지역사회의 책임 전과 때문이라고 결론지었다. 그리고 교장들은 학교가 즉각적인 결과를 보여주지 못하면 해고될 수 있는 상황에 직면해 있다고 그 이유를 분석했다.[26]

온타리오주에서 학교 개선 사업에 참여한 6개 중등학교 교사의 85%는 정부 개혁의 결과로 교장으로 승진하는 것을 더 주저하게 될 것이라고 답했다.[27]

이러한 결과는 북미보다 훨씬 앞서 표준에 기반한 표준화된 개혁이 시작된 다른 나라에서도 수년 동안 분명하게 나타났다. 예를 들어, 영국에서는 모든 초등학생에게 매일 한 시간씩 표준화된 문해와 수학 교재에 따른 교육을 의무화하는 매우 규범적이고 전면적인 국가 문해력 및 수리력 향상 전략이 시행되어 초기에는 시험 점수가 향상되었지만, 4년 후 점수가 정체기에 도달했다.

첫 2년간의 개선이 이 프로그램에 기인한 것이라고 보기는 어렵다. 그럼에도 불구하고 이러한 현상은 전략의 직접적인 결과라기보다는 교사들이 새로운 프로그램에 익숙하지 않고 가르칠 준비가 충분하지 않았기 때문에 첫해에 점수가 낮아졌기 때문일 수 있다.[28]

표준화된 문해력 및 수리력 향상 전략, 표준화 시험 실시, 15년간의 끊임없는 감사, 행정적 개입, 강요된 개혁으로 인해 다음과 같은 다양한 문제들이 영국에서 2004년 봄에 드러났다.[29]

- 영국 교장 협회는 많은 중산층 부모들이 자녀를 공교육에서 배제하고 있으며, 이는 기준이 너무 낮아서가 아니라 기본을 지나치게 강조하는 교육과정의 표준화와 과도한 시험이 어린 자녀의 학습 경험에서 영혼과 정신을 빼앗아 가고 있기 때문이라고 보고했다.
- 학교에서 기초 핵심 교과목과 시험에 더 많은 시간을 할애하기 위해 체육 교육 시간을 줄인 후 청소년의 비만율이 증가했다.
- 영국의 국가 교육 검사 기관인 Ofsted의 보고서에 따르면, 예술과 인문학의 수준이 떨어지고 있으며, 이는 부분적으로는 교사들이 기초 핵심 교과목을 끊임없이 강조해야 한다는 압박을 받고 있기 때문이라고 지적했다.

- 3,000개 중등학교를 대상으로 한 설문조사에 따르면, 학교가 주기적이고 집중적인 Ofsted의 외부 점검을 받은 직후 압력이 사라지자 평균 2%의 성과가 하락한 것으로 나타났다.

이 기간 동안 교직 전문가의 직업으로서 점점 더 매력적이지 않은 것처럼 보였기 때문에 채용 문제, 특히 교사와 리더의 유지 문제가 위기 상황에 도달했다. 15년 후, 표준화된 교육 개혁은 숨을 헐떡이며 병들어 죽어가는 병자 같은 상태가 되었다. 북미와 전 세계에서 단호하게 부과되고, 엄격하게 규정되고, 성급하게 시행된 교육 개혁의 효과에 대한 증거는 일관되고 설득력이 있어 보인다. 초기 성공에도 불구하고, 또는 어쩌면 그 때문에도 단기적으로 시행된 목표 중심의 표준화는 궁극적으로 지속불가능하다. 이 책의 마지막 장에서 살펴보겠지만, 바로 이 지점에서 나는 단기 목표의 하향식 부과를 지지하는 나의 동료이자 친구인 마이클 풀란의 개선 아이디어와 크게 엇갈린다.[30]

내실보다 속력이 중시될 때 성과는 정체기에 도달한다. 압박은 실패한 학교를 돌이킬 수 있는 한 가지 방법이지만, 일단 압박이 사라지면 학교는 빠르게 퇴보한다. 학교가 수익성 경쟁에 내몰리면 학습 문화에서 다른 학교와 지식을 공유할 수 없다. 기본 교과 지식에 대한 지나친 강조는 보다 창의적이고 비판적이며 신체적으로 건강한 학습 환경 조성을 저해한다. 초기의 성공 이후, 교사를 통제하는 표준화라는 정치적 살충제는 영향을 받는 교사들 사이에서 반복적인 변화에 대한 장기적 저항을 증가시킬 뿐이다. 불우한 학생들의 수준을 높이기 위한 뛰어난 교사와 교장의 노력은 높이 평가할 만하지만, 지속불가능한 개혁 환경에서 너무 많은 에너지를 요구하여 교사가 지치고 소진되는 경우가 너무 많다. 이러한 지속불가능성에 대한 모든 증거들을 고려할 때, 이제는 보다 지속적이고 지속가능한 무언가를 구축해야 할 때이다. 사실 이미 많은 국가들이 시작했다.

## 지속가능한 변화를 위한 노력

미국 안팎에서 사람들은 표준화를 넘어 다음과 같은 조치를 취함으로써 지속가능한 개선과 리더십의 핵심 요소를 이해하고 수용하기 시작했다.

- **과도한 표준화 시험 줄이기.** 웨일즈는 14세 이하 학생에 대한 모든 외부 시험을 폐지했다. 2004년 말, 영국은 이러한 관행이 학생 성취도를 더 크게 향상시킨다는 정부 자체 연구 결과를 바탕으로 교사가 개발한 평가에 더 많은 비중을 두는 맥락에서 7세 아동이 개별적으로 준비된 시기에 시험을 치를 수 있도록 계획했다.[31] 캐나다 매니토바주는 수년 동안 교사가 개발한 평가를 강조해왔다.[32]

- **학업성취도가 낮은 학교에 대한 제재 축소.** 예를 들어, 캐나다 온타리오주는 부진한 학교가 개선될 것이라는 분명하고 확고한 기대를 갖고 강력한 점검과 가혹한 제재보다는 강력한 지원과 학교의 자발적인 지원 수용이라는 시스템을 시행하고 있다.

- **교육의 다양성 회복.** 영국은 국가 교육과정을 기존 범위에서 30% 이상 축소했다. 온타리오주는 문해력 수준을 높이기 위한 노력과 함께 예술을 위한 시간을 보호하는 정책을 추진하고 있다. 경제협력개발기구의 학생 성취도 평가에서 대부분 1위를 차지한 핀란드는 그 성공의 상당 부분이 우수한 교사(대부분 석사 학위 소지자)를 고용하고, 교사에게 많은 전문적 재량권을 부여하는 일반적인 교육과정 개요를 제공하여 교사들이 자신이 가장 잘 아는 학생에게 가르치는 내용과 방법을 조정할 수 있도록 한 것에 기인한다.[33] 영국 교육컨설팅 기관인 '특성화 학교와 학원 위탁(Specialist Schools and Academies Trust)'는 거의 모든 영국 중등학교가 11개의 전문적 특성 중 하나를 개선 노력의 초점으로 삼도록 독려하고 있다.[34]

- **교직의 인구학적 이직률이 높은 시기에 우수한 교사를 유치하고 유지하기 위한 노력.** 경제협력개발기구(OECD)의 영향력 있는 보고서인 '교사의 중요성'은 22개국의 교사들에게 더 큰 인정과 존중, 보상을 제공하고 학습 지원을 제공하는 다양한 새로운 정책 전략에 주목하고 이를 지지한다.[35] 이러한 전략에는 명확한 교사 직무 표준 시스템 개발 및 적용, 성공적인 실천에 대한 데이터와 증거를 검토하여 교사들이 함께 개선하는 강력한 학교 기반 전문 학습 커뮤니티 지원, 학교가 개선을 위해 서로 배우고 지원하는 전문 네트워크 구축이 포함된다. 전 세계적으로 점점 더 많은 교육 시스템이 표준화의 시대에서 다양성과 지속가능성의 시대로 전환하기 시작하

면서 모든 수준의 리더십에 대한 새로운 도전이 제기되고 있다.

● **리더십과 교육 분야의 모든 리더의 경력개발을 지원하고 지위를 부여하는 가시적인 노력에서 리더십은 매우 중요.** 예를 들어, 영국은 국립 학교 리더십 대학을 설립하여 국가 전체의 모든 리더십 교육 및 개발을 조율하고 있다. 미국에서는 월리스 재단(The Wallace Foundation)이 교육 리더와 리더십을 개발하기 위해 많은 노력을 기울이고 있다.


## 지속가능한 학교 리더십

지속가능성이라는 용어는 1980년대 초 월드워치 연구소(Worldwatch Institute)의 설립자인 레스터 브라운(Lester Brown)이 환경 분야에서 처음 사용했다. 그는 지속가능한 사회를 미래 세대가 자신의 필요를 충족할 기회를 감소시키지 않으면서도 자신의 필요를 충족할 수 있는 사회로 정의했다.[36] 약간 다르지만 밀접하게 관련된 지속가능한 발전이라는 개념의 핵심적이고 가장 널리 사용되는 정의는 1987년 세계 환경 및 개발위원회의 브룬트란트 보고서에서 "인류는 지속가능한 발전을 달성할 능력이 있다.[37] 미래 세대가 자신의 필요를 충족시킬 수 있는 능력을 손상하지 않으면서 현재의 필요를 충족시킬 수 있는 지속가능한 발전을 달성할 수 있는 능력"이라고 말한다. 1992년 리우데자네이루에서 열린 유엔 환경 및 개발 회의 의제 21(Agenda 21)은 지속가능한 발전이라는 개념을 반복적으로 사용했으며, 2002년 요하네스버그에서 열린 유엔 정상 회의는 이 의제를 보다 실질적인 목표로 전환시켰다.[38]

지속가능성의 개념에 대한 많은 오해에도 불구하고,[39] 지속가능성은 기본적으로 사람들 사이에 긍정적인 연결과 발전을 창출하고 현재 또는 미래에 다른 사람들에게 해를 끼치지 않는 방식으로 중요하면서 확산되고, 지속되는 것을 개발하고 보존하는 것과 관련이 있다.[40] 교육 분야에서 마이클 풀란(Michael Fullan)은 교육적 지속가능성을 "인간 목적의 깊은 가치와 일치하는 지속적인 개선의 복잡성에 참여할 수 있는 시스템 역량"이라고 정의힌다.[41] 우리는 몇 년 전 이 작업을 시작할 때 다음과 같은 정의를 기반으로 했다.

지속가능한 리더십은 현재와 미래에 우리 주변의 다른 사람들에게 해를 끼치지 않으며 실제로 긍정적인 혜택을 창출하는 방식으로 확산되고 지속되는 모든 것을 위한 딥러닝(deep learning)을 보존하고 발전시킨다.[42]

시스템 사고나 복잡성 이론과는 달리, 지속가능성의 개념은 본질적으로 윤리적 성격을 지니고 있다. 우리 중 한 명은 은행 강도를 했던 먼 친척이 있다. 그는 몇 달에 걸쳐 자신이 사는 지역사회의 은행을 차례로 털었다. 몇 번의 강도 사건 후 경찰이 그를 기다리고 있었다. 2년 동안 감옥에 갇혀 있던 그는 지역사회로 돌아와 범죄 경력을 시작했던 은행을 다시 털기 시작했는데, 이것은 그리 현명한 행동은 아니었다. 이에 비해 영화 '플랜맨'에서는 로비 콜트레인이 연기한 성공했지만 실의에 빠진 스코틀랜드의 중년 변호사가 '시스템 사고의 기술'이라는 책을 통해 완벽한 은행 강도를 계획한다. 그는 공범과 함께 글래스고 축구 경기장 관중석에 앉아 경기를 큰 그림으로 보거나 헬리콥터로 보는 관점, 즉 완벽한 은행 강도를 계획할 수 있는 관점의 이점에 대해 설명한다.

두 사례의 강도는 시스템적 사고의 활용 능력에서 큰 차이가 있지만, 결국 둘 다 도덕성이 결여된 강도이다. 선진적인 시스템 사고는 오염 통제 시스템에서와 마찬가지로 담배 산업에서도 유용하고 진정한 민주적인 정부와 마찬가지로 전체주의 정부에게도 가치가 있다. 그러나 그것은 본질적으로 도덕적 목적이 내재되어 있지 않다. 반면 지속가능성은 본질적으로 모든 생명의 가치와 상호의존성을 수단과 목적으로 다룬다. 정의상 지속가능성은 도덕적 개념이자 도덕적 실천이다.

이 책은 지속가능성과 지속가능한 개발에 관한 기업 및 환경 문헌과 장기간에 걸쳐 교육 변화를 조사한 세부 연구를 바탕으로 학교와 학교 시스템의 리더십과 변화에서 지속가능성 7가지 원칙을 실현하기 위한 구체적인 전략을 제시한다.[43]

## 지속가능한 리더십의 7가지 원칙

교육 변화와 리더십의 지속가능성을 위한 7가지 원칙은 깊이, 지속, 너비, 정의, 다양성, 풍요로운 자원, 보존이다.

### ① 깊이(Depth)

지속가능한 리더십은 중요하다. 우리는 교육에서 그 자체로 삶을 풍요롭게 하는 것, 즉 피상적이고 협소하게 정의된 성취목표보다는 모든 사람을 위한 깊고 넓은 배움이라는 근본적인 도덕적 목적, 즉 타인에 대한 지속적인 돌봄의 약속과 관계 속에서 모든 사람을 위해 존재하는 것을 보존하고 보호하며 촉진해야 한다. 지속가능한 리더십의 첫 번째 원칙은 학습을 위한 리더십과 타인을 배려하는 리더십이다.

### ② 지속(Length)

지속가능한 리더십은 지속된다. 지속가능한 리더십은 한 리더에서 다음 리더로 이어지면서 해마다 시간이 지남에 따라 삶의 가장 가치있는 측면을 보존하고 발전시킨다. 콜린스와 포라스(Collins & Porras)는 "모든 리더는 아무리 카리스마가 넘치거나 비전이 있더라도 결국 죽는다"[44]는 점을 우리에게 상기시킨다. 시간이 지남에 따라 개별 리더를 넘어선 리더십 계승의 과제가 지속가능한 리더십과 교육적 변화의 핵심이라고 강조한다.

### ③ 너비(Breadth)

지속가능한 리더십은 확산된다. 리더십은 다른 사람의 리더십에 의존할 뿐만 아니라 지속된다. 복잡한 세상에서는 한 명의 리더, 기관, 국가가 모든 것을 통제할 수도 없고 통제해서도 안 된다. 지속가능한 리더십은 분산형 리더십이며, 이는 교실, 학교 또는 학교 시스템 전체에서 이미 얼마나 많은 리더십이 발휘되고 있는지에 대한 정확한 설명이자 리더십이 더 신중하게 발휘될 수 있다는 것을 강조하는 것이다.

### ④ 정의(Justice)

지속가능한 리더십은 주변 환경에 해를 끼치지 않고 적극적으로 개선한다. 주변 학교의 우수한 학생과 교사라는 최고의 자원을 빼앗지 않는다. 다른 학교의 희생으로 번영하지 않는다. 주변 학교 및 지역사회에 해를 끼치지 않고 지식과 자원을 공유할 수 있는 방법을 적극적으로 찾는다. 지속가능한 리더십은 자기중심적이지 않고 사회적으로 정의롭다.

### ⑤ 다양성(Diversity)

지속가능한 리더십은 응집력 있는 다양성을 촉진한다. 강력한 생태계는 생물학적으로 다양하다. 강력한 조직 역시 다양성을 장려하나 표준화는 피한다. 지속가능한 커뮤니티에서 획일적인 표준화는 추악한 단어이다. 표준화를 통한 줄 세우기 전략은 선형 시스템 내의 계층적 의존성을 영속화 하는 경향을 보이는데 이 방식은 매우 취약하다. 반면 지속가능한 리더십은 교육과 학습의 다양성을 촉진하고 이를 통해 배우며, 다양한 구성 요소 간에 응집력과 네트워크를 형성하여 일을 발전시킨다.

### ⑥ 풍요로운 자원(Resourcefulness)

지속가능한 리더십은 물적, 인적 자원을 고갈시키지 않고 개발한다. 지속가능한 리더십은 조직의 리더십 인재를 경력 후반부가 아닌 초기에 인정하고 보상한다. 그리고 리더가 스스로를 돌볼 수 있도록 배려한다. 사람들의 에너지를 새롭게 한다. 혁신에 대한 과부하나 비현실적인 변화 일정으로 리더의 에너지를 고갈시키지 않는다. 지속가능한 리더십은 신중하고 수완이 풍부한 리더십으로 예산과 사람을 낭비하지 않는다.

### ⑦ 보존(Conservation)

지속가능한 리더십은 더 나은 미래를 만들기 위해 과거의 최고 성과를 존중하고 그것으로부터 배운다. 변화의 혼돈 속에서도 지속가능한 리더십은 장기적 목적을 보존하고 쇄신한다. 대부분의 변화 이론과 실행에는 앞으로 나아가는 화살표만 있을 뿐, 과거나 기억에 대한 존중이 없는 변화이다. 그런데 지속가능한 리더십은 조직의 기억을 재검토하고 과거의 최고 성과로부터 배우고, 그것을 보존하고, 그 이상으로 더 나아가는 방법을 기억하는 간직한 사람들의 지혜를 존중한다.

지속가능한 리더십에 대한 헌신은 표준화의 미세조정 관리, 반복적인 변화 증후군의 위기관리, 어떤 대가를 치르더라도 더 높은 성과 기준에 대한 집착을 넘어 모든 어린이에게 중요하고 확산되며 지속되는 진정한 개선과 성취를 가져올 수 있는 세상으로 우리를 이끌어야 한다. 지속가능한 리더십은 긴급하게 행동하고, 과거와 다양성으로부터 배우며, 압박 속에서도 회복력이 있고, 인내심을 갖고 결과를 기다리며, 사람들을 지치게 하지 않는다. 지속가능한 리더십은 현재와 미래의 우리 모두에게 이익이 되는 정의롭고 도덕적인 리더십이다. 지속가능성은 건강한 환경 및 최고의 비즈니스 관행에서 작동한다. 이제 교육 분야에서도 이를 적용해야 할 때이다.

## 지속가능성에 대한 연구

우리는 지속가능한 리더십을 위한 7가지 원칙에 대해 자세히 설명하기 전에 근거 기반 연구의 중요성에 대해 소개하고자 한다. 우리에게 지속가능성은 단순한 유행어가 아니다. 지속가능성이 무작위로 나열된 아이디어를 '회전'시키는 방식에 불과하다면 지속불가능성의 문제만 가중시킬 뿐이다. 따라서 이 책은 모든 장에서 지속가능성의 이론, 실천, 증거 기반이 되는 환경 및 기업 관련 문헌에 대한 탄탄한 이해와 설명에 뿌리를 두고 있다. 우리는 교육자들이 지속, 유지, 지속가능이라는 단어를 단순한 유지 및 유지 가능의 동의어가 아니라 진정한 깊이와 목적을 가지고 그 의미를 파악하여 사용하길 바란다. 지속가능성 개념의 기원과 토대는 도덕적 실체, 개념적 정확성, 전략적 힘을 부여하기 때문에 매우 중요하다.

이러한 지속가능성에 대한 이해는 15년 동안 다른 동료들과 함께 장기간에 걸친 교육 변화를 조사하고 학교 및 지역교육청과 협력하여 최소 5년 이상의 기간 동안 지속적인 개선을 이끌어 내기 위해 함께 노력한 결과물이다. 특히 미국 스펜서 재단의 지원을 받은 1970년대, 1980년대, 1990년대에 근무했던 교사와 교장의 눈으로 바라본 뉴욕주와 캐나다 온타리오주의 8개 고등학교에서 30년 동안의 교육 변화에 대한 대규모 연구를 바탕으로 한다. 아이보 굿슨(Ivor Goodson)이 공동으로 주도하고 로체스터 대학교와 토론토 대학교의 교수와 전직 대학원생으로 구성된 팀이 참여한 이 연구는 이러한 다양한 학교의 현재 및 과거 교사 및 리더와의 250개 이상의 상세한 인터뷰와 관찰 정보, 시간이 지남에 따라 학교가 어떻게 변화했는지에 대한 광범위한 기록 및 인구 통계학적 증거를 바탕으로 한다.

이 책은 연구 결과에 대한 체계적인 논의를 제공하는 대신 연구 대상 학교와 지역교육청의 증거와 사례를 바탕으로 지속가능성의 가장자리에서 매일 생활하고 일하는 실무자와 정책 입안자, 그리고 더 깊이 탐구하고자 하는 연구자를 위한 분석과 통찰력, 몇 가지 실용적인 지침을 제시한다. 이 연구에 더 깊이 관여하고 싶은 독자를 위해 이 책의 마지막에 있는 참고문헌에는 설계, 방법론 및 결과를 기록한 책, 보고서 및 동료 검토 기사 목록 등이 있다. 본 연구에서 다룬 모든 학교, 교육청 및 개인과 한두 가지 다른 민감한 사례에 대해서는 가명을 사용했다. 호주의 누메아 초등학교와 전 교장 제니 루이스(Jenny Lewis), 영국의 노슬리 교육청과 전 이사 스티브 먼비(Steve Munby)의 경우, 원래 이름을 그대로 사용했다.

## 결론

지속가능한 교육 변화와 리더십은 깊이와 너비, 그리고 길이가 있는 3차원적인 것이다. 다음에 오는 세 장에서는 지속가능성의 근본적인 3차원적 특성을 설명하고, 지속가능성의 완전한 의미와 학교 리더십 과제를 완성하는 데 요구되는 네 가지 원칙에 대해 자세히 설명한다. 마지막 장에서는 7가지 원칙 모두의 밀접한 상호 연결성과 이를 골라 먹을 수 있는 단품 메뉴가 아닌 영양이 풍부한 한 끼 식사처럼 총체적으로 다뤄야 할 필요성에 대해 설명한다. 또한 지속가능한 리더십의 세 가지 중요한 영역인 학교, 지역, 국가 또는 주정부에서 지속가능성을 실현하고 이를 실현하기 위한 몇 가지 주요 행동 원칙을 제시한다.

1   J. Goodall (2004, October 13), Curbing our appetites, *Globe and Mail* (Toronto), A27.

2   B. McKibben (1989), *The end of nature* (New York: Random House).

3   J. Gleick (1999), *Faster: The acceleration of just about everything* (New York: Pantheon Books); C. Honoré (2004), *In praise of lowness: How a worldwide movement is challenging the cult of speed* (New York: HarperCollins).

4   R. L. Nadeau (2003), *The wealth of nature: How mainstream economics has failed the environment* (New York: Columbia University Press);

    H. E. Daly (1996), *For the common good: Redirecting the economy toward community, the environment, and a sustainable future* (Boston: Beacon Press).

5   R. L. Carson (1962), *Silent spring* (Boston: Houghton Mifflin), 189.

6   Carson (1962), 189.

7   D. Suzuki & A. McConnell (1997), *The sacred balance: Rediscovering our place in nature* (Seattle: Mountaineer Books).

8   M. Castells (1997), *The power of identity* (Malden, MA: Blackwell).

9   J. Collins & G. Porras (2002), *Built to last: Successful habits of visionary companies* (rev. ed.) (New York: Harper Business Essentials), 2.

10  W. Greider (2003), *The soul of capitalism: Opening paths to a moral economy* (New York: Simon & Schuster), 117-118.

11  I. Jackson & J. Nelson (2004), *Profits with principles: Seven strategies for delivering value with values* (New York: Doubleday).

12  D. Batstone (2003), Saving the corporate soul and (who knows?) maybe your own (San Francisco: Jossey-Bass), 11.

13  P. Hawken, A. Lovins, & L. H. Lovins (1999), *Natural capitalism: Creating the next industrial revolution* (New York: Little, Brown).

14  Quoted in Jackson & Nelson (2004), 64.

15  Honoré (2004).

16  R. A. Heifetz & M. Linsky (2002), *Leadership on the line: Staying alive through the dangers of learning* (Boston: Harvard Business School).

17  S. Bowers (2004, November 22), Forget Maxwell House. Would you like a cup of Kenco Sustainable? *The Guardian* (Manchester, U.K.), 1.

18  W. Hutton (2002), *The world we're in* (New York: Little, Brown).

19  McKibben (1989).

20  Nadeau (2003); Daly (1996).

21  D. Reina & M. Reina (1999), *Trust and betrayal in the workplace* (San Francisco: Berrett-Koehler).

22  J. Cassidy (2003), *Dot con: How America lost its mind and money in the Internet era* (New York: Perennial Press).

23  M. Brewster (2003), *Unaccountable: How the accounting profession forfeited a public trust* (Hoboken, NJ: Wiley).

24  E. Abrahamson (2004), *Change without pain: How managers can overcome initiative overload,*

*organizational chaos, and employee burnout* (Boston: Harvard Business School), 2–3.

**25** A. Hargreaves (2003), *Teaching in the knowledge society: Education in the age of insecurity* (New York: Teachers College Press); I. F. Goodson (2004), *Professional knowledge, professional lives: Studies in education and change* (Buckingham, U.K.: Open University Press); A. Hargreaves & I. Goodson (in press), Educational change over time? The sustainability and non-sustainability of three decades ofsecondary school change and continuity, *Educational Administration Quarterly;* D. Fink & C. Brayman (in press), Principals' succession and educational change, *Educational Administration Quarterly;* C. Giles & A. Hargreaves (in press), The sustainability of innovative schools as learning organizations and professional learning communities during standardized reform, *Educational Administration Quarterly;* M. Baker & M. Foote (in press), Changing spaces: Urban school interrelationships and the impact of standards-based reform, *Educational Administration Quarterly;* I. Goodson, S. Moore, & A. Hargreaves (in press), Teacher nostalgia and the sustainability of reform: The generation and degeneration of teachers' missions, memory and meaning, *Educational Administration Quarterly.*

**26** National Association of Secondary School Principals (2001), *The principals' shortage* (Reston, VA: Author).

**27** Hargreaves (2003).

**28** L. Eerl, B. Levin, K. Leithwood, M. Fullan, & N. Watson (2003), *Watching and learning* (Vol. 3) (London: Department for Education and Skills).

**29** A. Hargreaves (2004, March 5), Drop the standards, *London Times Educational Supplement*, 14.

**30** M. Fullan (2005), *Leadership and sustainability: System thinkers in action* (Thousand Oaks, CA: Corwin Press).

**31** W. Mansell & P. White (2004, November 12), Stop test drilling, primaries warned, *London Times Educational Supplement,* 1.

**32** B. Levin (2005), *Governing education* (Toronto: University of Toronto Press).

**33** C. Alphonso & K. Harding (2004, December 8), Finland and Alberta spawn star students, *Globe and Mail* (Toronto), 5.

**34** W. Mansell & R. Bushby (2004, November 26), Schools must join the crowd, *London Times Educational Supplement,* 112–113; C. Tayler (2004), *What makes a good school* (London: David Fulton).

**35** Organization for Economic Cooperation and Development (2005), *Teachers matter:* Attracting, developing and retaining effective teachers (Paris: Author).

**36** The Worldwatch Institute의 Lester Brown의 연구와 지속가능성의 개념에 대한 자세한 내용은 다음을 참고하길 바란다. D. Suzuki (2003), The DavidSuzuki reader: A lifetime of ideas from a leading activist and thinker(Vancouver, Canada: Greystone Books).

**37** World Commission on Environment and Development (1987), *Our common future* (New York: United Nations General Assembly).

**38** United Nations (2002, August 26), *Report of the world summit on sustainable development* (New York: Author).

**39** W. L. Filho (2000), Dealing with misconceptions of the concept of sustainability, *International Journal of Sustainability in Higher Education, 1*(1), 9-19.

**40** 지속가능한 발전을 위한 교육이 어떻게 환경을 폭넓게 개선할 수 있는지에 대한 중요한 문헌과 사업들이

있다. 예를 들어, 교육과정 개발, 환경친화적이고 자원을 절약하는 학교 건물 건설, 저개발국의 환경 인식과 책임을 높이기 위한 유네스코 및 기타 조직의 프로그램 도입 등입니다. 이러한 개입은 매우 중요하지만, 이 책은 주로 교육과 리더십의 지속가능성 문제를 보다 일반적인 의미에서 다루고 있다.

**41** Fullan (2005).

**42** A. Hargreaves & D. Fink (2003), Sustaining leadership, *Phi Delta Kappan, 84(9),* 693-700.

**43** Hargreaves & Goodson (in press).

**44** Collins & Porras (2002), 31.

# I 장

깊이
(Depth)

진리를 추구하고 창조하며 스승답게 살아라.

# 깊고 넓은 학습

**<지속가능한 리더십 제 1원칙>**

지속가능한 리더십은 중요하다. 지속가능한 리더십은 다른 것들과의 관계를 충분히 고려한 깊고 폭넓은 학습을 유지, 보호, 촉진한다.

## 목적의식

윈스턴 처칠에게는 히틀러와 나치 독일의 패배, 에멀린 팽크허스트와 수잔 B. 앤서니에게는 여성 투표권, 넬슨 만델라에게는 남아프리카공화국의 인종차별정책 종식, 마틴 루터 킹 주니어에게는 모두를 위한 시민권 등. 역사상 사회에 가치 있고 지속적인 공헌을 한 리더들은 당대에 의미 있는 이상과 대의를 지니고 있었고 아울러 이를 위한 열정과 끈기, 그리고 용기 있는 헌신을 지님을 보여주었다.

지속가능한 리더십은 지속가능한 개선과 마찬가지로 강력하고 확고한 도덕적 목적의식으로부터 시작된다. 지속의 핵심적 의미는 "버티다, 무게를 견디다, (긴장, 고통 등을) 무너지지 않고 견딜 수 있다" 등이다. 내면의 확신, 흔들리지 않는 믿음, 자아를 넘어서는 원동력이 있고 희망적인 목적의식은 극도의 어려움과 견딜 수 없는 고통의 시기에 사람들을 진정으로 지탱하게 해주는 매우 중요한 도덕성이다. 넬슨 만델라는 로벤섬에 장기간 수감되어 독방에 갇힌 채 교제도, 운동도, 심지어 음식도 박탈당했던 경험을 떠올리며, "인간의 몸은 힘든 상황에 적응할 수 있는 엄청난 능력을 가지고 있다. 몸이 혹독한 시험을 받을 때에도 정신을 강하게 유지할 수 있다면 견딜 수 없는 상황도 견뎌낼 수 있다는 것을 알게 되었다. 강한 신념은 고통에서 살아남는 비결이다. 배고픔이 생길 때에도 정신이 충만해질 수 있다"고 말했다.[1]

기업 세계에서도 강력하고 공유된 목적의식이 기업을 지탱하고 하나로 묶어주며, 극복할 수 없을 것 같은 역경 속에서도 지속할 수 있게 해준다. 가장 오래 지속되고 성공적인 비즈니스는 분기별 수익이 아니라 영속적인 목적과 시대를 초월한 가치에 의해 주도되고 정의된다.[2] 콜린스와 포라스(Collins & Porras)는 『Built to Last(성공하는 기업들의 8가지 습관)』라는 저서에서 오랜 기간 수익성을 유지한 기업을 연구한 결과 "순수한 경제적 고려 사항을 초월하는 핵심 이념을 발견했다"고 보고한다.[3] 잭슨과 넬슨(Jackson & Nelson)의 "원칙경영을 통한 가치창출(Profits with Principles)" 연구는 "원칙과 수익을 명시적으로 연결하는 것은 주주에게 장기적인 가치를 제공하면서 신뢰와 믿음을 회복하는 데 도움이 되는 전제 조건이다"[4]라는 사실을 확인시켜준다.

강력한 목적의식을 개발하고 쇄신하는 것은 지속가능한 리더십의 핵심이다. 하지만 콜린스와 포라스가 영속하는 성공적 기업에 대한 기초연구를 통해 발견한 충격적인 사실은 목적의 성격이 항상 중요한 문제는 아니라는 것이다. 중요한 문제는 기업이 '올바른' 핵심 이념을 가지고 있느냐, '호감 가는' 핵심 이념을 가지고 있느냐가 아니라 기업 내부의 사람들에게 방향과 영감을 주는 핵심 이념이 있느냐 없느냐이다.[5] 사람들에게 인공 무릎을 제공하는 티타늄 부품을 생산하든, 폐를 망가뜨리는 담배 제품을 생산하든, 내부적으로 사람들에게 동기를 부여하는 목적이라면 기업을 지속하기에 충분한 것처럼 보였다. 그러나 광범위한 기업 스캔들의 여파로 이제 더 많은 기업들이 이보다 더 크고 더 나은 목적의식, 즉 제품의 본질에 내재되어 있고 지역사회와 그 너머의 사회로 확장되는 도덕적 목적의식을 추구하고 있다.

점점 더 많은 기업이 생산 방법뿐만 아니라 생산물의 인간적 가치에 주목함으로써 지속가능한 기업개발이라는 더 의미 있는 목적을 달성하고 있다. 이제 제품 무결성은 매우 중요해서 책임 있는 기업 개발 투자 포트폴리오에 포함되는 기업의 자격 기준이 되었다.[6]

게리 에릭슨은 어머니의 부엌에서 시작되어 널리 판매되고 있는 클리프 바(Clif Bar)라는 에너지 바의 창립자이자 제작자이다. 현재 연간 4천만 달러의 매출을 올리고 있다. 에릭슨은 그의 저서『목표 상향하기: 삶과 비즈니스에서 무결성(정직)과 열정(In Raising the Bar: Integrity and Passion in Life and Business)』에서 기존 것보다 만족스러운 더 맛있고 영양가 있는 바를 만들기 위한 그의 탐구를 설명한다. 그는 회사가 유혹적이고 수익성 있는 인수에 직면했을 때 회사를 지키고, 자신의 개인 차원에서의 지속가능성에 대한 비전을 비즈니스 차원으로 확장하기를 원했다.

클리프 바(Clif Bar)의 지속가능성 철학에는 다섯 가지 요소(브랜드, 회사, 직원, 커뮤니티, 지구의 지속)가 서로 연결되어 있다.[7] 에릭슨에게 지속가능성을 진지하게 받아들인다는 것은 "환경에 대한 책임을 다하고 지속적으로 비즈니스가 지구 환경에 미치는 생태학적 영향을 최소화하기 위해 생태 발자국을 최소화하고자 하는 것이다. "클리프 바의 지속가능성은 또한 "사람들이 삶을 경험할 수 있는 비즈니스를 만들고 유지하고자 하는 것"을 의미한다.[8] 생계를 위해 가는 곳이 아니라 삶을 경험할 수 있는 비즈니스를 만들고 유지하고자 하는 것이다."[9]

클리프 바의 지속가능성 철학의 핵심은 제품의 무결성이다.[10] 주주 가치는 분기별 최대 수익을 달성하는 것이 아니다. 그것은 "우리 제품의 무결성에 대한 믿음"과 "맛있고 건강한 제품"을 만드는 것이다. "이것이 우리의 수익률이지, 원료를 절감해서 수익률을 높이는 것이 아니다."[11]

아버지의 이름을 딴 바에 담긴 이러한 목적은 에릭슨(Erickson) 자신의 열정, 즉 자연 환경에 대한 애정과 관심, 어머니의 부엌에서 빵을 굽는 즐거움에서 비롯된 것이다. 에릭슨은 장거리 사이클 라이딩에 사용하는 유일한 에너지 바의 맛없고 고도로 가공된 표준화된 재료에 실망하고 혐오감을 느꼈다. 에릭슨은 브랜드 비전이 궁극적으로 '운동하는 사람들이 건강을 유지하게 하는 것'이 될 제품을 만들기 시작했다. 에릭슨은 이러한 비전이 회사에 어떻게 스며들었는지 다음과 같이 설명한다. "클리프 바 회사에서는 건강하고 맛있는 음식을 만들고 맛보는 것을 즐깁니다. 직업적으로는 제빵사이고 부업으로는 미식가 요리사로서, 우리는 사람들이 정성스럽게 만든 훌륭한 음식을 맛볼 때 느끼는 기쁨에서 활력을 얻습니다. 운동선수 입장에서, 우리는 모든 노력을 통해 사람들이 건강을 유지하게 하고 영양을 공급하며 지원하는 식품을 만들기 위해 최선을 다하고 있습니다. 또한, 환경보호에 관심이 많은 개인으로서 우리는 우리의 사업이 더 건강하고 지속가능한 지구를 만드는 데 기여하기를 바랍니다. 이러한 이상은 우리의 업무에 영감과 동기를 부여합니다."[12]

제품 무결성은 지속가능성의 핵심사항이다. 생명 유지에 필요한 것은 영양 공급이다. 우리의 영혼이 육체를 지탱한다면 배움은 우리의 영혼을 지탱한다. 넬슨 만델라와 동료 정치범들(남아프리카의 미래 지도자들)은 로벤섬에서 가장 암울했던 시절에 공부할 권리를 위해 투쟁하고, 간수들이 버린 샌드위치

포장지에서 금지된 신문 조각을 훔치고, 백인 간수들이 밟기 싫어하는 아프리카 사람들 화장실의 배설물 사이에서 비밀수업을 진행했을 때 이 사실을 잘 인지했다.[13]

우리가 생산하는 제품의 도덕적 목적이 기업의 지속가능성에 중요하다면, 교육과 공공 생활에서는 훨씬 더 중요하다. 학교와 교육청, 그리고 교육 변화 옹호자들은 교육의 도덕적 목적이 무엇인지에 대해 무관심하거나 회피해서는 안 된다. 지속가능성의 관점에서 볼 때, 그 목적의 핵심은 학습, 즉 그 자체로 지속가능한 학습이어야 하며, 단순한 학습이 아니라 중요하고 확산되며 평생 지속되는 학습이어야 한다.

훌륭한 식사와 마찬가지로 깊고 지속적인 학습을 위해서는 건강에 좋은 재료, 풍부하고 다양한 메뉴, 세심한 준비, 좋은 분위기를 위한 연출이 요구된다. 모든 교육 리더의 주된 책임은 이러한 종류의 학습을 지속하는 것이다. 지속가능한 리더십의 핵심은 단순히 교육과정을 제공하거나 정부나 교육청의 명령을 이행하거나 기관의 외관을 화려하게 꾸미는 것이 아니다.

모든 것이 지속되거나 유지될 필요는 없다. 사소하거나 시험이 끝나면 사라지는 학습은 지속되거나 유지될 필요가 없다. 지속가능한 리더십은 학생 학습의 본질과 과정을 완전히 이해하고, 교실에서 학습과 교수에 직접 정기적으로 참여하며, 학생의 학습을 개선하고 확장하기 위한 지속적인 방법을 찾기 위한 교사들 사이의 학습을 촉진한다.

지속가능한 리더십은 모호하지 않다.[14] 리더가 하는 모든 일의 중심에 학습을 두어야 한다. 학생의 학습이 우선이고, 그다음에 다른 사람들의 학습이 지원된다.[15] 마이클 냅(Michael Knapp)과 동료 연구자들은 학습을 위한 리더십이란 "학생, 교원 및 학교교육을 위한 강력하고 공평한 학습 기회를 창출하는 것"을 의미하며, 리더는 "지속적이고 공개적으로 자신과 다른 사람들의 관심을 학습과 교수에 집중"한다고 이야기한다.[16] 냅과 동료들은 이를 위해 지속가능한 리더십을 실천하는 교육 리더는 다음 사항들을 수행함으로써 학습에 초점을 맞추는 것이라고 주장한다.

- 학습을 자신의 업무의 중심에 두기
- 학생의 학습이 학생, 교사, 관리자 및 커뮤니티의 공동 사명이라는 점을 지속적으로 전달하기
- 강력하고 공평한 학습에 초점을 맞추도록 하는 핵심 가치 명확히 하기
- 교육에 대한 대중의 관심 끌기 위한 노력[17]

더 많은 교육적 리더십을 지지하고[18] 모든 교육 리더가 학습의 리더가 되어야 한다고 주장하는 것은 쉽다.[19] 그러나 학습을 위한 리더십을 실제 현실로 만드는 것은 더 어렵다. 그리고 무엇보다도 교육청과 학교에서 학습의 깊이와 폭을 달성하려는 리더의 노력을 반복적으로 차단하는 정책 및 개혁 환경에서 이를 수행하는 것은 더욱더 어렵다. 조 머피(Joe Murphy)는 교육 행정의 현주소를 검토하면서 "우리는 목적 개발 분야에서 제기되는 도전들을 대부분 무시하거나 적어도 신중하게 고민하지 않는 방식으로 대응해 왔다"고 주장했다"[20] 학교 순위, 시험 점수, 단기 성취 목표가 지배하는 상황에서 학습의 리더가 되기 위한 용기가 가장 절실히 요청된다. 지속가능한 리더십을 발휘하려면 모든 학생의 시험 성취도뿐만 아니라 깊고 폭넓은 학습을 향상시키겠다는 확고한 신념과 흔들림 없는 헌신이 요구된다.

2001년 캐나다 온타리오주는 거의 모든 학생이 10학년 때 높은 난이도의 문해력 시험을 치르고 이를 통과해야 졸업할 수 있는 제도를 도입했다. 난이도가 너무 높아 학생들이 심한 압박감을 느끼게 되었다.

아이버 멕슨(Ivor Megson)은 탈리스만 파크 중등학교(Talisman Park Secondary School)의 새로운 교장이 되었다. 최근 교감에서 승진한 멕슨은 리더로서 자

신의 업무에 전념하고 있었지만 너무 많은 변화를 좋아하지 않았다. 그의 교직원 대부분은 오랫동안 학교에 근무한 경험이 있었다. 그들은 자신의 학문 분야에서 혁신하는 것을 좋아했지만 대규모 개혁 정책에 대해서는 회의적이었고 종종 냉소적이었다. 불만을 품은 교직원들은 매일 아침 등교 전에 커피를 마시며 거의 매일 발표되는 정부의 정책에 대해 불만을 토로했다. 많은 교장들과 마찬가지로 멕슨 교장도 학교에 쏟아지는 개혁의 홍수로부터 직원들을 보호하는 것이 자신의 책임이라고 생각했다. 이것이 교직원들을 도울 수 있는 최선의 방법이라고 생각했다.

따라서 멕슨 교장은 교직원들과 함께 10학년 학생들에 대한 학교의 혼란을 최소화하고 최소한의 노력으로 최고의 결과를 낼 수 있는 대응책을 찾아냈다. 멕슨 교장과 교직원들은 재빨리 사전 테스트 결과 합격점 바로 밑으로 떨어질 것으로 예상되는 학생들을 파악하기 시작했다. 그런 다음 학교의 영어 부서에서 이 학생들에게 문해력을 집중적으로 지도하여 실제 시험이 다가왔을 때 적정한 성과를 거둘 수 있도록 했다. 교직원 입장에서는 대부분의 교사가 문해력 시험에 관여하지 않을 수 있다는 점에서 멕슨 교장의 접근 방식은 매력적이었다.

기술적으로 이 전략은 효과가 있었으며 학교의 성적은 전년도에 비해 향상되었다. 하지만 교사의 에너지는 한정되어 있고, 교직원들이 커트라인에 근접한 학생에게 집중하다 보니 정작 문해력에 도움이 필요하지만 합격 가능성이 거의 없는 학생들은 방치되었다. 이 학교에서는 단기적 성과와 개선을 위해 모든 학생, 특히 가장 도움이 필요한 학생들을 위한 진정한 문해력과 학습은 희생되었다.

샤메인 왓슨(Charmaine Watson)은 탈리스만 공원 바로 아래 길가에 있는 웨이번 고등학교(Wayvern High School)의 교장이었다. 웨이번 고등학교는 문화적, 인종적으로 다양한 학생들이 다니는 학교로 영어가 제2외국어인 학생들이 많았다. 웨이번 고등학교는 문해력 테스트에서 좋은 결과를 얻지는 못했다. 그러나 웨이번 고등학교는 단지 문해력 시험 합격이 아니라 문해력을 향상시키는 것을 주요 개선 목표 중 하나로 삼았다. 왓슨 교장은 단기적으로 시험 점수를 올리는 전략에 집중하는 대신 장기적으로 모든 학생에게 혜택을 줄 수 있는 문해력 향상 방법에 대해 모든 교직원을 참여시켰다. 웨이번 고등학교는 여러 분야의 대규모 교직원 팀과 협력하고 워크숍을 통한 교육 지원을 받아 교실의 기존 문해력 관행을 점검하고 도움이 될 수 있는 효과적인 문해력 전략을 연구하고 개선이 필요한 부분을 파악하기 위해 차이분석(gap analysis)을 수행했다. 교사들은 여러 과목에 걸쳐 문해력 전략을 공유하고 한 달 내내 학교와 지역사회에서 문해력 기술을 배우는 데 집중했다. 또한 이미 시행하고 있던 성공적인 문해력 증진 사업으로 전교생이 하루에 15분씩 함께 책을 읽는 활동도 계속했다. 왓슨 교장은 학생들의 학습을 지원하기 위해 교직원들의 학습을 독려했다.

지속가능한 변화가 늘 그렇듯이 즉각적인 성과는 눈에 띄지 않았지만 교직원과 학부모는 장기적인 개선이 가장 중요하다고 생각했다. 웨이번 고등학교 교사들은 향후 몇 년 동안 점수도 상승할 것이며 시험 과정의 인위적 조작이 아닌 진정한 학습과 성취도 향상을 확신했다. 이듬해 웨이번 고등학교는 소속 교육청의 평균보다 높은 점수를 받았고, 3년차에는 교육청 내 22개 고등학교 중 두 번째로 높은 문해력 성적을 기록했으며, 이는 빠른 해결책을 찾았던 탈리스만 파크 중등학교보다 훨씬 높은 점수였다. 동일한 내용의 개혁, 두 명의 교장, 두 학교, 그러나 다른 결과! 특히 가장 어려운 상황에서도 학습의 리더인 교장들은 학교의 학생들을 위해 가장 지속적이고 포괄적인 개선을 이루어 냈다.

시험 중심의 성과 요구에도 불구하고, 왓슨 교장과 교직원들은 굴복하거나, 압력에 대한 순응을 위해 핵심 가치를 바꾸거나, 시험 점수를 높이기 위해 진정한 성취를 포기하는 비관적 조작을 하는 것을 거부했다. 왓슨 교장은 교사들의 협업을 구축하고, 교사 리더십을 위한 기회를 만들고, 교사 대화를 위한 포럼을 제공함으로써 교사들이 모든 학생을 위한 학습개선이라는 목적을 잃지 않도록 했다. 영어과 교사뿐만 아니라 모든 교사가 문해력 교사로서 책임을 다했으며, 교장과 교직원들은 문해력 시험을 교사들의 동요를 최소화하면서 해결해야 할 문제로 취급하는 대신 학생과 교직원 모두를 위한 깊고 지속가능한 학습을 개발하는 촉매제로 활용했다.

지속가능한 리더십은 시험 점수를 높이는 방법을 먼저 생각한다고 해서 표준을 향상시키지 않는다. 기초지식을 지나치게 강조하는 것의 대가는 미국에서 매우 분명하게 드러났으며, 사회 과목이 점점 더 읽기 및 수학에 가려지고 있다.[21] 학생들을 사전 검사한 후 합격점 바로 밑에 있는 백분위수 학생에게 집중 코칭을 실시함으로써 매년 문해력 시험 성적을 향상시켜야 한다는 압박(예를 들어, 미국의 '아동낙오방지법안'의 적절한 연간 진도 요건이나 영국의 '국가 문해력 및 수리력 전략'에서 정한 연간 목표를 충족하기 위해)에 대처하는 학교와 교육청은 지속가능한 개선을 만들어 내지 못하고 있다. 그들은 원래 측정하려고 했던 배움의 정도가 아니라 수치적으로 측정된 결과값에 집중하고 있다. 그들은 그들이 가치롭게 여겼던 것을 측정하는 것이 아니라 측정된 결과값을 중요하게 생각한다. 그러나 지속가능한 리더십은 첫해에 합격 점수를 넘을 가능성이 거의 없는 학생도 포함하여 모든 학생의 문해력에 대한 깊은 필요성에 먼저 집중함으로써 문해력 점수를 향상시킨다.

너무 오랫동안 많은 정부 개혁 전략이 말보다 수레를 먼저 앞세워놓은 것처럼 시험에 노력을 기울이고, 성취도 간 격차를 줄이고, 학습을 마지막까지 미루거나 아예 생략해왔다. 이로 인해 정부와 교육 지도자들은 학생들이 정확히 무엇을 성취하고 있는지에 대해 소홀히 하거나 간과하게 되었다. 보다 지속가능한 전략은 먼저 학습하고, 그다음에 싱취하고, 그리고 나서 시험 보는 것에 초점을 맞추는 것이다. 따라서 우리는 학생들의 성취도를 높이기 위해 노력할 때 진정으로 중요한 학습을 놓치지 않는다(그림 1.1).

---

■ 학습 ⇨ 성취 ⇨ 시험

■ 테스트 ⇨ 성취 ⇨ 학습

---

[그림 1.1] 표준화와 지속가능성

학습을 이해하는 데 가장 중요한 사항은 종종 시험에 대한 사람들의 집착 정도가 아니라 가르치는 것에 대한 흥분도를 파악하는 것이다. 하버드 대학교의 리처드 엘모어(Richard Elmore) 교수는 성적이 저조한 학교의 교실에서 오랜 시간을 보낸 후, 교사들이 때때로 자신의 가르침에 너무 흥분하고 헌신적이어서 학생들이 학습하는 방식이나 학습 여부를 제대로 파악하지 못하고 있다는 사실을 발견했다. 그는 교사들이 실제로 너무 열심히 가르친다고 말한다. 교사들이 한 발 물러서서 학생들이 실제로 어떻게 학습하고 있는지 지켜보고 대응할 시간이나 기회를 갖지 못하고 있다는 것이다.[22]

따라서 이 장의 나머지 부분에서는 학습을 위한 리더십의 두 가지 필수요소를 더 자세히 살펴보고자 한다.

■ 인간의 성장과 발전이라는 더 큰 갈망을 충족시키는 **깊고 넓은 학습**
■ 성급한 학습을 장려하는 국가정책을 지양하는 **느린 학습**

## 깊고 넓은 학습

학습은 삶을 위한 준비이자 삶의 일부이다. 학습의 의미는 삶의 의미에 내재되어 있다. 영국의 유명한 경영 지도자 찰스 핸디(Charles Handy)는 이 둘의 연관성을 다음과 같이 설명한다.

그는 "아프리카에는 두 가지 배고픔, 즉 더 작은 배고픔과 더 큰 배고픔이 있다고 한다"고 하면서 더 큰 배고픔과 더 작은 배고픔의 개념을 통해 배고픔을 설명한다. "작은 배고픔은 생명을 유지하는 것들, 재화와 서비스, 그리고 우리가 필요로 하는 돈을 위한 것이다"[23] 반면에 "큰 배고픔은 삶의 목적에 대한 이해를 위해 '왜'라는 질문에 대해 답을 찾는 것이다"[24] 깊고 넓은 학습은 우리의 더 큰 배고픔을 해결한다. 그것은 알고, 이해하고, 소통하고, 세상을 더 나은 곳으로 만들고자 하는 의욕을 불러일으킨다. 따라서 모든 학생과 그들과 함께 일하는 모든 사람들을 위한 깊고 넓은 학습은 의미를 위한 학습, 이해를 위한 학습, 삶을 위한 학습이다. 지적으로, 사회적으로, 정서적으로, 영적으로 모든 면에서 학생들을 참여시키는 것이 바로 학습이다.

학습의 기본 목적에 대한 이러한 생각은 고대에 뿌리를 두고 있다. 예수보다 5세기 전에 공자는 "생각 없는 배움은 헛수고이고, 배움 없는 생각은 위험하다"고 말했다.[25] 2천여 년 후 존 듀이(John Dewey)는 교육을 인간의 재생과 지속가능성이라는 깊은 목적과 연결시켰다. 그는 "생물과 무생물의 가장 두드러진 차이점은 전자는 재생을 통해 스스로를 유지한다는 점입니다. 존재를 지속하기 위해 노력하는 것은 생명의 본성입니다. 이 지속성은 끊임없는 재생에 의해서만 확보될 수 있기 때문에 삶은 자기 재생 과정입니다. 생리적 생명에 영양과 번식이 있다면 사회적 생명에 교육이 있습니다"[26]라고 말한다. 듀이에게 재생을 위한 교육의 본질은 의미와 이해를 위한 학습, 즉 "사물, 사건 또는 상황의 의미를 다른 사물과의 관계에서 파악하고, 그것이 어떻게 작동하거나 기능하는지, 그로부터 어떤 결과가 따르는지, 그 원인이 무엇인지, 어떤 용도로 사용될 수 있는지 파악하는 능력"이었다.[27] 린다 램버트(Linda

Lambert) 같은 현대 리더십 학자들은 "리더십이란 함께 학습하고 의미와 지식을 협력적으로 구성하는 것"이라고 말한다. 지속적인 대화를 통해 인식, 가치, 신념, 정보, 가정을 드러내고 중재하며, 함께 아이디어를 탐구하고 생성하며, 공유된 신념과 새로운 정보에 비추어 업무를 성찰하고 이해하려고 노력하며, 이러한 새로운 이해에서 비롯된 행동을 창출할 수 있는 기회를 포착한다. 이것이 바로 리더십의 핵심이다.[28]

호주 퀸즐랜드 교육부와 함께 선도적 학습에 관한 연구를 진행한 밥 린가드(Bob Lingard)와 동료 연구자들은 생산적 교육학이라는 관점에서 깊고 넓은 학습의 특징을 설명하였는데, 그 특징은 다음과 같다.

- 지적으로 요구하는 사항이 많음
- 학생들의 사전 지식과 그 너머 세계와의 연결
- 지원적인 환경과 학습 프로세스 제공
- 문화적 차이를 가진 학생과 학습자 참여를 위한 준비[29]

이러한 원칙은 퀸즐랜드 정책 입안자들이 '새로운 기본(the New Basics)'이라고 부르는 것에 내재되어 있으며, 기존의 기본(the Old Basics)에 더해 새로운 시대의 학생들에게 필수적이라고 믿는다.[30] '새로운 기본'은 삶의 경로와 사회적 미래, 다중 문해력(예: 문자, 구두, 그리고 시각적 문해력) 및 커뮤니케이션 미디어, 능동적 시민권, 환경 및 기술로 구성된다. 정책 입안자들은 이 원칙은 "단순하고 숫자만 나열하는 시스템이 아니며, 많은 시험이 우리가 직면한 복잡한 문제를 해결할 것이라는 주장에 동의하지 않는다"라고 말한다.[31]

우리를 물질 소비의 급증에도 불구하고, 사람들은 여전히 더 큰 갈망, 즉 "삶의 목적이 무엇인지에 대한 이해를 위해 '왜'라는 질문에 대한 답을 찾고 있다"[32] 훌륭한 소비자이자 생산자가 되는 것보다 삶에는 더 많은 것들이 존재한다. 그리고 교육에도 굶주림으로부터의 해방과 인적 자본 확충이라는 목적보다 더 많은 것들이 존재한다.

2004년 12월 26일, 우리 딸 중 한 명은 추운 북부 겨울을 피해 잠시 휴식을 취하려는 수천 명의 사람들과 함께 태국의 한 해변에서 해수욕을 하고 있었다. 그런데 갑자기 욕조에서 물이 빠지는 것처럼 설명할 수 없이 바닷물이 빠지기 시작했다. 그 느낌은 설명할 수 없는 정도였다. 바다를 빠져나오면서 그녀는 잠시 어깨 너머를 힐끗 쳐다보았다. 그녀는 끔찍한 장면을 목격했다. 남아시아 해안 지역을 초토화시킨 쓰나미의 일부인 거대한 파도가 그녀를 향해 달려오고 있었다. 옷이나 소지품을 챙길 틈도 없이 다른 사람들에게 도망가자고 말할 틈도 없이 그녀는 목숨을 걸고 질주하여 단 몇 초 만에 높은 지대로 탈출했다.

다른 많은 사람들은 훨씬 운이 없었다. 부모, 배우자, 아이, 아기들이 산사태에 휩쓸려 죽었다. 이 지역의 수십만 명의 가난한 어부들과 마을 주민들은 허술한 집이 그들을 거의 보호해 주지 못하는 비슷한 운명을 겪었다. 그런데 절망의 깊은 곳에서 이 자연 재앙과 인간의 비극 한가운데서 놀라운 일이 일어났다. 재난에 대한 소식이 퍼지고 그 끔찍한 재앙의 규모가 드러나고 정부가 처음에 고통스럽게 느린 대응을 보였을 때 자발적인 기부가 폭발했다. 서구 소비주의의 정점인 성탄절 다음 날, 집 안 곳곳에 선물이 가득 쌓인 가운데 여유가 있는 사람들은 모든 것을 잃은 사람들을 위해 자신의 돈과 기도, 시간을 기부했다. 대중의 기부금이 정부 기부금을 빠르게 앞질렀다. 아이들은 매주 받던 용돈을 기부했다. 노숙자들은 은행에 가서 자신의 주머니를 비웠다. 일주일도 채 되지 않아 영국인들만 3,500만 파운드(국민 1인당 1파운드)를 모금했다.[33]

자본주의가 우리를 소비하고 소비주의가 우리를 산만하게 할 수 있지만, 이런 순간은 인간 정신의 관대함, 우리가 함께 살아가는 방식에 대한 생각, 생계를 유지하는 방법, 삶을 살아가는 방식에 대한 생각의 필요성을 상기시킨다.[34] 교육과정, 기초 문해력, 또는 인적 자본의 필요성을 넘어서는 깊고 넓은 학습은 학교가 해야 할 더 크고 바람직한 영역이다.

네 가지 식품군이 광범위하고 균형 잡힌 영양 식단을 구성하는 것처럼, 지속적인 학습 프로그램도 우리의 더 큰 배고픔과 더 작은 배고픔을 해결해야 한다. 20세기가 끝날 무렵, 전 세계의 지속가능한 개발 사업을 장려하고 지원하는 유엔교육과학문화기구(UNESCO)는 사회적으로 분열되고 갈등이 가득한 세상에서 학습의 목적에 대한 비전이 담긴 문서를 작성했다. '학습: 내면의 보물(Learning: The Treasure Within)'의 저자들은 "본질적으로 양적 지식에 기반한 교육 수요에 대한 기존의 대응 방식은 더 이상 적절하지 않다. 어린이들에게 향후 활용할 수 있는 지식의 저장고를 제공하는 것만으로는 충분하지 않다. 어린이들은 평생 동안 학습 기회를 포착하여 자신과 자신의 지식, 기술 및 태도를 넓히고 변화하여 복잡하고 상호의존적인 세상에 적응할 수 있도록 준비되어야 한다"[35]

유네스코위원회는 "한 사람의 일생 동안 지식의 기둥이 될 네 가지 기본 학습 유형"을 다음과 같이 제안한다.[36]

① **알기 위한 학습(Learning to know)**에는 폭넓은 일반 지식의 습득, 지적 호기심, 이해를 위한 도구, 판단의 독립성, 평생 동안 학습을 지속할 수 있는 원동력과 토대 등이 포함된다. 또한, 알기 위한 학습은 집중력, 기억력, 사고력을 요구하는 학습을 전제로 한다.[37]

② **실행하기 위한 위한 학습(Learning to do)**은 배운 것을 실천에 옮기고(미래의

업무가 어떻게 전개될지 불분명한 경우에도), 다양한 상황에 대처하며, 주어진 환경에서 창의적으로 행동할 수 있는 역량을 포함한다. 여기에는 팀워크, 주도성, 위험을 감수하는 태도, 정보 처리 능력, 타인과 소통하고 갈등을 관리하고 해결하는 능력 등이 포함된다. 하기 위한 학습은 학생들이 교육과정 영역 안팎에서 학습한 내용을 적용해야 한다. 이를 위해서는 학생들이 학문 분야의 구조를 이해하고 이를 수학, 과학, 예술 등에 효과적으로 적용할 수 있도록 돕는 교수, 학습 및 평가가 요구된다.

③ **존재하기 위한 학습(Learning to be)**을 배우는 것은 우리가 누구이며 사람들과 어떻게 지내는지를 다룬다. 여기에는 도덕적 인격, 윤리적 판단, 개인적 책임감이 포함되며, 몸과 마음, 감정과 지성, 미적 감수성, 영적 가치 등 자아의 모든 측면을 다룬다. '존재하는 법(to be)'을 배운 사람은 자신과 세상을 이해하고 자신에 관한 문제를 스스로 해결할 수 있다. '존재하는 법'을 배운다는 것은 사람들이 자신의 재능을 개발하고 자신의 삶을 최대한 통제하는 데 필요한 사고, 판단, 느낌, 상상력의 자유를 주는 것을 의미한다.[38] 교육자들과 함께 진행하는 워크숍에서 우리는 종종 참가자들에게 "어린 시절 자신(the child they used to be)"에게 평생 지속될 조언을 해달라고 요청한다. 사람들은 어린 시절의 자신에게 더 나은 계획을 세우라거나, 더 높은 수준의 성과를 내라거나, 더 많은 과목을 공부하라거나, 책상에서 더 많은 시간을 보내라는 조언을 하지 않는다. 대신 "속도를 늦춰라", "인생을 최대한 즐겨라", "하나님을 사랑하고 이웃을 사랑하라", "모든 기회를 잡아라", "도전하라", "하루하루를 마지막인 것처럼 살아라", "자신에 대해 긍정적으로 생각하라" 등의 조언이 가장 흔한 대답들이다. 대개 학교의 리더들이 자신의 삶에서 가장 중요하게 생각하는 것들이다.

④ **더불어 살기 위한 학습(Learning to live together)**을 배우려면 학생들이 다

른 사람의 문화와 정신적 가치를 이해하고 존중하며 참여하도록 해야 한다. 다른 사람의 관점에 대한 공감, 사람들 간의 다양성과 유사성에 대한 이해, 상호의존성에 대한 인식, 관계를 개선하고 서로 협력하며 폭력과 갈등을 줄이기 위해 대화와 토론에 참여할 수 있는 능력을 요구한다. 더불어 사는 법을 배우는 것은 수백만 가족과 그 자녀들이 수십 년 또는 수 세기 동안 인종적 증오, 종교적 편견, 전체주의적 통제에 시달려 온 다문화 사회에서 깊고 넓은 학습을 위한 필수 요소이다.

이 네 가지 기둥에 다섯 번째 기둥을 추가하면, 그것은 지속가능한 삶을 배우는 것이다.

⑤ **지속가능한 삶을 위한 학습(Learning to live sustainably)**을 배운다는 것은 우리에게 생명을 주는 지구를 존중하고 보호하는 법을 배우고, 다양한 사람들과 협력하여 모든 공동체에서 경제적, 생태적 삶의 장기적 혜택을 확보하며, 개발과 성취의 기회를 박탈하지 않고 우리 주변 세계에 대한 생태 발자국을 최소화하는 행동과 관행을 채택하고, 가능하면 자연 세계를 정복하고 통제하려 하지 않고 공존하고 협력하는 것이다.[39] 유네스코 지속가능한 발전을 위한 교육의 강조점은 다음과 같다.[40] 교육에 대한 새로운 비전은 모든 연령대의 사람들이 자신이 살고 있는 세상을 더 잘 이해하도록 돕고, 우리의 미래를 위협하는 빈곤, 낭비적 소비, 환경 파괴, 도시 쇠퇴, 인구 증가, 건강, 분쟁, 인권 침해와 같은 문제의 복잡성과 상호 연관성을 해결하는 데 도움이 되는 비전이다. 이러한 교육 비전은 지속가능한 미래에 필요한 지식과 기술을 개발하고 가치, 행동, 라이프 스타일을 변화시키기 위한 총체적이고 학제적인 접근 방식을 강조한다. 이를 위해서는 남녀노소 누구나 공동의 미래를 위협하는

문제를 해결하기 위해 문화적으로 적절하고 지역적으로 적합한 방식으로 결정을 내리고 행동할 수 있도록 교육 시스템, 정책 및 관행을 재조정해야 한다.

우리 모두가 책임이 있는 환경적으로 위태로운 지구에 살고 있기 때문에, 이 다섯 번째 기둥은 문해력과 수학 실력만큼이나 오늘날 학습의 기본이 된다. 우리가 지속가능한 삶을 배우지 못한다면, 우리는 지구상 존재하는 하나의 종(species)으로서 배우지 못하거나 아예 살아남지 못할 수도 있는 심각한 위험에 처하게 된다.

존재하는 것과 함께 사는 법을 배우고, 지속가능한 삶을 배우는 것은 인지적, 지적인 문제뿐만 아니라 정서적, 도덕적, 영적인 문제이다. 모든 교수와 학습은 의도적이든 의도적이지 않든 감정적 실천이다.[41] 학생들과의 강한 관계와 정서적 참여는 시민의 책임, 관용, 지속가능성을 위한 필수 전제조건을 제공한다. 학습자가 다양하고 요구사항이 많은 경우, 배려한다는 것은 학생들의 다양한 문화에 반응하고, 교육과정 콘텐츠를 선택하거나 학습 목표를 정의하거나 평가기준을 공유할 때 학생의 아이디어를 반영하며, 학습 수준을 높이는 데 가족과 커뮤니티를 참여시킬 준비가 되어 있다는 것을 의미한다. 학습이 개인화되지 않으면, 즉 학습을 경험하는 각 학생의 의미, 사전 지식 및 생활 환경에 맞게 맞춤화되지 않으면 많은 학생, 특히 가장 취약한 학생은 전혀 배우지 못할 것이다.[42] 빌 앤 멜린다 게이츠 재단(The Bill and Melinda Gates Foundation)은 대규모 고등학교를 소규모 학습 커뮤니티로 전환하기 위한 비전 이니셔티브에서 이러한 더 깊고 넓은 학습의 정신을 포착하여 엄격성(rigor), 관련성, 관계성에 관한 창조적 학습을 정의한다.[43] 이는 엄격성을 먼저 고려하고 관련성과 관계성을 나중에 고려하는 것이 아니라 세 가지 요소를 동시에 함께 고려하는 것을 의미한다.

알기 위한 학습, 하기 위한 학습, 존재하기 위한 학습, 더불어 살기 위한 학습, 지속가능한 삶을 위한 학습 등 이 다섯 가지는 학교의 깊고 넓은 학습 목표를 나타내며 학교가 책임을 져야 하는 기준을 제시한다. 그러나 학교는 주로 처음 두 가지, 즉 알기 위한 학습과 하기 위한 학습만을 강조한다.

거의 반세기 전, R.E. 칼라한(R. E. Callahan)은 공교육이 기업 경영 중심의 효율성 숭배에 의해 지배되고 있다고 주장했다.[44] 캐나다 작가 자넷 스타인 (Janet Stein)은 "우리가 효율성을 더 큰 목적과 분리된 목적으로 정의할 때, 그것은 숭배에 다름 아니다"라고 이야기한다. 엘리엇 아이즈너(Elliott Eisner)는 효율성은 "주로 우리가 하기 싫어하는 일에 대한 덕목이며, 우리 중 맛있는 식사를 효율적으로 먹거나 멋진 대화에 효율적으로 참여하거나 실제로 사랑을 효율적으로 나누는 것을 좋아할 사람은 거의 없다"고 지적한다. 우리가 가장 좋아하는 일은 오랫동안 지속하고 싶어 한다. 효율성을 최우선으로 고려하여 설계된 학교 시스템은 지속성이 거의 없는 결과를 낳을 수 있다.[46]

예를 들어, 캐나다는 이미 15세 문해력 성취도가 세계에서 두 번째로 높은 국가이므로, 국가 자원의 호황과 불황에 덜 의존하고 국민들이 언제나 어려움에서 벗어날 수 있는 창의적이고 문화적으로 다양한 지식 경제에서 번창할 수 있도록 새로운 기본을 개발하기 위해 더 야심 차게 도전해야 한다. 그런데 왜 캐나다의 많은 지역에서는 개혁을 위한 에너지와 자원의 대부분을 오래된 문해력 향상에 투입해야 하는지는 이해할 수 없다.[47] 자국이 갖고 있지 않은 문제에 대해 외국에서 그럴듯한 해결책을 수입하는 이 전략은 정책 분야에서 흔한 친숙한 전략이다.

학교에서 무엇이 중요한지에 대한 대부분의 공적 척도(좋은 시험 점수, 검사 보고서, 단기 성취도 결과, 과밀 학교, 고객 만족도, 적절한 연간 진도)는 학생들이 현재와 미래의 삶에 지속적인 관련성을 갖는 더 깊고 넓은 의미의 학습을 하고 있는지에 대한 더 큰 질문보다는 내 생각에 '알기 위한 학습과 하기 위한 학습'이라는 성

과 문화의 요구에 답하고 있다. 현대의 효율성은 측정 가능한 성과 문화에 대한 강조이다.[48]

학습의 리더는 다른 사람들의 성과를 조율하는 조율자 그 이상이어야 한다. 학습의 리더가 된다는 것은 성과를 면밀하게 검토하고 인내하며 수치를 높이거나 격차를 좁힐 수 있는 빠른 방법을 찾는 것 이상을 의미한다. 중요한 제품을 지속적으로 개발하고 보존한다는 것은 리더가 다음 사항들을 수행해야 함을 의미한다.

- 표준화된 교육과정, 목표 중심의 성취도, 학교 성적 순위에 대한 정치적, 관료적 집착에 맞서 대중과 동료 전문가들과 함께 모든 학생을 위한 깊고 넓은 학습을 적극 지지한다.

- 단지 문해력과 수학 분야의 오래된 기본지식에 몰입하지 않고 개선을 위해 노력하면서도 창의성, 서면·구두·시각적 방식의 의사소통, 새로운 기술 활용, 사회적 및 문화적 차이에 대한 이해 및 실행, 환경의 지속가능성을 인식하고 헌신하는 새로운 기본지식을 수용한다.

- 점수 향상을 위한 시험에서 빠른 성과를 얻기 위해 학습범위를 축소하는 대신 진정성 있고 생산적인 학습의 실질적인 개선을 반영할 수 있도록 시험보다는 학습을 우선시한다.

- 모든 리더십 활동에서 학습을 최우선 순위로 삼아 행동, 예산, 버스 일정 등을 결정할 때 항상 "이것이 학생의 학습에 어떻게 도움이 되고 혹시나 해가 되지 않는가?"라는 질문을 가장 먼저 한다.

- 현재의 교육적 상황에서 미국 여성 교육감들 사이에서 인식하고 있는 다양한 학습들에 대해 많은 지식을 갖추고 이야기를 들어야 한다.[49]

- 동료교사들 사이에서 주도되는 수업 참관 및 시찰, 동료 간 학생 작업 사례 검토, 동료 코칭 및 멘토링, 교사들이 서로의 수업을 연구할 수 있는 과정 등을 통해 학교 내 교육자들 사이에서 학습을 투명하게 만든다.[50]

- 교실을 자주 방문하고 교사의 교육과정 계획과 학생의 반응을 모니터링(단 세세한 부분까지는 관리하지 않음)함으로써 학습의 상시적 관찰자가 된다.[51]

- 일반적으로 최상의 학습 방식에 대한 연구와 특히 교사 자신의 학교 및 교실에서의 학습 전략 및 성취 결과에 대한 비판적 검토를 통해 학습에 대한 적극적인 조사를 촉진하여 증거에 입각한 리더십을 발휘한다.[52]

- 학습이 끝난 후 학습에 관한 판단을 내리는 총괄평가 대신 진단평가가 학생의 학습에 대한 토론을 자극하고 유용한 피드백을 제공하고 있으므로 이러한 평가를 장려한다.[53]

- 학생들은 흔히 자신이 가장 잘 배우는 방법에 대해 잘 알고 있고 명확하게 표현할 수 있다는 점을 인지하면서, 학생들 자신의 학습에 대한 토론과 결정에 학생을 참여시킨다.[54]

- 함께 만들어야 하는 공유형 과제, 대화형 성적표, 학부모-교사-학생 3자 회의 등을 장려하여 자녀의 학습에 학부모들을 더 많이 참여시킨다.[55]

- 교육 변화에 대한 깊은 참여가 정부 우선순위 정책에 대한 신속한 구현 또는 현직 교육에 대한 압박으로 방해받지 않도록 자신의 리더십 개발 및 다른 사람에게 제공하는 직원 개발에 대한 심층적이고 광범위한 성인 학습을 모델링한다.

- 기존 학교에 소규모 학교 또는 소규모 학습 커뮤니티를 개발하고, 교사가 한 학년에서 다음 학년으로 이동하여 동일한 학생들을 가르치도록 허용하고, 개별 멘토링 및 기타 조치를 통해 모든 학생의 학습을 개별화하며, 학생과 교직원이 주변 사람들과 더 효과적으로 일할 수 있도록 정서적 소양을 적극적으로 배양함으로써 학습을 위한 정서적 환경을 조성한다.[56]

## 느리게 배우기

고요한 물은 깊다. 딥러닝(Deep Learning)은 결코 빠르거나 서두르지 않는다. 어떤 사람이나 책의 이름을 기억하려고 애쓰다가 나중에 다른 생각을 하고 있을 때 우연히 그 이름이 떠올랐던 적이 있는가? 복잡한 문제를 해결하기 위해 몇 시간 동안 고민하다가 잠을 자고 나니 해결책이 쉽게 떠올랐던 적이 있는가? 창의적이고 혁신적인 아이디어가 갑자기 떠오른 적이 있는가? 이는 모두 심리학자 가이 클락스턴(Guy Claxton)이 그의 저서『토끼의 뇌, 거북이의 마음』에서 느린 배움이라고 부르는 것의 예이다.[57] 그는 느린 배움이 우리의 학습과 삶에 필수적이라고 말한다. 느리게 아는 것은 우리의 경험에 깊이를 더하고 인간 이해에 가장 큰 돌파구를 제공한다.[58]

느리게 배우기는 창의적이고 지식 중심적인 조직과 사회에서 필수적인데, 기업과 국가는 주변의 경제 환경 변화에 따라 소수가 아닌 모든 시민의 창의성을 얼마나 잘 활용하여 스스로를 재창조하고 재숙련시킬 수 있는지에 따라 수익성이 좌우된다. 느린 배움은 지구 온난화와 같이 복잡하고 상호 연결된 문제를 해결하기 위해 점점 더 많은 기술적, 사회적 독창성이 요구되는 문제에도 필수적이다.[59]

그러나 창의성과 독창성의 씨앗을 뿌리는 느린 배움은 학교에서 점점 더 소홀히 취급되고 있다. 클락스턴은 느린 배움의 사례로, "인간 마음의 무의식 영역은 시간이 주어지면 여러 가지 중요한 과제를 성공적으로 완수할 수 있다. 그들은 정상적인 의식으로는 볼 수 없는 미묘한 수준의 패턴을 배우고, 분석하기에는 너무 복잡한 상황을 이해하며, 탐구하는 지성보다 훨씬 더 성공적으로 특정 어려운 문제의 근원에 도달한다"라고 이야기한다.[60] 다시 말해, 느린 형태의 배움은 다음과 같다.

- 희미하고, 덧없고, 주변적이고, 모호한 것에 대해 관대하다.
- 적합하지 않거나 즉시 이해되지 않는 세부 사항에 대해 깊이 생각하기를 좋아한다.
- 편안하고 여유로우며 장난기가 많다.
- 자신이 무엇을 찾고 있는지 알지 못한 채 기꺼이 탐색한다.
- 무지와 혼란을 이해가 샘솟을 수 있는 근원으로 간주한다.
- 적극적이기보다는 수용적이다.
- 마음이 자연스럽게 취하는 방향을 기꺼이 따른다.
- 갑자기 떠오르는 아이디어를 진지하게 대한다.[61]

딥러닝은 종종 느린 배움이다. 느린 배움을 실패, 장애 또는 후진성과 연관시켜 온 수십 닌 동안의 관행에 비추어 보면 이는 이상한 주장처럼 들릴 수 있다. 느린 학습자는 대개 존경의 대상이 아니라 도움을 받아야 하는 사람으로 여겨진다. 그러나 너무 빠르거나 급하게 진행되지 않는 학습은 창의적이고 혁신적인 아이디어를 배양하는 능력의 핵심이며, 복잡하고 어려운 문제에 대해 숙고하고 예상치 못한 해결책을 생각해 내는 능력에 필수적이며, 음악, 시, 예술을 온전히 감상하는 데 필수적이고, 새로운 관행을 배우고 적용하는 데 자신감과 유능함이 생길 때까지 필수적인 요소이다. 마이클 풀란(Michael Fullan)은 클락스턴의 아이디어를 바탕으로 느린 배움은 "쉬운 답이 없는 상황의 복잡성을 이해할 수 있게 해준다"라고 주장한다.[62] 기존 가정에 의문을 제기하고, 성급하게 판단하지 않으며, 이성적, 의도적으로뿐만 아니라 감정적, 직관적으로 이해하는 것이 느리게 아는 것의 특징이다.

빠른 사고, 창의적 브레인스토밍, 민첩한 조직, 경제나 환경적 측면이 빠르게 변화함에 따라 사람들이 문제를 빠르게 사고하고 학습하는 능력을 중시하는 빠르게 변화하는 지식 사회에서 느리게 배우기는 무책임하게 들릴 수 있다.[63] 리처드 플로리다(Richard Florida)는 그의 저서『창조적 계층의 부상은 일, 여가, 커뮤니티, 일상생활을 어떻게 변화시키고 있는가(The Rise of the Creative Class and How It Is Transforming Work, Leisure, Community and Everyday Life)』를 통해 오늘날 지식사회에서 인간의 창의성은 "최고의 경제적 자원"으로 여겨진다고 이야기한다.[64] 예를 들어, 미국에서 국부의 50%가 인구의 30%인 창조적 계층에 의해 생산된다.[65] 더 많은 번영은 이 30%를 넘어서는 능력에 달려 있으며, 플로리다는 하위 계층의 잠재 창의성을 활용하고 이를 복지자원을 낭비하는 대신 경제에 기여하는 창조적 업무로 연결해야 한다고 주장한다. 싱가포르는 모든 학교를 학습조직으로 전환하여 국가가 직면해야 하는 어떤 경제적 변화나 침체에도 불구하고 미래세대가

빠르게 학습하고 문제에서 벗어날 방법을 배울 수 있도록 하는 데 미래를 걸고 있다.[66]

창의력과 빠른 사고는 경제 이외의 다른 삶의 영역에서도 매우 중요하다. 지구 온난화, 재생 불가능한 자원의 고갈, 가속화되는 빈부 격차, 방해되는 휴대폰이나 이메일 스팸이 주는 짜증 등 우리가 만들어 내는 문제는 우리의 해결 능력을 넘어서고 있는 것 같다. 토머스 호머 딕슨(Thomas Homer Dixon)은 이 문제를 창의성 격차, 즉 세상의 복잡성 증가와 예측 불가능성과 사건의 속도에 따른 후유증에 대처하지 못하는 능력 사이의 불일치라고 부른다. 오늘날 부유한 국가의 많은 사람들은 기술 전문가들이 더 복잡한 세상을 능숙하게 관리할 모든 권한과 지식을 갖고 있다고 믿고 있는 것 같다. 이러한 믿음과 그들이 만들어 내는 안일함은 종종 완전히 정당화되지 않는다. 사실 우리는 우리가 만든 복잡한 시스템을 피상적으로 통제할 수 있을 뿐이며, 그 의존도 또한 매우 높다.[67]

그렇다면 빠른 사고, 민첩한 판단력, 긴급한 행동이 필요한 상황에서 느린 학습은 우리를 완전히 잘못된 방향으로 이끌지 않을까? 『블링크』라는 책에서 말콤 글래드웰(Malcolm Gladwell)은 눈 깜짝할 사이에 얼마나 많은 중요한 결정이 내려지는지 보여준다.[68] 건물이 무너지기 직전의 순간을 알아채는 소방관, 모든 검사 결과가 그렇지 않다고 해도 직감으로 수술을 지시하는 응급실 의사, 적절한 질문으로 개입할 시점을 포착하거나 학생이 거짓말을 하는 것을 즉시 알아차리는 교사 모두 직관적이고 즉각적인 판단의 힘에서 나오는 것들이다.

하지만 직관이 항상 옳은 것은 아니다. 때때로 사람들은 잘못된 판단을 내리기도 한다. 직감으로 인한 판단은 비극적인 결과를 초래할 수 있다. 차이점은 직감 뒤에 무엇이 있느냐에 있다. 하버드 레지던트 6년 차이자 의학 저술가인 아툴 가완데는 효과적인 직관은 수년간 천천히 축적된 지식, 경험,

지혜를 바탕으로 하며, 훌륭한 의사는 이를 활용하여 순식간에 해석할 수 있다고 설명한다.[69] 예를 들어, 미국에서 가장 성과가 좋은 낭포성 섬유증 치료 센터는 더 많은 자원, 더 나은 장비, 더 합리적인 진단법, 더 엄격한 근거 기반 절차가 아니라 특정 환자와의 상호작용 및 직관적 판단을 많이 사용하는 고도로 숙련된 의사들이 있다는 점에서 다른 센터와 차별화된다.[70]

따라서 창의적 사고는 역설적이다. 최고의 창의적 사고 중 일부는 실제로 느리다. 우리는 그것을 위한 공간을 만들어야 한다. 하지만 코미디 대본 작가나 위기 대응 팀에서 창의력은 때때로 빨라야 한다. 그러나 순간적으로 행동하고 생각할 수 있는 능력은 오랜 세월에 걸쳐 천천히 신중하게 축적된 깊은 지식과 이해에 달려 있다. 빠른 생각과 느린 앎은 상황 의존적이다.

대부분의 학교는 우리에게 빠른 사고력도 느린 앎도 가르쳐주지 않는다. 대신, 그들은 많은 양의 콘텐츠 또는 끝없는 암기 및 테스트를 제공한다. 집에서 시를 읽는다면 조용히, 개인적으로, 성찰적으로 읽으면서 우리의 생각과 감정에 영향을 미치도록 해야 한다. 그런데 학교에서 시를 공부하면 선생님은 시를 분석하고, 시의 일부분을 소리 내어 읽고, 다른 사람과 토론하거나, 다른 시를 직접 쓰도록 요구한다. 우리는 반추하고 성찰하는 것이 아니라 공연하고 생산하기 위해 서두르고 있다.[71] 학습은 실제로 그다지 나아진 것이 아니라 단지 더 빨라졌을 뿐이다.

우리는 빠른 결과를 숭배하는 나라에 살고 있다.[72] 장기적 목표는 단기적인 목표로 전환된다. 영국 초등학생의 4분의 3이 3년 안에 문해력을 표준수준으로 끌어올리지 못하면 교육부 장관이 사임할 것이라고 선언했다(사실, 그는 실망스러운 수치가 나오기도 전에 범죄로 인해 감옥에 수감되었다). 온타리오주 총리는 선거 직후 온타리오주 12세 학생의 75%가 3년 이내에 필요한 수준의 독서를 할 것이라고 대담하게 주장했다. 미국 공립학교는 모든 아동이 매년 측정 가능한 "적절한 연간 진전"을 보여주어야 한다. 그렇지 않으면 저성과자로 분류된다. 즉각적인 정보의 시대에 학부모는 학교가 즉각적인 결과를 제공할 수 있고 제공할 것이라고 믿고 싶어 하며, 정치인, 교육행정가 및 학교 개혁주의자들은 여론조사에 따른 망상에 너무 열중하고 있다.

따라서 교육과정은 더 많은 콘텐츠로 가득 차고, 시험은 더 자주 실시되며, 개념은 더 어린 연령대에 주입되고, 시험에 나오는 기본지식에 더 많은 시간이 할애되고, 교사는 학생들에게 수업 시간에 질문에 답할 시간을 줄이며, 질문과 호기심은 말라 버리기 시작한다. 이 모든 열광적인 활동을 저명한 아동 심리학자 데이비드 엘킨드(David Elkind)는 '서두르는 아이'라고 부른다. 엘킨드는 아이들의 능력을 측정하는 유일한 척도로 표준화된 시험을 강조하고, 점점 더 어린 연령대로 "교육과정을 점진적으로 하향 조정"하는 "학교 교육의 공장 모델"이 아이들의 어린 시절을 빼앗고 있다고 말한다.[73] 중산층 지위를 잃을까 봐 두려워하는 중산층 부모들은 현재의 중산층 지위를 유지하기 위해 당신의 자녀들을 너무 열심히 밀어붙이고, 예정된 활동을 과도하게 강요하며, 창의적 놀이를 할 시간을 거의 주지 않아 문제를 가중시키고 있다.[74]

아이들과 교사들이 끊임없이 성적향상에 대한 압박을 받으면 교사는 학습의 깊이를 부정하고 파괴하기 시작할 뿐만 아니라 목표와 시험의 단기적인 요구사항을 충족하는 데 도움이 되는 모든 것을 하고 싶은 유혹에 빠지게 된다. 학교와 교육청은 빠른 해결책을 찾는 기업이 분기별 보고서를 제출하는 것과 같은 방식으로 교육목표를 다루기 시작한다. 그리하여 많은 사람들이 교묘하게 회계 처리를 하고, 일부는 심지어 속임수를 쓰기도 한다.[75]

모든 학생, 특히 가장 취약한 학생들에 대해 높은 기대치를 갖는 것은 매우 중요하다. 또한 이러한 기대치를 충족하기 위해 진행 상황을 모니터링하고 측정할 수 있는 방법을 마련하는 것은 매우 중요하다. 새로운 교회 첨탑을 위한 모금 캠페인을 시작하는 교인, 교육청에서 학업성취 목표를 설정하는 교사와 관리자, 그리고 친구들이 긴 나눗셈을 익히도록 돕겠다는 데 동의하는 어린이 등 사람들은 공동 약속의 일환으로 목표를 함께 설정할 수 있고 때로는 설정해야만 한다. 외부에서 부과하는 목표는 개인이나 기관이 새로운 정책(예: 제조업체의 공해 감축 목표)을 준수하도록 하는 데 필요할 수도 있다.

그러나 목표를 함께 합의하지 않고 학교와 학생에게 단기 달성 목표를 부과하는 것은 두 가지 근본적인 문제가 있다. 첫째, 내가 아닌 다른 사람이 목표를 설정하면 목표를 지키거나 준수할 의지가 부족할 수 있다. 함께 합의한 목표를 달성하지 못하면 실망감이나 죄책감으로 다음에는 더 열심히 노력할 수 있지만, 다른 사람이 설정한 자신에게 맞지 않는 높은 목표를 달성하지 못하면 두려움을 느끼고 목표를 달성하기 위해 수단과 방법을 가리지 않을 수 있다.

분산적 리더십에 관한 연구에서 짐 스필레인(Jim Spillane)은 우수한 교사와 효과적인 리더십을 갖춘 학교는 목표와 성취 결과를 사용하여 교직원이 열심히 일하도록 유도하여 교육과 학습을 실질적으로 개선할 수 있다는 사실을 발견했다. 그러나 자격을 갖춘 교사가 부족하고 학업성취 수준에 부담을 느끼는 가난한 지역사회의 학교는 두려움에 사로잡혀 교육적으로 피상적이거나 부도덕한 해결책이라도 점수를 개선하고 시스템에서 벗어나기 위해 그것을 채택할 것이다.[76]

둘째, 3년 이하의 야심 찬 단기 달성 목표는 대부분의 사람들에게 본질적으로 달성할 수 없는 목표이다. 이러한 요구는 변화 관련 연구문헌에 알려진 모든 것을 정면으로 거스르는 것이다. 더 나은 학습을 위해서는 더 나은 교육이 필요하다. 더 잘 가르치는 법을 배우는 것은 빠르거나 쉽게 습득되지 않는다.

자체 연구에 따르면, 최고의 교사도 새로운 개혁 요구사항을 인식하고, 이러한 요구사항이 무엇을 의미하는지 이해하며 자신의 실천에 미치는 영향을 해석하고, 개혁을 실행에 옮긴 다른 사람들의 성공 사례를 보아야 한다. 그리고 새로운 실천을 직접 개발하는 데 도움을 줄 수 있는 코치와 트레이너로부터 배우고, 변화에 자신감을 가질 때까지 변화를 반복해서 연습하고, 변화가 아이들에게 어떤 영향을 미치는지 관찰하고, 학습에 미치는 영향을 측정하고 모니터링하는 시간이 필요하다는 사실이 밝혀졌다.[77]

이 과정을 거치는 데 걸리는 시간보다 더 짧은 시간에 결과를 바꿀 수 있는 유일한 방법은 '가짜'를 만드는 것이다. '가르치는 일을 그만두고 숫자만 보고 가르치는 직업으로 전환하십시오.' '시험을 치르는 아이들을 코칭하고 준비시키시오.' '시험에 나오는 것만 가르치십시오. 시험에 나오지 않는 모든 것은 버리십시오.' '처음에 시험 준비를 대충하면 첫해의 점수가 인위적으로 낮아지고 다음 해에는 향상이 더 크게 나타날 것입니다.' '합격선 바로 아래에 있는 아이들을 지도하는 데 모든 노력을 기울이십시오.' '답을 속삭이거나 힌트를 주십시오. 아이들이 문제를 보기도 전에 정답을 외치도록 유도하십시오.' '성적이 가장 나쁜 학생은 결석 처리하십시오.' '점수를 망칠 수 있는 학생들은 퇴장시키십시오.' '항목을 변경하고, 책을 만지작거리고, 과장하고, 속이고, 거짓말을 하십시오.' '그리고 요구되는 성적 향상을 가져올 수 없다면 점수가 나오기 전에 다른 일을 찾아 떠나십시오.' 등.

이러한 방식은 교육자들이 공포의 냄새가 진동하는 저신뢰 시스템에서 다른 사람들의 목표를 달성하는 방법을 배우는 방법 중 일부에 불과하다. 영국과 미국에서 증가하고 있는 노골적인 부정행위는 시험 중심 교육의 한계일 수 있지만, 단기적인 목표가 부과되는 저신뢰 시스템에서는 대부분의 교사가 즉각적인 결과를 위해 학습의 깊이를 포기하며 교묘하게 숫자를 조작하는 회계학의 연속선상에 있는 자신을 발견하게 될 것이다.

직원의 전문성 개발 정책도 이러한 경향을 답습할 뿐이다. 깊고 넓은 전문적 학습은 정치적 우선순위를 위한 현직교육으로 대체된다. 질문할 시간은 실행 속도에 쫓겨 쪼그라든다. 교육 방식은 급하게 구성된 계단식 코칭을 통해 강요되며, 각 단계의 코치는 그 위에 있는 코치보다 점점 더 적은 지식을 가지고 있다. 서두르는 전문가는 서두르는 아이들을 낳는다.

이 모든 스트레스, 속도, 피상성에 직면하여 우리 학교에서는 더 깊이, 느림, 실체를 추구하는 운동이 일어나고 있다. 이 운동은 지속가능한 (그리고 성공적인) 기업개발의 인내심 있고 목적 지향적인 관행을 모델로 한다. 슬로우 스쿨 운동은 들어가기 장에서 설명한 슬로우 푸드와 슬로우 시티 운동에서 출발한다.[78]

슬로우 스쿨 운동의 수석 옹호자인 모리스 홀트(Maurice Holt)는 "학생들에게 억지로 먹이를 주면서 푸아그라(최고의 별미)를 기대할 수는 없습니다"라고 이야기한다. 홀트는 "슬로우 스쿨은 철학, 전통, 공동체, 도덕적 선택에 주의를 기울이는 학교입니다. 단순히 암기하는 것이 아니라 이해할 수 있는 시간이 필요합니다"라 말하는 것이다.[79] 홀트는 슬로우 스쿨은 표준화되고 균질한 음식이 아니라 지역사회와 함께 일할 준비가 된 상호이해에 기반을 둔 슬로우 푸드와 같아야 한다고 주장한다. 슬로우 푸드는 전자레인지로 데우는 음식이 아닌 맛있게 조리된 음식이며, 멀리서 배달된 음식이 아닌 현지에서 재배되고 준비된 음식이다. 슬로우 스쿨은 "적은 것이 확실히 더 많은 것을 가져다준다"는 세상에서 비슷한 것들을 서로 연결하여 "비판적으로 바라보아야 한다"는 것으로,[80] 슬로우 스쿨링은 다음과 같은 사항들을 중시한다.

- 형식적 학습(formal learning)은 나중에 실시
- 시험 줄이기
- 교육과정 유연성 높이기
- 아이 재촉하지 않기
- 목적이 있는 놀이학습 강조[81]

이상의 내용이 공상적이거나 향수를 불러일으키거나 매우 의미 있게 들린 다면 다음의 이야기에 귀 기울여 봐야 한다. 고등학교 문해력이 세계에서 가 장 높은 국가인 핀란드의 어린이들은 다른 선진국보다 늦은 만 7세가 되어서 야 정규학교에 입학한다. 그 이전에도 가정, 지역사회, 탁아소 등에서 학습 이 이루어지지만, 기술적, 구조적인 면에서 훨씬 덜 의도적인 방식으로 이루 어진다.[82]

들어가기 장에서 먼저 살펴본 바와 같이, 수년간의 표준화 이후 영국과 호 주의 많은 지역에서 표준화 시험의 보급과 영향력을 증가시키기보다는 오히 려 감소시키고 있다. 일본, 싱가포르, 중국은 지식 사회로서의 경제적 미래 가 교육과정에 달려 있기 때문에 교육과정에 더 많은 유연성과 창의성을 도 입하고 있다. 21세기 초, 영국의 가장 선구적인 교육 개혁 정책 문서 중 하나 는 '탁월함과 즐거움'이라는 제목을 달았다.[83] 퀸즐랜드는 교육과정이 새로운 기본 사항뿐만 아니라 오래된 기본 사항도 충분히 다루도록 보장한다.[84] 슈 타이너, 발도르프, 몬테소리 학교는 수년간 교육과정에서 즐거움과 창의성 을 유지하면서 뛰어난 학습 성과를 거두었다.[85] 이론뿐만 아니라 실제로 슬 로우 스쿨 교육이 더 심오한 학습을 낳고 있다. 촘촘한 교육과정, 정형화된 교육, 표준된 성취도 테스트는 학습에 방해가 될 뿐이다.

느린 학교 교육이 이루기 쉬운 기대치나 혼수상태의 교실을 의미하지는 않는다. 때때로 음식을 조리하는 대신 전자레인지를 사용해야 하는 것처럼, 일부 교육과 학습은 빠른 속도로 빠르게 진행되어야 할 필요가 있다. 하지 만 전부는 아니다. 빠름을 숭배하는 교육을 끝낸다는 것은 속도를 조절하고 때때로 속도를 늦추는 것을 의미한다. 클락스턴(Claxton)은 모든 학습에는 자 신만의 속도가 있어야 한다고 이야기한다.[86]

느린 학습은 느린 리더십을 필요로 한다. 느린 리더십은 시험 점수 데이터 를 통해 빠른 수정과 즉각적인 결과를 찾으려고 서두르지 않는다. 규정되고 스크립트로 짜인 규정된 기본 학습을 통해 교육과정을 서두르지 않으며 다른 부분의 학습도 무시하지 않는다. 모든 학습을 진지하고 생산적이며 시험 가능한 것으로 만들어 학교와 학생, 교사의 영혼과 정신을 잃게 하지 않는다. 느린 앎과 지속가능한 개선은 단기 문해력 목표 또는 적절한 연간 진도에 맞추기 위해 어린이와 교사를 단조로운 연간 성취도 증가의 단조로운 기울기를 따라 움직이게 하지 않는다. 학습은 즉각적이거나 꾸준하지 않으며 항상 즉각적으로 나타나지도 않는다. 교사는 때때로 정리하고 통합하는 데 시간이 필요하다. 실제 학습자는 곡선을 그리며 성장한다. 그래서 느린 리더십은 리더에게 다음과 같은 점을 요구한다.

- 학습, 성취도, 그리고 시험이라는 순서로의 진행을 강조하지, 그 역순을 강조하지는 않는다.
- 기준을 훨씬 뛰어넘는 풍부하고 영양가 있는 교육과정을 제공하는 부유한 교외 지역 아이들과 규정되고 표준화된 기본 교육만 제공하는 도시 및 농촌 빈곤층 사이의 학습 격차를 넓히는 시험에 따른 성취도 격차를 좁히지 않아야 한다.
- 빠르게 진행되는 노래방식 교육과정과 다른 사람의 대본을 따라야 한다는 강박감에 저항한다.[87]
- 예술, 인문학, 보건 교육에서도 심도 있는 학습을 하고 장려한다.
- 아이들이 한꺼번에 시험을 치르지 않고 준비가 되었을 때 개별적으로 시험을 치를 방법을 고안한다.
- 아이들뿐만 아니라 동료와도 함께 자유로운 놀이와 대화를 위한 시간을 제공한다.
- 개선을 위해 긴급한 조치를 하고 결과를 참을성 있게 기다린다.
- 해결책을 찾기 전에 증거에 입각한 접근방식을 사용하여 학교가 갖고 있는 문제를 조사한다.
- 근본적 변화에는 시간이 걸린다는 점을 이해하고 그 이점을 인식시킨다.
- 직원 전문성 개발에서 근본적 변화를 도모하기 전에 변화에 대해 생각하고 질문할 시간을 충분히 갖는다.

## 결론

변화, 개선, 개혁은 그 자체로 도덕적 목적이라는 문제와는 무관하다. 개선은 편협하거나 피상적일 수 있고, 개혁은 잘못된 방향이거나 억압적일 수 있으며, 변화는 더 나은 방향으로 나아가는 것이 아니라 더 나쁜 방향으로 나아갈 수도 있다. 그러나 개선과 리더십에서 지속가능성은 본질적으로 양도할 수 없는 도덕적인 것이며, 지속가능성의 목적은 모두를 위해 중요하고 지속가능한 것을 개발하는 것이다. 지속되는 것이 중요하다. 지속가능한 기업에서와 마찬가지로 지속가능한 교실에서도 제품의 무결성이 가장 중요하다.

교육의 지속가능한 목적은 깊고 넓은 학습이며, 이는 모든 사람이 누릴 자격이 있다. 딥러닝은 종종 느린 학습, 즉 비판적이고 심오하며 사려 깊고 성찰적인 학습이기도 하다. 딥러닝은 사람들의 감정에 관여하고 그들의 삶과 연결되는 학습이다. 딥러닝은 욕망이라기보다는 사랑에 가깝다. 성과에 너무 집착하지 않으며 서두르지 않는다. 목표는 그것을 증명하지 않는다. 테스트는 거의 측정하지 않는다. 그리고 다른 사람이 해야 한다고 해서 당신이 할 필요는 없다. 메이 웨스트(Mae West)는 "할 가치가 있는 일은 무엇이든 천천히 할 가치가 있다"고 말한다.

지속가능한 학교 리더십은 즉각적인 결과 도출이라는 편의성에 대항하여 학습의 깊이를 추구한다. 분기별 수익률에 대한 집착과 같이 단기 목표에 집착하는 것은 부도덕하고 실행 불가능한 일이라고 선언하는 것을 두려워하지 않는다. 대부분의 교육자들이 이미 개인적으로 불평하는 것, 즉 단기 목표와 적절한 연간 진척도는 말도 안 된다고 큰 소리로 말하는 것은 충분히 용기 있는 일이다. 지속가능한 리더십은 질보다 양을 강조하는 '빠른 학교' 개혁 정책, 표준화된 제품과 효율적인 전달, 최소한의 충분함만을 강조하는 제한된 식단과는 대조적으로 잘 준비되고 맛있는 학습으로 구성된 영양가 있고 지속적이며 균형 잡힌 식난을 만들고 보호한다. 즉, 지속가능한 교육 리더십은 학습을 최우선으로 생각한다. 학습을 진지하게 다루면, 오랜 시간이 지나고, 심지어 중기적으로도, 그 성과는 저절로 나타난다. 다른 모든 지속가능성의 원칙들은 이 원칙을 보조하는 성격을 지닌다.

1   N. Mandela (1994), *Long walk to freedom*, 363.

2   A. de Gues (1997), *The living company: Habits for survival in a turbulent business environment* (Boston: Harvard Business School Press); M. Fullan (2001), *The new meaning of educational change* (3rd ed.) (London: Routledge/Falmer Press).

3   J. Collins & G. Porras (2002), *Built to last: Successful habits of visionary companies* (rev. ed.) (New York: Harper Business Essentials).

4   I. Jackson & J. Nelson (2004), *Profits with principles: Seven strategies for delivering value with values* (New York: Doubleday).

5   Collins & Porras (2002), 88.

6   D. Batstone (2003), *Saving the corporate soul and (who knows?) maybe your own* (San Francisco: Jossey-Bass).

7   G. Erickson & L. Lorentzen (2004), *Raising the bar: Integrity and passion in life and business: The story of Clif Bar, Inc.* (San Francisco: Jossey-Bass), 125.

8   Erickson & Lorentzen (2004), 25.

9   Erickson & Lorentzen (2004), 26.

10  Erickson & Lorentzen (2004), 25.

11  Erickson & Lorentzen (2004), 252.

12  Erickson & Lorentzen (2004), 253.

13  Mandela (1994).

14  C. D. Glickman (2002), *Leadership for learning: How to help teachers succeed* (Alexandria, VA: Association for Supervision and Curriculum Development).

15  L. Stoll, L. Earl, & D. Fink (2002), *It's about learning: It's about time* (London: Routledge/Falmer Press).

16  M. Knapp, M. Copland, & J. Talbert (2003), *Leading for learning: Reflective tools for school and district leaders* (Seattle: Center for the Study of Teaching and Policy, University of Washington).

17  Knapp, Copland, & Talbert (2003), 17.

18  P. Hallinger (1992), The evolving role of American principals: From managerial to instructional to transformational leaders, *Journal of Educational Administration, 30*(3), 35-48.

19  Glickman (2002).

20  J. Murphy (2002), Reculturing the profession of educational leadership: New blueprints, in J. Murphy (Ed.), *The educational leadership challenge: Redefining leadership for the 21st century—101st yearbook of the National Society for the Study of Education* (Chicago: National Society for the Study of Education), 71.

21  K. K. Manzo (2004) Social studies losing out to reading and math, *Education Week,* 24(27), 1, 16.

22  R. Elmore (2002), Hard questions about practice, *Educational Leadership, 59*(8), 22-25.

23  C. B. Handy (1998), *The hungry spirit: Beyond capitalism: A quest for purpose in the modern world* (New York: Broadway Books), 13.

24  Handy (1998), 13.

25  Confucius (1998), *Confucius: The analects* (London: Penguin Books), 65.

26  J. Dewey (1944), *Democracy and education: An introduction to the philosophy of education* (New York: Collier-Macmillan) (original work published 1916), i.

27  J. Dewey (1963), How we think, in R. M. Hutchins & M. J. Adler (Eds.), *Gateway to the great books* (Vol. 10) (Chicago: Encyclopedia Britannica), 135.

28  L. Lambert (1998), *Building capacity in schools* (Alexandria, VA: Association for Supervision and Curriculum Development), 5–6.

29  B. Lingard, D. Hayes, M. Mills, & P. Christie (2003), *Leading learning* (Philadelphia: Open University Press), 10.

30  Education Queensland, in Lingard, Hayes, Mills, & Christie (2003), 10.

31  Education Queensland, in Lingard, Hayes, Mills, & Christie (2003), 11.

32  Handy (1998), 13

33  이 정보는 여러 우수한 신문들에서 발췌한 것입니다.

34  R. Reich (2001), *The future of success* (New York: Knopf).

35  J. Delors, I. Al Mufti, A. Amagi, R. Carneiro, F. Chung, B. Geremek, and others (1996), *Learning: The treasure within—Report to UNESCO of the International Commission on Education for the Twenty-first Century* (Paris: United Nations Educational, Scientific, and Cultural Organization), 86.

36.  Delors and others (1996), 85.

37  Delors and others (1996), 86.

38  Delors and others (1996), 87.

39  지속가능한 개발을 위한 교육에 대해서는 다음을 참고하길 바란다. United NationsEducational, Scientific, and Cultural Organization (2004), UnitedNations Decade of Education for Sustainable Development, 2005-2014:Draft implementation scheme (Paris: Author).

40  United Nations Educational, Scientific, and Cultural Organization (2004), 4.

41  A. Hargreaves (2000), Mixed emotions: Teachers' perceptions of their interactions with students, *Teaching and Teacher Education*, 16(8), 811–826.

42  D. Miliband (2004, January 8), *Personalized learning: Building new relationships with schools,* speech presented at the North of England Education Conference, Belfast, Northern Ireland; D. Hargreaves (2004), *Education epidemic: Transforming secondary schools through innovation networks* (London: Demos).

43  Bill and Melinda Gates Foundation (2005), *Making the case for small schools,* retrieved from www.gatesfoundation.org; see also A. Hargreaves & L. Earl (1990), *The rights of passage: A review of selected research about schooling in the transition years* (Toronto: Ontario Ministry of Education).

44  R. Callahan (1964), *Education and the cult of efficiency* (Chicago: University of Chicago Press).

45  J. Stein (2001), *The cult of efficiency* (Toronto: Anansi).

46  E. Eisner (2002), *The arts and the creating of minds* (New Haven, CT: Yale University Press), 13.

47  Organization for Economic Cooperation and Development (2003), *Learning from tomorrow's world: First results from PISA 2003* (Paris: Author).

48  성과 기준 문화에 대한 자세한 논의는 다음을 참고하길 바란다. A.Hargreaves (2003), Teaching in the knowledge society: Education in the age of insecurity (New York: Teachers College Press).

49  C. Brunner & M. Grogan (2004), Women superintendents and role conceptions: (Un)troubling the

norms, in L.T.J. Kowalski (Ed.), *School district superintendents: Role expectations, professional preparation, development and licensing* (Thousand Oaks, CA: Corwin Press).

**50** R. F. Elmore & D. Burney (1999), Investing in teacher learning: Staff development and instructional improvement, in L. Darling-Hammond & G. Sykes (Eds.), *Teaching as the learning profession: Handbook of policy and practice* (pp. 236-291) (San Francisco: Jossey-Bass); R. Elmore (2002), *Bridging the gap between standards and achievement* (Washington, DC: Albert Shanker Institute).

**51** J. Spillane (in press), *Distributed leadership* (San Francisco: Jossey-Bass).

**52** J. Lewis & B. Caldwell (2005), Evidence-based leadership, *Educational Forum*, 69(2), 182-191.

**53** D. Hargreaves (2004).

**54** B. Levin & J. Wiens (2003), There is another way: A different approach to educational reform, *Phi Delta Kappan*, 84(9), 660.

**55** A. Hargreaves, L. Earl, S. Moore, & S. Manning (2001), *Learning to change: Teaching beyond subjects and standards* (San Francisco: Jossey-Bass).

**56** 정서적 문해력(Literacy)에 대해서는 다음을 참고하길 바란다. B. Harris (2004), Leading by heart,School Leadership and Management, 25(4), 391–404.

**57** G. Claxton (1999), *Hare brain, tortoise mind: Why intelligence increases when you think less* (Hopewell, NJ: Ecco Press).

**58** A. Hargreaves (2003).

**59** T. Homer-Dixon (2000), *The ingenuity gap: Can we solve the problems of the future?* (New York: Knopf).

**60** Claxton (1999), 4.

**61** Claxton (1999).

**62** Fullan (2001), 123.

**63** Claxton (1999), 4.

**64** R. Florida (2002), *The rise of the creative class and how it is transforming work, leisure, community and everyday life* (New York: Basic Books), 15.

**65** Florida (2002), 15.

**66** A. Hargreaves (2003).

**67** Homer-Dixon (2000).

**68** M. Gladwell (2005), *Blink: The power of thinking without thinking* (New York: Little, Brown).

**69** A. Gawande (2002), *Complications: A surgeon's notes on an imperfect science* (New York: Metropolitan Books).

**70** A. Gawande (2004, November 23), The bell curve: What happens when patients find out how good their doctors really are? *New Yorker*, 17-20.

**71** D. Hargreaves (1983), *The teaching of art and the art of teaching: Towards an alternative view of aesthetic learning* (Lewes, U.K.: Falmer Press).

**72** With apologies to E. Schlosser (2001), *Fast food nation* (Boston: Houghton Mifflin).

**73** D. Elkind (1993), School and family in the post-modern world, *Phi Delta Kappan, 77*(1), 8-14, 48.

**74** Elkind (1993).

75 부성행위의 확산에 대해서는 다음의 예를 참고히 길 바란다. D. Hoff (2003), New York teacher caught cheating on state tests, New York Times;and T. Fawcett (2004), Two-year ban for test cheat, London TimesEducational Supplement, 10

76 Spillane (in press).

77 Hargreaves, Earl, Moore, & Manning (2001).

78 C. Honoré (2004), *In praise of slowness: How a worldwide movement is challenging the cult of speed* (New York: HarperCollins).

79 M. Holt (2004, May), *The slow school: An idea whose time has come,* address presented at the Canadian Teachers' Federation Conference, Ottawa, Canada, 4.

80 Holt (2004), 7.

81 Honoré (2004).

82 핀란드 학교들에 대한 부분은 C. Alphonso & K. Harding의 한 공무원에 의해 기술된(2004, December 8) 다음의 글을 참고하길 바란다. Finland and Alberta spawn starstudents, Globe and Mail (Toronto), 5.

83 우수성, 즐거움 그리고 기타 관련 사항에 대한 내용은 교육기술부(2001, September)와 성공 달성하기 보고서((London: Her Majesty's Stationery Office)에 요약, 정리되어 있다

84 Education Queensland, in Lingard, Hayes, Mills, & Christie (2003), 10-11.

85 Honoré (2004).

86 Claxton (1999).

87 라오케(karaoke) 커리큘럼에 대한 논의는 다음을 참고하길 바란다. Hargreaves, Earl,Moore, & Manning (2001).

# II장
----------
# 지속
## (Length)

날씨 좋은 날, 폭풍이 몰아칠 수 있다는 가능성을 고려하지 않는 것은
사람들의 일반적인 맹점이다.

-니콜로 마키아벨리(왕자, 1452)

# 존속과 승계

**<지속가능한 리더십 제 2원칙>**

지속가능한 리더십은 지속된다. 지속가능한 리더십은 한 리더로부터 다음 리더에게 학습과 삶의 가장 가치 있는 면을 보존하고 진전시킨다.

## 리더십 승계의 문제

칼리굴라(Caligula) 왕은 자신의 아이들 절반을 살해했다. 고령의 영국 여왕은 어쩌면 그녀의 장자에게 왕좌를 이양하지 않을지도 모른다. 그리스 신화에 나오는 신인 크로노스는 자신의 아들을 먹어 치웠다. 도대체 이들은 왜 이러는 걸까? 이들의 공통점은 무엇일까? 그것은 바로 이들이 모두 리더십을 언젠가 넘겨줘야 한다는 냉혹한 사실의 직면을 부정했다는 것이다.

리더십 승계는 리더십 초기부터 마지막까지 관심을 가져야 할 중요한 도전이다. 그 누구도 영원하지 않다. 우리는 영원히 이끌거나 끝없이 성취할 수 없다. 우리는 단지 어떻게 우리의 성취가 지속적으로 존재하고, 우리 이후에도 더 많은 개선이 이루어질 수 있도록 초석을 다지는 역할을 할 수 있을 뿐이다. 이것이 바로 리더십의 승계, 주어진 임기를 넘어서도 지속될 수 있는 의미 있는 유산을 조직에 남기는 지속가능한 리더십을 둘러싼 개인적 차원의 도전이다. 이것은 또한 우리 앞에 남겨진 유산을 인정하고 그 유산을 토대로 더 나은 발전을 모색해야 하는 실존적인 도전이기도 한 것이다.

리더십 승계를 잘하는 것은 오랫동안 지속될 수 있는 개선을 보장하는 데에 필수적이다. 이는 세계환경개발위원회의 "지금 당장 현세대의 필요를 충족시키기 위해 미래세대의 가능성을 희생시키지 않아야 한다"는 철학 및 원칙과 궤를 같이하는 것으로, 장기적 전망을 선정하고 많은 시간과 노력이 드는 일에 전념하는 지속가능한 리더십의 핵심적인 내용이다.[1]

새로운 아이디어와 프로그램들이 처음 시도되는 변화 실행 단계를 일단 넘어선 다음에 등장하는 단계는 모호하고 규정하기 힘든 '제도화' 단계이다. 이 단계에 이르면 비로소 새로운 아이디어와 프로그램들이 단지 몇몇 교사들이 아닌 대다수 교사들의 실천으로 체화되고 통합된다.[2] 이러한 새로운 변화의 지속과 유지를 둘러싼 도전을 다루는 것이 바로 지속가능한 리더십의 두 번째 원칙이다.

외부로부터 강제되어 추진된 대부분의 하향식 개혁은 결코 제대로 시행되기 어렵다. 하향식 개혁들은 일반적으로 상이한 학교들의 다양한 요구와 환경을 수용하기에는 너무 경직되어 있기 때문이다. 이런 개혁안들은 변화에 대한 교사들이 가져야 할 그들의 몫을 존중하는 데 실패하는 과오를 범하곤 한다. 하향식 개혁안들은 교사들이 올바르게 이해하기에는 너무 성급하게 시행되거나 미국의 '아동낙오방지법(No Child Left Behind)' 법안의 경우와 같이 초기에 약속했던 재원(resources)들이 제공되지 않아 말뿐인 경우로 그치곤 한다.

일반적으로 강력한 비전을 공유하고 엄선된 교직원을 지닌 혁신적인 학교는 변화 실행에 있어서는 강점이 있다. 그런데 이런 학교들은 전형적으로 앞에서 말한 제도화 단계에서 실패한다. 그들의 혁신성은 시간이 갈수록 점차 희석된다. 계속 반복되는 혁신의 문화는 많은 교사들의 에너지를 소진케 하고 최고의 교사들이 떠나도록 유도한다. 또한 학교혁신 과정에서 지역사회 또는 주변 학교들을 함께 끌어들이는 데 실패하면서 이들로부터 질투와 의심을 불러일으키고 결과적으로 이로 인해 혁신이 지속하는 것을 위태롭게 만든다.

그리고 관내에서 학교혁신을 밀어주었던 교육감(교육장)이나, 과장과 같은 고위 장학 담당자들은 종종 더 좋은 직책으로 승진하여 떠나거나, 그들의 관심사가 다른 곳으로 쏠리게 되면, 학교는 홀로 허우적대는 상태로 남겨진다. 그러나 혁신적인 학교들에서 혁신을 유지하는 데 가장 중요한 도전은 바로 리더십 승계이다. 학교와 교육청은 강한 리더십의 안정성 또는 연속성 없이 그들의 학교 개선 노력을 오래 유지할 수 없고 제도화할 수 없다.[3]

학교 조직 생활에서 가장 의미 있는 사건 중 하나는 리더십 승계이다. 하지만 리더십 승계처럼 교육 조직에서 성공적이지 않은 일도 드물 것이다. 우리는 여러 가지 이유로 리더십 승계를 제대로 관리하지 못하는데 이는 주로 리더십에 관한 우리의 가장 기본적인 가정에 결함이 있기 때문이다.

우리는 대체로 리더십을 행정적인 지위를 갖는 상급자와 동일시한다.[4] 실패하는 학교를 획기적으로 전환한 영웅적 리더들만이 대중의 상상 속에서 주목받는다. 변혁적 리더십보다는 '변혁적 리더'들이 리더십 연구에서 가장 큰 주목을 받는다.[5] 그러나 리더십은 이렇게 한 개인에 국한되는 것이 아니라, 개인을 넘어 많은 세월에 걸쳐, 한 리더로부터 다음으로, 그리고 그 이후의 다른 사람들에게 이르기까지 그 영향력을 행사(또는 행사하는 데 실패)한다.

학교에 대한 리더의 영향은 종종 그들이 전혀 만나지 못했던 사람들, 즉 죽었거나, 다른 기관으로 갔거나, 미처 옮겨오지도 않은 사람들에 의해 깊이 영향을 받는다. 이들은 리더의 전임자 및 승계자로 과거 학교의 리더이거나 아직 그 학교에 오지도 않은 리더이다. 리더들은 멀리 있기도 하고 또는 같은 시간 속에도 존재하지 않는다. 계획적으로 또는 자연적으로 리더십은 이전에 떠난 자들의 어깨 위에 서서 다음에 올 자들을 위한 토대를 구축한다. 의미 있고 지속가능한 개선은 오랜 시간의 흐름에 따른 관리와 경영의 과정을 이해하고 관리하는 것들에 달려 있다.[6]

개혁가, 변화 전문가 및 리더들 자신은 리더십의 장기적인 측면을 좀처럼 이해하지 않는 경향이 있다. 실패한 학교를 변화시키는 임시방편의 변화는 종종 교사들 또는 교장을 탈진시키고, 개선에 대한 노력은 시간이 지남에 따라 지속되지 않는다. 변화된 학교에서 교장의 성공은 그(또는 그녀)의 빠른 승진을 이끌지 모르나, 그들의 학교는 이들 리더에 의해 버려졌다고 느끼거나 리더가 추진했던 압력이 사라졌을 때 안도감을 느끼는 교사들 사이에서 다시 퇴보하게 된다.

지속가능한 개선을 위한 교장의 기여는 단지 한두 사람이, 많은 시간에 걸쳐 다양한 교장들의 총체적인 리더십 속에서 평가되어야 한다. 교장과 리더가 떠날 때 어떠한 유산을 남기는가? 그들을 넘어 존재할 학생들과 지역사회 그리고 교직원들 사이에서 그들은 어떠한 역량을 개발시켜 주었는가? 이미 성취되어 온 것을 기반으로 학교의 구성원들은 무엇을, 어떻게 할 수 있고, 또 해야 하는가? 이것들이 리더십 승계와 관련된 중요한 질문들이다.

향후 학교 시스템은 다음의 요소들 때문에 리더십 승계의 요구나 기회가 넘쳐나는 것을 보게 될 것이다:

- 베이비붐 세대들의 은퇴에 따른 리더들의 급격한 정년퇴직(turnover)
- 다년간의 표준화된 개혁에 의해 촉발되는, 많은 리더의 조기(명예) 퇴직
- 역량이 부족한 학교들의 신속한 개선을 둘러싼 교육청의 요구[7]
- 낮은 학업성취도 결과들이 발표되기 바로 전에 그들의 학교 또는 교육청으로부터

급하게 탈출하려는 행정가나 리더들로 인한 교체의 가속화[8]

● 유능하고, 자격 있고 준비된 후임자에 대한 불충분한 인력풀[9]


미국의 경우, 국가적 차원에서 자격을 갖춘 교장들이 충분하다고 여겨지지만, 몇몇 주와 지역은 심각한 교장 부족 및 이탈에 직면하고 있다.[10] 예를 들면, 켄터키주와 텍사스주는 적은 교장 지원자 풀을 가지고 있다고 발표했다. 기간제 임시 교장들은 로스앤젤레스와 뉴욕시의 많은 학교들을 맡아 운영하였다.[11] 뉴욕주에서 설문에 응답한 교장들의 48%가 2006년까지 은퇴할 생각을 하고 있다고 분석되었다.[12] 게다가, 자격을 갖추고 있다고 해서 항상 이용 가능하다고 해석하는 것은 무리다. 2001년의 한 연구에 의하면, 미국 고등학교 교장 자격을 갖춘 사람들 중, 오직 30%만이 5년 내 그 역할을 계속하고자 한다고 응답했다.[13]

유사한 패턴이 영국에서도 존재하였다. 예를 들어, 교장 및 교감 채용을 위한 신문 광고의 빈도수를 분석한 연구에 따르면, 교장 채용 광고 수는 지난 10년간 평균 이상이었고 4년 동안 가장 높은 수치를 기록했으며, 매우 많은 학교들은 이러한 광고에도 불구하고 교장을 채용하는 데 실패하고 있다고 보고하였다.[14]

캐나다의 온타리오주에서는 공립 학구 내의 초등학교 및 중등학교에서 약 60%의 교장들과 30%의 교감들이 2005년까지 은퇴할 것으로 예상되었다. 그러나 교장 및 교감 자격을 갖춘 8,000명에 가까운 교사들이 2005년까지 은퇴할 것으로 보이는 반면, 1997년에서 2000년 사이에 매년 715명의 교사만이 교장 자격을 획득했다.[15] 이러한 전망과 동향은 호주와[16] 뉴질랜드에서도 비슷하며[17], 따라서 리더십 승계와 이로 인한 지속가능성 문제가 21세기 첫 20년 동안 교육개혁의 중심 이슈가 될 것이라는 점에 의심의 여지가 없다.[18]

## 교육계 밖의 승계

승계의 문제들은 방대한 캔버스를 가득 채울 정도다. 스페인과 오스트리아의 승계를 둘러싼 전쟁은 승계 문제가 국가들이 목숨을 걸고 싸움을 할 정도의 문제라는 것을 보여준다. 승계는 부시가나 케네디가 같은 현대판 왕조를 만들어 낼 수 있고, 또 벤저민 프랭클린가 및 보르기아스(Borgias)가와 같이 가문 간의 반목으로 이끌 수 있다.[19] 리더십의 승계는 언제나 커다란 이해관계를 갖는 문제이다. 권력과 통제, 전쟁과 평화, 변화와 연속성, 삶과 죽음 등, 이 모든 것들은 승계라는 운명적인 손에 그 원인이 있다.

## 기업의 승계

리더십 승계 문헌을 총망라한 연구에서, 커스너와 세보라(Kersner & Sebora)는 1980년대 이래 기업의 최고 경영자 승계를 둘러싼 역동적인 현상과 기업 경영에 대한 관심이 폭발적으로 증가했다고 분석하였다.[20] 다음은 그 내용 중 일부이다.

- 모든 회사는 효과적인 승계 계획을 가져야 한다. 이러한 과정은 회사의 전략적인 개선 계획 속에 포함되어야 한다.[21] 승계 계획에 있어 구성원의 광범위한 참여는 최고 경영자가 자신을 꼭 닮은 복제인간과 같은 후계자를 선택하려는 유혹에 빠지는 것을 견제할 수 있게 해 준다.[22]
- 빠른 변화 및 불확실성의 시대에 기존의 '승계 계획(식별, 선택, 훈련, 후계자 키우기, 그리고 특정 역할에 개인을 연결하는 것)'은 이제 '승계 경영(후계자가 더 쉽게 나올 수 있도록 하며, 미래를 계획하는 재능 및 전문 지식의 광범위한 문화를 창조하는 것)'으로 바뀌어야 한다.[23]
- 승계는 승계를 촉발한 요인의 영향을 받는다. 이들은 심각한 질병이나 죽음과 같은 비극, 무능력 또는 불법이나 부도덕한 행위와 관련된 범법 행위, 뜻밖의 승진, 전출

또는 이직과 같은 갑작스러운 교체, 또는 은퇴 또는 계약 종료에 따라 발생하는 계획된 승계 등이다.[24]

- 내부자 또는 외부자를 후계자로 선택하는 것에 대한 규정은 그리 간단하지 않다.[25]
- 빈번한 승계는 대체로 형편없는 결과로 이어진다.[26]
- 성공적인 승계는 리더와 리더십 승계에 직면한 다른 사람들의 능력에 달려 있다.[27]
- 성공적인 승계는 리더들에게 닥쳐올 권력의 상실을 수용하고 다루는 능력에 달려 있다.[28]

## 공공 부문의 승계

비록 승계와 관련하여 기업의 사례들은 의미 있는 시사점을 제공해 준다. 그런데 학교 및 교육청은 사적인 기업보다는 공공 부문의 조직에 가깝고, 공공 부문에서 승계의 문제는 상이하게 진행된다. 공공 부문은 베이비 붐 세대 리더들의 은퇴와 이들의 뒤를 이을 후속 세대 리더들을 발굴하고 채용하는 문제에 직면해 있다.[29] 향후 몇 년 이내에 미국 공공 서비스에서 70%의 고위 관리자가 은퇴하리라는 전망은 "리더십 연속성, 노하우, 경험을 어떻게 유지하고 전수할 것인지를 둘러싸고 여러 기관들에게 어려운 도전을 야기한다."[30]

유사한 패턴이 캐나다 및 호주에서도 보고되었다.[31] 규제가 많고, 예산은 한정되어 있고, 규정과 근로계약 때문에, 공공 부문은 새로운 리더를 고용하고 발전시키기 위한 융통성이 상대적으로 낮다. 이 때문에 많은 공무원들이 불만스러워하고 소외감을 느끼는 것은 그다지 놀랍지 않다.[32] 결과적으로, 공공 부문에서는 리더십 자질을 갖고 있는 사람들을 유인하기 위해 기업들과 경쟁하는 것이 점점 어렵고 불리하다. 이로 인해 승계 계획은 다른 방식으로 접근되고, 종종 훨씬 비효과적으로 추진된다.(《표 2.1》 참조)[33]

<표 2.1> 공공 부문 및 민간 부문의 승계 방식

| 공공 부문 | 민간 부문 |
| --- | --- |
| 후보자가 나타나도록 수동적으로 놓아둠 | 유능한 리더를 적극적으로 찾고 키움. |
| 단기간에 초점을 둠. | 장기적인 관점을 채택함. |
| 승계를 비공식적으로 다룸. | 승계를 보다 공식적으로 관리함. |
| 전임자의 대체자를 찾음. | 미래의 리더십 역량과 소질에 주목함. |
| 당장 요구되는 역량에 주목함. | 변화하는 요구에 직면하여 유연성 및 평생 학습을 |
| 승계를 불가피한 '비용'으로 간주함. | 강조함. |
| | 승계 계획을 자산으로 봄. |

출처: K. Jackson(200), 새로운 팀 구성: 새로운 세대(Building new teams: The next generation)를 보완(퍼스: 서호주 정부)

기업 및 공공 부문에 대한 문헌, 교육의 승계에 대한 연구, 그리고 8개 학교에서의 30년간의 리더십 승계에 대한 우리의 경험적 연구를 토대로, 본 장의 나머지는 리더십 승계 및 지속가능성의 4가지 가장 중요한 측면을 검토한다.

- 승계 계획
- 승계 관리
- 승계 기간 및 빈도
- 승계와 자아

### 승계 계획

모든 리더십 승계의 가장 중요한 문제는 리더십에 있어서 이행(transition)이 연속성을 유지하는지 아니면 과거 방향과 단절을 유발하는지의 여부이다. 이것은 어느 정도까지 의도적으로 계획된다. 이러한 가능성들을 결합하는 것은 4가지 유형의 리더십 승계를 구성한다. (표 2.2 참조)

### i) 계획된 연속성

계획된 연속성은 학교에 임명된 새로운 교장이 기존 학교 운영 전반의 방향 및 전임자의 경영 목표를 잘 유지하도록 세심하게 계획된 승계 계획을 추진할 때 발생한다. 오랜 기간에 걸쳐 그리고 다수의 리더들을 통해 지속되는 학교 개선은 다량의 세심하게 계획된 연속성에 달려 있다.

<표 2.2> 승계 계획과 연속성

|  | 연속성 | 단절 |
|---|---|---|
| 계획성 | 계획된 연속성 | 계획된 단절 |
| 비계획성 | 계획되지 않은 연속성 | 계획되지 않은 단절 |

우리의 조사과정 중에 만난 계획된 연속성의 가장 성공적인 예는 목적이 이끄는 3개의 혁신적인 학교 사례였다. 그 학교들에서는 내부에서 육성된 후임자들이 전임자가 이루어 놓은 성취를 학교문화에 잘 녹아들 수 있도록 노력하였다.

블루마운틴 학교(Blue Mountain School)는 1994년 '학습의 최우선'을 모토로 삼는 학교로 설립되었다. 초대 교장인 벤 맥마스터(Ben McMaster)는 이 혁신 학교의 첫 위기는 초대 교장이 이 학교를 떠날 때 발생할 수 있다는 점을 잘 알고 있었다.[34] 따라서 맥마스터는 초기 단계부터 자신의 후계자를 찾는 계획을 준비했다. 그가 학교를 떠나게 된다 해도 전문적 학습공동체와 학생회를 탄탄하게 구성함으로써 자신이 애써서 가꾼 학습 중심의 학교문화가 유지될 수 있도록 체계적으로 준비하였던 것이다.

맥마스터 교장의 흔적은(학교 철학, 조직, 디자인, 그리고 문화) 학교 곳곳에 편재했다. 그는 전혀 다른 철학을 갖고 있는 후임 교장이 부임하게 될 때 발생할 사태를 우려했다. 따라서 그는 학교의 독특한 미션을 이해하고 이에 전념하며 혁신 동력을 유지할 수 있는 후임자를 키워야 한다는 것을 교육청 측에 설명하고 지지를 획득했다.

4년 후 교육청은 실제로 그를 더 크고, 세간의 주목을 끄는 학교로 이동시켰고, 교감이었던 린다 화이트(Linda White)가 그를 대신하도록 승진 발령하였다. 그녀가 기억하기를, "(맥마스터가) 다른 학교로 이동하기 전에 우리는 이 학교가 움직이는 방향을 우리가 어떻게 유지할 수 있을지에 대해 자주 이야기했다. 우리는 만약 전혀 다른 철학과 신념을 가진 새로운 관리자가 교장으로 우리 학교에 온다면 그 교장의 방향으로 학교가 바뀌게 될 수 있다는 것을 두려워했고, 우리는 그런 일이 일어나는 것을 원하지 않았다."

화이트 교장은 관계를 강조하는 블루마운틴 학교의 특성을 유지하였다. 몇몇 교직원들은 의구심이 있던 반면, 화이트 및 그녀의 리더십 팀은 많은 이들에게 "마음으로는 아직까지 교사"인 "훌륭하고", "지원적이며", "멋지고", 또 "놀라운" 사람들로 설명되었다. 그녀는 "늘 배려"하고 "가족이 먼저"라고 인식하는 사람으로서 높게 평가되었다.

화이트 교장은 학교 철학을 유지하는 데에 전념하였고, 늘 개방적이고 친근한 교장이 되기 위해 열심히 노력하였다. 교장으로서 그녀는 "나는 항상 동일한 길 위에 있고, 내가 택할 어떠한 우회로도 결국 내가 다시 원래의 길로 돌아가기 위한 잠시 동안의 조치일 뿐입니다"라고 진술하였다. 학교의 새로운 가치 창조를 강조한 초대 교장과 달리, 그녀는 학교의 연속성을 특히 강조했다.

승계자로서 훈련된 내부 후계자를 선택하는 것은 확실히 개선에 도움이 되고, 변화의 상승 곡선을 그려나가는 데 좋은 효과를 갖는다. 강력한 내부 승계자는 그들의 학교 또는 교육청의 가치를 이해하고, 지역사회에 의해 받아들여지고, 무엇을 성취해 왔는지 알고, 그리고 무엇이 계속하여 달성될 것인지를 이해한다. 내부의 승계자들은 너무 늦지 않게 빨리 발굴되고, 확인되어, 조직과 그들 자신의 미래를 위해 능동적으로 훈련될 필요가 있다.

- 민주적인 능력과 잠재력에 기초한 조기 후임자 발굴
- 승계 계획에 대한 명확한 안내를 통해, 잠재적인 승계자로 하여금 미리 준비할 수 있게 하여, 갑작스러운 이탈 방지가 필요함.
- 지위의 모든 측면에의 노출
- 따라 하기, 멘토링, 그리고 코칭
- 트레이닝
- 그들의 능력을 최대한 발휘할 수 있는 과제와 목표의 설정
- 규칙적인 피드백[35]

그러나, 내부자가 언제나 적합한 승계자는 아니다. 우선, 동료들은 그들을 편애와 정파주의의 수혜자로서 삐딱한 시선으로 볼지 모른다. 이것은 특히 리더십이 부모로부터 자녀에게 물려주는 가족 경영 사학의 경우 특히 해당된다. 『세습의 찬양(In Praise of Nepotism)』이라는 저서에서 아담 벨루우(Adam Bellow)(유명한 아버지 사울(Saul)의 아들)는 가족 경영에서 "좋은 족벌 및 정파주의"는 "재생산 및 안정된 승계 시스템을 유지"할 수 있고[36] 만일 "능력 있고 정당화된" 아이들이 "자랑스러운 가족 전통을 계속" 유지하고[37] 기업이나 조직에서 적어도 다른 누구보다도 경쟁력 있고 열심히 일하기만 한다면, 기업이나 회사의 피고용인들은 이를 수용할 수도 있을 것이라고 주장한다. 그러나 만일 극도로 무능한 친척을 위해 특혜를 준다면 "나쁜 족벌주의"가 생기기 시작한다.[38]

리더들은 자신의 전문적 적자와 같은 이에게 공정하지 않고 합법적이지 않은 방식으로 자신의 자리를 물려주고 싶다는 유혹이 생길 때 이를 경계할 필

요가 있다. 이것은 강력한 승계자를 발굴하고 육성하기 위한 멘토링과 훈련에 있어 가족들, 네트워크, 그리고 관계성이 갖는 중요성을 폄하하거나 반대하려는 주장이 아니다. 오히려 승계를 둘러싼 공식적, 비공식적 절차들이 명확하고 투명한 성과 규준을 따를 것을 강조하는 것이다. 그렇지 않다면, 편애 또는 심지어 부패의 속성들이 후계자의 신뢰성을 영원히 손상시킬 것이다.

두 번째로, 리더들은 자신의 승계자를 키울 때, 종종 자신을 복제하려는 유혹을 받게 된다. 리브만과 바우어(Liebman & Bauer)가 "자신의 이미지를 선택하는 것"이라고 부르기도 하는 이러한 특징은 승계 과정의 다양성을 지니는 데 큰 방해물이 된다.[39] CEO의 승계에 관한 약 370개의 사례를 분석한 연구에서, 스미스와 화이트(Smith & White)는 CEO들이 그들 자신의 직업적 전문성과 동일한 전문성을 갖는 후계자를 선택하는 경향이 있다는 것을 발견하였다.[40]

자기복제는 개인은 물론 조직에 있어서도 해로울 수 있다. 오스틴 파워즈(Austin Powers)와 같은 "나의 복제인간(mini-me)"은 블루마운틴 학교의 두 번째 교장인 린다 화이트가 그녀의 교직원 중 몇몇에게 그렇게 보인 것처럼, 후임자들로 하여금 자신들의 전임자들보다 덜 인상적이거나 덜 효과적으로 보이게 할 수 있다. 이러한 "복제인간들"은 전임자와 그다지 다르지 않아 현상 유지에 치중하거나 그저 전임자에 다소 반항하는 정도에 그치고 마는 경향이 있다. 그래서 그들은 학교를 새롭게 혁신하기보다는 반복하고 마는 것에 그칠 수 있다. 따라서, 기존의 리더의 손아귀를 벗어날 수 있는 후계자를 양성하기 위해서는 리더에게만 승계 책임을 맡기기보다 그 책임을 구성원에게 넓게 분산시킬 필요가 있다.

세 번째로, 사람들은 종종 합리적이지 않은 이유로 내부자 또는 외부자를 후계자로 선임한다. 예를 들면, 그들 기관의 특별한 요구 때문이 아닌 관습과 버릇으로 후임자를 결정하는 것이다.[41] 최악의 시나리오는 표류하거나 기량을 발휘하지 못하는 학교에서 일어날 수도 있다. 내부에서 나온 후임자들은 학교를 새로운 방향으로 밀고 나가기보다는 교직원과 잘 어울리는 것에 주력하면서 학교를 더 표류하도록 할 가능성이 높다.[42] 이전 장에서 설명한 탈리스만 파크 중등 학교에서의 내부 승계자인 아이버 멕슨 교장이 전형적인 예이다. 그는 모든 학생들의 문해력을 향상시키는 것과 같은 힘들고 어려운 도전에 교직원들이 헌신하도록 하기보다는 학교 이미지를 유지하고 혼란을 최소화하기 위해 교직원들과 의논하여 문해력 시험 점수를 올리는 계산적인 시도에만 치중하였다.

### ii) 계획된 단절

계획된 연속성은 가장 혁신적인 학교에서만 짧은 기간 드물게 나타났다. 보다 일반적으로, 리더십 승계는 '단절'을 위해 설계되는 경향이 있다. 실패한 학교를 탈바꿈시키기 위해, 순항하는 학교에 충격을 주기 위해, 또는 상명하달식(top down) 개혁안을 실행시키기 위해 실행되는 것들이 그것이다.[43]

빌 앤드류(Bill Andrews)는 1998년에 스튜어트 하이츠(Stewart Heights) 중등학교의 교장으로 임명되었다. 한때 대부분 백인 중산층 또는 백인 시골 학생들이 대부분이었던 스튜어트 하이츠 중등학교는 도시 개발을 겪으면서 다인종으로 구성된 다문화 학교로의 이행을 경험하게 되었다. 이렇게 학생들의 구성이 현저히 바뀌었지만, 교직원들은 여전히 한때 작고 평화로운 백인 중산층과 백인 '마을학교' 였던 때의 향수에 젖어 있었다.

1988년 이래로 10여 년간 학교를 이끌었던 빌 앤드류의 전임자는 다음과 같이 고백하였다. "리더십과 관련하여 내가 씨름했던 어려움 중 하나는 내가 학교에 대한 뚜렷한 비전이나 목적, 방향성을 가지고 있지 않았다는 점이다. 나는 그저 교사들과 학생들이 원만하게 잘 지내는 것을 추구했다. 나는 내 역할을 그저 불필요한 행정업무와 골칫거리를 도맡아 처리하고 외부의 압력으로부터 교사들을 보호하여 교사들이 아이들과 효율적으로 공부할 수 있게 하는 데에 주력했다."

경찰관의 아들인 앤드류는 키가 크고, 위엄이 있으며, 자신감이 넘치는 모습이었다. 이전의 두 번의 교장과 대규모 교육청에서의 경험과 지식을 통해 그는 무기력한 학교를 자신감을 갖고 빠르고 또 효과적으로 변화시켰다.

앤드류 교장은 교직원들의 성과 및 학생들의 행동에 대한 확고한 기대를 분명하게 표명하였고 변화가 가능하다는 것을 설명하였다. 학기 초에 상담 교사들이 학생 상담 스케줄이 너무 많아 제시간에 다 마칠 수 없다고 불평하였을 때, 앤드류 교장은 본인이 직접 80여 명 이상 학생들의 상담 시간표를 재배치하고, 이 문제가 해결가능하다는 것을 보여주었다.

그는 공격적으로 관리 및 건물 이슈들도 다루어서, 학교 시설이 학생 및 학교 구성원들에게보다 접근성을 갖도록 바꾸었고, 교직원들 모두를 학교 목표를 위해 한마음으로 노력할 수 있도록 서서히 변화시켰다. 그는 어렵고 골치 아픈 문제를 피하기보다 직접 개입하고 주도적으로 해결하는 데 주저하지 않았다. 예를 들면, 그는 비록 오직 35%의 학생 및 25%의 부모들만 학교에 만족하는 데 반해 95%의 교직원들이 학교에 만족하고 있다는 만족도 조사 결과를 보여주며 교직원들이 다 함께 학교 개선을 위해 노력하도록 하였다. 한 교사는 말했다.

"앤드류 교장 선생님은 언제나 아이들에 대해 생각하고, 아이들을 위해 일하며, 또 아이들 입장에서 좋아 보이도록 하는 데 늘 우선순위를 세웠어요. 현상 유지는 그의 경영 스타일과 거리가 멀었지요. 그리고 나는 꽤 오랫동안 이 학교가 좋은 평판을 지녔고, 그리고 이것이 오래 지속되었다고 생각했어요. 이후, 지역사회 내에서 학교에 대한 좋은 평판은 어느 정도 사라졌으나, 학교 내의 누구도 그 사실을 실제로 잘 깨닫지 못했어요. 앤드류 교장이 부임했을 때 그는 이 현실과 문제를 알고, 이 문제를 해결하여 변화를 가져오는 일에 착수하였다고 생각해요. 그리고, 거의 대부분 좋은 방향으로 개선되었다고 생각합니다."

그러나 앤드류 교장은 교직원들을 몰아세우고 밀어붙이는 스타일이었다. "그가 자신이 원하는 방향으로 가도록 하는 생각이 있고, 또 그는 그 방향으로 가고 있다고 생각하지만, 그의 경영 스타일은 '이 길이 미래이니, 나를 따르라!'는 방식을 강요하는 식이었다." 또 "교육청의 방침이기 때문에 반드시 실행해야 한다"라고 주장했다. "그는 변화 주도자이고 동기 부여자이지만, 동시에 종종 그는 자신의 뜻을 관철하려 강요하였다."

앤드류 교장은 그의 짧은 재임 기간 동안 장기적 비전을 달성하기 위해 학교를 강하게 몰아붙였다. 학부모와 학생의 만족도는 급상승했다. 나무들과 교정의 벤치들은 학교를 삭막한 공장이 아니라 보다 아늑한 지역사회 공동체 공간처럼 보이도록 만들어지기 위해 시작했다. 교장을 위시한 학교 개선위원회는 학생들의 학습 증진을 위해 교직원들의 지지를 얻기 위한 노력에 속도를 올렸다.

스튜어트 고등학교 및 이와 유사한 다른 학교에서 '계획된 단절'은 꼭 필요한 변화를 가지고 올 수 있다. 새로운 리더를 임명한 사람들은 단절이라는 전망에 흥분한다. 그들은 학교를 구하고, 새로운 방향으로 시작하고, 흔들어보려는 것을 선호한다. 이것은 절박감, 단 한 번의 임명으로 그들이 매우 진정한 변화를 만들 수 있다. 단 다음의 두 가지 위험을 주의할 필요성이 있다. 첫 번째, 단절의 필요성은 바르게 진단되어야 한다. 수잔 무어 존슨(Susan

Moore Johnson)의 미국 교육감에 관한 고전적인 연구에서 교육위원회 위원들은 종종 이전 교육감의 단점에 너무도 집착하여 새로운 교육감을 선발하는 과정 중 그와 같은 약점을 갖지 않는 것을 보장하는 것에 모든 관심을 집중한다는 것을 보여준다.[44] 이러한 편협한 시야의 결과는 연속되어야 할 필요가 있는 성과 측면까지도 간과하는 것이다. 한 분야에서 단절의 필요성이 있는 것이 모든 분야에서 단절이 있어야 한다는 것을 의미하는 것은 아니다.

두 번째, 단절은 그것이 새로운 연속으로 변화될 때까지 충분한 기간을 통하여 확고하게 추구되어야 할 필요성이 있다. 계획된 단절은 신속한 혁신을 이끌어 낼 수 있지만, 그것이 새로운 문화로 정착되고 또 그 문화를 구성원들이 마음과 생각에 내면화하는 데는 시간이 필요하다.

되풀이하지만, 계획된 단절은 우리의 연구에서 학교를 대대적으로 개혁하는 것에는 효과적이었으나 변화를 계속하는 것에는 효과적이지 않았다. 예를 들어, 빠르고 가시적인 성과를 보인 빌 앤드류 교장은 스튜어트 하이츠 고등학교에서 임기를 3년도 채우지 못하고 교육청의 고위직으로 승진하여 떠났다. 다른 학교에서 계획된 단절을 모색했던 리더들 역시 그들의 현재 업무가 완료되기도 전에 다른 곳에 있는 어려움을 겪고 있는 학교의 해결사가 되기 위해 떠나곤 했다. 결과적으로 교육청 내 학교들은 지속적으로 학교 개선의 사이클을 교대로 경험하는 듯했으나, 실제로는 학교들 중 그 어느 한 곳에서도 개선이 오래 지속되지 못했다.

### iii) 비계획된 연속성 및 단절

우리 연구에서 현실적으로 대부분의 승계는 결국 계획된 연속성과 계획된 단절 사이의 역설적인 혼합의 양상으로 나타났다. 전임자가 이루어 놓은 성취는 종종 뜻하지 않게 단절되어 버렸고, 전임자가 떠나기 전의 그저 그런 상태로 다시 회귀해 버리는 뜻하지 않은 연속성이 자리 잡곤 했다. 이러한 리더십 승계의 회전목마에서 성공적인 리더는 갑자기 들어올려져 다른 더 힘들고 문제 많은 학교를 구원하기 위해 새로운 안장으로 갑작스럽고 성급히 옮겨지곤 했다. 그들보다 조금 더 뛰어나거나 혹은 평범한 후임자들의 승계 문제에 대해서는 좀처럼 주의를 기울이지 않는다.

스튜어트 하이츠 고등학교의 초임 교장인 브릭 웨스트(Eric West)는 교육감으로 승진한 앤드류 교장의 후임으로 결정되면서 비교적 이른 나이에 승진하게 되었다. 4년 반 동안에 3명의 교장이 바뀌고, 또 정부 교육개혁안들의 실행 압박 속에서 웨스트 교장은 차분하게 교장으로서 자신의 입지와 정체성은 확고히 하였으나 학교와 교직원에 대해 알아갈 수 있는 시간을 가질 여유가 없었다.

그의 전략은 첫 학기에는 별다른 변화를 모색하지 않고 관망하면서 관계를 형성해 나가는 것이었다. 이러한 접근은 학교 변화와 개선을 둘러싼 장기적 변화 환경에 비추어 보면 납득할 만한 것이었지만, 가속화된 강요된 개혁의 여건하에서 이러한 전략은 관성과 표류만을 양산할 뿐이었다. 이 와중에 전임자 웨스트 교장이 이루었던 학교의 총체적 변화 성과들이 지속되지 못하고, 오히려 교과 간 권력 다툼과 보다 엄격한 학생 훈육 방침들이 웨스트가 떠난 리더십의 공백을 재빠르게 채우기 시작했다.

웨스트 교장으로의 교체는 정부의 교육과정 개혁과 학교 성과에 대한 압박이 정점을 찍고 있을 때 이행되었다. "이때는 종종 학교에서 할 수 있는 것과 없는 것에 대한 규정이 하루가 멀다고 바뀌었습니다. 학교가 자율적으로 개선 계획을 세우고 추진하려고 하면, 정부 시책과 교육청 방침이 하달되어 계획을 포기해야 했습니다. 이런 상황이다 보니 그저 뒷자리에 앉아 구경만 해야 한다는 현실이 꽤 실망스러웠습니다"라고 웨스트 교장은 회고한다.

교직원들은 웨스트 교장을 위시한 학교를 운영하는 보직교사들로 구성된 리더십 팀에 대해서 "그저 좋은 사람들만으로는 감당하기 힘들죠!"라고 평가했다. 전임자 앤드류 교장은 때로 저항과 갈등이 있고, 교과목 간 분파와 마찰이 있어도 학교 개선이라는 목표를 향해 돌파하는 스타일이었다. 시간이 지나고 또 학교 개선의 목표가 조금씩 달성되면서, 교과 간의 반목과 갈등의 골은 조금씩 좁혀지고 채워질 수 있었을지도 모르나, 안타깝게도 이러한 변화의 뿌리가 안정적으로 내리기 전에 앤드류가 갑작스럽게 승진하여 교육청으로 옮기게 되면서, 이러한 갈등과 반목의 골은 오히려 더 깊어졌다. 짧은 시간 리더십의 반복된 교체, 형편없는 승계 계획, 그리고 가차 없고 감당하기 어려운 교육개혁안의 실행 압박은 지난 2년간의 학교 개선의 현저한 성과들을 손상시켰다. 3년 만에 웨스트 교장 자신도 다른 학교로 옮겼다. 웨스트 교장은 새 학교로 옮긴 후 사흘 만에 과도한 스트레스로 인해 결국 입원했다.

성공적인 계획된 연속성 또는 단절은 교육리더십 시장에서 매우 드물다. 리더십 승계는 되풀이되는 형편없는 계획에 의해 망가진다. 승계 계획은 엉망이거나, 아예 계획 자체가 전혀 없는 것이 태반이다. 애써 이룬 성과는 단절되고, 개선으로 인한 성과는 제거되어 버리며, 기존의 평범하고 별로 볼일이 없는 현상 유지 상태로 회귀하게 되면서 '연속성'이 재정립된다. 회전문과 같은 성급하고 반복된 리더십 승계는 학교 개선의 우상향 상승 궤도를 그리기보다는, 우울하게도 매우 규칙적으로 오르락내리락만 할 뿐 결국 언제나 제자리를 맴돌 뿐인 영속적인 회전목마를 돌릴 뿐이다.

오랫동안 지속되는 개선을 위한 탐구는 더 나은 승계 계획을 통해 의미 있는 진전을 가능하게 할 수 있다. 좋은 승계 계획들은,

- 리더들이 떠날 것으로 예상되는 시점보다 훨씬 전부터 또는 심지어 리더들이 부임하

는 바로 그 시점부터 준비된다.

- 다른 구성원들에게 준비하기 위한 적절한 시간을 준다.

- 학교의 모든 개선 계획과 통합되어 추진된다.

- 자기 자신을 복제하기를 원하는 경향이 있는 외톨이 리더들의 특권이기보다는 더 많은 구성원들의 공동 책임이 되어야 한다.

- 학교의 현 상황, 그리고 발전 및 개선을 위한 미래 요구에 대한 명확한 진단에 기초해야 한다.

- 다음 국면(단계)의 개선을 위해 필요로 하는 명확하게 정의된 리더십 기준과 기능 등과 투명하게 연결되어야 한다.

## 승계 관리

계획이 있는 것이 없는 것보다는 낫다. 그러나 승계 계획 자체만으로는 충분하지 않다. 승계 계획은 단지 한 명의 잠재적 후임자를 준비하는 데 지나치게 의존한다. 선택된 개인은 성급할 수도 있고, 다른 기회를 선호할 수도 있고, 그 성과가 점점 감소할 수도 있고, 또는 불명예로 떠날 수도 있다. 만일 해당 기관이나 조직을 둘러싼 환경이나 여건 등이 갑자기 변화한다면 이 경우 준비했던 승계자는 이제 더 이상 옳은 선택이 아닐 수도 있다.

이러한 이유 때문에 리더십 승계 분야에서는 최근 승계 계획보다는 승계 경영, 즉 후임 최고 경영자가 보다 더 용이하게 출현하고 선정될 수 있는 조직 경영을 통해서 리더십 계발 풍토를 조성하는 것을 더 추구한다.[45] 선택할 수 있는 잠재적 후보군이 많을 때 또는 학교나 교육청 차원에서 리더십을 육성하고 계발할 때 승계자를 찾는 것은 좀 더 쉽다.

이렇게 조직 차원에서 리더십 계발 문화를 창조하는 것은 몇 명의 영웅이나 스타에게 지나치게 의존하지 않는 것을 의미한다. 스타를 좇고 그들을 확보하기 위해 많은 투자를 하는 회사들은 종종 그렇게 모셔 온 스타들이 이전 조직에 있을 때만큼 밝게 빛나지 않는다는 것을 발견한다. 그들이 현실에 안주하거나 그들의 전성기가 지났기 때문이 아니라 그들의 명성은 사람들, 네트워크, 관계 그리고 그 스타와 오랜 기간 동안 함께 일해온 집합적인 인적 자원과 역량에 의존하기 때문이다.[46]

비록 강력한 리더십의 승계자를 찾는 문제는 리더들이 잘 육성될 수 있고 또 부상할 수 있는 내적 조직 문화와 풍토를 형성함으로써 가장 잘 해결될 수 있을지라도 에티엔 웽거(Etienne Wenger)가 저술-영향력 높은-에서 잘 드러내 듯이 그 실현은 그리 쉽지 않다.

웽거는 리더가 조직 내에서 가질 수 있는 다수의 궤적(trajectories)을 주변(peripheral), 인바운드(inbound), 내부자(insider), 그리고 아웃바운드(outbound)로 설명한다.[47] 새로운 조직에 들어오는 대부분의 리더들은 외부인으로서 주변 궤적으로부터 시작한다. 그리고는 시간이 흐름에 따라 다른 유형의 이론에 의지하여 리더십을 행사한다.

- 인바운드 지식은 한 학교를 변화하고, 개선하고, 흔적을 남기는 데 요구되는 리더십 또는 학교 변화 이론이다.
- 내부자 지식은 공동체의 구성원들과 신뢰를 형성하고 공동체의 일부로 받아들여진 후에 학교를 새롭게 재건하거나 변화하기 위해 그들로부터 부여되거나 그들과 함께 발휘되는 형태의 리더십 또는 학교 변화 이론이다.
- 아웃바운드 지식은 과거의 성공을 보존하고, 개선이 지속되고, 리더가 떠난 이후에 유산을 남기기 위해 요구되는 형태의 리더십 또는 학교 변화 이론이다.

### i) 인바운드(inbound) 지식

학교와 교육청은 대개 뒤돌아보고 종래에 존재하는 것을 강화하기보다는 변화를 개시하고 도입하는 인바운드 지식에 집착한다. 이러한 유형은 특히 카리스마적 리더들에게서 일반적으로 나타난다. 1974년에 캐나다에서 가장 혁신적인 학교 중 하나인 로드 바이런(Lord Byron) 중등학교가 세워졌을 때, 카리스마적 교장인 워드 본드(Ward Bond)가 임명되었다. 본드 교장을 흠모하는 교사들은 그가 너무 대단해서 쉽게 대체되거나 모방될 수 없다고 생각했다. 그리고 그가 3년 만에 떠났을 때, 그의 승계자들은 그의 전설적 리더십에 절대로 부응할 수 없다고 보았다.

학교는 오랜 과정의 소모적인 변화, 즉 시간이 지남에 따라 학교의 혁신적인 정체성의 점진적인 침식을 겪기 시작했다는 것을 인정했다.[48] 탈리스만 파크 중등학교의 전임 교장인 마이크 아니스(Mike Arness)도 본드 교장의 카리스마적 자질을 일부 지녔었다. 그가 학교를 떠났을 때, 그는 단지 자신만 떠난 것이 아니라, 핵심적 중간 리더들을 함께 데려갔다. 학교 구성원과 교직원들은 자신들을 믿기보다는 카리스마적인 리더의 신비스러운 자질에 의존하는 경우가 종종 있다.[49] 카리스마적인 리더의 인바운드 지식은 학교에 있어서 엄청난 변화를 만들어 낼 수 있지만 그들이 떠난 이후에는 그 변화가 좀처럼 지속되기 어렵다.

인바운드 지식은 계획된 단절의 여건에서 강조된다. 스튜어트 하이츠 중등학교에 부임한 빌 앤드류는 그저 "순항(cruising)"하는 학교를 호전시킬 수 있다는 교육청의 기대를 충족시켰다. 그러나 교육청은 개선된 학교의 문화를 확고히 하고 그 변화를 공고히 하기에 충분히 긴 시간 동안 그로 하여금 학교에 재임할 수 있도록 내버려 두지 않았다. "실패한" 학교를 신속하게 탈바꿈하고 싶어 하는 이들은 특히 인바운드 지식을 통한 신속하고 임기응변식 해결책에 집착하게 되기 쉽다.

뉴욕주에 있는 쉘던 고등학교는 '아동낙오방지법' 정책하에 교육청으로부터 "향상이 요구되는" 학교라는 불명예 평가를 받게 되었다. 한때 교육청의 보석과 같다고 알려졌던 이 학교는 1970년에 인종 폭동으로 인한 충격 이후 10년이 지나는 동안 내리막길을 걸었다. 백인 계층의 우수한 학생들은 교외로 대거 이주했고, 계속되는 마그넷 스쿨의 설립은 쉘던 고등학교의 우수한 학생들을 빼앗아 갔다. 결국 학교와 지역사회와의 유대와 연결은 상실되었다.

마그넷 스쿨 정책은 도시 반대편 학교의 폐쇄를 초래하면서 그 학교들의 문제 학생들은 통학 버스 정책을 통해 쉘던 고등학교에 배치되는 결과를 낳았다. 쉘던 학교의 좋은 시절에 재임하였던 교장 중 하나인 렌 아도모(Len Adomo)는 열정적이었으나 독선적이었다. 그의 태도는 "내가 책임자입니다. 학교 경영을 어떻게 할 것인지는 내가 결정할 것입니다"라는 것이었다. 교장의 이와 같은 독선적이고 비민주적인 전횡에 교사들은 해소책으로 그들의 좌절과 리더십에 대한 기대를 교사노동조합에 의지하여 해소하려고 하였다.

아도모가 교장이 입장을 양보하지 않을수록 노조는 더욱 공격적으로 되었다. 한 교사는 아래와 같이 회상했다. "아도모 교장은 노조와 싸우길 좋아했다. 왜냐하면 그는 거의 모든 이슈에 관하여 교섭하거나 타협하는 것을 내켜 하지 않았다. 논란거리가 될 이슈가 크던 작던, 시간이 지날수록 교직원들은 더 공격적이 되었고, 학생들의 요구는 더 많아졌다. 그럴수록 교육청은 이들에 맞설 수 있는 맷집이 있는 후임 교장을 임명하려고 하면서 갈등은 더욱 심화되었다.

한 교사는 아도모 교장의 후임자를 교육청의 '기사'로, 학교 교직원들은 '농노'라고 묘사하기도 했다. 그렇지만, 계속해서 독선적인 교장들을 임명하는 것은 오히려 교사들의 투쟁적 특징을 더 강화할 뿐이었다. 쉘던 고등학교의 이름을 풍자한 "쉘던니즘"은 교육청 내 걷잡을 수 없는 교사노조의 동의어가 되었다. 이러한 대치의 지속은 교사들이 그들의 에너지를 오직 자신을 방어하는 데 치중하게 하고, 결과적으로 인구 통계학적으로 달라진 학생들의 변화된 속성에 부응하는 데 무기력하게 되었다. 인바운드식, 하향식의 강압적 리더십은 변화에 대한 저항을 강고하게 할 뿐이다.

이와 같은 제대로 기능하지 못하는 리더십 승계 시나리오들 가운데, 단기간의 인바운드 리더십과 학교 변화 이론은 지속가능한 개선에 필수적인 장기간의 아웃바운드 리더십과 학교 변화 이론을 반복적으로 퇴색시킬 뿐이다.

### ii) 아웃바운드(outbound) 지식

우리가 수행한 종단적 학교 변화 프로젝트에서, 아웃바운드 지식은 3개의 혁신적인 학교에서만 명백하게 발견되었다. 이들 세 학교에서는 리더십과 학교의 비전을 계속하여 증진시키기 위해 재직하고 있는 교감을 유망한 승계자로 육성하였다. 이러한 교장들의 성공적인 아웃바운드 궤적들은 또 한편으로 그들이 그들의 학교 교사들에게 폭넓게 분산된 리더십을 부여하고, 리더십을 발휘할 수 있게 한 능력 때문이기도 했다.[50] 예를 들어, 듀란트 혁신 고등학교의 교사들은 "우리 모두가 관리자이고 우리 모두가 학교 경영 업무를 공유"했던 초창기를 기억했다. 그들 중 한 명은 그들의 초창기 교장에 대해서 회상했다. "그는 관리자로서는 정말 최악이었죠. 그는 문서 작업에 형편없었고, 그는 예산안도 제때 제출하지 못했어요. 그리고 그는 언제나 제때 일들을 처리하지 못했어요. 하지만 우리는 진정한 의미에서 '공동체'였기 때문에 교장에게 직언하거나, 돕는 것, 어떤 의미에서는 그를 곤경에서 구하는 데에 문제가 없었어요. 비록 형편없는 관리자이긴 해도, 우리는 모두 데이비드(David) 교장의 지적인 탁월성에 대해서는 정말 존경했고, 처음엔 툴툴거리고 '빌어먹을 데이비드, 왜 당신은 제대로 문제들을 처리하려 하지 않나요? 이것은 당신의 일이에요'라고는 했지만 우리는 기꺼이 이 문제를 교직원회의에서 함께 상의한 후 처리하곤 했어요."

이러한 극히 예외적인 사례들에서 학교를 그다음 단계로 움직일 수 있도록 한 동인은 단지 한 명의 리더가 아닌 모든 교직원이었다. 하지만 대부분의 학교들에서는 특정 개인에 의하는 리더십과 인바운드 지식을 과도하게 강조하고, 이에 못지않게 중요한 분산된 리더십, 아웃바운드 관심을 희생시키기 때문에 학교 변화와 개선의 지속성은 심각하게 약화된다.

"효과적인 승계 관리는 인바운드 지식은 물론 아웃바운드 지식에 많은 관심을 필요로 한다."

- 리더십을 효과적으로 분산시켜서 성공적인 승계가 특정 개인의 재능에 지나치게 의존하지 않게 한다.[51]
- 무능하거나 무관심한 승계자임에도 불구하고 학교 변화가 굳건히 유지되고 용감하게 지켜질 수 있도록 뚜렷한 목적의식에 기반을 둔 전문적 문화를 구축한다.[52]
- 학교나 교육청에서 더 깊고 넓게 리더십의 인재 풀(pool)을 계발시켜 승계의 이슈를 더 쉽게 해결할 수 있도록 한다.[53]
- 모든 교육청과 지역사회를 "리더십 개발 학교, 즉 교육청과 지역사회 전체에 걸쳐 영향을 미치고 개선시키며, 더 넓은 시스템에 걸쳐 새로운 리더십을 성장시킬 뛰어난 학교들"로 만든다.
- 항상 변화하는 환경에서 미래에 요구되는 리더십 역량들과 이를 뒷받침하는 다양한 리더십 발전을 위한 기회들에 의해 안내되는 미래의 리더십을 준비한다.[54]
- 장래의 학교 리더들의 교육 경력 초기에 뛰어난 리더로 참여하고 경험함으로써 그들을 발견하고, 격려하고 지지하는 효과적인 리더십 프로그램을 운영하는 데 헌신한다. 예를 들어, 영국의 국립 학교 리더십 대학(National College for School Leadership) 및 컨설팅 기관인 Specialist Schools Trust, 미국의 월스 재단(Wallce Foundation)은 초기 교사 리더십 육성 프로그램을 강조한다.[55]
- 추종자들로 하여금 리더에 의존하게 만드는 카리스마적 리더십 대신, 구성원들이 그들 자신을 믿도록 격려하는, 영감을 주는 리더십을 추구할 필요가 있다.
- 리더들과 학교 공동체 구성원들로 하여금 리더가 새로 부임한 첫날부터 당장 리더십 승계에 염두를 두고 계획하도록 할 필요가 있다.
- 리더의 능력 측면에서 모두에서 조직 내 구성원에게 인정받고 신뢰받는 내부자가 되어 개선을 수행하고 또 이를 지속할 수 있도록 재임 기간과 승계(전입, 전출) 빈도를 신중하게 고려할 필요가 있다.

## 승계 기간 및 빈도

빈도가 언제나 질의 지표가 되는 것은 아니다. 리더십 승계 장면에서는 대체로 반대이다. 기업 승계 연구는 잦은 승계가 거의 항상 낮은 성과와 관련이 있다는 것을 잘 보여준다. 리더들이 새로운 일을 맡고 구성원에게 받아들여진 내부자가 되어 자신들의 조직을 혁신하려는 과정은 일련의 승계 단계를 통해 이행된다.[56] 리브스, 무스&포레스트(Reeves, Moos& Forrest)는 덴마크, 영국 그리고 스코틀랜드의 교육리더십 경력 단계에 관해 연구했다.[57]

- 조직 진입 이전, 진입, 그리고 토대 구축이라는 처음 세 단계에서 리더들은 그들의 방향을 정하고 학교는 그들의 정책을 받아들인다.
- 단계 4에서 실행(9개월에서 2년 사이), 단계 5에서 본격적으로 효과가 나기 시작(8개월에서 3년 사이), 그리고 단계 6에서는 밀어부치기(2년에서 5년 사이), 즉 변화에 대한 리더의 업무가 사람들의 신념과 가치 속으로 더 실질적으로 침투한다.
- 리더가 단계 7로 들어섰을 때, 정점에 도달하고(4년에서 10년 사이), 그리고 단계 8에서는 변화를 위한 시간(5년에서 10년 사이 또는 그 이상), 즉 그들의 일이 다 끝났고 자리를 떠날 시간이라는 것을 그들이 느끼기 시작한다.

결정적으로, 승계의 단계에 대한 연구에서, 연구자들은 리더의 재임 후 4년에서 10년 사이, 즉 리더들이 내부자로서 받아들여지고 또 그들이 마침내 정점에 도달하기 전에는 리더십 효과가 좀처럼 조직 내에 깊이 새겨지지 못한다는 것을 발견했다.

도전적 여건의 학교에서 성공적 리더십 패턴들은 유사한 메시지를 전한다. 이 학교의 리더들은 학교와 결합한다. 리더 자신들이 종종 이 학교 출신이기도 하다. 그리고 그들은 종종 이 학교를 떠나지 않는다.[58] 그들은 종종 강압적인 외부 정책에 대항하여 자신들의 학교 및 공동체를 용감하게 맞서 방어하는 이단아(maverick)들이다.[59] 그들은 승진이나 영전과 같은 경력상의 유혹에도 불구하고 자신들의 학교에 머무를 만큼 헌신적이기도 하다.

오늘날의 너무도 많은 리더십 승계 관행은 이러한 근거에 대부분 역행한다. 인구통계학적 여건에 따른 은퇴 행렬, 어렵고 낙후된 학교들에서의 교장 구인난, 자신들의 성과 점수가 공개되기 바로 직전에 새로운 직장을 찾아 나서는 교장들, 문제가 많은 학교에서 줄줄 새는 곳을 틀어막기 위해 해결사 교장들을 여기저기로 급파하는 관행의 가속화 등으로 인해 교장의 이직율이 극적으로 증가하는 추세이다.

우리 연구에서 탈리스만 파크 중등학교가 설립 후 68년 동안 6명의 교장이 있었던 반면에, 그 시간의 5분의 1에 불과한 14년 동안 5명의 교장이 있었다. 1970년부터 스튜어트 하이츠 중등학교는 처음 28년 동안 단지 4명의 교장이 있었으나, 최근 5년 동안 3명이 교체되는 빨라진 승계가 있었다. 로드 바이런 중등학교는 1970년 개교 이후 최초 14년 동안 4명의 교장이 있었고, 최근 5년 동안에도 4명이 교체되었다. 계속하여 바뀌는 회전문 교장 임용 현상은 교장에 대한 신뢰와 장기간 지속가능한 학교 개선 유지에 대한 기대보다는 이를 뒤엎으려는 냉소주의를 교직원들의 마음속에 심는다. 5명의 다른 교장들 밑에서 일했던 탈리스만 파크 중등학교의 한 부장 교사가 말하는 1970년대 및 1980년대의 교장들에 대한 다음과 같은 기술이 이를 잘 대변해 준다.

"그들은 학교의 전체적인 프로그램에 전적으로 헌신적이었다. 그들의 가장 중요한 관심사는 학교였다. 시간이 지나고 교장들이 바뀌었을 때, 교장은 학교에 덜 관심을 가졌고 자신의 개인적인 성장에 더 관심을 가졌다. 이러한 교장들에 대해 사람들은 "그들은 학교 안에서 보내는 시간보다 더 많은 시간을 밖에서 보낸다"라고 말하곤 했다. 스튜어트 하이츠 학교 교장으로 부임하기 전에 탈리스만 파크 중등학교에서 연임한 빌 앤드류 교장을 만났는데, 그의 가장 중요한 관심사는 탈리스만 파크 중등학교가 아니었다. 그의 관심사는 온통 교육감으로 승진하는 것이었고, 현재 그의 자리기도 하다."

반면에, 스튜어트 하이츠 중등학교의 초임 교장인 에릭 웨스트(Eric West)는 "그가 부임한 지 단지 일 년 조금 더밖에 안 지났는데 사람들은 벌써 내가 여기에 얼마나 오래 있을 것인지를 물어보고 있다"라고 말했다.

캐나다에서 학교 교장들의 정기 전보에 대한 로버트 맥밀리언(Robert MacMillian)의 연구는 3년 미만의 교장 교체 주기로 인해 교장들의 자질이나 능력, 개선에 대한 그들의 의지와 헌신 여부에 관계 없이 교사들은 냉담하게 대응한다는 것을 잘 보여준다. 교사들은 교장들의 변화 아젠다들에 대해 대체로 실행하는 척하거나 피상적으로만 협조하면서 부임해 온 교장들을 "이 또한 지나가리라" 식으로 견뎌내거나 대충 맞춰가는 것을 배운다. 맥밀리언은 다음과 같이 결론 내린다. "교육청 내 정기적인 교장 순환 근무 정책은 치명적인 결함이 있는 것이다. 리더십 승계가 규칙적이고 관례화되면, 교사들은 어떠한 승계에도 불구하고 이에 굴하지 않는 그들만의 강고한 문화를 구축하기 쉽다."[60]

샤메인 왓슨(Charmaine Watson)은 1995년에 탈리스만 파크 중등학교의 첫 여교장으로 임명되었다. 부유한 지역에 자리 잡고, 80년의 빛나는 전통을 가진 탈리스만 파크 중등학교는 주로 대입에 치중하는 것을 학교의 핵심 임무로 여겼다(이전 챕터에서 아이버 멕슨 교장의 리더십에 대해 다루었음). 졸업생 중 70% 이상이 종합대학과 단과대학에 진학하였다. 10년 전에, 탈리만 파크의 학생 구성은 중산층 백인으로 구성되었지만 매우 급진적으로 다양한 다문화 학생으로 대대적으로 재편되었다. 왓슨의 전임자인 빌 앤드류 교장은 이러한 학교 여건의 변화에 대응하기 위해 학생 참여형 교육과정, 다문화 학생들을 위한 보다 다양하고 포용적인 프로그램을 추신하였다. 교사들은 두 그룹으로 나뉘었는데, 한 그룹은 빌 앤드류 교장의 헌신적인 학생 사랑에 감화되었고 그를 존경하였다. 또 다른 그룹은 그가 몇몇 교사들을 편애한다고 비판하였다.

1995년 빌 앤드류 교장이 급작스럽게 교육청으로 전직하게 되었을 때, 왓슨 교장이 급히 그를 대체하게 되었다. 왓슨은 새로운 역할을 맡기 전에 전임자인 앤드류 및 스탭들과 교류할 기회를 조금 밖에 가질 수 없었다. 탈리스만 파크에서 근무한 적이 있었기에 왓슨은 학교의 역사와 문화를 이해하는 데 도움이 되었다. 비록 그녀는 많은 부장들에게 폭넓게 배려하고 지원적인 교장으로 여겨졌으나, 그래도 그녀는 모든 학생들을 위하는 일이라면 학교를 변화시켜야 한다는 생각에는 조금도 망설이지 않았다.

왓슨은 강성의 몇몇 교과 부장교사에 의존해서 학교를 변화시키려고 했던 전임자와는 달리 모든 교직원들의 민주적인 참여를 통한 학교 변화를 모색했다. 리더십을 광범위하게 교직원들에게 분산하여 기존의 관료적 구조에서 탈피하고, 최신 교육 테크놀로지를 도입하여 그녀는 학교의 총체적 개선과 향상을 위한 전략적인 계획에 착수했다. 교사들과 함께하는 전문성 신장 연수에 왓슨 교장도 참여하여 다양해진 학생 구성에 따른 달라진 요구에 맞는 다양한 교수법을 적용할 것을 독려했다. 학부모와 지역사회 주민들도 학교 개선을 위한 활동에 참여시켜 그들과 함께 학교를 발전시키려는 계획을 주도했다.

왓슨이 학교에 머무는 4년 동안 대다수의 교원들은 그녀의 학교 운영 방침을 적극적으로 지지했다. 그러나 그녀의 헌신적인 노력에도 불구하고 일부 장기 근속한, 입김이 센 터줏대감 같은 교직원들은 그녀의 계획에 대하여 저항했다. 이 교사들은 매일 아침 커피 타임 때 만나 최근의 정부 개혁안에 대해 쓴소리를 하고, 학교가 추구하는 교과 간 벽을 넘어 협력을 통한 학교 개선 노력을 방해하고 무력화시켰다.

왓슨은 재직하는 동안 학교에서 큰 존재감과 영향력을 행사했으나, 그녀의 시도는 오직 부분적으로만 성공적이었다. 그녀는 자신의 비전이 학교 공동체 속으로 폭넓게 스며들길 바랐다. 비록, 그녀는 교직원에게 신뢰를 받고, 이전에 동료로 같이 재직했다는 사실 때문에, 대다수의 교직원들은 그녀를 배려심 있는 리더로 여겼지만, 그녀에 반대하는 교사들은 그녀와 불편한 이야기를 나누거나 고충을 함께 해결하기를 꺼렸다. 그녀는 여전히 그들에게 친숙한 '내부자'가 되지 못했다.

불행히도, 왓슨은 결코 안팎으로부터 리더가 되는 기회를 얻지 못했다. 1998년, 예상치 못한 교장 퇴직자 급증으로 인해, 학교들은 여름방학을 연기할 수밖에 없었다. 교육청은 그녀를 갑자기 심각한 문제들로 고전하고 있는 웨이벤 고등학교로 전보시켰다. 그리고 이전에 그 학교의 교감으로 일한 적이 있는 아이버 멕슨을 왓슨의 자리를 대신하게 했다.

멕슨의 등장과 동시에 교사들에게 강력한 파급력이 있는 새로운 정부 개혁안이 하달되었다. 멕슨의 경영 스타일은 왓슨과 우리가 이전의 챕터들에서 보았던 것들보다 훨씬 더 관료적이고 행정적이었다. 그의 계산적이고 관료적인 경영 스타일은 잠잠했던 교과부장들이 기존의 전통적인 학업과 입시 중심으로 자신들의 영향력을 행사하는 방식과 궁합이 잘 맞았다. 보다 포용적인 방식으로 모든 학생의 문해력 향상을 모색하려던 시도는 폐기되고 말았다.

왓슨 교장의 사례는 시간의 지남에 따른 리더십 승계 및 지속가능성의 많은 핵심요소들을 망라한다. 긴급한 환경하에서 교육청은 까다롭고 완고한 앤드류 교장을 보다 협력적이고 유연한 왓슨 교장으로 교체한 승계 계획, 리더십을 분산하고 개선에 대한 공유된 계획 추진하기 시작한 왓슨 교장의 인바운드 지식, 이와 더불어 적어도 5년 동안 그 일을 끝까지 해내어 그 효과가 교직원 문화 내에 굳건히 박히도록 한 아웃바운드 리더십 전략, 그리고 왓슨 교장이 그녀의 아웃바운드 전략을 실현하지 못하도록 막고, 그녀가 내부자로서 굳건히 받아들여질 기회를 방해하며, 확고한 교직원들의 냉소주의를 더욱 견고하게 강화시키고, 그리고 더 분산된 리더십을 통해서 모든 학생을 위한 지속가능한 개선을 성취하고자 하는 진전을 전복시켜 버린 너무 이른 이직 및 빠른 순환 근무가 그것이다.

잦은 리더십 승계는 지속가능성 실패로 가는 확실한 길이다. 성공적이고 지속가능한 리더십을 위한 탐구는 학교 리더를 학교로부터 어떻게 빼내거나 그들을 어려운 학교로 돌리기에 대해서라기보다 오히려 그들이 효과적으로 학교에 오래 재직하면서 성과를 지속할 수 있도록 설계할 것인지에 주목해야 한다. 이것은 다음과 같은 것들을 의미한다.

- 학교에서 커다란 성공을 성취하고 있는 리더들은 그들이 떠나도 그들의 개선이 존속되길 원한다면 일반적으로 적어도 5년 이상 머물러야 한다.
- 특히 뛰어난 리더들이 자신들의 경력 설계상에 있어서 잦은 승계보다는 안정적인 리더십을 선호하도록 하여 그들의 리더십 효과가 지속되는 것을 보장하기 위해 충분히 오랫동안 특정 학교에 재직할 수 있도록 한다.
- 리더들이 그들의 경력에서 인사 및 배치상의 변화가 예측되도록 하고, 학교들 사이에서 빈번하고 루틴화된 관료주의적 순환 전보제는 폐지되어야 한다.
- 능력을 발휘하지 못하는 학교들을 호전시키는 지속가능한 리더십은 더 이상 일시적인 영웅적이고 기적적인 리더 개인에 의존하여서는 안 되고, 가능하다면, 자신이 소속된 공동체에 애착을 갖고, 그 공동체로부터 자라고 육성된, 그리고 더 오랜 기간 그 공동체에 머무를 리더들에게 의존해야 한다.

### 승계와 자아

우리가 이제껏 보아왔던 승계는 계획, 관리, 준비 및 순환 근무, 문화 그리고 변화에 관한 것이다. 그러나 그 핵심 요소인 리더십 승계 역시 도덕성의 문제이다. 역사를 통해 리더십 승계는 권력의 장악과 죽음에 대한 거부에 관한 것이었다. 헨리 8세의 대법관인 토머스 모어 경(Sir Thomas More)은 '왕의 승계법'을 통해 남성 승계자를 확보하려는 왕의 의도에 응하는 것을 거부했기 때문에 참수되었다. 셰익스피어의 위대한 비극 중 많은 것들, 즉, 햄릿, 리어왕, 헨리 4세, 맥베스 등은 권력과 탐욕, 사랑과 배신의 드라마이고, 승계를 통한 절망적인 삶과 죽음의 투쟁을 통해 극을 끝마친다.

리더십은 권력을 부여한다. 이것은 당신이 살아있는 것을 느끼게 만든다. 당신은 당신 자신의 운명에 영향을 미치고 다른 사람의 운명을 형성한다. 리더들은 각광받는 것을 좋아하며, 대부분의 리더들은 이것을 포기하는 것을 주저한다. 승계에 관한 사실을 직시하고, 다른 누군가를 위해 물러남으로써 자신의 한정적인 수명(mortality)에 직면하고자 하는 리더들은 매우 적다. 많은 리더들이 커다란 기념물을 건립하거나 그들의 승계자를 지명함으로써 그들의 불멸성(immortality)을 공고히 하고자 한다. 거의 모든 리더가 자신의 리더십을 끝까지 유지하고 싶고, 그들의 업무를 정리할 기회를 갖고 싶으며, 그들의 업무를 끝마치고 그것이 제대로 완료되었다고 느끼고 싶어 한다.

탈리스만 퍄크 중등학교에서 왓슨 교장은 그녀의 전임자인 빌 앤드류를 대신하게 되었다. 그의 예상치 못한 퇴장은 학교에 파문을 일으키고, 교사들과 학교 관리자 사이의 신뢰를 약화시켰다. 그녀는 모든 학생에 대해 초점을 맞추어 협력을 쌓는 것과 공동의 목적의 계발하는 것을 꾸준히 진전시켰다. 왓슨은 여전히 사려 깊게 일하고, 학구의 예상치 못한 넘쳐나는 교장의 퇴임이 그녀를 여름방학 동안 급작스럽게 다른 학교로 이동하도록 하였다(이 책의 1장에 나타난 웨이븐 고등학교). 그 학교는 유능한 교장이 필요했다. 교육청은 왓슨 교장이 탈리스만 퍄크 중등학교에서 4년 동안 개혁을 지속적으로 유지하는 것보다 노선석인 환경에서 인바운드 지식을 깇고 있는 교장을 배치하는 것에 더 관심을 가졌다. 왓슨 스스로는 이와 같은 바람직하지 않은 전직에 "엄청난 충격"을 받았다. 그녀는 짧은 재임 기간에 결말을 짓고 작별 인사를 할 수 있는 작은 기회조차 갖지 못했다. 그녀의 과업은 미처 완수되지 못한 채로 남았고, 승계자인 멕슨 아래 학교가 과거로 회귀할지 모른다는 그녀의 두려움은 사실이 되었다.

모든 조직의 건전성에 관한 시험대는 마지막을 관리할 수 있는 능력이다. 리더들이 과업을 끝마치도록 허용하는 것, 그들의 성취를 인정하고, 그들의 승진 또는 퇴임을 축하하고, 그리고 그들의 유산이 능력 있는 사람들의 손안에 있다는 느낌을 그들에게 남기는 것이 중요하다.[61] 또한 너무 빠르게 떠나거나 강제로 떠나게 된 리더들은 마치 이른 죽음을 맞이하는 사람들과 같이 그들의 일이 끝나지 않은 채로 남겨지고, 업무가 끝나지 않은 채로 남았다는 것에 슬퍼하고 좌절감을 느낄 수 있다. 이러한 실망 또는 심지어 비통함이 계속되는 감정은 그들이 다음 리더십 역할로 움직일 때도 그들의 효과성을 약화시킬 수 있다.

리더십 그 자체와 마찬가지로 리더십 승계는 정서적 차원과 밀접한 관련이 있다. 브렌다 비티(Brenda Beatty)가 리더십의 감정적 차원에 관한 연구에서 지적하듯이, 리더의 "감정적인 모습은 결코 그들의 업무에 있어서 반가운 것이 아니다."[62] 상처받은 리더들에 대한 그들의 연구에 서, 리처드 애커먼과 팻 매슬린 오스트로스키(Richard Ackerman & Pat Maslin-Ostrowski)는 "리더십의 고립, 공포, 취약성 및 상실의 감정들을 잘 표현해 줄 언어 또는 어휘는 직장 사전에는 없다"는 점에 주목했다.[63] 자신의 학교 및 동료들을 떠나거나, 뒤에 남겨지는 자가 되어야 하는 리더십 승계 순간만큼 이러한 언어를 절실히 필요로 하는 상황은 없다.[64]

『교장의 내면(The Inner Principal)』이라는 책으로 유명한 오스트레일리아 교장인 데이빗 로덜은 승계 과정과 특별히 퇴장하는 순간에 대한 그 자신의 감정적 표현을 웅변적으로 나타낸다. 그 방은 150명의 부장으로 채워져 있었고, 그의 학교 이사회 임원들의 연설을 들은 후의 상황을 그는 다음과 같이 회상한다.

"나는 연설을 하기 위해 초대받았었다. 무대로 나아가 오직 하나 또는 두 단어를 용케 말하고는 나는 울음을 터트리고 말았다. 나는 두세 번 다시 시작해 보려고 했으나 소용없었다. 갑자기 나는 나의 슬픔에 압도되었다. 나는 매우 절실히 이별의 아픔과 마음속에 떠오르는 우정으로 인한 즐거움과 친밀함을 깨닫게 되었다. 이처럼 깊고 풍부한 우정을 다시금 느낄 수 없을 것이라는 두려움이 엄습했다. 또한 자신이 떠나가도 학교는 계속 전진할 것이고, 자신은 홀로 남겨지게 되리라는 것을 알 수 있었다. 내가 떠나게 된다는 소식을 교직원들이 어떻게 받아들일까 성찰해 보았다. 일부 교사들은 내가 그들과 학교 개선을 위해 추진해 온 프로젝트를 져버렸다고 생각할 것을 알 수 있었다. 다른 교사들은 내가 경쟁학교를 경영하게 되었다는 것에 비판적이었다. 또한 나는 그들의 표정을 읽으며 많은 교직원들이 나를 위해 기뻐해 준다는 것도 알 수 있었다. 놀랍게도 나는 내가 내 친구들과 이 학교를 떠난다는 것을 어떻게 느낄 것인지에 대해 생각해 보지 않았다는 것이다. 나는 내 삶은 다른 사람들의 시선에 의해 영위된다는 사실을 안다. 다행스러운 것은 내가 이런 상황을 경험하면서 이처럼 중요한 상황에 내 자신의 감정을 다룰 수 있게 되었다는 점이다. 나는 나의 전문적 생애에 걸쳐 다른 사람들을 배려하고 그들의 감정을 돌보면서 살아왔다. 그런데 정작 이 과정에서 내 자신의 감정은 희생해 왔다는 것을 깨달았다. 이것은 과연 돌보는 사람이나 돌봄을 받는 사람에게 얼마나 건강한 것일까?"[65]

역설적으로, 리더들이 소중하게 여겨시고 사랑받을 때뿐만 아니라, 그들이 가장 고립되거나, 취약하거나 또는 무력할 때 동료들 및 공동체로부터 숨는 것보다, 자신들의 이러한 감정들을 공유하는 것이 매우 중요하다. 그렇지 않다면 리처드 애커먼과 팻 매슬린 오스트로스키가 경고하듯, "자기 스스로의 감정적인 능력과 정체성에 자신이 없는 리더들은 다른 사람들의 감정과 정체성까지도 박탈할 조직 환경을 만들 것이다."[66]

햄릿에서 다음과 같은 셰익스피어의 역동적이고 훌륭한 묘사는 리더십 및 리더십 승계 관련한 모든 불안감을 주는 감정에 동일하게 적용될 수 있다.

눈에 띄는 분명한 질투는 죄책감으로 가득 차서,
죄책감이 너무 압도적이어서 숨길 수 없고 노출될까 봐 두려워서 스스로 드러냅니다.[67]

많은 리더들의 마음에는 그들 자신의 탁월함이 추월되지 않는 것을 남몰래 원하고, 그의 후계자들이 그들 자신보다 조금 덜 뛰어나고, 조금 덜 사랑받기를 바라는 어두운 구석이 있다.[68] 몇몇 리더는 심지어 그들이 떠난 후에 그들의 조직이 엉망이 되기를 슬며시 바란다. 몇몇은 심지어 전체 예산을 날리거나 또는 그들과 함께 핵심 동료들을 데려감으로써 그들의 승계자들을 위해 일들을 망치려고 노력한다. 그의 고전적인 글인 「CEO 승계의 어두운 면」에서, 만프레드 케츠 드 브리즈(Manfred Kets de Vries)는 물러나는 것이 다음을 수반한다는 것을 지적한다.

"그 자신의 불멸성(immortality)을 믿는 뿌리 깊은 소망을 위협하는, 자신이 권력을 포기해야 한다는 인식 (중략) 권력을 포기한다는 것은 강력한 권력에 오랫동안 익숙해 온 경영진에 있어서 일종의 죽음이다. 그래서 그들은 이것에 대해 생각하는 것을 피하고, 종속된 고위 간부들 및 이사들 또한 그 이슈를 피함으로써 도울 수도 있다. CEO의 승계에 대해 있는 듯 없는 듯 미묘한 소망을 밝히는 그들은 논의를 적대적인 행위로 해석할 것이라고 두려워할 수도 있다. 몇몇 CEO들은 심지어 그들의 승계자가 실패할 것이라는 희망을 비밀스럽게 키운다. 실패야말로 그들 자신의 필요 불가결성에 대한 증거가 될 것이다. 그들은 심지어 의식적으로 또는 무의식적으로 승계자가 실패하도록 조치를 취한다."[69]

도덕적인 리더십은 이러한 감정들을 부정하지 않으나, 타인의 선(good)을 위해 이러한 감정들을 극복한다. 리더십 승계에 직면한다는 것은 개인 리더가 떠난 후 오래도록 지속될 성공을 구축하는 데 도움을 주기 위해 자신의 대체 불가성에 대한 착각과 같은 리더의 가장 어두운 욕구를 초월하려는 것이다.

학교에 부임하는 리더들의 반복적인 행렬을 경험하는 교사들에게도 리더십 승계는 감정적으로 강렬한 과정이다. 희망, 기대, 우려, 포기, 상실, 배신, 안심 또는 심지어 공포의 감정에 둘러쌓인다. 그들은 은퇴하거나 사망한 매우 사랑받은 리더들에 대해 슬퍼할 수 있다. 그들은 승진되거나 이동한 리더들에 의해 포기하거나 배신당했다고 느낄 수 있다. 또는 그들은 자기 잇속만 차리거나, 통제하거나 또는 무능한 리더들로부터 마침내 벗어났을 때 안심할 수 있다. 새로 오는 리더들은 편안한 학교문화의 위협으로써 또는 유해한 (toxic) 것들에 대한 구원자로 보일 수 있다. 반응이 무엇이든 간에, 리더십 승계 이벤트는 좀처럼 무관심으로 대할 수는 없다.

갈등, 범법 행위, 또는 예상치 않았던 전근이나 승진으로 인해 리더들이 갑자기 그리고 이르게 떠날 때, 그들의 조직 및 그들은 포기, 배신 그리고 걷잡을 수 없이 지속되는 혼란의 감정과 같은 거대한 감정적 혼란으로 요동칠 수 있다.[70] 이러한 때에 승계 이벤트에 따르는 결말은 특히 다루기 힘들 수 있다.

헨리 워너(Henry Warner)는 영국에서 가장 크고 사회적으로 가장 혜택을 받지 못한 도심 학교 지역 중 한 곳의 교육감이었다. 그 지역은 학생 성취도가 국가 순위 중 바닥에 가장 가깝게 있었다. 워너는 성공적이고 카리스마 있는 리더로서 명성을 갖고 해당 지역에 부임해 왔다. 학교 발전을 위해 세계 최정상급의 국제적인 컨설턴트를 임명하여 학교문화를 개선하고, 팀 리더십을 구축하고, 배움의 네트워크를 개발하며, 그리고 학생의 배움에 대한 개선에 집중하기 위한 야심 찬 계획에 착수했다. 교직원들은 학교 및 지역 사회에 대한 그의 비전 있고 열정적인 개혁 방식에 흥분했다. 그는 그가 추진한 변화가 성과를 볼 때까지, 적어도 5년 동안 머무를 것이라고 그들에게 굳게 약속했다.

2004년 우리들 중 한 명인 앤디 하그리브즈 교수는 지역에서의 모든 학교 리더십 팀을 위한 하루 과정의 교직원 개발을 수행하도록 요청받았다. 그 전날 저녁에 이르러 그는 교육감을 포함하여 잿빛 얼굴의 고위 교직원들에 의해 환영받았다. 대부분의 지역 교직원들은 그들의 교육감이 불과 18개월 후에 사립 교육 분야에서 더 높은 급료를 받는 국가 단위 기관 직책을 위해 그들을 떠나리라는 것을 바로 알게 되었다. 교직원들은 분노하였고, 소문들은 빠르게 커졌고 그리고 고통스럽고 신랄한 발언들이 여기저기서 표출되었다.

저녁까지 워너, 앤디 그리고 지역의 교직원들은 이 위기의 본질을 고려하여 어떻게 그날에 대해 접근할지를 논의하였다. 그는 당혹스러운 상황에 직면할 것을 인지하고, 앤디는 영국 코미디 시리즈 수상작인 '오피스(The Office)' 비디오 클립을 보여줌으로써 시작할 것을 제안하였다.

이 비디오 클립에서 표면적으로는 협동적이나 혐오스럽게 자기 잇속만 챙기는 사무실의 보스인 데이비드 브렌트(David Brent)는 회사의 곧 있을 구조조정에 대한 상세한 사항을 공개하라는 압력을 그의 종업원들로부터 받는다. 그는 사무실에 숨는 것 대신 그의 주변에 종업원들을 모았다.

"그럼," 그가 발표하기를, "좋은 소식과 나쁜 소식이 있습니다."

"나쁜 소식은 네일(Neil)이 지사를 둘 다 맡게 될 것이고, 당신들 중 몇몇은 직업을 잃게 될 것입니다. 당신들 중 계속 고용되고 싶은 사람들은 스윈던(Swindon, 자동차로 1시간 이상 걸리는 원하지 않는 위치)로 재배치되어야 할 것입니다, 당신이 원한다면"

브렌트가 "실망스럽습니다(gutting), …휴우…"라고 거짓 공감을 말할 때 교직원들은 끙끙거리며 그들은 자기의 신발만을 쳐다보았다.

브렌트는 계속 말하기를 "좋은 소식은 내가 승진하였다는 것입니다!" 침묵과 불신감이 방을 휩쓸었다.

"그래서 모든 먹구름은…음…"

더 큰 침묵이 돈다.

"여러분들은 아직까지도 나쁜 뉴스에 대해 생각하고 있네요, 안 그렇습니까?"

지역의 고위 교직원들이 처음에 보여주기 주저했던 비디오 클립의 끝에서, 수백·명의 학교 리더들이 들어선 홀은 박수갈채가 터졌다. '방 안의 코끼리'는 인정받았고 그 긴장은 해소되었다.

이어진 발표에서 앤디는 청중과 리더십 팀에게 리더십 승계의 감정적인 면-사람들이 승계 이벤트를 겪을 때 그들이 느끼는 강렬하고 혼란된 감정들 -에 대해 설명하였다. 앤디는 어려운 승계 상황에서, 조직을 마비시키고 조직이 전진하지 못하도록 하는 어떤 가십이나 루머도 없애기 위해 교육감이 가능한 한 명확하게 떠나는 이유를 비록 감정적으로나 정치적으로 힘들겠지만 알리는 것이 필요하다고 설명하였다. 앤디는 청중들이 이러한 설명을 듣도록 촉구하였고, 그 설명을 믿어주고, 그들의 교육감이 잘되기를 기원하였고, 그리고 또 다른 역사의 장으로 옮길 것을 제안하였다.

휴식 후에 다른 시간은 직장 내에서의 신뢰와 배신의 이슈들을 분석하기 위한 원래 계획에 집중되었다. 승계 상황과는 당장 관계가 없는 학교들은 어떠한 요인들이 조직에서 신뢰를 구축하고 무너뜨리는지를 탐구하였다.[71] 조직 내 믿음에 가장 중요한 근원은 분명하고 빈번하고 개방되고 높은 수준의 그리고 상호 간의 의사소통이다. 의사소통에 대한 신뢰 없이는 의심과 배신의 감정은 전염병처럼 조직을 감염시킨다고 하였다.

긴 하루의 끝에서, 헨리 워너는 일어서서 표면상으로 앤디에게 감사하였다. 예고 없이, 이 오만하고 카리스마 있는 리더는 그가 지역을 떠나는 이유에 대한 더듬거리고 불분명하고, 그리고 강렬하게 진정한 설명을 하였다. 그날의 교직원 워크숍의 결과로서, 그는 자신이 그동안 교직원들을 신뢰하지 않았다는 것을 깨달았다. 그가 설명하기를, 그는 더 좋은 환경 또는 더 좋은 보상을 위해 그들을 떠나는 것이 아니었다. 오히려, 그는 학교 이사회에 대응하는 지역의 교육위원회와 충돌하였는데, 위원회의 요구는 그로 하여금 자신이 되고 싶지 않았던 종류의 사람으로 되게 하는 것이었다.

그는 많은 고위 동료들이 동일하게 느꼈으나 가만히 참아야 했던 과정에 대해 이해했다. 그는 그들의 용기를 축하하였고, 자신은 그들만큼 강하지 못했던 것에 대해 사과하였다. 눈물을 참고, 그는 그들에게 그들이 성취한 것을 칭찬하였고 미래에 그들이 잘되길 기원하였다.

방 안에서는 우레와 같은 박수가 터져 나왔다. 교직원들의 의심과 배신의 태도가 있던 자리에 이제 다시 따뜻함과 호의가 물씬 풍기고 있다. 결말은 적절하게 종료되었고 그 지역은 다시 새롭게 시작할 수 있었다.

이 사례는 승계의 감정적인 면에 관하여 많은 것을 알려준다. 너무 이른 퇴장, 혼란된 감정, 의사 불통 및 책임 전가는 종종 감정적으로 잘못 관리되는 승계 이벤트에 수반된다. 감정적인 솔직함, 도덕적인 성숙함, 그리고 의사소통의 투명성은 그것들의 해결책이다.

더 자세히 살펴보면 정서적 차원을 고려한 성공적인 승계 절차는,

- 승계의 시작 및 끝의 때를 포함하여, 모든 고위 교육 리더들에게 이용 가능한 카운슬링 및 코칭 서비스를 제공한다. 따라서 리더들은 그들 자신의 모순된 감정을 인식 및 이해할 수 있고 그리고 다른 이들의 요동치는 감정을 더욱 잘 관리할 수 있다.
- 리더가 떠나는 이유를 빠르게, 명확하게 그리고 공개적으로 알린다.
- 적절한 의식 및 형식을 통해 리더의 조직에 대한 공헌을 적절하게 예우하고 축하한다.[72]
- 리더십 승계 절차는 쿠블러 로스(Kubler-Ross)의 다음과 같은 예측 가능한 슬픔의 단계를 밀접하게 따른다는 것을 인식한다. 그 단계는 부인(그 자신의 불멸에 대한 리더의 믿음), 자각(물러날 필요가 있다는 위기가 일깨운 의식), 심사숙고(과거의 성공을 곰곰이 생각하고 미래를 준비하는 시간을 가짐), 그리고 실행(능동적으로 승계자를 알아보고 선택함)이다.[73]
- 승계에 대한 가장 일반적이지만 쓸모없는 두 개의 근거 없는 신화에 맞선다. 그것들은 구세주 신화(새로 오는 승계자는 모두를 구할 것이라는 것임)[74] 및 레베카 신화(다프네 마우리에의 소설 레베카에서 유래된 것으로 전임자는 그 무엇으로도 대체할 수 없는 완벽한 사람이라는 것임)이다.[75]
- 최종적인 은퇴와 같이 리더십 승계를 너무 늦을 때 나중에 생각하는 것으로서가 아니라 처음부터 계획하는 것으로 여긴다.

## 결론

성공적 승계는 지속되는 개선, 즉 지속가능한 리더십 제2원칙을 보장하는 것이 아니라, 그렇게 하기 위한 장기적 과정의 일환일 뿐이다. 효과적인 승계

는 오랜 기간 및 많은 사람들을 통해 장기간에 걸쳐 계획되고 긍정적이고 일관성 있는 변화의 흐름을 생성하기 위한 계획을 세우고 변화를 담보하는 것을 의미한다. 인바운드 지식은 물론 아웃바운드 지식을 중시한다. 성공적인 승계는 또한 승계 이벤트가 만들어 내는 감정적인 동요를 인식하고, 대응하고 관리하는 것을 의미한다. 이것은 한편으로 마치 리더들이 영원토록 지속될 것처럼 그들을 대우하거나, 또는 다른 한편으로는 마치 그들은 언제나 교환 가능하고 아무 일 없이 교체될 것처럼 그들을 대우하는 것을 방지하는 것을 의미한다. 성공적인 승계는 우리가 영웅적이고 영원한 리더십에 대한 동경을 물리치고, 리더십을 어느 한 리더의 직업적, 생물학적 일생을 훨씬 뛰어넘어 뻗어나가는 확장된 개념으로 인식할 것을 촉구한다. 성공적인 승계는 리더들이 유일하게 그들에게만 달려 있고 그들이 떠나면 지속될 수 없는 어떠한 계획을 그들이 시작해야 하는지 여부를 많이 생각하도록 한다. 성공적인 승계를 보장할 수 있는 가장 좋은 방법들 중의 하나는 리더십을 현재 함께 일하는 사람들 전체에 걸쳐 분산하고, 그들의 역량을 신장시켜서 이 과정에서 승계자들이 조직 내에서 더 손쉽게 나타나고 더 쉽게 리더십을 이어받을 수 있게 하는 것이다. 분산된 리더십은 구성원들의 역량을 발전시켜서, 그들로 하여금 그들을 이끌어 준 리더만큼의 역량과 재능을 지닐 수 있게 하고, 성취할 수 있게 하는 것이다. 이러한 리더십의 관점은 다음 장에서 살펴볼 지속가능한 리더십 제 3원칙인 위임이 아닌 분산이라는 '너비(Breadth)'로 이어진다.

1 World Commission on Environment and Development (1987), *Our common future* (New York: United Nations General Assembly).

2 S. Anderson & S. Stiegelbauer (1994), Institutionalization and renewal in a restructured secondary school, *School Organization, 14*(3), 279-293; M. B. Miles & A. M. Huberman (1984), *Innovation up close: How school improvement works* (New York: Plenum Press).

3 S. Anderson & W. Togneri (2002), *Beyond islands of excellence: What districts can do to improve instruction and achievement in all schools* (Washington, DC: Learning First Alliance).

4 K. Leithwood, D. Jantzi, & R. Steinbach (1999), *Changing leadership for changing times* (Birmingham, U.K.: Open University Press).

5 P. Gronn (1996), From transactions to transformations: A new world order in the study of leadership, *Educational Management and Administration, 24*(1), 7-30.

6 A. Hargreaves & D. Fink (2003), Sustaining leadership, *Phi Delta Kappan, 84*(9), 693-700.

7 Association of California School Administrators, Task Force on Administrator Shortage (2001), *Recruitment and retention of school leaders: A critical state need* (Sacramento: Author); National Clearinghouse for Comprehensive School Reform (2002, August), Planning for the succession of leadership, *NCCSR Newsletter,* 3.

8 D. Pounder & R. Merrill (2001), Job desirability of the high school principalship : A job choice perspective, *Educational Administration Quarterly, 37*(1), 27-57.

9 P. Early, J. Evans, P. Collarbone, A. Gold, & D. Halpin (2002), *Establishing the current state of leadership in England* (London: Department for Education and Skills); T. Williams (2001), *Unrecognized exodus, unaccepted accountability: The looming shortage of principals and vice principals in Ontario public school boards* (Toronto: Ontario Principals Council); K. Brooking, G. Collins, M. Cour, & J. O'Neill (2003), Getting below the surface of the principal recruitment "crisis" in New Zealand primary schools, *Australian Journal of Education, 47*(2), 146-158; P. Gronn & F. Rawlings-Sanaei (2003), Principal recruitment in a climate of leadership disengagement, *Australian Journal of Education, 47*(2), 172-185.

10 M. Roz, M. Celio, J. Harvey, & S. Wishon (2003), *A matter of definition: Is there truly a shortage of school principals? A report to the Wallace Foundation from the Center on the Reinvention of Education, University of Washington* (Seattle: Center on the Reinvention of Education, University of Washington).

11 J. Steinberg (2000, September 3), Nation's schools struggling to find enough principals, *New York Times,* A1, A4.

12 National Association of Elementary School Principals (2005), *NAESP fact sheet on principal shortage,* retrieved April 5, 2005, from http://www.naesp.org.

13 D. Pounder & R. Merrill (2001).

14 J. Howson (2005), *20th annual survey of senior staff appointments in schools in England and Wales* (Oxford, U.K.: Education Data Surveys).

15 Williams (2001).

16 Gronn & Rawlings-Sanaei (2003).

17 Brooking, Collins, Cour, & O'Neill (2003).

18 M. Fullan (2005), *Leadership and sustainability: System thinkers in action* (Thousand Oaks, CA: Corwin Press).

19 A. Bellow (2003), *In praise of nepotism: A natural history* (New York: Doubleday).

20 I. Kersner & T. C. Sebora (1994), Executive succession: Past, present and future, *Journal of Management, 20*(2), 327-373.

21 M. Liebman & R. A. Bauer (1996), Succession management: The next generation of succession planning, *Human Resource Planning, 19*(3), 16-29; E. Schall (1997), *Public sector succession: A strategic approach to sustaining innovation, Public Administration Review, 57*(1), 4-10; L. J. Eastman (1995), *Succession planning: An annotated bibliography and summary of commonly reported organizational practices* (Greensboro, NC: Center for Creative Leadership); J. P. Soque (1998), *Succession planning and leadership development* (Ottawa: Conference Board of Canada); W. J. Rothwell (2001), *Effective succession planning: Ensuring leadership continuity and building talent from within* (New York: AMACOM).

22 C. Borwick (1993), Eight ways to assess succession plans, *HR Magazine, 38*(5), 109-114; L. Clark & K. Lyness (1991), *Succession planning as a strategic activity at Citicorp* (Vol. 2) (Greenwich, CT: JAI Press); C. Getty (1993), Planning successfully for succession planning, *Training and Development, 47*(11), 31-33; M. Kets de Vries (1988), The dark side of CEO succession, *Management Review, 77*(8), 23-28; Liebman & Bauer (1996); M. Smith & M. White (1987), Strategy, CEO specialization, and succession, *Administration Science Quarterly, 32,* 263-280.

23 Soque (1998); Schall (1997); Liebman & Bauer (1996).

24 K. Farquhar (1994), The myth of the forever leader: Organizational recovery from broken leadership, *Business Horizon, 37*(5), 42-51.

25 W. Ocasio (1994), Political dynamics and the circulation of power: CEO succession in U.S. industrial corporations, 1960-1990, *Administration Science Quarterly, 39,* 285-312; Kersner & Sebora (1994); Y. K. Shelty & N. S. Perry, Jr. (1976), Are top managers transferable across companies? Business Horizon, 19, 23-28; A. Lewin & C. Wolf (1975), When the CEO must go, *Advanced Management Journal, 39,* 59-62; D. L. Helnich (1984), Organizational growth and succession patterns, *Academy of Management Journal, 17,* 771-775; G. Brady, R. Fulmer, & D. L. Helnich (1982), Planning executive succession: The effect of recruitment source and organizational problems on anticipated tenure, *Strategic Management Journal, 3,* 275-296.

26 Kersner & Sebora (1994).

27 Kets de Vries (1988).

28 Ocasio (1994); J. C. Santora & J. C. Sarros (1995), Mortality and leadership succession: A case study, *Leadership & Organizational Development Journal, 16*(7), 29-33.

29 National Academy of Public Administration (1997), *Managing succession and developing leadership: Growing the next generation of public service leaders* (Washington, DC: Author).

30 J. Langford, T. Vakii, & E. A. Lindquist (2000), *Tough challenges and practical solutions* (Victoria, Canada: School of Public Administration, University of Victoria).

31 K. Jackson (2000), *Building new teams: The next generation (A presentation)* (Perth: Government of Western Australia); Government of Western Australia (2001), *Managing succession in the Western Australia public sector* (Sydney: Author).

32 Financial Executive International (2001), *Building human capital: The public sector's 21st century challenge,* retrieved April 5, 2005, from http://www.fei.org.

33 Jackson (2000).

34 이 부분은 다음의 문헌에서 처음으로 제기되었다. S. Sarason (1972), The creation of settings and the future societies (San Francisco: Jossey-Bass).

35 M. Messmer (2002), Grooming your successor, Strategic Finance, 84(6), 17-19.

36 Bellow (2003), 473.

37 Bellow (2003), 471.

38 Bellow (2003), 471.

39 Liebman & Bauer (1996), 16.

40 Smith & White (1987).

41 Ocasio (1994); Santora & Sarros (1995).

42 D. Hopkins (2001), *School improvement for real* (London: Routledge/ Falmer Press); L. Stoll & D. Fink (1996), *Changing our schools: Linking school effectiveness and school improvement* (Buckingham, U.K.: Open University Press).

43 Stoll & Fink (1996).

44 S. M. Johnson (1996), *Leading to change: The challenge of the new superintendency* (San Francisco: Jossey-Bass).

45 Liebman & Bauer (1996).

46 G. Boris, N. Ashish, & N. Nitin (2004), The risky business of hiring stars, *Harvard Business Review, 82*(5), 92-101.

47 E. Wenger (1998), *Communities of practice: Learning, meaning and identity* (Cambridge, U.K.: Cambridge University Press).

48 D. Fink (1999), *The attrition of change* (New York: Teachers College Press).

49 M. Weber (1978), *Economy and society: An outline of interpretive sociology* (Berkeley: University of California Press).

50 J. P. Spillane, R. Halverson, & J. B. Diamond (2001), Investigating school leadership practice: A distributed perspective, *Educational Researcher, 30*(3), 23-28; J. Spillane (in press), *Distributed leadership* (San Francisco: Jossey-Bass). We explore the theme of distributed leadership in detail in the next chapter.

51 Spillane (in press).

52 Schall (1997).

53 D. Fink & C. Brayman (in press), Principals' succession and educational change, *Educational Administration Quarterly.*

54 A. Lieberman & D. R. Wood (2002), *Inside the National Writing Project: Connecting network learning and classroom teaching* (New York: Teachers College Press).

55 National College for School Leadership (2002), *Making the difference: Successful leadership in challenging circumstances—A practical guide to what school leaders can do to improve and energise their schools* (Nottingham, U.K.: Author); Specialist Schools Trust (2003), *World class education: A challenge for every school* (London: Author); B. Portin, P. Schneider, M. DeArmond, & L. Gundlach (2003), *Making sense of leading schools: A study of the school principalship* (produced for the Wallace Foundation) (Seattle: Center on Reinventing Public Education).

56  C. Miskel & M. Owen (1983, April 11-15), *Principal succession and changes in school coupling and effectiveness,* paper presented at the annual meeting of the American Educational Research Association, Montreal; G. C. Gordon & N. Rosen (1981), Critical factors in leadership succession, *Organizational Behavior and Human Performance, 27,* 227-254; A. W. Hart (1998), Principal *succession: Establishing leadership in schools* (New York: State University of New York Press); J. J. Gabarro (1987), *The dynamics of taking charge* (Boston: Harvard Business School Press); D. E. Stine (1998, April 13-17), *A change of administration: A significant organizational life event,* paper presented at the annual meeting of the American Educational Research Association, San Diego, CA.

57  J. Reeves, L. Moos, & J. Forrest (1998), The school leader's view, in J. Macbeath (Ed.), *Effective school leadership: Responding to change* (pp. 32-59) (London: Paul Chapman).

58  A. Harris & C. Chapman (2001, January), *Democratic leadership for school improvement in challenging contexts,* paper presented at the International Congress on Effectiveness and School Improvement, Copenhagen; National College for School Leadership (2003).

59  Hay Management Consultants (2000), *The lessons of leadership* (London: Author).

60  R. MacMillan (2000), Leadership succession: Cultures of teaching and educational change, in N. Bascia & A. Hargreaves (Eds.), *The sharp edge of educational change: Teaching, leading and the realities of reform* (pp. 52-71) (London: Routledge/Falmer Press).

61  I. Saltzberger-Wittenberg, G. Henry, & E. Osborne (1983), *The emotional experience of learning and teaching* (London: Routledge Kegan Paul).

62  B. Beatty (2002), *Emotional matters in educational leadership: Examining the unexamined,* unpublished doctoral dissertation, University of Toronto; B. Beatty & C. R. Brew (2004), Trusting relationships and emotional epistemologies: A foundational leadership issue, *School Leadership and Management, 24*(3), 329-356.

63  R. H. Ackerman & P. Maslin-Ostrowski (2004), The wounded leader and emotional learning in the schoolhouse, *School Leadership and Management, 24*(3), 312.

64  D. Loader (1997), *The inner principal* (London: Falmer Press).

65  Loader (1997), 8.

66  Ackerman & Maslin-Ostrowski (2004), 312; P. J. Palmer (1998), *The courage to teach: Exploring the inner landscape of a teacher's life* (San Francisco: Jossey-Bass); C. James & U. Connolly (2000), *Effective change in schools* (London: Routledge/Falmer Press).

67  W. Shakespeare, (1966), *Complete works* (London: Oxford University Press).

68  Saltzberger-Wittenberg, Henry, & Osborne (1983).

69  Kets de Vries (1988), 23-24.

70  Farquhar (1994).

71  A. Hargreaves (2002), Teaching and betrayal, *Teachers and Teaching: Theory and Practice, 13*(4), 393-407; D. Reina & M. Reina (1999), *Trust and betrayal in the workplace* (San Francisco: Berrett-Koehler); A. Bryk & B. Schneider (2004), *Trust in schools: A core resource for improvement* (New York: Russell Sage Foundation).

72  Farquhar (1994).

73  Santora & Sarros (1995).

74  Kets de Vries (1988).

**75** A. W. Gouldner (1954), The pattern of succession in bureaucracy, in R. Merton (Ed.), *Reader in bureaucracy* (Glencoe, IL: Free Press), 339–351.

# Ⅲ장
## 너비
### (Breadth)

나는 내가 가진 모든 지능뿐만 아니라 내가 빌릴 수 있는 모든 것을
사용할 것이다.

-우드로 윌슨(1912)

# 위임이 아닌 분산

**<지속가능한 리더십 제 3원칙>**

지속가능한 리더십은 확산된다. 지속가능한 리더십은 지속될 뿐만 아니라 다른 사람들의 리더십에 의존한다.

## 고독한 리더들

복잡하고 빠른 세상에서 리더십은 소수에게만 의지할 수 없다. 호주의 어느 교장이 언급하듯이 교장들은 "모든 것에 관해 모든 것을 알 수 없다."[1] 그들의 부담은 너무 크다. 어느 리더, 기관 또는 나라도 누군가의 도움 없이 모든 것을 통제할 수는 없다. 사학자들은 로널드 레이건이 지미 카터보다 더 성공적인 대통령이라는 것에 일반적으로 동의하는데, 이는 레이건은 강력한 참모들에게 권한을 넓게 분산하였던 것에 반해 전직 엔지니어였던 카터는 자신 혼자서 모든 것을 하려고 했고, 결국 제한적인 성공을 거뒀기 때문이다.[2]

따라서, 지속가능한 리더십의 세 번째 원칙은 너비(breadth)이다. 이것은 퍼

셔나가는 리더십이다. 부여되거나 획득되었으며 그리고 분산되며 공유되는 책임이다. 지속가능하고 분산된 리더십은 교직원, 학생, 그리고 부모들로 하여금 모든 학생이 깊고 넓은 배움을 가지도록 기여하는 리더십 기회를 찾고 창조하고 활용하는 것을 고취한다.

위티 이히마라(Witi Ihimaera)의 호평받고 있는 소설『고래 라이더(The Whale Rider)』주인공은 청소년 마오리족 소녀이다. 어둠으로부터 사람들을 이끌어 줄 것으로 기대되었던 아들이 아니라 기대하지 않았던 딸의 이야기이기도 하다. 그녀가 해변으로 쓸려온 고래를 바다로 되돌리려고 그녀의 부족 사람들을 끌어들일 때 그녀는 리더 혼자서 할 수 없고 설령 리더가 스스로 다 한다고 해도 지쳐 쓰러질 것이라고 부족의 장로들을 설득했다.[3]

교육리더십 관련 문헌에는 분산된 리더십의 본질 및 필요성에 대한 맹점이 있다.[4] 분산적 리더십의 교장 리더십에 대한 과도한 집착 때문에 '학교 리더십=교장'이라는 가정을 강화한다는 것이다. 학교 리더십의 다른 원천들은 대체로 무시되었다. 이로 인해 리더 한 명만 제대로 찾는다면 골치 아프기 짝이 없이 복잡한 교육 문제를 해결할 수 있다는 근거 없는 신화를 영속화시킨다.[5]

언제나 "실패한" 학교를 되돌릴 수 있는 몇몇 소수의 독단적이고 영웅적인 교장들은 있을 수 있고, 그들의 헌신적인 노력과 성취는 누구에게나 인상적인 것이다. 하지만 대부분의 영웅적인 리더십은 결점이 있고 퇴색하기 마련이다. 우리는 전체 시스템을 이런 방식에 의존할 수 없다. 예를 들어, 영국 정부에서 "새 출발"을 바라는 학교들을 운영하기 위해 특별히 탁월한 교장들을 배치했지만 그들 가운데 다수는 중도에 그만두었다. 한 사람의 리더가 감당하기엔 도전이 너무 클 뿐만 아니라 그러한 도전은 한 사람에 대한 지나친 기대치이기 때문이다.[6]

영웅적인 또는 용감무쌍한 리더십의 문제들은 단지 교육만의 문제가 아니다.[7] 『합병중(Complications)』이라는 저서에서, 의학 박사이자 작가인 아툴 가완데(Atul Gawande)는 새로운 심장 수술의 기법을 숙달하려는 외과의사들에 대한 하버드 경영대학 연구진의 사례 연구를 소개한다.[8] 하버드 경영대학 연구진들은 가장 높은 성과를 보이는 팀과 가장 낮은 성과를 보이는 팀을 선택하여 관찰하였다. 가장 성과가 낮은 팀은 기술적으로 탁월한 자격을 갖춘 의사가 리더로 이끌었지만, 그 리더는 불확실성이나 실수에 대해 팀원들과 공유하거나 논의할 수 없었다. 팀 구성은 수술 때마다 매번 달라졌고, 그리고 수술은 종종 띄엄띄엄 긴 간격을 두고 잡혀서 팀원인 의사들은 그들이 배운 것을 금세 잊어버렸다. 반면, 가장 성과가 높은 팀의 경우는 젊은 리더 의사가 처음부터 수술에 대해 함께 공개적으로 논의하기로 약속했고, 최초 13번의 수술을 팀원들이 같이 담당하였으며, 각 수술이 짧은 간격으로 잡히도록 보장하였다. 의학 분야에서 성공적인 팀워크, 열린 논의, 그리고 분산적인 리더십은 그야말로 생과 사의 문제이다. 교육 분야에서도 어떻게 하면 학교에서 학생들의 학업성취도를 높이고 그것을 유지할 수 있는지에 대한 답을 이상에서 언급한 유사한 종류의 분산된 리더십에서 찾고 있다.[9]

## 분산된 리더십

학교 및 다른 조직에서 리더십을 분산하는 것은 당연한 것이 아니다. 이것은 도덕적인 책임감을 갖고 해야 할 일이다. 100여 년 전 존 듀이(John Dewey)는 "모든 교사는 중요한 교육적 사안에 대한 전문적 판단을 내리고, 이 판단이 어떻게든 학교 체제에 반영될 수 있도록" 공교육이 조직되고 운영되어야 한다고 주장하였다.[10]

분산된 리더십의 기본 아이디어는 1960년대 이후 조직 이론 및 교육행정 분야에서 핵심적인 부분이 되어 왔다. 체스터 바너드(Chester Barnard)는 리더십이 임원에게만 국한되지 않고 조직 내 모든 구성원에 의해서도 수행될 수 있다고 주장하였다.[11] 제임스 톰슨(James Thomson)은 리더십은 단지 그 영향력이 아래로만 행사되는 것이 아니라 조직 전체와 계층의 위아래로 관통하여 순환한다는 것을 최초로 주장하였다.[12]

역사적으로 분산된 리더십을 수용하거나 장려한 이들은 역사적으로 분산적 리더십의 성과나 성공에 미치는 영향력의 증거를 존중해서라기보다는 이론적인 선호 또는 이념적인 성향을 이유로 그렇게 했다. 이러한 선호 또는 성향은 인간 동기 부여에 관한 X이론 및 Y이론 사이의 고전적 구분에서 가장 잘 드러난다.[13]

X이론 리더는 사람들은 선천적으로 게으르고 믿음직스럽지 못하다고 생각한다. 따라서 사람들은 강력한 제어, 엄한 관리, 그리고 조직의 결정으로부터의 배제를 통해 일하도록 자극받아야 한다고 가정한다. X이론 지지자들은 사람들은 원죄(original sin)의 상태로 조직에 온다고 가정한다. 그래서 리더들은 구성원들을 계속적으로 관찰하고 관리하고 규율하며, 그들이 일탈하거나 규정을 어기지 않도록 하는 책임을 지닐 필요가 있다고 믿는다. X이론의 유산은 엄격한 성과 기준, 부진한 실적에 대한 제재와 벌, 다루기 힘든 구성원이나 조직에 수모를 안겨주는 투명한 학교 정보와 순위 공시, 그리고 실수 및 비행(misdeed)을 환기시키기 위한 가차 없는 책무성 기재 등의 형태로 오늘날에도 적용되고 있다.

한편 Y이론 리더는 사람들은 기본적으로 정직하고 근면하고 그리고 조직의 결정을 위해 책임을 공유할 수 있다고 간주한다. Y이론 지지자들에게 조직 내 구성원들은 그들의 선함을 이끌어 내기 위한 조건, 기회, 격려만이 필요하다. Y이론 지지자들은 계약 및 권한을 부과하는 것보다는 문화를 발전시키고 이해하는 것이 개선에 대한 최선의 길이라고 믿는다. Y이론의 리더십 유산은 구성원의 전문성 계발, 감성 지능 훈련, 공동 의사 결정, 팀빌딩, 파트너십, 멘토링 등이다.

　X이론과 Y이론, 그리고 이에 상응하는 많은 이론 간의 차이를 이해하는 것은 리더들이 자신만의 방식으로 현상에 접근하는 이유를 이해하는 데 유용하다. 그러나 학업성취의 양극화와 이로 인해 어린 학생들의 잠재성이 광범위하게 낭비되고 있는 상황에 우리는 더 이상 교육리더십 스타일과 전략을 리더의 개인적 신념이나 이념적 성향에만 의존하도록 둘 수 없다. 분산적 리더십을 포함한 교육리더십은 학생들의 학습에 미치는 영향과 이 성취의 전반적인 지속가능성에 대한 증거로 판단되어야 한다.

　엄청난 성취 격차 및 젊은이들의 잠재력의 광범위한 낭비의 시대에서 우리는 교육리더십 스타일 및 전략이 더 이상 리더 개인의 믿음 또는 사상적 성향에만 의지하도록 할 수 없다. 분산된 리더십을 포함하는 교육리더십은 학생의 배움에 대한 그 영향력, 그리고 지속가능성 등 종합적인 증거에 의해 판단되어야 한다.

　학생의 학업성취에 대한 리더십 효과를 다룬 경험적 연구들 가운데 몇몇 연구는 분산적 리더십 효과를 설명한다. 이러한 효과들은 학교 내 의사 결정에서의 교사 참여와 학생들의 학업 성취도 사이에 긍정적 상관관계를 보여준다.[14] 이러한 상관관계 이면에는 무엇이 작동하는지에 관해, 그리고 이것이 리더십에 무엇을 시사하는가에 대해서 대표적으로 캐나다의 켄 리스우드(Ken Leithwood)와 동료들, 그리고 호주의 빌 멀포드 및 할리아 실린스(Bill Mulford & Halia Silins) 등이 연구를 수행했다.

　리스우드와 동료들은 학교에서 변혁적 리더십의 본질 및 효과에 관한 양적, 질적 연구를 10년 넘게 수행했다. 교육 분야 밖에서는 더글러스 맥그리거 및 제임스 번스(Douglas McGregor & James Burns)가 변혁적 리더십에 대한 기초 작업을 수행했다.[15] 그들은 관료적 명령보다 리더의 공유된 목적과 비전, 영감을 통해 추종자들의 헌신을 더 잘 이끌어 낼 수 있다고 주장했다. 예를 들어, 번스는 "리더와 추종자는 서로 더 높은 수준의 도덕성과 동기 부여로 끌어올린다"고 주장하였다.[16] 이러한 아이디어를 교육에 적용하여, 리스우드와 동료들은 변혁적 리더십이 학교를 일차적인 즉 표면적인 변화를 넘어, 교수법, 교육과정, 평가와 같은 학교 교육의 핵심 기술을 변화시키는 이차적인 변화, 즉 심층적인 변화를 견인한다고 주장하였다.[17] 변혁적 리더십은 공통 목표의 추구, 조직 구성원의 권한 부여, 협력적 문화 구축 및 유지 등을 통해 이와 같은 목적을 달성한다.[18] 이러한 특성들은 교사 주도의 전문성 개발위원회, 멘토링 프로그램, 교사 주도 교육과정 개선, 그리고 교직원 주도 학교 개선팀과 같은 전략들 속에 잘 반영되어 있다.

리스우드의 변혁적 리더십 연구 결과 가운데, 분산된 리더십을 위한 중요한 내용은 다음과 같다.

- 학생의 배움에 대한 리더십의 효과는 비록 크지 않지만 교육적으로는 중요하다.[19]
- 교사들이 더 영향력 있는 리더십을 발휘하는 학교는 교사가 더 효과적이고 혁신적이라고 여겨진다.[20]
- 리더십 활동의 더 많은 부분을 교사들에게 분배하는 것은 교사의 효율성 및 학생 참여에 긍정적인 효과를 갖는다.[21]
- 변혁적 리더십 실행은 거의 모든 조직 환경에 유용하다.[22]
- 변혁적 리더십은 "특정 형태의 조직적인 맥락에 의해 제시되는 고유한 도전과 기능을 인식하고 대응하는 데 달려 있다."[23]
- 교사 리더십은 학생의 수업 참여도 증진에 있어 학생의 가정 환경 다음으로, 심지어 교장의 리더십 효과를 능가하는 커다란 효과를 보인다.[24]

호주의 빌 멀포드 및 할리아 실린스가 수행한 학생 학습에 관한 리더십 효과에 대한 포괄적인 연구는 보다 더 분산된 유형의 리더십이 학생의 배움 및 성취에 영향을 미치는 것으로 보이는 핵심 프로세스를 밝혔다.[25] 조직

학습 및 학생 성과를 위한 리더십(Leadership for Organizational Learning and Student Outcomes : LOLSO) 프로젝트는 리더십과 조직학습이 중등학교 학생 학업 성취에 미치는 영향을 조사하였다. 조사자들은 2,500명 이상의 교사 및 그들의 교장들로부터 설문조사 데이터를 수집하였는데, 이들은 2개의 호주의 주에 있는 거의 100여 개의 중등학교들로부터 선정되었다. LOLSO는 학생 성과에 대한 외부적이고 내부적인 학교 요인의 상대적인 영향을 조사하기 위해 모델-빌딩(model-building) 기법을 이용하였다. 빌 멀포드 및 할리아 실린스의 조사 결과는 다음과 같았다.

- 학교 수준 요인들은 학생의 사회 경제적인 지위나 가정 배경보다 학생의 학업 성취도에 더 큰 영향력을 미친다.
- 학교의 리더십 특성들은 학교가 학습 조직으로 운영될 수 있도록 하는 시스템과 구조를 촉진하는 데 중요한 요소이다.
- 리더십이 학교 공동체 전체에 고루 분배되고 교사들에게 의미 있는 영역에서 권한이 부여될 때 학생 성과는 개선될 가능성이 더 크다.
- 리더십, 조직학습, 교사의 업무와 같은 학교 수준 요인들은 학업적 자아개념 형성 및 학교 참여와 같은 비학업적 학업성취 결과에 큰 영향을 끼친다.

교육리더십 효과에 대한 이와 같은 대규모 연구는 공유, 협력 또는 분산적 리더십의 일부 요소들이 학교의 효과적 리더십과 밀접하게 관련되어 있다는 것을 분명하게 보여준다. 이러한 연구들은 교장의 리더십 효과가 대체로 간접적인 영향만을 미친다는 것을 시사한다.

교장들은 학생의 배움에 보다 직접적으로 영향을 끼치는 교직원들에게 영향을 줌으로써 학생의 학습을 향상시킨다. 그리고 교직원들은 자신들이 책임지는 과정과 관행을 형성하는 데 직접 참여하게 되면 더 많은 것을 성취하고 개선하는 경향이 있다. 그러나 이러한 리더십 효과에 대한 인상적이고 광범위한 연구는 우리에게 해답을 주기보다 오히려 더 많은 질문을 던진다.

① 연구는 여전히 리더십을 교장직(principalship)과 동일시한다. 리더십은 교장실에서 시작된다. 교장은 리더십을 분산하거나 분산이 생겨나는 문화를 창조한다. 교장의 우선권은 분석되는 것이 아니라 가정된 것이다. 초점이 교장에게만 국한되기 때문에 분산된 리더십의 다른 형태나 원천 등은 애초에 접근되지 않는다.

② 변혁적 리더십의 개념은 막스 베버의 카리스마적 권위에 개념적 뿌리를 둔다. 이에 따르면 리더는 개인적으로 신비롭고 설명할 수 없는 매력과 다른 사람들로 하여금 자신을 따르도록 동기를 부여하는 능력에서 정당성을 부여받는다.[26] 변혁적 리더십의 기원은 카리스마적 리더들 사이에서 궁극적으로 자신들의 위계적 권위를 극적으로 보여준 모습에서 찾을 수 있지만, 리스우드(Leithwood)와 동료들은 교육에서, 많은 변혁적 학교 교장들은 세상의 이목을 피하고 뒤로부터 조용히 이끌면서도 강력한 변화 문화를 만들어 낸다고 주장한다. 어떤 경우든 간에, 카리스마가 있든 없든, 조용히 또는 극적으로 다른 구성원들이 따르고 이끌도록 영감을 주고 동기를 부여하는 것은 여전히 교장이다. 다른 이들의 감정을 관리하거나 심지어 조종하여 그들의 리더십이 교장 리더십의 매개변수 범위 내에서 나올 수 있도록 하는 것도 결국 교장의 몫이다.

③ 분산된 리더십이 항상 가치 있는 대의를 발전시키는 좋은 리더십은 아닐 수도 있다. 히틀러와 무솔리니는 뛰어난 카리스마를 가지고 있었지만, 대의를 위해 봉사하는 것과는 거리가 멀었다. 변혁적 리더십이 진정한 의미에서 개선된 학생의 성취와 연관되는 경향이 있을 수 있지만, 이러한 변혁적 리더십이 가공해 내는 공유 리더십과 협력은 모든 학생을 위한 깊고 광범위한 학습의 진정한 향상을 가져올 수 있는 것만큼이나

협소하게 해석된 시험 점수 향상과 같은 냉소적인 목표 달성에 치중할 수도 있다. 리더십 분산 유형이 항상 더 큰 선에 기여하는 것은 아니다. 분산된 리더십은 가끔 나쁜 리더십이다.[27]

④ 분산된 리더십의 전반적인 유형과 대규모 사례에서의 효과는 분산된 리더십이 덜 유용할 수도 있다는 점을 은폐할 수도 있다. 예를 들어, 교사들의 자격이 충분하지 않고 지식 기반이 취약한 경우, 분산된 리더십은 공유된 지식과 전문성이 아니라 무지와 편견을 한곳에 집중시킬 뿐이다. 분산된 리더십은 전임자가 후임 교장에게 남겨준 분산이 아닌, '분열'된 직원들 사이에서 때때로 갈등과 혼란을 조장할 수 있다. 때로 광범위한 장애를 갖고 제대로 기능하지 못하는 학교들은 더 분산된 의사 결정 구조가 더 진전되기 전에 안전 및 안정적인 분위기를 확립하기 위한 오히려 확고한 리더에 의한 '통제'가 더 필요할 수도 있다.

요약하면 분산적 리더십은 효과적일 수도 있고 비효과적일 수도 있다. 또한 좋은 목적뿐만 아니라 나쁜 목적으로도 이용될 수 있다. 학교 공동체에서 자연스럽게 출현할 수도 있고 교장이 주도적으로 부여하거나 혹은 세밀하게 조율할 수도 있다. 분산 리더십이 자동적으로 지속가능한 리더십이 되는 것도 아니다. 누가 리더십을 분배하는가? 리더십은 언제 어디서 어떻게 분배하는 것이 가장 좋은가? 리더십은 어떻게 분배되는가? 이것들은 지속가능한 리더십의 소위 '너비(spread)의 원칙' 배후에 있는 중요한 질문들이다.

이를 해결하기 위해 먼저 분산적 리더십에 대한 가장 큰 논쟁을 살펴볼 필요가 있다. 먼저 분산적 리더십은 모든 리더십의 기본적인 속성인가? 다시 말해 대부분의 리더십 실행은 이미 분산되어 있으므로 분산적 리더십은 리더십 실행에 많은 사람들이 어떻게 참여하고 있는지 실증적으로 살펴보기 위한 개념이라는 것이다. 반면, 이와 달리 분산적 리더십 개념은 학교가 하는 일을 더 바람직한 방향으로 개선하기 위해서는 리더십을 더욱 분산할 필요가 있다는 것을 주장하는 개념이라는 것이다. 이에 대해 더 구체적으로 살펴볼 필요가 있다. 다음에서는 우리의 연구와 경험을 통해 도출한 연속선상에 있는 분산적 리더십의 유형을 살펴보고, 이것이 지속가능한 교육이라는 목적을 실현하는 데 시사하는 바에 대해 살펴볼 것이다.

## 열망 혹은 현실?

분산된 리더십은 우리가 달성하기 위해 노력해야 할 미래 상태인가? 아니면 우리가 인정해야 할 필요가 있는 이미 존재하는 불가피한 현실인가?

### 열망

교사 리더십에 대한 대부분의 문헌은 지지와 옹호에 관한 내용이다. 이 문헌들은 교사 리더십의 기회가 부족하고, 교사의 목소리가 들리지 않는 것에 대해 한탄한다. 더 많은 교사 리더십이 더 나은 학교로 이끄는 더 좋은 리더십이라고 주장한다.

로드 바이런(Lord Byron) 고등학교의 방문자들은 아마도 그랙 앨런(Greg Allan) 교사의 조용하고 허물없는 리더십을 알아채지 못할 것이다. 그러나 그의 동료들은 확실히 알고 있다. 앨런은 이 학교 설립 2년차에 합류하였고 그곳에서 32년을 보낸 후 은퇴하였다. 많은 교장은 그에게 공식적인 리더십 역할을 맡을 것을 제안했지만, 그는 그의 '첫사랑'인 교실에 머무는 것을 선호하였다. 그러나 그는 교직생활 동안 근무하는 모든 학교에서 지속되고 스며드는 리더십을 제공하였다. 그는 동료 직원이 자신의 발전에 어떻게 공헌하였는지를 다음과 같이 회상하였다. "내 동료는 나를 보살펴 주었고, 함께 수업을 설계하고, 다양한 학생 교육활동을 함께했다. 그녀는 가르치는 스타일에 관하여 나에게 큰 영향을 주었다. 그녀는 아이들에 대해 너무나도 에너지가 넘쳤고 아이들과 강한 유대관계를 형성했다. 초기에는 이와 같은 멘토링과 롤모델들이 정말 많았다."

비공식적인 리더로서, 앨런은 이와 같은 멘토링 전통을 이어서 새로 온 교사들의 멘토링과 전문성 신장에 기여하였고, 또 자신이 소중하게 여기는 학생 중심 학습 문화를 유지하고 이를 더 확대하는 것을 자신의 책임으로 여겼다. 그는 "내 교직 경력에서 가장 만족감을 주는 부분이 있다면 그것은 멘토링입니다"라고 말했다.

2000년 학교는 11명의 새로운 교사를 고용하였다. 그들 중 6명은 앨런이 그들의 직장 생활에서 긍정적인 힘의 원천이라고 말했다. 그는 동료들을 멘토링했을 뿐만 아니라, 방과 후에 중증 학습장애 학생들을 가르치는 역할도 적극적으로 수행함으로써 학교에 대한 헌신과 스스로가 평생학습자가 되려고 노력하는 모습을 통해 동료들의 본보기가 되었다. 또한, 그는 학교운영위원회의 교사 대표로 참여할 때마다 동료교사들에게 깊은 신뢰를 얻었다. 앨런은 젊은 교사들을 멘토링하고, 모범적인 교사상을 제시하고, 학교를 개선하는 데에도 적극적으로 참여함으로써 학교를 묶어주는 겸손한 교사 리더십의 본질을 형상화해 주었다.

그랙 앨런이 보여준 동료와 학교에 대한 그의 기여는 급증하는 교사 리더십 문헌들에서 강조되고 있다. 공유되고, 민주적이고, 도덕적이며, 수평적이고, 참여적이며 생산적인 리더십이라는 이름으로 교사 리더십 문헌들은 학교 의사 결정에서 더 많은 교사들의 참여를 옹호하고, 학교 개선을 위한 집단적이고 협력적인 과정을 강조한다.[28]

교사 리더십에 대한 이러한 지지는 교사들이 학생들과 가장 물리적으로 가깝고 학생의 교장이나 다른 리더들에 비해 학생들의 학습에 도움을 주는 변화를 만들어 내는 데 있어 최적의 자리에 위치하고 있다는 믿음으로부터 비롯된다. 앤 리버먼 및 린 밀러(Ann Lieberman & Lynne Miller)에 의하면, 교사 리더십은 "학교에서 리더십을 담당하는 교사들의 개발, 지원 및 육성에 관한 것이고, 공식적으로 또는 비공식적으로 리더십 지위를 획득한 교사들은 학교의 변화를 일으킬 수 있다"고 주장하였다.[29]

대체로, 교사 리더십 문헌은 교사 리더들은 다음과 같은 역할들을 할 수 있다고 주장한다.

- 학교 발전 및 교실 변화에 공헌[30]
- 학교 안팎을 걸친 학교 효과성, 학교 개선 및 발전으로 이어지는 교사 협력 증진[31]
- 학교의 의사 결정 과정 증진[32]
- 직업에 대한 사기 고양 및 유지, 그리고 자기 효능감 향상[33]
- 리더십을 개인 능력이 아니라 그룹의 창발적 속성으로 간주[34]
- 빈곤한 학교의 학생 학업 성취 향상[35]

그러나 교사 리더십 관련 문헌들의 교사 리더십에 대한 열광적인 옹호와 열정적 지지에도 불구하고, 모든 교사 리더십이 꼭 더 좋은 리더십인 것은 아니다. 일부 기업과 공공기관에는 나쁜 리더십이 존재하고 때로 교사들 사이에서도 나쁜 리더십이 존재한다.[36]

탈리스만 파크 중등학교에서의 "서클(Circle)" 그룹은 매일 아침 교사 회의실에서 만나 커피를 마셨다. 서클의 회원들은 수학, 과학 및 영어 같은 큰 부서의 경험 많은 교사들로 구성되었다. 젊은 교사들, 예체능 교사들, 특수교육 교사들, 그리고 상담교사들은 미묘하게 제외되었다. 학교에 새로 온 교사는 "학교는 약간 파벌 중심이다. 교무실에서 항상 어울리는 그룹이 있다. 그들은 자부심이 강한 것 같다"고 말하였다. 중산층의, 좋은 대학 진학을 추구하는 우수한 학생들에게 필수 과목을 가르치는 교사들로 구성된 서클 그룹은 학교에 변화가 필요하지 않다고 믿었다.

그들의 아침 시간은 정부, 교육청, 교장이 추구하는 혁신안에 관한 불평을 늘어놓고 어떻게 하면 현재 상황을 유지할 것인지 대한 전략들을 논의하는 것으로 흘러갔다. 아침에 기획되고 교직원 회의에서 공개된 전략들은 현실에 안주하려는 것에서 탈피하여 학교를 나은 방향으로 개선해 보려는 교장의 노력을 약화시켰다. 교감 한 명은 그들에게 "당신들은 언제나 커피 서클의 의견을 따르고 가장 목소리 큰 사람들의 의견을 따라갑니다. 그런데 그렇게 하는 것이 정말로 학교를 대표하는 것일까요?"라고 반문하기도 하였다. 서클 그룹의 교사 리더들은 학교를 현상 그대로 유지하는 것이 자신들이 제일 중요하다고 느끼는 좋은 대학에 학생들을 많이 입학시키려는 학교 이익에 가장 잘 부합할 수 있다고 확신했다.

왓슨 교장이 학교에 부임하게 되었을 때, 그녀는 다수의 위원회, 전문성 개발 기회, 보다 민주적인 교직원 회의를 통해 교직원들이 학교 운영 과정에 더 많이 참여할 수 있는 기회를 만들었다. 이러한 그녀의 시도는 서클 그룹의 영향력을 점점 약화시켰다. 그러나 왓슨이 갑자기 다른 학교로 전근을 가게 되면서 그녀의 후임자인 이반 멕슨(Ivan Megson)은 정부의 과목 중심 교육과정 개혁을 시행하기 위해 전적으로 서클 그룹에 속한 다수의 주요 교과 부장교사들을 통한 전통적인 위임 방식에 다시 의존해야만 했다. 학교를 재정비하고자 했던 왓슨의 노력은 서클 그룹이 다시 부상하게 되면서 하룻밤 사이에 물거품이 된 채 기존 학교 체제로 회귀해 버렸다.

서클 그룹이 했던 것과 같이 교사들이 학생들의 학습을 희생하면서 자신들의 이익을 시키는 방향으로 리더십을 빌휘할 때 교사 리더십은 악회된다. 고등학교 교사들은 종종 고등학교의 초기에 수준별 학급을 옹호하는데 이는 비록 학생들에게는 덜 효과적이지만 엘리트 부모들이 선호하고 또 가르치기도 더 쉽기 때문이다.[37] 예를 들어 스튜어트 하이츠 중등학교에서, 강요된 개혁 의제에 분노한 교사들은 후임 교장 및 그 리더십 팀의 우유부단함을 간파하여 이를 이용했고 또 더 징벌적인 용어들을 사용하여 학생 생활지도와 훈육 규정을 개정하였다. 교사의 목소리는 학생 또는 부모들의 목소리를 배제할 수 있다. 그러나 분산적 리더십은 단순히 교사에게 많은 리더십을 더 부여하는 것과 동일시될 수 없다.

교사 리더십은 또한 양날의(double-edged) 검일 수 있다. 교사들에게 더 많은 권력을 주는 것 이상으로 교사들을 억제하고 포섭하기 위한 방법이 될 수도 있다. 아이로니컬하게도, 마크 스마일리(Mark Smylie)와 동료들의 연구에서 밝혔듯이, "우리는 오늘날의 교육 문제를 해결하기 위해 교사 리더십에 기대를 걸지만, 동시에 우리는 리더십이 해결해야 할 문제의 주요 원인을 교사라고 생각한다."[38] 따라서 교사의 리더십 문제는 타협적인 성격을 갖고 있다. 그들은 교사들에게 약간의 권한을 부여하면서도 동시에 관리자들에게 만일을 위한 대비책을 허용하기도 한다. 이러한 측면에서 호주 및 영국의 성과급, 경력 사다리(직급의 분화 career ladder), 멘토십, 전문성 계발 학교, 수석 교사 프로그램과 같은 초기 교사 리더십 프로그램은 일부 교사들에게 정식 리더십 역할 및 준관리자 지위를 부여했으나, 다른 교사들에게는 공식적인 리더십을 부여하지 않았다.[39]

이러한 임명 및 선발 전략은 엇갈린 결과를 초래했다.[40] 몇몇 교사 리더들은 그들의 리더십 역량을 향상할 수 있는 기회, 추가 수당, 그리고 책임을 반겼다. 하지만 다른 교사들은 이러한 새로운 역할에 문제가 있다고 보았다. 역할들은 종종 제대로 정의되지 않았다. 역할들이 종종 다른 직책과 충돌

했다. 새로운 리더십 기능을 맡으면서도 여전히 담임 역할과 책임을 이행하는 것은 쉽지 않았다. 리더로 임명되지 못한 동료들과의 관계는 때때로 쉽지 않았다. 원치 않은 하향식 교육 개혁으로 교사들이 부담을 느끼게 되면 교사들은 가끔씩 새로 임명된 동료 교사 리더에게 "당신이 새로운 교사 리더니까, 당신이 해야죠!"라고 다소 공격적인 언사를 하기도 하였다.

단순히 리더를 임명하거나 선정하려는 방식의 실패로 인해 단순히 공식적인 지위만 추가하는 방식이 아닌 교사들을 리더십 활동에 참여시키는 광범위한 연구가 이루어졌다. 린다 달링 해먼드(Linda Darling-Hammond)와 동료들은 교사 리더십은 공식적으로 정의된 직책이나 지위에 제한될 필요가 없고 "인위적이고, 강제적이며, 형식적인 위계 구조나 지위를 만들어 내지 않는 역할과 지위를 포함할 수 있다"고 제안한다.[41] 그들에 따르면 모든 교사들은 다음과 같은 역할과 활동을 통해 좀 더 광범위한 의미에서의 전문성을 신장해야 한다.

- 조력자, 코치 또는 멘토로서 학생 및 교사들과 협력
- 실행연구원 또는 태스크 포스 구성원으로서 행정적 과업 수행
- 학교 개선팀, 위원회 또는 비즈니스-학교 파트너십에 참여[42]

짐 스필레인(Jim Spillane)은 분산된 리더십에 관한 광범위한 연구를 수행하였다. 그는 교사들에게 추가적인 역할과 과제를 할당하는 것을 '리더십 플러스' 관점이라고 규정하였다.[43] 분산적 리더십에 대한 리더십 플러스 접근방식은 교사들이 학교가 원활하게 돌아가도록 하기 위해 자발적으로 수행하는 눈에 덜 띄고 일상 업무에 가까운 리더십 행위를 간과한다는 한계가 있다고 스필레인은 주장한다.

숙련된 교사가 신참 교사에게 어려운 훈육 문제에 대해 조용하게 조언해

주거나, 동료들 사이에 자료를 공유하거나, 문제행동을 예방하기 위해 학부모에게 전화를 거는 것과 같은 어찌 보면 일상적이고 평범한 리더십 행위들은 종종 간과되고 주목받지 못한다. 분산적 리더십은 단순히 리더십 플러스 접근 이상의 많은 것을 의미한다.

## 현실

좋든 싫든 리더십은 항상 분산되어 있다. 공식적으로 인정을 받든 그렇지 않든 보상을 받든 그렇지 않든 리더십은 단순한 역할이나 일련의 행위방식이 아니다. 그것은 "고정된 현상이라기보단 유동적이고 발현적(emergent)이다."[44] 분산된 인지 이론에 기초하여, 스필레인은 리더십은 많은 사람들에게 영향을 미치고 리더십 활동이 발생하는 상황을 포함하는 사회적 관행이라고 주장한다. 리더십 활동이 발생하는 상황을 포함하는 사회적 실행으로서의 활동이라고 주장한다. 그에 따르면 "학교 리더십은 학교의 사회적, 상황적 맥락에 걸쳐 분산된 루틴으로서 가장 잘 이해될 수 있다."[45]

스필레인은 텍사스 투 스텝 무용을 하는 두 사람의 비유를 이용하여 이를 묘사한다. 무용에서의 개인들의 액션은 중요하나, 무용은 개인들 사이의 상호작용이다. 음악은 상황의 중요한 부분이고, 음악과 함께 공연자들의 상호작용은 활동의 일부가 된다. 음악이 바뀌면, 무용도 바뀐다. 스필레인은 초등학교의 문해력 위원회의 리더십 실행과 수학 교사들의 회의에서의 리더십 루틴을 묘사함으로써 이를 잘 형상화해 준다. 문해력 위원회의 교장, 문해력 코디네이터, 아프리카계 미국인 유산(African American heritage) 코디네이터 등 대략 20여 명의 교사들을 포함하는 구성원들은 학교 표준 데이터의 분석에 활발하고 열정적으로 참여한다. 그들은 새로운 정보를 공유하고 미래 교육 활동들에 대한 계획을 발전시킨다. 문해력에 있어 프로그램 조정은 교장을 포함하여 다수의 핵심 구성원들에게 분산된다.

한편, 수학의 경우에는 직접적으로 관여된 오직 4명의 교사들만이 회의에 나온다. 두 명의 교사 리더들은 적절한 수학 표준을 검토하고, 새로운 교재들을 소개하고, 대안적인 교육학적 접근을 제안하면서 대부분의 대화를 진행한다. 다른 교사들은 부가 설명을 위한 몇몇 질문을 하고, 회의는 종료된다. 빠르고 효과적이며 생생한 현장 그대로이다.

학교 교과목들은 단순한 지식의 모음이 아니다. 그것들은 오히려 작은 세계이다.[46] 여기에 속한 사람들은 다르게 생각하고 행동한다. 문해력은 언어에 강하고 말하기 좋아하는 사람들을 끌어당긴다. 대화는 광범위하고 포괄적인 경향이 있다. 수학 교사들은 일반적으로 더 집중하고 꼼꼼하며 많은 초등학교 교사는 문해력보다는 수학에 덜 익숙하기 때문에 수학 분야 회의에 상대적으로 참여 정도가 낮은 편이다.

스필레인의 연구의 강점은 그것이 분산된 리더십의 보편적으로 존재하는 특성을 보여줄 뿐만 아니라 분산 유형이 교사 공동체별로 어떻게 다른지를 강조한다는 점이다. 즉 분산된 리더십은 항상 같은 것은 아니다. 긴 회의 또는 짧은 회의, 많은 참가자 또는 소수의 참가자, 장황한 대화 또는 간단한 언급, 이들 모두가 분산된 리더십에서 중요하게 간주될 수 있다.

## 요약

분산된 리더십을 보는 두 가지의 방식이 있다. 첫 번째로 규범적(normative) 접근이 있다. 분산된 리더십이 더 많을수록 좋다는 관점이다. 분산된 리더십은 교사들을 넘어 학생 및 학부모에게도 확장되어야 한다. 자기 잇속만 차리게 되는 것을 피하고 학생에 집중해야 한다. 그리고 전시 협력의 괴뢰정부같이 원치 않음에도 끌어들여진 리더십으로 전락되어서는 안 된다. 이러한 주의에도 불구하고 문제는 교사 리더십이 너무 많아 이를 억제할 필요가 있다는 것이 아니라 의식적이고 의도적인 리더십 활동이 여전히 너무 희소하다는 것이다.

분산된 리더십의 두 번째 관점은 기술적(descriptive)이다. 리더십 활동으로서의 리더십은 이미 거기에 존재하는 모든 리더십을 의미한다. 프랭크 크라우더(Frank Crowther)와 동료들이 말한 바와 같이 "어떤 기준으로 판단하더라도 교사 리더십은 존재하고, 그것은 실제이다."[47] 리더십은 항상 어떻게든 분산된다. 중요한 것은 어떻게 분산이 발생하는지를 보여주는 것이다. 이 두 번째 견해의 지지자들, 특히 스필레인은 리더십을 더 분산하는 것 또는 리더십 플러스 관점을 채택하는 것이 일반적으로 좋은 것인지 여부에 관해 유보적 입장을 견지한다.

만일 스필레인의 견해가 지적으로 지나치게 자기탐닉적인 것처럼 보인다면, 그의 주장에는 중요한 전략적 함의가 있다. 그의 활동 기반 리더십 접근법은 기존의 리더십 실행을 면밀하게 검토하기 위한 좋은 방법이다.[48] 이 접근은 그렇지 않다면 의식하지 못하고 간과해 버릴지도 모를 리더십에 주의를 환기시킨다. 이 접근은 출현하는 리더십 재능을 강조할 수 있다. 그리고 이 관점은 일반적으로 인정받는 용감한 개인을 넘어, 집단의 리더십 성취에 주목하게 한다. 이러한 함의를 스필레인 자신이 분명히 시사한 것은 아니지만 이 접근은 그의 리더십에 대한 기술적 분석틀을 잘 활용할 수 있는 방법을 제공한다.

### 분산적 리더십의 연속선(continuum)

지속가능한 리더십은 분산된 리더십이다. 그러나 모든 분산적 리더십이 지속가능한 리더십인 것은 아니다. 이 여부는 리더십이 어떻게 분산되고 어떠한 목적으로 사용되느냐에 따라 달려 있다. 헤이 그룹 에듀케이션(Hay Group Education)은 학교 리더십을 위한 분산된 리더십에 관한 연구에서 분산된 리더십에 대해 순진한 낙관적인 견해를 채택하는 것의 위험성을 설명한다. "리더십이 명확한 비전, 명료한 절차, 명확한 책임에 의해 함께 묶이지 않는다면, 다양한 원천의 리더십은 학교를 갈라놓을 수 있다. 리더십을 분산하지 않는다면 진부함과 침체를 야기한다. 한편, 리더십 분산의 위험은 무정부 상태와 혼란이다."[49]

헤이 그룹 에듀케이션은 분산된 리더십의 5개 관점을 제안한다. 이는 익은 과일이 썩어가는 것처럼, 리더십 분산이 극단적으로 자기 이익에 치중하는 고도로 집중된 리더십에서 지나치게 과도한 형태로 분산된 리더십에 이르기까지의 연속선상에 위치한다. 헤이 그룹 에듀케이션의 분산적 리더십 연속선에 대한 관점은 다음과 같다:

- **지시(Instruct):** 이니셔티브(initiative)와 아이디어는 오직 상부로부터 오고 자의적이고 예측되지 않은 것처럼 보인다.
- **상담(Consult):** 의사결정은 여전히 상부에 의해 이루어지지만, 직원에게 의견 표명의 기회가 부여된다.
- **위임(Delegate):** 직원들은 명확한 책임의 범위 내에서 결정하고 주도권을 행사한다.
- **촉진(Facilitate):** 모든 수준에서 의견과 아이디어들이 요청되고, 채택되며, 옹호된다.
- **방임(Neglect):** 상부의 관심과 방향성이 부족하기 때문에 직원들이 주도권을 잡고 책임도 떠맡는다.[50]

우리들의 연구에서 발견한 증거는 헤이 그룹 에듀케이션과 대체로 겹치지만 두 가지 측면에서 상이한 분산적 리더십 연속선을 제시한다. 첫째, 분산적 리더십에 대한 스필레인의 주장처럼 심지어 독재나 헤이 그룹 에듀케이션이 제시한 '지시(Instruct)' 모드에도 분산된 리더십이 포함된다. 헤이 그룹 에듀케이션이 주장한 것처럼 분산된 리더십은 이 상황에도 부재하지 않는다. 의도하거나 원하지 않았을 수 있지만, 독재자의 요구를 약화시키고 방해하는 방식으로 분산적 리더십은 표면화될 수 있다. 심지어 헉슬리(Huxley)의 『멋진 신세계』에서 조차도 반항아가 등장한다. 학교의 독재적인 리더들도 마찬가지다.[51] 독재적인 교장, 교육청, 정부, 그 누구라도 분산된 리더십을 완전히 제거할 수는 없다.

둘째, 헤이 그룹 에듀케이션의 '촉진(Facilitate)' 범주는 사실 다양한 가능성과 스타일을 포함하는 더 큰 이론적 도구 상자이다. 촉진하기 위한 방법에는 여러 가지가 있다. 일부는 매우 통제적이고, 교활하며, 그리고 심지어는 사이비 종교적일 수도 있다.[52] 교사들에게 리더들의 요구에 대해 일체의 질문 기회조차 부여하지 않을 수 있다. 누군가는 또한 더 많은 권한을 부여할 수 있고, 포괄적이고, 활기찬 토론과 도전적인 탐구를 장려할 수도 있다.[53] '촉진(Facilitate)'이라는 개념은 다양한 형태의 덕목은 물론 죄악, 그리고 그 사이에

<표 3.1> 분산된 리더십의 온도 상승

| 과열 상태! | |
|---|---|
| | 무정부 |
| | 도전적 분산 |
| | 창발적 분산 |
| | 기획된 분산 |
| | 진보적 위임 |
| | 전통적 위임 |
| | 독재 |
| 과냉 상태! | |

서 내려져야 할 어려운 선택과 결정을 은폐할 수 있다. 촉진은 분산적 리더십의 온도계가 보여주는 것처럼 그렇게 간단한 문제가 아니다.

수은주가 온도계를 따라 올라갈 때, 분산된 리더십은 우선, 하단에서는 주로 역할, 위원회, 공식 절차와 같은 구조적인 수단을 통해 생겨난다. 중간층에서는 의사소통, 관계 및 집단 관계와 같은 문화적 분산의 형태를 띤다. 그리고 상층부에서는 정치적인 요소와 주장들이 추가된다.

### 독재

본서의 2장에서 소개된 쉘던 고등학교의 렌 아도모와 후임자들은 학교의 공식적인 구조 내에서 리더십 임무를 매우 엄격하게 관리하였다.[54] 그들은 다른 리더십이 떠오르는 어떠한 신호도 억압하였다. 학교의 모든 면을 관리하고자 하는 그들의 욕망에서 그들은 의사 결정에 있어 교사들이나 기타 이해 관계자 참여를 제한하였고, 교장이 확립하였던 미리 정해진 방향으로부터 벗어나려는 개인이나 집단들을 억압하였다. 이러한 의도적인 리더십 분산 방해 행위는 교직원들로 하여금 학교의 관리자들을 반대하고 교사노조를 지지하게 만들었다. 결과적으로 전통적인 권위주의적 관리자와 교사노조의 대립을 초래하였다. 독재적인 리더십과 방어적인 반대는 변화하는 학생들의 특성에 맞는 양질의 프로그램을 개발하려는 학교의 노력을 약화시켰기 때문에 진정한 패자는 학생들이 될 수밖에 없었다.[55]

쉘던 고등학교에서는 교장이 종종 교감이나 부장교사들과 같은 소수의 공식적 리더교사들에게 의존하여 모든 중요한 결정을 내렸는데 이는 조직 내 다른 일반 교사들의 리더십 능력을 활용하지 못했을 뿐만 아니라 오히려 리더십 발휘를 위한 통로가 필요한 신진 교사들의 반발만을 초래했다. 교장 리더십이 학교 내 구성원 모두를 참여하는 방식으로 의도적으로 분산이 되지 않는다면 의도적이든 아니든 결과적으로 리더십은 어떻게든 분산되게 되어 있다. 모든 단계에서 교장의 계획을 전복하고 방해하기 위한 리더십이 출현하게 되기 마련이다. 물론 독선적인 것으로 보일 수 있는 리더십이 필요할 때도 있고, 마지막 수단으로 어쩔 수 없이 사용해야만 하는 경우도 있을 수 있다. 예컨대, 교사들이 학생들의 낮은 학업성취에 대한 책임을 방치할 때 그렇다.[56] 그러나 일반적으로 독재적인 리더십은 중요한 변화를 지속시키는 데 실패할 뿐만 아니라 변화의 착상 단계에서부터 무산되게 만든다.

## 전통적 위임

마크 워네(Mark Warne)은 노스 리지(North Ridge) 고등학교의 교장이었다. 은퇴가 3년 남은 워네 교장은 강요된 변화와 그로 인한 결과에 대해 예리한 지성과 깊은 지식을 갖고 있었다. 그는 가치를 중시했고, 개혁의 큰 그림을 보는 데 능숙했다. 교육개혁안이 발표되었을 때 워네 교장은 상세하고 사려 깊은 자신의 입장문을 냈고 실행안을 직원들이 회람하고 의견을 개진하는 데 충분한 시간을 두어 청취한 후에 추진했다. 그러나 교사들의 응답은 매우 실망스러웠고, 워네 교장은 교사들이 변화에 대체로 무관심하다고 털어놓았다. 문제는 워네 교장 자신은 지적으로 뛰어나고 명석하지만, 그것을 교사들과 함께 공유하는 역량이 부족했다는 것이다.

워네 교장은 철저하게 수직적 위계에 따라 학교를 관리했다. 교과부장들은 그들의 분야에서 매우 자율적이었으며, 교직원들의 참여는 교과부장들의 리더십 스타일에 달려 있었다. 은퇴가 가까운 워네 교장과 같이 근무한 교감 중 한 명은 인사와 징계 업무를 담당했고, 다른 또 한 명의 교감은 안타깝게도 불치병과 싸우고 있었다. 워네 교장은 교과부장들에게 업무와 책임을 위임하고 자신보다 더 많은 경험을 갖는 영역에서 그들의 조언을 받아들였다. 교과부장들은 그를 "협조적이고" "인정 많고", 그리고 "선의"의 사람으로 묘사하였다. 그러나 다른 대부분의 교사들은 자신들이 의사 결정에서 배제되고 학교의 중요한 사안들에 대해 정보가 부족하다고 느꼈다. 대부분의 교사들은 워네 교장을 "우유부단하고" "일관성이 없고" 그리고 "비전이 부족"하다고 생각했다. 한 교직원 연수에서 대부분의 교사들은 자신들의 학교를 "순항하는(cruising) 학교"라고 여겼다. 그런데 교사들은 개선이 시급한 문제로 "관리자들과의 소통"을 지적하였다.[57]

그 시대의 대부분 중등학교 교장들처럼 분산된 리더십에 대한 마크 워네 교장의 개념은 특정 업무를 특정 사람에게 위임하는 것을 의미했다. 워네 교장은 부장교사들과 긴밀히 협력하고, 해당 분야에 대해서는 그들에게 리더십을 위임하였고, 그들과 함께 학교 경영 방향을 개발하고, 일상적인 업무를 처리하고, 대외적인 개혁안에 대응하기 위해 노력했다. 워네 교장은 교과부서의 업무에는 일체 간섭하지 않았다. 이 과정에서 일부 교과부서에서는 혁신적인 활동들이 생겨났고, 다른 부서는 아무런 변화도 생기지 않았다. 대부분의 경우 그는 논란을 피하고 실질적인 행동은 거의 하지 않으면서, 많은 양의 보고서와 문서뿐인 거창한 계획안을 작성해서 마치 정부의 개혁에 대해 학교가 열심히 노력하고 있다는 '환상'을 만드는 것으로 학교를 안정된 상태로 유지하였다.

워네 교장과 같이 기존 체제 내에서 위임으로 리더십을 분산하는 리더들은 학교를 효과적으로 관리하고 기존 틀을 유지하면서 안정성과 지속성을 유지하나 그 이상으로는 움직이지는 않는다. 셸던 학교의 아도모 교장과 같은 독재자처럼 새롭게 등장하는 신진 교사 리더들을 적극적으로 억압하는 대신, 워네과 같은 리더들은 이를 좌절시킨다.

분산된 리더십은 위임된 리더십 이상을 의미한다. 최악의 경우, 위임된 리더십은 하급자들에게 하찮거나, 흥미 없거나 기쁘지 않은 임무들을 할당하는 것을 지칭한다. 학생 훈육, 일상적인 위원회 업무, 그리고 상상력이 부족하고 인기 없는 교사 평가 절차들은 전통적인 위임의 요소들이다. 그들은 학교의 기존 업무를 수행할 뿐 실제로 변화를 모색하거나 도전을 모색하지 않는다. 최선의 경우, 워네의 교과부장들과 같은 리더교사들은 권위 및 권력을 누리는 기회를 즐길지도 모른다. 하지만 무시당하고 소외당하는 것처럼 느끼는 교직원들은 그들의 교실로 숨어들거나, 학교 활동에서 발을 빼거나 학교 혁신을 위한 노력을 조용히 전복시키려고 함으로써 그들의 불만과 소외를 표현할 가능성이 있다.

## 진보적 위임

학교 개선 워크샵 직후 노스 브리지(North Bridge)는 변화하기 시작했다. 그러나 교장이 바뀌지는 않았다. 새로 부임한 두 명의 새로운 교감들은 함께 학교 행정에 새로운 열정, 낙관주의 및 집중력을 불어넣었다. 다이앤 그랜트(Diane Grant) 교감의 열정적이고 에너지 넘치는 스타일은 교육과정과 평가에 대한 그녀의 정교한 지식을 활용하여 새로운 개혁에 도전하였다.

그녀는 학습 격차 분석을 통해 교직원을 능숙하게 이끌었고, 교직원 야유회에서 교사들을 교과별로 섞어 앉히는 자리 배치를 통해 평가에 대한 자신들의 성공적인 경험을 공유하도록 하였다. 한편, 다른 교감인 빌 존슨(Bill Johnson)은 상담 기술을 활용하여 교직원과의 효과적인 의사소통 및 관계를 발전시켰다. 한 팀으로서 그들은 학교에 대한 공유된 비전을 설정하고 또 교직원 간에 보다 열린 소통 방식을 만들어 나갔다.

이러한 새로운 접근방식을 통해 교직원들은 협력 학습, 탐구 및 문제해결에 집중하게 되었다. 워네 교장의 강점은 교감에게 이처럼 교실 변화에 필요한 리더십을 과감하게 분배하는 좋은 감각을 지니고 있었다는 것이다. 그들은 이렇게 정부 방침을 그대로 실행하는 단순한 파이프라인이 아니라 학교 실정에 맞게 정부 개혁안 중 거를 것은 걸러내는 필터가 되는 역량을 체득한 리더교사들에게 실행을 위한 리더십을 과감하게 재분배했다.

위네 교장은 리더십을 더 넓게 분산하기 위해 새로운 교감 두 사람의 강점을 활용했으며, 이것은 그 자신의 리더십에 관한 자기이해 및 접근방식에도 상당한 변화를 가져왔다. 그러나 교사들이 조직의 기존 고정관념에서 너무 멀리 벗어나는 것은 절대 허락하지 않았다.[58] 한편, 다이앤 그랜트(Diane Grant) 교감은 평가 및 문해력을 위한 위원회를 구성하고 활성화시키게 함으로써 기존의 공식적인 교과부장 체제에서 벗어나 리더십을 분산시켰다. 그 결과, 더 많은 수의 교직원들이 노스 브리지 학생들의 요구를 충족시키기 위해 정부 개혁안을 재구성하여 추진하는 데 참여하게 되었고, 이것은 그 자체로 커다란 진전이었다. 하지만 이 모든 개선 사항은 여전히 학교의 형식적인 구조라는 한계 내에 있었다.

노스 브리지와 같은 학교의 보다 진보적인 리더십 위임 유형은 학교 개선을 지원하는 방향으로 학교를 재구조화한다. 하지만, 공식적인 리더가 교사들을 인도하고 교사들도 헌신적으로 참여하는 한 성공한다. 진보적인 위임은 전통적인 위임의 대부분 단점을 여전히 갖지만 하나의 반전(twist)이 있다. 전통적인 위임의 경우 교사들은 의미 있는 참여를 기대할 수 없거나 할 수 없을 때 좌절하게 된다. 한편 진보적인 위임의 경우 교사들은 참여에 대한 기대는 높아지지만, 자신들을 지켜주던 공식적인 리더가 떠날 때 그간의 노력이 수포가 되는 것을 목도하게 된다는 것이다.

### 기획된 분산

누메아(Noumea, 실명) 초등학교는 전후 호주 시드니 인근에 개발된 계획도시 내 한 지역에 위치하고 있다.[59] 시간이 흘러가면서 그 지역은 실업과 고질적인 빈곤층, 다민족 동네로 상황이 악화되었다. 이처럼 열악한 지역 여건과 40% 이상의 학생 중도 이탈에도 불구하고, 530명의 학생이 재학하고 있는 이 학교는 높은 성취 수준, 문해력과 수학 교과에서의 혁신적인 수업 방식, 창의적인 테크놀로지 활용 사례로 호주뿐만 아니라 국제적으로도 인정을 받았다. 이 모든 것은 교사 이직률을 조장하고 누메아 초등학교와 같은 도전적인 학교를 젊고 경험이 없는 교사가 운영할 수밖에 없게 만드는 주정부의 교원 채용 관행에도 불구하고 달성되었다.

제니 루이스(Jenny Lewis) 교장은 에너지와 열정이 마치 발전기와 같은 사람이다. 그녀는 기술, 끈기 및 매력으로 저경력의 교직원과 열악한 지역사회를 잘 다루었다. 지난 10년 동안 그녀는 학교를 교사들이 학생들을 가르치고 배우고 돌보는 것을 지원하기 위한 지식을 생성하고, 공유하고 또 적용하는 전문적 학습공동체로 변신시켰다. 이를 위해 그녀는 물리적 시간과 자원, 그리고 아낌없는 격려를 제공하였다. 게다가 전문적 학습공동체를 통한 학습은 교사에게만 국한된 것이 아니었다. 학부모와 학생들도 이러한 전문적 학습공동체의 일원으로 학교 방침과 정책에 의미 있는 목소리를 내도록 하였다.

루이스와 교직원들은 지속적인 비전 공유와 공통의 언어, 학교, 학교의 임무, 사명에 대한 끝임없는 진단과 분석을 통해 공동체 학습을 촉진하였다. 자기성찰과 진정성 있는 분석에 기반하여 누메아 초등학교의 교직원들은 주정부의 학업성취도 표준화 시험이 학생의 성장과 성취를 추구하는 학교의 사명을 오히려 방해할 뿐이라는 결론을 내렸다.

지역사회의 지지를 동원하고 주정부와 전문가들을 대상으로 한 적극적인 정치적 지지를 획득하기 위한 노력에 힘입어 루이스 교장과 교직원들은 교육청으로부터 수업을 위한 정보를 획득하고 또 학부모와 소통하기 위한 차원에서 학생의 학습 및 성취에 대한 '일일 교사 평가'를 활용할 수 있는 허가를 획득했다.

학년별 교직원 팀은 매주 교직원 회의에서 이 내용을 점검하고 주당 3시간의 수업 외 시간을 활용하여 학생 데이터와 학생 작품 샘플을 함께 분석했다. 이러한 데이터에 기반한 학년별, 교과별 분석 회의 결과는 매달 교직원 회의에서 공유하여 학교 전체의 추세와 패턴을 결정하고 지속적인 개선을 모색한다. 루이스 교장은 학교의 전문적 학습공동체가 어떻게 작동하는지에 대해 학교에서 문제행동이 증가했을 때의 사례를 들어 다음과 같이 설명한다.

"사모아와 통가 출신 남학생들이 가장 폭력적이며 학교에 종종 지각하기 때문에 학업을 잘 수행하지 못한다는 강한 믿음이 있었다. 그러나 데이터를 종합적으로 검토한 결과 가장 폭력적이고 가장 위험에 처한 학습자는 오히려 백인 앵글로색슨 소년이었다. 앵글로색슨 백인 가족 중 상당수는 고립되어 편부모였으며 여러 세대에 걸쳐 복지 수급 혜택을 받았다."[60]

누메아 초등학교의 협력적 상호작용은 항상 학습과 연결되어 있다. 기술적으로 이것은 교사가 모든 교실에서 노트북 컴퓨터를 가지고 있기 때문에 가능하다. 따라서 수업 시험, 채점, 학생 작업에 대한 의견 및 기타 정보를 필요에 따라 실시간으로 입력 및 접속할 수 있다. 학교에서 발명한 학교의 컴퓨터 프로그램인 '학교친구(Schoolmate)'는 교직원이 개인, 팀 또는 학교 전체에서 데이터에 접속하고 사용하여 의사 결정한 사항을 안내할 수 있도록 지원한다.

누메아 초등학교는 매우 실용적으로 고정관념이나 직관에 도전하고 이를 검증할 수 있는 데이터 기반 환경을 구축했다. 이러한 환경은 데이터 관리팀의 인공 방부제와 같은 역할만으로 해석될 수는 없다. 오히려 리더십이 직원 전체에 널리 분산되고 학생 성공에 대한 명확하고 공유된 비전 내에서 증거가 진지하게 받아들여지는 '살아 움직이는' 전문적 공동체이기 때문에 가능하다. 이러한 통합된 노력으로 학교는 실패할 위험이 큰 상태에서 뉴사우스웨일즈의 상위 25개 학교 순위에 들 수 있었다.

누메아 초등학교에서의 리더십은 학교 전체에 퍼져 있다. 또한 이는 다양한 층으로 확장되어 피터 그론(Peter Gronn)이 '리더십 농도', 즉 조직 또는 공동체 내에서 비례적으로 리더십이 널리 분산되어 있는 정도 리더십 농도라고 부르는 것을 성취했다.[61] 누메아 초등학교는 교장과 교감들 사이에서의 조정, 주간 및 월간 교직원 회의에서 다양한 학년 팀과의 협업, 비전 공유 과정 등을 통해 리더십을 분산했다. 교사들 또한 동학년 팀에서 학생의 학습 방향을 짜기 위해 학생들의 학업 폴더를 검토하고, 학교의 데이터베이스를 면밀하게 분석했다. 게다가, 학교의 중·장기 발전 방향을 결정하는 학교의 월별 모임을 준비하기 위해 학년 팀과는 별도로, 그러나 여전히 상호의존적으로 일하는 교장과 교감 사이의 리더십 분산도 잘 보여준다.[62]

누메아 초등학교에서 리더십의 분산은 하향식 위임 이상을 의미한다. 하지만 분산은 여전히 매우 지시적이거나 유도된 형태이다. 이것은 기획된 분산이다. 이직률이 매우 높은 학교에서는 어떤 것도 쉽지 않다. 루이스 교장은 의도적으로 그리고 능숙하게 구조를 설계하고 교사들이 교수학습 개선에 적극적으로 참여하는 문화를 만들었다. 매년 많은 교직원이 교체되는 상황에 처한 누메아 초등학교는 해마다 학교문화를 새롭게 만들고 또 쇄신하기 위해 노력했고, 성공적으로 변화를 유지하였다. 교사들은 학교 개선을 위해 다방면에서 열정적으로 참여하였으나, 루이스의 강력하고 촘촘한 영향력은 마치 그림자처럼 학교 어디에나 드리워져 있었다.

기획된 분산은 강력하고 전문적인 학습공동체를 만들 수 있다. 기획된 분산은 이를 잘 유지할 수도 있는데 단, 조건이 있다. 교장이 근속하는 한 가능하다는 것이다. 루이스 교장은 10년 동안 이 학교에 머물면서 기획된 분산을 통해 오래 지속되는 실질적인 개선을 이루었다. 그러나 결국 그녀는 학교를 떠나게 되었다. 그녀의 강력한 영향력에 기반한 기획된 분산으로 가능했던 그녀의 빛나는 유산은, 하지만 그녀 없는 누메아 초등학교 교직원의 불안정성과 결합하면서 다음에 부임할 교장에게까지 과연 이어질 수 있을까?

두 개의 중등학교들(왓슨 교장의 탈리스만 파크 중등학교 및 앤드류 교장의 스튜어트 하이츠 중등학교)은 기획된 분산 속 동전의 양면과도 같은 가능성과 위험성을 보여준다. 이 학교의 리더들은 학교 전체에 걸친 위원회, 테스크포스팀, 대표자 그룹 및 열린 교직원 회의 등을 만들면서 학교의 공식적인 의사결정 구조를 확장하였다. 이 학교들은 더 강력한 교직원 문화를 구축하기 시작하였으나, 여전히 리더들의 존재 및 방향에 크게 의존하였다. 앤드류는 변화를 위한 임계점에 거의 근접했으나 여직원들에게 대해서는 너무 권위적이었다. 왓슨 교장은 기술 기반의 변화에 우선순위를 두기 위해 광범위하게 학교 개선팀과 협력했으나, 그녀의 등 뒤에서 교직원들은 학생 행동에 우선순위를 두고 싶다며 다투었다. 하지만 앞에서 말하면 행여 왓슨 교장을 자극할지 몰라 교직원들은 의견 차이를 숨겼다.

왓슨 교장과 앤드류 교장이 각각 3년도 채 안 되어 떠났을 때, 그들의 영향은 빠르게 사라졌고, 수면 아래 잠복되어 있던 학교의 비공식적인 리더들은 자신들의 권력과 영향력을 다시 회복하고, 학교는 기존의 현상 유지 상태로 회귀했다. 기획된 분산과 확고한 촉진은 결국 동일한 것이다. 전문적인 학습공동체를 만들 수 있으나 시간이 지남에 따라 유지하기는 어렵다. 기획된 분산은 고위 리더(여기서는 교장)에 지나치게 의존하므로 의미 있는 변화의 지속 가능성은 해당 리더의 재임 기간으로 한정된다.

### 창발적(emergent) 분산

분산된 리더십은 항상 의도적인 설계로 인해 발생하는 것은 아니다. 리더십은 또한 교장의 승인 여부와 무관하게 동료들이 기회를 포착하고 새로운 방향으로 움직이게 하거나, 외부 압력에 주의를 기울이도록 영감을 부여하고 영향력을 발휘하려는 개인이나 집단에서도 나타난다. 이러한 관점에서 볼 때 리더십은 여러 곳에 존재한다. 교장의 집무실에, 과학 실험실에, 문해력 팀에, 교사의 작업실에, 그리고 학습, 교육 또는 변화를 모색하기 위해 함께 노력하는 모든 곳에서 리더십은 발생한다.

창발적 리더십은 고위층 리더의 즉각적인 지시로 생겨나는 것이 아니다. 이는 위임되거나 지시될 수 없다. 그 대신 이것은 교직원들로부터 예상치 못하고 심지어는 놀라운 방식으로 나타난다. 그러나 창발적 리더십이 교장에 직접적으로 의존하지 않는다고 해서, 교장이 이에 무관심하거나 교장은 아무런 영향을 미칠 수 없다는 것을 의미하는 것은 아니다. 신비롭고 놀라운 것은 창발적 리더십 분산은 여전히 부분적으로는 교장들 또는 다른 고위층 리더들의 영향력에 기인한다는 점이다.

『교사 리더 개발(Developing Teacher Leaders)』이라는 저서에서, 프랭크 크라우더(Frank Crowther)와 동료들은 호주의 초등학교 및 중학교에서 우리가 창발적 분산 리더십이라 부르는 주목할 만한 사례들을 설명한다.[63] 일례로, 공식적인 직위를 맡지 않는 한 평교사가 읽기-쓰기 능력 향상을 위한 한 교직원 연수에 참여하여 큰 영감을 얻고, 자신의 열정과 결단력에 힘입어 교장에게 당당하게 새로운 학교 차원의 문해력 프로그램을 제안하게 된다.[64] 공립학교의 새로운 비전을 창출해 보려는 그녀의 열정, 그리고 그녀가 평소 갖고 있었던 헌신적인 교사라는 명성은 팀을 꾸리고, 재원을 모금하고, 또 프로그램을 개발하는 데 필요한 동료들의 적극적인 지지를 이끌어 낼 수 있었고 교장의 지지도 확보할 수 있게 되었다.

지혜, 전문성, 배움에의 의지, 열정, 정치적 수완 그리고 이 사례에서 보는 것과 같은 교사의 순수한 용기가 많은 학교들에서 교사 리더십과 학교 개선을 추진하는 원동력이라고 할 수 있다. 리더십은 학교 전체에서, 교과부서, 학년 또는 소그룹의 교사 모임에서 나타날 수 있지만 그 효과는 실제적이고 강력하다. 각각의 장면에서 학생들에게 진정으로 도움이 되는 방식으로 교사들의 리더십이 생겨날 때 교장은 최소한 방해가 되지 않는 방법 정도는 알고 있어야 한다. 그러나 더 일반적이고 바람직한 것은 크라우더와 동료들이 지적한 것처럼 경청하고, 조언하고, 일이 되도록 돕는 교장의 강력하게 촉진하는 지원이다.[65]

지역사회에 대한 자부심과 자신의 교육적 재능에 대한 겸손은 이런 종류의 리더십의 필수적인 요소이다. 이 사례 속의 교장들은 하나같이 "저라면 개인적으로 이 교사들이 하는 일을 절대 할 수 없었을 겁니다!"라고 말하곤 했다.[66]

교장이나 교육감과 같은 고위직의 리더가 창발적인 분산적 리더십 개발에 기여할 수 있는 가장 중요한 지점은 그러한 시도가 쉽게 등장할 수 있는 포용적이고, 목적이 분명하며, 낙관적인 문화를 조성하는 것이다.[67] 실제로 리버만과 밀러를 비롯한 많은 연구자들이 말하는 교사 리더십의 핵심은 "자신들이 일하고 이끄는 바로 그 문화를 변화시키기 위해 의도적으로 협력하는 교사 집단이라고 할 수 있다."[68] 최고의 촉진적 교장은 교직원, 구성원들과 협력하여 학교와 교육청을 재문화화하여 강력한 전문적 학습공동체로 변화하도록 지원하고 영감을 불어넣는다.[69]

블루마운틴 학교는 1994년에 개교하여 2000년까지 1,250명의 학생이 재학했다. 카리스마 있는 교장과 신중하게 선택된 교직원(그중 많은 교직원이 이전에 그와 인연이 있었음)으로 설립되었으며, 1년의 사전 준비를 통해 이 학교는 일반 학교의 표준화된 중등학교와는 차별화된 뛰어난 기술적, 구조적 교육과정 혁신의 기반을 구축했다.[70] 초기 리더십 팀은 기존의 부장교사 그룹이 아닌 기술, 평가 등 교과 전반에 걸친 영역에서 8명의 교사를 "프로세스 리더"로 구성되었다. 자신의 교과나 전공 영역 외에도 모든 교사는 정기적으로 만나는 하나 이상의 '프로세스 팀'에 속했다.

학교는 의식적으로 학습조직을 추구했고 최근에는 전문적 학습공동체를 표방했다. 조직학습과 시스템 사고는 초대 교장이 모색한 거의 모든 활동으로 스며들었다. '학습조직으로서의 학교'라는 주제로 박사학위를 쓰기도 한 교장은 지역사회와 함께 매월 협의회를 개최하여 온타리오주 내에서 학교운영위원회가 공식으로 제도화되기 훨씬 그 이전에 학교운영위원회를 조직했다. 학부모, 행정가, 교직원들은 학교의 사명과 달성 목표를 정하는 데 서로 협력하고, 학교 성취 목표 달성에 대한 정보와 데이터를 투명하게 공유하며, 조직의 효율성을 평가하는 연례 평가를 어떻게 진행할 것인지 등을 결정했다.

초창기에 교장은 교사, 교직원들과 협력하여 강력한 관계, 상호 존중 및 가정의 중요성, 일과 개인 삶의 균형 등을 기반으로 학습, 교육 및 돌봄에 초점을 맞춘 학생 중심의 학교 공동체 비전을 구축했다. 한 교사는 다음과 같이 말했다. "저는 학생을 그토록 우선시하는 학교에 근무해 본 적이 없습니다. 저에게 중요한 것은 학생, 그것이 전부입니다." 매우 헌신적이고 열정적인 대다수의 교직원들은 학교 안팎에서 개인적이고 전문적인 학습에 적극적으로 참여했다. 교사들은 시스템적 사고는 교직원과 학생들에게 명시적으로 교육되었다.

블루마운틴 학교도 표준화된 개혁 시대가 도래하게 되면서 큰 도전에 직면했다. 교육청은 1998년부터 2004년 사이에 이 학교의 교장을 두 번 전보시켰으며, 개혁안에 따른 시간 부족과 예산 삭감으로 인해 이 학교만의 독특한 체제가 훼손되고 더 지시적인 리더십이 복귀하였다. 이러한 역경에도 불구하고 학교에 남아 있던 공식 및 비공식 리더들은 학생 중심의 학교 프로그램과 학교 특성을 상당 부분 유지하는 데 성공했으며 새로운 교사가 합류함에 따라 분산적 리더십 문화를 계속해서 쇄신해 나감으로써 학교의 혁신 풍토도 개선되기 시작하였다. 학교의 초기 교사 리더 중 한 명은 다음과 같이 설명했다. "블루마운틴은 정상이 낮은 구름에 의해 가려지는 기간이 잠시 있기는 했지만(새 정부가 집권하면서) 이제 다시 우리는 자유로워졌고, 정상을 향한 비전은 여전히 분명하고, 명료하며 이상적입니다."

복잡한 지식 공유 사회에서 지속가능한 리더십의 궁극적인 목표는 학교를 전문적 학습공동체로 만드는 것이다.[71] 이 아이디어를 정교화하고 처음으로 세 가지 하위 구성 요소를 하나로 통합한 셜리 호드(Shirley Hord)는 이러한 유형의 공동체를 다음과 같이 설명했다. 학교의 교사와 행정가는 지속적으로 학습을 추구하고 공유하며 그 학습에 따라 실천한다. 이들의 실천 목표는 학생들의 이익을 위해 전문가로서의 효율성을 제고하는 것이다. 따라서 이러한 측면에서 지속적인 탐구와 개선의 공동체라고도 할 수 있다."[72]

- 전문적 학습공동체는 이름이 의미하는 그대로다. 이는 다양한 사람들이 공통의 목적을 위해, 그 목적을 추구하는 사람들로서, 서로에 대해 그리고 집단적 의사 결정에서 소수의 의견을 인정하고 포함시키기 위한 공유된 헌신을 갖고 있는 공동체이다.[73]
- 이러한 공동체에는 교사뿐만 아니라 학생, 부모, 그리고 교실과 학교에서 교사와 함께 일하는 점점 더 많은 성인 및 보조자가 포함된다.[74] 공동체는 학생, 교사, 그리고 조직의 학습에 중점을 둔다. 학습은 깊고 피상적이지 않으며, 새로운 문제와 도전에 직면하게 될 때 공동체의 첫 번째 반응은 "우리가 이 문제(도전)에 대해 무엇을 알고 있습니까?"이다.
- 이러한 학습공동체는 성숙한 개인으로서 각자의 차이, 다름, 필요한 개

선 사항을 식별하고 구현하는 최신의 방법으로서 토론의 가치를 높이 평가하고 또 객관적인 증거(누메아 초등학교의 경우 성취 데이터 및 기타 포함)의 의미를 강조하며 이를 통합하여 의사 결정을 내리는 것에 가치를 부여한다는 측면에서 전문적이다.[75]

강력한 전문적 학습공동체의 결속력과 역동성을 달성하는 열쇠 중 하나는 리더십을 학교 전체로 확장시키는 것이다. 리더십은 확실히 공식적인 역할과 구조를 통해 흐르지만, 이들 중 다수는 명시적으로 혁신적이고 개선 지향적이다. 하지만 전문적 학습공동체가 잘 작동한다면 리더십도 창의적이고 자발적이며 창발적 속성을 띠게 되어, 임시 구조와 임시 위원회, 예상치 못한 영감을 주는 계획들이 모든 학생의 학습을 강화하는 적응형 변화와 학생들의 학습을 돕는 학교의 능력으로 이어진다.[76]

블루마운틴 학교 사례에서 보았듯이 전문적 학습공동체는 모든 사람이 리더라는 진부한 표현 그 이상을 수행한다. 이는 모든 사람이 목적과 긍정적인 의도를 가지고 이끌 수 있는 조건과 지원적인 분위기를 창출한다. 가장 이상적인 형태의 전문적 학습공동체는 5장에서 더 자세히 논의할 출현 및 자기 조직화의 강력한 원칙을 구현하고 포함한다. 또한, 특히 초기 단계에서 자생적 출현을 가능하게 하는 명확한 디자인 요소를 가지고 있다. 전문적 학습공동체로 형상화되는 의미 있는 분산적 리더십은 교장을 배제하거나 주변화하지 않는다.

릭 듀포와 로버트 아이커(Rick Dufour와 Robert Eaker)가 전문적 학습공동체를 강조하면서 주장한 것처럼 "뛰어난 리더십을 가진 교장은 학습공동체를 만드는 데 중요하다."[77] 그러나 "뛰어난 교장이 리더십을 발휘하는 방식에 대한 이미지는 재고할 필요가 있다"고 주장한다.[78] 전문적 학습공동체 맥락하의 강력한 리더는 공격적이거나 강압적이지 않다. 모든 학생의 학습에 대한 그들의 헌신은 지속적이고 또 명확하게 표명되어야 하지만, 그들의 진정한 강점은 다음과 같은 사항들에 있다.

- 학교 변화의 인간적 측면에 주의를 기울여 강력하고 보람 있는 관계를 모델링하고 구축한다.[79]
- 신뢰 높은 환경을 구축한다.[80]
- 문제 해결, 탐구(inquiry), 지적으로 증거에 입각한 의사 결정을 강조함으로써 모든 수준에서 학습과 개선의 문화를 개발하고 쇄신한다.[81]
- 학교 공동체가 주도성과 노력을 낭비하지 않도록 응집력 있고 설득력 있는 목적을 개발하고 헌신하도록 돕는다.
- 학생들의 학습에 도움이 되는 혁신과 아이디어를 도모하는 데 있어 전문적인 기업가 정신과 문화를 자극한다.
- 건전한 시민으로서의 생산적 논쟁과 토론에 대한 성숙한 전문적 규범을 확립하고 시행한다.[82]
- 소수 구성원의 목소리를 항상 적절하게 경청하도록 보장한다.[83]
- 모든 학생, 특히 가장 뒤처진 학생들의 학습 및 성취도를 향상시키려는 확고한 헌신에 입각하여 이 모든 것을 수행한다.

이상적으로는 전문적 학습공동체는 분산된 리더십의 가장 긍정적인 특징을 구현하여 공동체 전체의 에너지와 능력을 최대한 활용하여 모든 학생의 이익을 극대화한다. 그러나 은밀하게 엄격히 통제된 방향을 제공하면서 종종 포용을 환기하는 촉진적 리더십의 개념처럼, 전문적 학습공동체도 위임과 방향이라는 오래된 병에 담긴 새로운 약이 될 수 있다. 따라서 전문적 학습공동체가 아닌 것, 적어도 그렇지 않은 것이 무엇인지 명확히 구분하는 것이 중요하다.

- 전문적 학습공동체는 단순히 즐겁고 마음이 맞는 것이 다가 아니다. 오히려 이것은

학생 학습을 둘러싼 끼다롭고 어려운 문제를 해결하기 위해 끝장 토론을 할 만큼 헌신적이고 과도하게 협력적인 특징이 있다.[84]

- 전문적 학습공동체는 방과 후에 함께 앉아서 데이터나 수치를 분석하는 단순한 팀이 아니다. 오히려 이는 학교 조직 문화를 변화시키려는 삶의 방식이며 이 의미 있고 다정한 공동체에 창발적인 분산적 리더십이 자연스럽게 결합하면서 모든 학생들이 혜택을 누릴 수 있는 학교 개선과 혁신이 창출된다.

- 전문적 학습공동체는 기존의 기초적인 읽기, 쓰기 및 수학과 같이 협소하게 정의된 교육과정에 제시된 성취 점수에 집착하기보다는 성취 표준을 새롭게 설정하기도 하여 깊고 넓은 학생의 학습을 향상시키는 데 중점을 둔다.

- 전문적 학습공동체는 협소하게 정의된 강요된 목표가 아닌 자발적인 학교 개선 노력이나 교직원 전문성 신장 노력을 방해하거나 금지하는 조정들에 집착하지 않는다. 대신 비록 서로 다르더라도 가시적으로 입증이 가능한 기술과 재능을 공유하는 다양한 교사 공동체 사이에 초점과 결속력을 만들어 낸다.

- 전문적 학습공동체는 제한된 범위의 표준화된 점수와 측정 가능한 결과에 대한 지나친 의존성을 극복하고 보다 다양한 형태의 증거와 책무성 담보 방안을 보다 폭넓고 현명하게 활용하여 개선을 이끌고 모니터링한다.[85]

- 전문적 학습공동체는 강요될 수 없다. 이는 촉진하고 가꿀 수 있을 뿐이다. 전문적 학습공동체는 높은 창발성과 진보적인 설계를 결합한다. 전문적 학습공동체를 의무화하고 제도화하는 것은 강요된 설계에 대한 오만함과 과신에 의해 창발성을 희생하면서 학교와 교육청을 "학습공동체"로 '지정'하는 것은 가능할지 몰라도 그 본질에 있어서 실질적인 변화를 이끌어 낼 수 없다.

- 전문적 학습공동체는 매뉴얼화된 문해력 프로그램에 대한 까다로운 지침을 단순히 구현하기 위한 협업 전략으로 사용되어서는 안 된다. 인종적으로 또 학업 요구 측면에서 다양하고 또 다른 학생들과 그들이 직면한 도전적 문제를 효과적으로 대응하기 위한 데이터에 기반한 자체 솔루션을 개발, 실행할 수 있는 실질적인 권한이 부여된 공동체로 작동하고 기능해야 한다.

- 전문적 학습공동체는 논의의 주제를 수업 전략이나 성취 격차에 대한 기술적인 토론에만 국한하지 않는다. 오히려 누메아 초등학교처럼 과연 무엇을 성취로 간주할 것인가에 대한 지적이고 윤리적인 숙의를 모색한다. 이러한 숙의는 용감하고 도발적인 질문과 성취감을 반감시키는 하향식의 명령 및 측정 도구에 대한 창의적인 저항과 전복을 포함한다.

분산적 리더십의 힘은 그것이 뿌리 깊게 박혀 있을 때, 거대한 삼나무의 서로 연결된 뿌리처럼 학교가 의심스러운 개혁의 폭풍우를 견디고 교장이나 교육감 같은 리더가 교체되는 위기에서도 살아남을 수 있게 한다. 실제로 일부 공공 분야 연구에서는 전문적 학습공동체를 통해 구축한 강력한 문화적 기반은 심지어 평범하고 무능한 리더가 후임으로 와도 조직을 존속할 수 있다고 주장한다.[86] 아주 예외적이기는 하지만, 분산된 리더십의 강력한 문화와 공동체는 창발적 속성을 띨 뿐만 아니라 매우 도전적이며 역경에 굴하지 않고 회복탄력적이다.

### 도전적(assertive) 분산

로드 바이런 중등학교가 1970년에 개교했을 때 그 학교는 캐나다에서 가장 혁신적인 학교로 평가되었다. 교장인 워드 본드(Ward Bond)는 학교의 모든 영역에서 리더십을 장려하고 모든 교직원에게 개방적이면서 의견이 경청된다고 느끼는 조직 환경을 조성했다. 인근 교육청의 교육국장으로 재직했던 한 여성은 "여성에게 바지 정장을 입도록 허락한 것은 의미심장한 일이었어요. 직장 여성에 대한 문제였던 것으로 기억합니다. 그에게 어떤 아이디어를 가져가면 경청될 것이라는 느낌을 받았습니다. 우리는 3년 만에 여성으로서 기꺼이 '우리는 더 나아갈 수 있다'고 말할 수 있게 되었습니다. 저는 그것을 무엇이든 받아들일 준비가 되어 있고, 앞으로 더 전진하도록 하는 그 학교만의 정신 같은 것이라고 느꼈습니다."

아이러니하게도 로드 바이런 학교에는 처음부터 여성 관리자가 한 명도 없었다. 당시 가부장적 가치관이 지배적이었던 탓인지 여성은 관리자 자리에 지원하지 않았다. 3년 반 만에 본드 교장이 바이런 학교를 떠난 것과 관련된 한 사건은 여성들이 리더십을 발휘하도록 자극했다.[87] 본드 교장의 승진을 축하하기 위해 남자 교직원들은 자기들이 소유한 농장에서 이틀간 그들만의 파티를 열었다. 여직원들은 남직원들이 자신들을 이 상징적인 행사에서 배제한 것에 분노했다. 한 여성 교직원은 "우리는 항상 존중받는다고 느꼈고, 우리의 개성도 중요했고, 전임 교장도 우리에게 중요했다"고 회상했다. 또 다른 여성 교직원은 그 남자 직원들의 파티가 "우리들은 중요한 의사 결정에 참여하지 못한다는 것을 함께 이야기하게 만드는 촉매제가 되었어요. 그 이벤트는 우리 여직원들은 공식적인 리더십 위치에 있지 않기 때문에 의사결정의 주요 당사자가 아니라는 사실을 매우 상징적으로 보여준 것이었죠. 그래서 우리는 스스로 자체 리더십 훈련 및 지원 그룹을 만들기로 결정했습니다. 리더십 훈련의 필요를 경험했고 이에 대해 이야기하고 무엇인가를 실천으로 옮기기로 했습니다."

이후 로드 비이런 학교의 여직원들은 모든 교직원과 그 가족을 초대하는 행사를 열었다. 그 행사의 성공과 그 행사를 위해 함께 일했던 보람과 즐거움은 후속 행사로 이어졌다. 바이런 학교의 여성 교직원들은 모두가 다른 학교로 또 다른 자리로 옮겼음에도 불구하고 여전히 1년에 6번 정도 모임을 갖고 있다. 최근까지 이 여성 교직원들은 직업적으로나 개인적으로 서로서로 도움이 되었다.

예를 들어, 출산했을 때, 승진을 준비할 때 이들은 서로를 위해 함께 노력했다. 애초에 로드 바이런 학교에 여성 관리자가 없었기 때문에 여직원들은 동료 여직원들에게 리더 자리에 지원할 것을 독려했고, 이에 힘입어 많은 여직원들이 지원하여 임명되었다. 로드 바이런 학교에서는 모두가 성차별적인 농담과 성별에 기반한 언어를 금지했다.

로드 바이런에서 시작된 이 운동은 관내 학교들로 퍼졌다. 1980년대 초, 이 그룹 구성원들은 지역 내 성평등 문제를 다루는 조직을 설립하는 데 기여했다. 대표적인 성공 사례는 포용적인 언어 정책과 성평등을 보장하기 위한 교육과정 정책을 입안하여 집행한 것이었다. 1990년대 중반까지 여성들은 교육청에서 여러 고위 직책을 맡았고, 지역 중등학교 교장의 절반 이상이 여성으로 채워졌다. 시간이 지나면서 이 여성 교직원 그룹 회원들은 교장직을 맡게 되었고, 교육감이나 국장직을 맡게 되었으며, 주정부의 교육부 최고위직에도 오르게 되었다. 이들의 리더십은 주어지는 것이 아니라 여성들의 노력을 통해 획득된 것이었다. 이는 도전적 리더십이 꽃피울 수 있는 문화를 구축한 초창기의 워드 본드 교장도 인정했다. 이 여직원 그룹은 때때로 본드 교장 권위에는 도전했지만, 학교의 전반적인 사명과 목적을 훼손하지 않고 오히려 더 강화하는 방식으로 리더십을 발휘했다.

리더십의 도전적 분산은 교사가 교장이나 교육감에게 주저하지 않고 도전할 수 있고 또 그렇게 할 수 있는 권한을 적극적으로 부여받는 것을 의미한다. 단, 이와 같은 단호한 리더십이 지속가능한 학습 및 개선을 위한 학교 전반적인 비전을 강화하고 훼손하지 않는 경우에 한해서 그렇다. 그렇다고 해서 비판적인 목소리가 심술궂은 투덜거림으로 변질되어야 한다는 의미는 아니다. 오히려, 도전적 리더십은 분산된 리더십을 더 높고, 더 위험하고, 더 명백하게 정치적인 차원으로 이동시킨다.

이는 학교나 교육청이 기관의 목표를 달성하기 위해 비록 그 수단과 방법이 다소 위험 부담을 수반하기는 하더라도, 이 도전적 리더십 분산의 실천을 지속하고, 격려하며 또 권한을 부여하려는 고위 행정가들의 용기와 자신감을 필요로 한다. 또한 이것은 사회적으로 정의롭고 교육적으로 정당한 개선과 개혁에 헌신하는 변화의 주체로서 이를 저해하는 관료적, 정치적 장애물에 맞서기 위해 교사들 자신을 하나로 묶어줄 수 있는 교사 '활동가(activist)' 지향을 요구한다.

정부와 관료가 항상 변화와 개혁에서 우월한 위치를 차지하는 것은 아니다. 또한 변화에 저항하는 것이 반드시 교사들일 필요도 없다. 정부와 관료도 저항할 수 있다. 실제로 19세기 중반 미국 남부에서[88] 수백 개가 넘는 흑인 노예들을 위한 학교를 은밀하게 설립하여 운영하는 것을 가능케 했던 것은 "유색인의 자발적인 노력"의 형태로 등장한 활동가형의 분산적 리더십 덕분이었다. 이들 아프리칸아메리칸, 히스패닉 활동가들은 남부 백인의 탄압을 견디고, 또 언제 올지 모르는 백인 교사에 대한 막연한 기다림을 멈추고, 비록 불완전하고 어설프긴 해도 노소를 막론하고 배우기를 원하는 유색 인종 노예들을 위한 학교를 일으켜 세웠다.[89] 같은 시기, 영국에서 기계 공학 연구소(British Mechanics Institutes)를 설립하여 생산직 노동자 계급의 성인 및 청소년들에게 과학교육을 제공한 것도 도전적 분산 리더십이었다.[90] 한 예로, 작은 직물 생산 마을인 애크링턴(Acrington)에는 중등학교가 없었다. 19세기 중반, "조직하여 교육하자!"라는 모토 아래 도시의 직공들에 의해 결성된 애크링턴 교회 노동조합에는 1873년에 40명의 학생이 있었고 그들은 "기하학, 기계 구조, 그림, 수학, 동물, 생리학, 무기화학, 자기와 전기, 음향학, 빛과 열, 물리적 지리학" 등을 배우고 시험을 치르기도 했다.[91]

　최근의 도전적 리더십 분산의 양상은 로드 바이런 학교에서 보는 것처럼 교육리더십 분야의 여성 리더들이 더 강력한 대표성을 찾고 달성하도록 동기를 부여했다. 이러한 움직임은 표준화된 교육 개혁 정책이 학교와 학생에 미치는 부정적인 영향에 대한 증거를 축적하고, 공개하는 사회 운동을 구축하려는 온타리오주 엄마 그룹에 영감과 활력을 불어넣었고, 표준화 교육 개혁을 무리하게 밀어붙인 정부를 새로운 정권으로 교체하는 데 기여했다.[92] 또한 도전적 리더십 분산은 어려운 상황에서 학교의 성공적인 리더들을 더욱 대담하게 만든다. 예를 들어, 누메아 초등학교의 루이스 교장과 교직원들은 진정한 개선을 달성하는 길을 방해하고 다양한 학생들의 다양한 문화와 지적 차이에 천착하여 가르치려는 노력을 공연히 더 힘들게 만드는 정부 또는 교육청의 관료제에 도전하였다.

미국 북동부 도시에 자리한 듀란트 대안 고등학교(Durant Alternative School)의 창립 교장은 실생활에서 자율적인 학습을 육성한다는 이 학교의 비전은 오직 교사, 학생, 학부모가 그 비전을 공유할 때 실현 가능하다고 믿었다. 교장은 대화와 공유된 의사 결정을 강조했고, 교직원들은 "우리가 모두 관리자다!"라는 인식을 공유했다. 실제로 교장의 다른 많은 훌륭하고 윤리적인 자질 때문에 교사들은 그의 일상적이고 사소한 행정적인 결점은 기꺼이 보완할 준비가 되어 있었다. 교장이 퇴임한 후에도 교사와 학교 공동체 구성원들은 교육청과 주정부의 표준화 교육 개혁 정책에 계속 저항했으며, 듀란트 대안 고등학교만의 고유한 프로그램에 대한 예외적 허용을 모색함으로써 대안학교로서의 비전을 굳건히 고수했다. 듀란트 대안 고등학교는 학교와 지역사회의 상호작용을 강조하여 지역사회의 여러 문제에도 적극적으로 참여했다. 지난 몇 년 동안 이 학교에 새로 부임한 대담한 교장은 학교의 사명을 지키기 위해 꾸준한 캠페인을 통해 인적 및 직업 네트워크를 활성화하고, 지역 사회와의 전략적 제휴를 구축했다. 이 교장은 지역 및 주 신문에 기사를 썼고, 라디오 및 TV 프로그램에도 출연했으며, 가속화되고 강화되는 표준화 학업성취도 평가에 반대하는 상징적인 몸짓의 일환으로 교육청 앞에서 구속복을 입은 채 항의하는 학생과 부모를 적극 지원했다. 그는 고부담 학업 성취도 평가의 부작용에 대한 대책위원회를 조직하였고, 주 전역에 걸친 연대 세력 및 다른 혁신학교들과 열심히 협력하여 주 학업 성취도 평가의 잠정적 면제를 얻어냈다. 듀란트 대안 고등학교의 스토리는 특히 우호적이지 않은 교육 개혁 환경에서 지속가능한 리더십은 필연적으로 활동가 리더십이기도 하다는 점을 역설한다.

듀란트 대안 고등학교의 도전적이고 분산된 리더십은 지속가능하고 보다 정의로운 학교를 함께 만드는 공동 책임으로서의 깊이 있는 학습을 강조한다. 강력한 목적의식은 전문적 학습공동체에서 열정적으로 공유되었고, 사회운동 차원의 활동가 관점에서 주기적으로 위협적인 환경을 재편하기 위해 노력하였다. 이러한 어려운 상황에서 분산된 리더십은 소외된 학생들의 권리를 거부하는 집단에 맞서 그들을 옹호하는 적극적이고 활동가적인 지향을 요구한다.

영국의 분산적 리더십과 관련하여 헤이 그룹 에듀케이션의 연구에 따르면, 영국의 분산적 리더십의 현주소는 적극적으로 획득하는 것이 아닌 주어지는 것으로서의 양상을 띤다는 결론을 내렸다.[93] 영국 교육 지도자들은 독재적인 교육개혁 환경하에서 15년을 보냈다는 점을 고려하면 이는 그리 놀라운 발견도 아니다. 분산된 리더십의 핵심은 한계투성이의 지나간 과거의 증거를 기반으로 한 유행하는 프로젝트 그 이상이어야 한다.

오히려 과거를 뛰어넘어 학습과 정의의 목적에 대해 열정을 갖고, 이러한 목적을 보호하고 촉진하기 위해 논쟁하고, 지지하고, 또 연대하고 조직할 준비가 되어 있는 확고한 전문적 학습공동체를 개발하고 장려하는 것이 중요하다. 조직의 핵심 목적과 사명이 손상되지 않고 잘 유지되는 한 훌륭한 교육지도자라면 광범위하게 확산된 분산적 리더십을 그저 용인하는 것만이 능사가 아니다. 오히려 적극적으로 조장하고 장려할 수 있어야 한다. 사실, 주변에 하인과 아첨꾼들만으로 가득한 조직에서 과연 리더는 어떤 제대로 된 기쁨이나 놀라움을 맛볼 수 있겠는가?

### 무정부 상태

독재와 무정부 상태 사이의 경계는 매우 얇다. 독재정치는 분노와 반란을 조장한다. 무정부 상태는 불법과 무질서를 초래한다. 무정부 상태는 방치로 인한 힘의 흩어짐에서 비롯된다.[94] 자리를 지키지 않고, 목적의 명확성이나 통일성도 유지하지 못하며, 약하거나 두려워하거나, 그저 사랑받기만을 원하는 리더는 다른 모든 사람들이 메우고 싶어 하는 리더십 공백을 양산한다. 하지만 윌리엄 골딩(William Golding)의 『파리대왕(Lord of the Flies)』에서처럼, 이런 형태의 창발적인 리더십은 종종 분열을 일으키고 이기적이거나 심지어 냉담하고 잔인하다. 왜냐하면 리더십을 하나로 묶어줄 도덕적 접착제가 없기 때문이다.

숨이 막힐 것처럼 통제적인 동료교사로부터 수업을 물려받은 여리거나 경험이 없는 교사처럼, 통제적인 리더에서 경험이 없거나 무능력한 리더로의 전환은 무정부 상태의 출현을 위한 최적의 조건을 제공한다. 독재에서 무정부 상태로의 전환은 놀라울 정도로 빠르다. 그 사례로, 2장에서 만난 스튜어트 하이츠 학교의 빌 앤드류 교장은(비록 독재적인 리더가 아니었지만), 확실하게 리더십을 분산하고 열띤 논쟁에 대해서도 열정을 갖고 있던 그의 강력한 리더십이 초임의 유약하고 우유부단한 교장인 에릭 웨스트(Eric West)로 교체되면서 짧은 기간에 파괴적인 교직원 간의 정치적 내분, 부서별, 교과별 이기주의 부상, 엄격한 학생 행동 강령에 기반한 징벌적 훈육이 창궐하였다. 이 무정부 상태의 유령은 '도전적 분산적 리더십은 곧 리더십의 부재나 폐기'를 의미하지 않는다는 점을 상기시켜 준다. 발전이나 개선은 우연히 발생하지 않는다. 민주주의와 정의는 군중에게 굴복한다고 해서 달성되는 것이 아니다. 무정부 상태가 꼭 분산적 리더십을 위한 정답은 아니다. 오히려, 무정부 상태는 이같이 중요한 리더십의 책무를 무시해 버린 결과라고 할 수 있다.

## 결론

학교에서의 리더십은 교장이나 교사에게만 국한되지 않는다. 이는 개인, 공동체, 네트워크 및 조직 계층 전반에 걸쳐 확장된다. 학교에서는 누구도 리더십을 분배할 필요가 없다. 이미 분산되어 있다. 리더십은 점심시간, 수업 중간, 방과 후, 주말, 학교 사무실, 교실, 운동장 등 시간과 공간을 초월하여 어디에나 존재한다. 분산된 리더십은 좋을 수도 있고 나쁠 수도 있고, 계획적이거나 우연일 수도 있고, 집중적이거나 집중되지 않을 수도 있다.

분산된 리더십은 모든 학생을 위한 깊고 넓은 학습의 지속가능성을 향상시킬 수도 있지만, 동시에 학생과 교직원의 에너지와 열정을 다 빨아들여 버리는 소용돌이처럼 역기능적일 수도 있다. 분산적 리더십은 제니 루이스와 같은 영감을 주는 리더의 인도를 받을 수 있고, 블루마운틴 학교에서 그랬던 것처럼 유기적으로 발전하고 진화할 수도 있다. 또한 로드 바이런 학교 여교사 그룹(Byron Women's Group)처럼 역동적인 실천 공동체로 부상하기도 한다. 또 듀란트 대안 학교에서 그랬던 것처럼 강력한 사회운동의 활동가적인 성격을 띠기도 한다. 혹은 탈리스만 파크 학교의 서클 그룹과 같은 분산적 리더십은 학교 개선 노력을 방해할 수도 있고, 스튜어트 화이츠 중등학교에서 그랬던 것처럼 경험이 부족한 관리자의 리더십을 더 불안정하게 만들 수도 있다.

분산된 리더십 연속선은 이러한 종류의 리더십이 다양한 형태를 취할 수 있음을 보여준다. 우리는 이 장에서 그 모든 형태를 다 포착했다고 주장하려는 것은 아니다. 각각의 분산 유형에는 강점과 약점이 있다. 위임(delegation)은 리더십을 분산하기 위한 제한적인 형태의 전략처럼 보일 수 있지만, 변화를 의심하는 전통적인 학교나 수년간의 무정부 상태 또는 독재를 경험한 학교에서라면 위임은 명확하게 구조화되고 쉽게 이해되는 리더십 분산을 위한 출발점 전략을 제공해 줄 수 있다. 촉진된 리더십(facilitated leadership) 형태의 분산은 좀 더 신중하고 철저한 분산 방법을 보여주지만 각 형태에는 한계가 있다. 기획된 분산(guided distribution)은 리더에게 너무 의존적일 수 있다. 창발적 분산(emergent distribution)은 집단 사고를 일으키기 쉽다. 독재적인 분산은 쉽게 무정부 상태로 이어질 수 있다.

본 연구 결과에 따르면, 교사가 자발적으로 선택하고 학습자 중심의 가치가 명확한 새로운 학교, 특히 혁신적인 학교에서는 창발적 리더십 분산과 기획된 리더십 분산 유형이 보다 지배적으로 발전하는 양상이 있다는 것을 확인할 수 있었다. 반면 보다 전통적인 학교나 저경력이나 기간제 교직원이 많은 학교에서는 적어도 초창기에는 리더십 분산 형태가 신중하게 안내된 분산 형태를 띠어야 하는 경우가 더 많음을 확인할 수 있었다. 물론 이 경우에라도, 리더의 때 이른 갑작스러운 전직이나 승진 등은 항상 리더십 분산의 장기적 지속가능성을 위험에 빠뜨리곤 한다. 리더십 분산이 한 유형에서 다른 유형으로 이행하는 양상에 대한 설명은 [표 3.2]에 제시되어 있다.

출발점이 무엇이든, 지속가능한 학습과 리더십의 궁극적인 목표는 수많은 학교들을 교육 시스템 전체를 개선하기 위한 강력한 변화 세포들을 구성할 수 있는 진정성 있고, 주도적이며, 강력한 전문적 학습공동체로 만들어 내는 것이다. 궁극적으로 학습에 중점을 두고 시간이 지나도 변하지 않고 지속되는 리더십은 학교나 교육청 전체에 걸쳐 의도적으로 분산된 리더십이고, 진정으로 공유된 책임이며, 부여된 것 이상으로 획득된 리더십이라고 할 수 있다.

| 무정부 상태 | |
|---|---|
| | 무정부주의 회피 |
| | ▲ 도전적 분산 |
| ↑ | -공유된 목적과 가치에 대해 더욱 확고하고 열정적으로 행동할 것<br>-중요한 제안에 대한 광범위한 토론을 자극할 것<br>-저항자를 초기 단계에 참여시킬 것<br>-소수자를 포함하고 경청할 것<br>-사려 깊은 차이와 불일치를 표면화하는 과정을 활용할 것<br>-차이점을 통해 배우는 것의 가치를 보여줄 것<br>-비판에 대비하되 정중한 대화를 강조할 것<br>-유머 감각을 유지할 것<br>-활력있는 전문적 문화가 나를 발전시키고 있는지 지속적으로 확인할 것<br>-결코 책임을 회피하지 말 것<br>-항상 목표를 재확인할 것 |
| | ▲ 창발적 분산 |
| ↑ | -목적과 가치를 명확하게 유지할 것<br>-목적과 가치가 정말 공유되었는지 확인할 것<br>-관계에 대한 우선순위를 유지할 것<br>-직원의 혁신 시도를 장려할 것<br>-전문 기업가 정신 문화를 발전시킬 것<br>-신뢰를 보여줄 것<br>-모든 상호작용과 관계를 감시하려는 강박에서 벗어날 것<br>-내려놓고 놓아주는 법을 배울 것<br>-새로운 제안에 찬물을 끼얹지 말 것<br>-주도성을 격려할 것<br>-좋은 성과는 함께 축하할 것 |
| | ▲ 기획된 분산 |
| ↑ | -구조나 위계 그 이상을 볼 것<br>-더 나은 관계를 발전시킬 것<br>-사람들을 하나로 모을 것<br>-직원들에게 한 사람으로서의 인간적인 관심을 보여줄 것<br>-전문적인 대화의 질을 향상시킬 것<br>-핵심 목적에 집중할 것<br>-항상 음식을 챙길 것<br>-당신이 다른 사람에게 기대하는 세심한 행동을 모델링할 것<br>-언제나 앞에 나서고 또 경계심을 늦추지 않되, 항상 보다 생산적이고 세심한 방향으로 대화와 관계를 조정할 것 |

| ▲ 진보적 위임 |
|---|
| -구조, 팀, 위원회를 확장하고 수정할 것<br>-새 역할을 창조할 것<br>-직원들의 역할과 책임이 학습과 개선에 집중되도록 할 것<br>-새로운 구조를 사용하거나 조직을 개편하여 기존 구조나 조직에 기댄 거부권(veto)을 제한하거나 무력화할 것<br>-적절한 계획을 발전시킬 것<br>-팀 또는 위원회와 상의할 것<br>-성과에 대해 평가하고 감사(audit)할 것 |
| ▲ 전통적 위임 |
| -권력을 움켜쥐지 않고 넘겨줄 것<br>-좋은 대리인을 임명하고 그들의 조언을 구하고 의지할 것<br>-직원들의 자율성을 존중할 것<br>-직원들이 정기적으로 리더에게 상황을 제대로 보고하는지 확인할 것<br>-모든 것을 혼자 처리하려고 하지 말 것 |
| 독 재 |

1 B. Lingard, D. Hayes, M. Mills, & P. Christie (2003), *Leading learning* (Philadelphia: Open University Press).

2 *Historians rank presidential leadership in new C-Span survey* (2000), retrieved from http://www.americanpresidents.org/survey/amp022100.asp.

3 W. Ihimaera (2003), *The whale rider* (New York: Harcourt).

4 P. Hallinger & R. H. Heck (1998), Exploring the principal's contribution to school effectiveness: 1980–1995, *School Effectiveness and School Improvement, 9*(2), 157-191; P. Hallinger & R. H. Heck (1996), Reassessing the principal's role in school effectiveness: A review of empirical research, 1980-1995, *Educational Administration Quarterly, 32*(1), 5-44.

5 M. Copland (2003), Leadership of inquiry: Building and sustaining capacity for school improvement, *Educational Evaluation and Policy Analysis, 25*(4), 375.

6 J. O'Leary (2000, March 14), Another fresh start school head resigns, *Guardian* (Manchester, U.K.), 13.

7 The term *gallant leadership* is used in J. Spillane (in press), *Distributed leadership* (San Francisco: Jossey-Bass).

8 A. Gawande (2002), Complications: *A surgeon's notes on an imperfect science* (New York: Metropolitan Books).

9 Hallinger & Heck (1998).

10 J. Dewey (1977), Democracy and education. In J. A. Boydston(Ed.), *The middle works, 1899–1906* (Carbondale: Southern Illinois University Press), 231.

11 C. Barnard (1968), *Functions of the executive* (Cambridge, MA: Harvard University Press).

12 J. D. Thompson (1967), *Organizations in action* (New York: McGraw-Hill).

13 1960년에 출간된 더글러스 맥그리거(Douglas McGregor)의 고전 『기업의 인간적 측면(The Human Side of Enterprise 뉴욕: 맥그로 힐) 을 토대로 한다. 1981년 윌리엄 오우치(William Ouchi)는 그의 저서 이론 Z: 미국 경영진은 어떻게 일본의 도전에 대응할 수 있는가(케임브리지: 페르세우스) 에서 1980년대 일본의 경영 시스템이 맥그리거의 이론 Y를 논리적으로 확장한 것이라고 주장했습니다. 오우치의 이론 Z는 직원들이 조직에 대한 충성심이 강하고 팀워크에 관심을 갖는다고 가정하고 있다. 그들은 이미 좋은 일을 하고자 하는 동기를 가지고 있기 때문에 진정으로 생산성을 향상하기 위해서는 더 많은 자유와 신뢰가 필요하다고 주장한다(81쪽). 이러한 관점은 맥그리거가 지닌 보다 관리적이고 덜 낙관적인 관점과는 다른 것으로, 이론 Y가 이론 X의 권위주의적인 접근보다 근로자에게 동기를 부여하는 데 더 생산적인 방법이라고 제안한다.

14 M. Rutter, B. Maughan, P. Mortimore, J. Ouston, & A. Smith(1979), *Fifteen thousand hours* (London: Open Books).

15 J. M. Burns (1978), *Leadership* (New York: Harper & Row); D. McGregor (1960), *The human side of enterprise* (New York: McGraw-Hill); B. M. Bass (1985), *Leadership and performance beyond expectations* (New York: Free Press).

16 Burns (1978), 20.

17 K. Leithwood, D. Jantzi, & R. Steinbach (1999), *Changing leadership for changing times* (Buckingham, U.K.: Open University Press).

18 K. Leithwood (1993, October), *Contributions of transformational leadership to school restructuring*, paper presented at the convention of the University Council for Educational Administration,

Houston, TX.

**19** K. Leithwood & D. Jantzi (1999), Transformational school leadership effects, *School Effectiveness and School Improvement, 10*(4), 451–479.

**20** Leithwood, Jantzi, & Steinbach (1999), 121.

**21** K. Leithwood & D. Jantzi (2000), The effects of different sources of leadership on student engagement in school, in K. Riley & K. S. Louis (Eds.), *Leadership for change and school reform: International perspectives*(pp. 50-66) (New York: Routledge/Falmer Press), 56.

**22** Leithwood, Jantzi, & Steinbach (1999).

**23** Leithwood, Jantzi, & Steinbach (1999), 23.

**24** Leithwood & Jantzi (2000), 61.

**25** H. Silins & B. Mulford (2002), Leadership and school results, in K. Leithwood, P. Hallinger, K. S. Louis, P. Furman-Brown, P. Gronn, W. Mulford, & K. Riley (Eds.), *Second international handbook of educational leadership and administration* (pp. 561-612) (Dordrecht, Netherlands: Kluwer).

**26** M. Weber (1978), *Economy and society: An outline of interpretive sociology* (Berkeley: University of California Press).

**27** J. Lipman-Blumen (2004), *The allure of the toxic leader: Why we follow destructive bosses and corrupt politicians—and how we can survive them* (London: Oxford University Press).

**28** H. Gunter (2001), *Leaders and leadership in education* (London: Paul Chapman); A. Harris (2001), Building the capacity for school improvement, *School Leadership and Management, 21*(30), 261-270; F. Crowther, S. Kaagan, M. Ferguson, & L. Hann (2002), *Developing teacher leaders: How teacher leadership enhances school success* (Thousand Oaks, CA: Corwin Press); A. Lieberman & L. Miller (2004), *Teacher leadership* (San Francisco: Jossey-Bass); J. MacBeath & P. Mortimore (2001), *Improving school effectiveness* (Buckingham, U.K.: Open University Press).

**29** Lieberman & Miller (2004), 154.

**30** S. Rosenholtz (1989), *Teachers' workplace* (New York: Longman).

**31** D. Hopkins & D. Jackson (2003), Building the capacity for leading and learning, in C. Day, A. Harris, D. Hopkins, M. Hadfield, A. Hargreaves, & C. Chapman (Eds.), *Effective leadership for school improvement* (London: Routledge).

**32** B. Malen, R. Ogawa, & J. Kranz (1990), What do we know about school-based management? A case study of the literature—A call for research, in W. H. Clune & J. F. Witte (Eds.), *Choice and control in American education* (Vol. 2, pp. 112-132) (New York: Falmer Press).

**33** A. Harris (2002), *School improvement: What's in it for schools?* (London: Routledge/Falmer Press); M. Katzenmeyer & G. Moller (2001), *Awakening the sleeping giant: Helping teachers develop as leaders* (Thousand Oaks, CA: Corwin Press).

**34** N. Bennett, J. Harvey, C. Wise, & P. A. Woods (2003), *Distributed leadership: A desk study* (Nottingham, U.K.: National College for School Leadership), 6.

**35** Crowther, Kaagan, Ferguson, & Hann (2002).

**36** Lipman-Blumen (2004).

**37** J. Oakes, K. H. Quartz, S. Ryan, & M. Lipton (2000), *Becoming good American schools: The struggle for civic virtue in educational reform* (San Francisco: Jossey-Bass); M. McLaughlin & J. Talbert (2001), *Professional communities and the work of high school teaching* (Chicago: University of Chicago

Press).

**38** M. Smylie, Conley, & Marks (2002), Exploring new approaches to teacher leadership, in J. Murphy (Ed.), *The educational leadership challenge: Redefining leadership for the 21st century—101st yearbook of the National Society for the Study of Leadership* (Chicago: National Society for the Study of Education), 163.

**39** B. Berry & R. Ginsberg (1990), Creating lead teachers: From policy to implementation, Phi Delta Kappan, 71, 616-621; L. Ingvarson (1992), *Educational reform through restructuring industrial rewards: A study of the advanced skills teacher* (Melbourne, Australia: Melbourne University).

**40** M. Smylie (1997), Research on teacher leadership: Assessing the state of the art, in B. J. Biddle, T. Good, & I. Goodson (Eds.), *International handbook of teachers and teaching* (pp. 521-592) (Dordrecht, Netherlands: Kluwer).

**41** L. Darling-Hammond, M. Bullmaster, & V. Cobb (1995), Rethinking teacher leadership through professional development schools, *Elementary School Journal, 96,* 89.

**42** Katzenmeyer & Moller (2001).

**43** 스필레인(Spillane)은 국립과학재단과 스펜서재단의 지원을 받아 수행된 분산적 리더십 프로젝트(도시 학교 리더십에 대한 종단 연구)의 수석 연구자다.

**44** P. Gronn (2000), Distributed properties: A new architecture for leadership, *Educational Management and Administration, 24*(1), 23-24.

**45** Spillane (in press).

**46** I. Goodson (1996), *Studying school subjects: A guide* (London: Falmer Press).

**47** Crowther, Kaagan, Ferguson, & Hann (2002), 21.

**48** 이 주장은 J. Ryan(2005)의 포용적 리더십(샌프란시스코: Jossey-Bass)에서도 제기되었다.

**49** Hay Group Education (2004), *Distributed leadership: An investigation for NCSL into the advantages and disadvantages, causes and constraints of a more distributed form of leadership in schools* (London: Author), 4.

**50** Hay Group Education (2004), 11.

**51** A. Huxley (1998), *Brave new world* (New York: Perennial Classics).

**52** A. Hargreaves (1994), *Changing teachers, changing times: Teachers' work and culture in the postmodern age* (New York: Teachers College Press); A. Hargreaves (2003), *Teaching in the knowledge society: Education in the age of insecurity* (New York: Teachers College Press).

**53** See, for example, J. Blase & G. Anderson (1995), *The micropolitics of educational leadership* (London: Cassell), chap. 5.

**54** One variation of autocracy is oligarchy. Oligarchy is government controlled by a small elite group. In a school, the principal and a few department heads from major subject areas might well dominate the school's policies.

**55** 이 사례는 정의를 다루는 다음 장에서 더 자세히 설명하겠다.

**56** L. Stoll & K. Myers (1998), *No quick fixes: Perspectives on schools in difficulty* (London: Falmer Press).

**57** L. Stoll & D. Fink (1996), *Changing our schools: Linking school effectivenessand school improvement* (Buckingham, U.K.: Open University Press).

**58** Spillane (in press).

59 이 사례 보고서는 우리의 누메아 초등학교 방문과 J. Lewis & B. Caldwell (2005)의 Evidence-based leadership, Educational Forum, 69(2), 182-191에 실린 교장선생님의 자체 검토 사항을 바탕으로 작성되었다.

60 Lewis & Caldwell (2005).

61 P. Gronn (2003), *The new work of educational leaders: Changing leadership practice in an era of school reform* (Thousand Oaks, CA: Sage).

62 Coordinated, collaborative, and collective distribution of leadership are discussed in Spillane (in press).

63 Crowther, Kaagan, Ferguson, & Hann (2002).

64 Crowther, Kaagan, Ferguson, & Hann (2002), 8.

65 Crowther, Kaagan, Ferguson, & Hann (2002), 8.

66 Crowther, Kaagan, Ferguson, & Hann (2002), 12.

67 Ryan (2005).

68 Lieberman & Miller (2004), 26.

69 R. E. Dufour & R. Eaker (1998), *Professional learning communities at work: Best practices for enhancing student achievement* (Bloomington, IN: National Educational Services).

70 D. Tyack & W. Tobin (1994), The grammar of schooling: Why has it been so hard to change? *American Educational Research Journal, 31*(3), 453-480.

71 다음과 같은 문헌들을 참고하길 바란다. M. Fullan (2003), Change forces with a vengeance (London: Routledge/Falmer Press); K. Leithwood & K. S. Louis (Eds.)(1998), Organizational learning in schools (Downington, PA: Swets &Zeitlinger); C. Mitchell & L. Sackney (2000), Profound improvement: Building capacity for a learning community (Downington, PA:Swets & Zeitlinger).

72 S. M. Hord (1997), Professional learning communities: Communities of continuous inquiry and improvement (Austin, TX: Southwest Educational Development Laboratory), 1.

73 J. Westheimer (1999), Communities and consequences: An inquiry into ideology and practice in teachers' professional work, *Educational Administration Quarterly, 35*(1), 75.

74 L. Stoll (in press), Professional learning communities: A review of the literature, *Journal of Educational Change*.

75 A. Hargreaves & C. Stone-Johnson(2004, September)의 Evidence informed change and the practice of teaching이라는 논문이 the MacArthur Foundation Symposium on Evidence-Based Education Reform(Cambridge, MA.)에서 발표되었다.

76 R. A. Heifetz & M. Linsky (2002), *Leadership on the line: Staying alive through the dangers of learning* (Boston: Harvard Business School).

77 Dufour & Eaker (1998), 183.

78 Dufour & Eaker (1998), 183.

79 R. Evans (1996), *The human side of school change: Reform, resistance, and the real-life problems of innovation* (San Francisco: Jossey-Bass).

80 A. Bryk & B. Schneider (2004), Trust in schools: A core resource for improvement (New York: Russell Sage Foundation).

81 Hargreaves & Stone-Johnson (2004).

82  Westheimer (1999).

83  S. Anderson & W. Togneri (2002), *Beyond islands of excellence: What districts can do to improve instruction and achievement in all schools* (Washington, DC: Learning First Alliance).

84  M. Fielding (Ed.) (2001), *Taking education really seriously: Four years' hard labour* (New York: Routledge/Falmer Press).

85  M. Fullan (2004a), *The moral imperative of the principalship* (Thousand Oaks, CA: Corwin Press).

86  E. Schall (1997), Public sector succession: A strategic approach to sustaining innovation, *Public Administration Review, 57*(1), 4-10.

87  중요한 사건들에 대해서는 다음의 문헌을 참고하길 바란다. D. Tripp (1994), Critical incidents in teaching: Developing professional judgment (London: Routledge).

88  이 인용문은 1865년 남부를 순회한 해방노예국(The Freeman's Bureau) 교육감 존 W. 앨워드(John W. Alward)가 H. 구트먼(H. Gutman)의 『자유를 위한 학교: 해방 후 아프리카계 미국인 교육의 기원』에서 인용한 것이다.

89  Gutman.

90  B. Simon (1965), *Education and the labor movement* (Southampton, U.K.: Camelot Press).

91  E. Stones (1961), The growth of technical education in nineteenth century Accrington, 28. For an elaboration of the extensive development of such working-class initiatives during this period, see Simon (1965).

92  Hargreaves (2003).

93  Hay Group Education (2004).

94  Hay Group Education (2004).

# IV 장

## 정의
### (Justice)

마음이 쓰디쓴 힘든 상황에서
열정과 고통으로부터 자극받아
더 큰 역할을 수행하기 위해 우리는 일어서야 합니다.

우리는 다음 신념으로부터 출발합니다.
공동체 의식과 상호 연대감을 다시 찾아야 합니다.
마음이 쓰디쓴 힘든 상황에서도

우리는 손쉽고 영리한 것을 좋아했지만,
이제는 더 능숙한 손과 머리로
더 큰 역할을 수행하기 위해 우리는 일어서야 합니다.

더 작은 충성도 이젠 중요하지 않습니다.
인종이나 이념에 대한 충성도 중요하지 않습니다.
마음이 쓰디쓴 힘든 상황에서

이기적인 이익을 위해 사람들을 속이고 조종하려는
지도층 인사들을 거부합니다.
더 큰 역할을 수행하기 위해 우리는 일어서야 합니다.

수많은 인명을 희생시킨
편협한 법률과 지식과 기술을 개혁하기 위해
마음이 쓰디쓴 힘든 상황에서도
더 큰 역할을 수행하기 위해 우리는 일어서야만 합니다.

-프랭크 스콧(1899-1985), 우리 시대를 위한 詩 Villanelle for Our Time"

# 공존의 리더십

**<지속가능한 리더십 제 4원칙>**

지속가능한 리더십은 주변 학교 및 지역사회와 지식과 자원을 공유할 수 있는 방법을 탐색하여 주변 환경을 해치지 않고 적극적으로 개선한다.

## 정의롭지 못한 리더십

앨리시아 프리맨(Alicia Freeman) 교장은 미국의 가장 우수한 고등학교들 가운데 하나인 바렛 마그넷 고등학교에서 근무하고 있다. 바렛 마그넷(Barret Magnet) 고등학교는 미국 북동부의 침체된 러스트벨트 도시 시내에 있지만, 열성적인 현재의 교장과 전임 교장의 노력으로 〈U.S. News and World Report〉가 발표한 미국 명문고등학교 150위 안에 드는 학교로 성장했다. 바렛 마그넷 고등학교는 열악한 환경을 극복한 전형적 사례에 속한다.

바렛 마그넷 고등학교는 저소득층이 밀집한 지역에 자리 잡고 있다. 1970년대가 되자 이 도시의 학교에 다니는 백인과 우수한 학생들이 부유한 외곽 지역으로 떠나기 시작했다. 95%의 학생들이 저소득층 흑인 학생들이었다. 학교폭력과 결석이 잦았고, 학생들의 학업성취도는 낮았으며, 훈육과 관련된 문제들이 많았다. 1978년에는 지역사회의 압력으로 교육청과 교육감은 학교 이름을 바꾸고 카리스마 넘치는 교장을 배치하였다. 그리고 1981년에 마그넷 고등학교가 되었다.

외부의 관심과 함께 바렛 마그넷 고등학교의 새롭고 고무적인 정체성이 알려지면서 교장은 재능 있고 의욕적인 교사와 관리자들을 유치할 수 있었다. 로널드 레이건 대통령과 조지 H. W. 부시 대통령 시절, 마그넷 학교는 다른 학교와 학생 유치 경쟁을 벌이도록 장려되었고, 규율이 마음에 들지 않거나 그 진도를 따라갈 수 없는 바렛 마그넷 고등학교의 학생들은 다른 학교로 배정되기도 하고 퇴학 요청을 받기도 했다. 법적으로 등록 학생 공개가 시작되면서 바렛 마그넷 고등학교는 우수한 학생들만 선발할 기회가 줄어들었다. 대신 고등학교가 강조하는 일정 정도의 성적이 되지 않는 학생들을 미묘한 방식을 동원하거나 아니면 노골적인 방식으로 학교를 그만두게 하였다.

모든 마그넷 학교가 그렇듯, 바렛 마그넷 고등학교는 동기 부여가 강한 학생, 재능 있는 교직원, 숙련된 관리자를 강력하게 끌어당기는 힘이 있었다. 바렛 고교는 이제 우수학교의 전형이 되었다. 명문 국제 바칼로레아 프로그램의 채택으로 학교 우수성의 이미지가 높아졌으며, 지역 신문들은 이에 대해 찬사를 보냈다. 조지 H. W. 부시 대통령이 1989년에 이 학교를 방문한 데이어 많은 사람들이 학교의 성공 비결을 알기 위해 학교를 견학하게 되었다. 1986년 바렛 고교의 창립 교장이 다른 학교로의 전근을 거부하고 사임하자, 후임으로 앨리스 프리맨 교장이 임명되었다. 내부에서 발탁된 앨리스 프리맨 교장은 대부분의 교직원이 좋아하고 인정하는 분위기였다. 교장은 학생과 교육을 최우선으로 생각하면서도 다른 교원들의 필요를 충족시키는 데 도움이 되는 일의 대부분을 교직원에게 위임하는 방식으로 리더십을 펼쳐 그 학교 교사들은 교장을 존경했다. 한 사회과 교사는 "우리 교장 선생님은 매우 강력한 교육적 리더십을 펼치면서, 이 학교의 정체성을 지키기 위해 정말, 정말… 잘 싸웠습니다"라고 말할 정도였다. 그녀는 마크넷 학교가 추구하는 교육적 사명을 달성하기 위해 지속적인 노력을 기울였으며, 1990년대 후반에 국제 바칼로레아 프로그램에 다시 지원하여 학교를 운영하였다. 앨리스 프리맨 교장은 학교발전기금도 많이 모아, 우수한 성과를 거둠으로써 자신의 입지도 강화했다. 그 결과 교육과 관련해서 당시에 유행하는 풍조이지만 불합리한 성격을 지닌 각종 교육정책 방안이 지역교육청을 통해 들어오는 것을 과감하게 막는 역할도 수행할 수 있었다.

앨리스 프리맨 교장은 학교 교육의 성공은 측정이 가능한 결과로 보여주는 것이 중요하다는 생각을 갖고 있었다. 성과가 우수한 교사에는 보상을 주는 반면, 성과가 낮은 교사에게는 불이익을 주었다. 성적을 위주로 한 성과 평가와 함께 교실도 불시에 방문하여 교사들은 학생들의 성적 향상에 집중할 수밖에 없었다. 대부분의 교사들은 학업성취도 평가와 교육과정 및 평가에서 기준을 중시하는 방식에 긍정적인 태도를 보였다.

일부 교사는 '미국의 선택 학교(America's Choice Schools)'나 '전미 교육경제 센터(National Center on Education and the Economy)'와 같은 표준화 운동에 밀접하게 관여했다. 그들은 학생에 대한 학성성취도 기준과 기대를 높이는 일에 최선을 다하지 않는다고 생각되는 다른 학교 교사들을 비판하기도 했다. "저는 정말 새로운 주정부 학업성취도 평가가 많은 사람들을 각성시킬 수 있다고 생각합니다. 교사들이 지난 수년 동안 했어야 할 일을 제대로 할 수 있게 만들어 줄 수 있는 시스템이라고 생각합니다"라고 말하는 교사도 있었다.

모든 교사가 앨리스 프리맨 교장과 같은 생각을 가진 것은 아니었다. 공개

등록과 연방법에 따라 학교가 의무적으로 포함해야 했던 특수교육대상자들을 가르치던 교사들은 교장과 학교가 추구하는 교육목표에 자신의 학생들이 포함되어 있지 않을 뿐만 아니라 교장의 관심 밖에 있다는 것을 알게 되었다. 이 학생들과 교사들은 건물 지하로 배정되었다. 특수교육 교사가 엘리트주의 분위기에 의문을 제기하거나 자신의 학생들을 소외시키는 것에 대해 불평하면 "표적"이 되어 "처벌"받는 것을 알게 되었다. 학교에서 가장 좋지 않은 방으로 추방된 것과 다름없었다. 바렛 고등학교에는 우수한 학생을 선발하여 성적을 높이는 유인력도 있었지만, 그렇지 않은 학생들을 밀어내는 힘도 공존했다.

바렛 마그넷 고등학교의 사례는 지금까지 논의한 지속가능한 리더십의 여러 요소들을 잘 보여준다. 이 학교는 높은 기대와 좋은 교육에 대한 분명하고 지속적인 초점을 가지고 있었고(깊이), 전임 교장에서 후임 교장으로 이어지는 과정이 성공적인 몇 안 되는 계획된 연속성의 사례 중 하나였으며(지속), 분산형 리더십이 넘쳐나지는 않았지만, 바렛 마그넷 고등학교의 교장은 항상 직원들에게 의사 결정을 폭넓게 위임하고자 노력했다(너비).

그러나 바렛 마그넷 고등학교에 대한 긍정적인 인식은 학교의 이미지를 높이거나 학교의 사명에 부합하지 않는 지위가 낮은 학생과 교사에게는 피해를 주기도 했다. 학교의 문제는 이것만이 아니었다. 바렛 마그넷 고등학교가 우수한 학생들을 유치하는 방식으로 인해 인근 학교의 학생과 교사들에게도 피해를 주었다.

학교는 주변 학교들과 서로 영향을 주고받게 되어 있다. 점점 더 많은 학부모가 학교를 선택할 수 있도록 허용되고 권장되기까지 한다. 부모가 선택할 수 없거나 선택하지 않으면 학생들은 뒤처지게 된다. 뛰어난 교사와 행정가들은 가장 모범적이거나 유명한 교육기관으로 몰리고 나머지 교육기관으로부터는 멀어지게 된다. 지역사회의 자원과 관심을 가장 많이 받는 명문학교가 있을 때마다 주변의 수십 개 학교는 어려운 학생과 취약한 교사들을 받아들이는 '쪽방촌' 같은 취급을 받는다. 학교 시스템이 경쟁과 선택이라는 시장원리에 따라 운영될수록 학교 간의 상호 연결 또는 영향력은 더 강해진다.[1]

한 학교의 운명은 주위의 다른 학교의 운명과 서로 얽혀 있다. 한 학교의 교장이 하는 일은 주변 다른 학교의 학생과 교사의 교육활동에도 영향을 준다. 따라서 지속가능성은 개별 학교 내에서 변화의 추진 동력을 유지하는 것이 중요할 뿐만 아니라, 주변 학교의 리더십에도 영향을 주고 그 결과가 학생한테 이를 수 있다는 부분에 대한 책임감도 포함된다. 지속가능성은 궁극적으로 사회 정의와 불가분의 관계에 있다.

쉘던(Sheldon) 고등학교는 바렛 마그넷 고등학교와 같은 도시에 소재하면서 학군도 같다. 그러나 학교 운영은 서로 달랐다. 두 학교는 시간이 지남에 따라 변화의 노력과 경쟁의 방식을 달리 설정하여 서로 발전하게 되었다. 쉘던 고등학교에서 오랫동안 근무한 교직원들은 1960년대에는 이 학교가 그 학군에서 가장 좋은 학교였다고 회상했다. 당시 학생의 90%이상이 백인이었고, 교사들은 그 지역에 거주했다. 인종 분리 정책과 스쿨버스 도입으로 백인 학생들이 교외로 떠나고 1970년대 초에는 학교 식당에서 인종 갈등으로 인한 폭동이 일어나기도 했지만, 교사들은 베트남, 공상 과학, 노예제도, 스포츠 문학, 미국 역사 속 흑인 인물에 대한 10주간의 학습과 주제별 강좌를 제공함으로써 쉘던 고등학교가 그 도시에서 최고 고등학교로의 지위를 유지할 수 있었다. 이러한 수업은 학생들의 흥미를 유발하고 삶과의 연결을 강화함으로써 점점 더 다양해지는 학생층을 만족시켰다.

1980년대에 들어와서 다음과 같은 변화가 발생했다. 통합중심의 교육활동이 강조되고, 시 최초로 마그넷 학교가 설립되었다. 그리고 자녀가 선호하는 학교의 순위를 매길 수 있는 권한을 학부모에게 제공하는 입학 정책이 시행되면서 쉘던 고등학교가 소재한 지역에서 마그넷 학교가 있는 지역으로 또다시 백인 학생들을 포함하여 우수한 성적의 학생들이 전학을 가게 되었다. 쉘던 고등학교는 우수한 학생들을 마그넷 학교로 빼앗긴 것 외에도, 마그넷 학교 설립으로 인해 강제 폐교된 인근 학교에 다니던 흑인 학생들을 버스로 통학시켜야만 하는 문제로 곤란을 겪었다. 1980년대 후반까지 백인 학생은 매우 소수였고, 빈곤층 학생 수는 급격히 증가했으며, 특수교육 대상자를 담당하는 부서는 1980년대 후반 교사 3명으로 가장 작은 부서였으나 1990년대 중반에는 교사 25명으로 가장 큰 부서로 바뀌었다.

쉘던 고등학교의 명성이 떨어지면서 우수한 교원을 유치할 수 있는 능력도 사라졌다. 고경력의 유능한 교사들의 동기는 저하되었고, 교원노조에 가입하는 교사도 증가하였다. 1960년대와 1970년대 가졌던 학생을 위한 교육자라는 태도는 약화되었다. 15년 동안 6명의 교육감이 종종 모순된 교육 의제를 가지고 교육청을 드나들었으며, 독재적이고 "철권통치"를 일삼는 교장들이 연이어 등장하면서 교사들에게 리더십의 기회를 거의 주지 않고 "농노"처럼 취급하기도 했다. 지역교육청은 사회 정의에 관심을 갖고 학교 교육의 쇠퇴를 되돌리기 위해 노력했지만 뜻대로 잘되지 않았다. 1986년 교육청이 변화를 위해 카리스마 넘치는 흑인 교장을 바렛 고등학교에서 쉘던 고등학교로 전근을 제안하자 그는 즉각 사임했고, 항의가 빗발치는 가운데 교육청을 완전히 떠나는 일이 발생하기도 했다.

1980년대 후반이 되자 쉘던 고등학교 교사들은 극도로 어려운 환경에서 가르치고 있었다. 주정부가 설정한 학업성취도의 기준을 충족하는 것은 마그넷 학교보다 훨씬 더 어려웠기 때문에 쉘던 고등학교 교직원들은 바렛 고등학교 교사와 학생들이 누리던 교육과정 재량권과 유연성을 요청할 수도 없었다. 학업성취도 기준을 강조하는 경향이 획일화로 변질되었으며, 혁신적인 교사들은 학생들의 다양한 요구에 적응하지 못해 사기가 저하되었다. 한 영어 교사는 "차라리 책이나 이야기 등 학생들이 좋아할 만한 것을 가르치고 싶다. 하지만 시험 준비도 해야 한다"고 말했다. 한편, 기존 교사들은 표준화 과정을 통해 여전히 전통적인 방식을 고수할 수 있다는 것을 알게 되었다. 미 연방정부가 '아동낙오방지법'을 시행하던 초기에 쉘던 고등학교는 '낮은 학업성취도' 학교로 지정되는 등 하향세를 보였고, 이제 폐교를 피하거나 주정부나 민간 기업에 넘겨지거나 차터 스쿨로 대체되는 등 생존이 주요한 과제가 되었다.

이 세상의 바렛 고등학교나 쉘던 고등학교와 같은 학교들은 불행한 우연이나 역사적 사건으로 발생한 것이 아니다. 그들은 지킬과 하이드처럼 서로 연결되어 있고 분리할 수 없는 분신이라 할 수 있다. 한쪽의 운명은 다른 쪽의 실패와 왜곡되게 연결되어 있다. 한 학교에서 성공에 기여하는 자기중심적 리더십과 개선 전략은 주변 학교의 실패로 이어질 뿐이다. 학교를 개인이 아닌 상호 연결된 시스템으로 바라볼 때, 현재 학교에서 진행되는 리더십과 개선 전략 중 상당수는 부당하고 지속불가능하다.

학교와 교장은 어떻게 보면 가파른 경사면에 위치한다. 불공정은 곳곳에 있다. 미국 학교가 인종에 따라 분리되었을 때 정부는 버스 통학으로 통합교육을 추구했지만, 부유한 백인들은 교외의 보호 구역으로 떠나는 결과를 낳았다. 많은 나라에서 역사적으로 계급이나 인종에 따라 서로 다른 지역사회로 분리되고, 그 결과 학교가 분리된 상태로 운영되어 왔다.

이를 극복하기 위해 일부 개혁가들은 소수자와 빈곤층이 자신이 사는 지역에만 국한되지 않도록 학교를 선택권을 확대하고, 마그넷 학교나 차터 스쿨 등의 방안을 제안했다. 그러나 학교 선택권 확대나 마그넷 학교의 운영은 결과적으로 부유한 학부모가 '관광객'이 되어 자유롭게 학교 선택권을 행사하는 반면, 재정석 또는 사회적 사원이 거의 없는 '빙링자' 학부모는 더욱 뒤처지게 되면서 불평등이 더욱 심화되는 결과를 초래했다.[2]

지역교육청은 교육비용 균등화를 위해 형평성을 고려한 예산편성을 시도하기도 했으나 가난한 도시 지역과 부유한 교외 지역 간의 교육재정의 불균형을 시정하는 데 별 도움이 되지 못했다.[3] 학교-기업 파트너십은 사업 투자 수익률이 낮은 가난한 지역보다 학부모가 적절한 인맥을 가진 부유한 지역사회에서 더 번성했다.[4] 전문적 학습공동체는 우수한 교사가 있고 교사들이 함께 모일 시간을 확보할 수 있는 자원이 있는 학교에서 더 강력하게 작용했다.[5] 명문 학교의 우수한 교장을 빈곤한 학교로 재배치하려는 노력도 개인의 저항과 지역사회의 항의, 그리고 사퇴라는 위협에 자주 직면하게 되었다. 쉘던 고등학교와 바렛 고등학교 사례에서 보았듯이, 이러한 완고한 사회적, 역사적 유산 앞에서 사회적으로 정의로운 리더십이라는 '오르막길'은 종종 극복할 수 없는 '절벽'처럼 느껴지기까지 한다.

## 정의로운 리더십

1759년 스코틀랜드의 경제학자이자 철학자인 애덤 스미스(Adam Smith)는 국부론에서 시장경제를 이끄는 이기심이라는 '숨겨진 손'이 공공의 이익에도 기여한다고 주장한 것으로 잘 알려져 있으며, 또 다른 저서인 『도덕 감정론(The Theory of Moral Sentiments)』에서 "현명하고 덕스러운 사람은 언제나 자신의 사익이 자신이 속한 사회의 특정 질서의 공익을 위해 희생되어야 한다고 생각한다"고 주장했다.[6]

프랑스 귀족 알렉시스 드 토크빌(Alexis de Tocqueville)은 1831년 미국을 방문한 후 영향력 있는 논문인 「미국의 민주주의」를 집필하면서 미국의 자유 추구에 감탄했지만, 그 결과로 나타난 개인주의에 직면하여 자유와 평등 사이에서 적절한 균형을 맞출 수 있을지에 대해 의문을 가졌다. "이기주의만큼 인간의 마음을 잘 표현하는 악덕은 없다"고[7] 그는 경고했다. 그러나 그는 "시민이 공적 업무에 대한 책임을 져야 할 때, 시민은 필연적으로 개인적 이익이라는 환경에서 벗어나게 되고, 때때로 자신을 돌보는 일에서 멀어지게 된다"[8]고 했다. 토크빌은 공적 업무에 대한 책임이 개인주의에 중요한 한계를 설정하고 정의의 토대를 제공한다는 것을 이해한 것이다.

최근 대부분의 앵글로색슨 국가에서는 평등보다 자유가, 사회 정의보다는 사기업의 이익이 우선시되는 분위기가 부활하고 있다. 이 부활의 원조인 영국의 마거릿 대처는 사회라는 것은 존재하지 않고 개인만 존재한다고 선언한 것으로 유명하다. 조지 W. 부시 대통령은 점점 더 많은 개인이 자신의 재산, 연금, 의료, 재정적 안정을 소유하는 '소유권 사회'의 가치와 미덕을 지지했다. 그러나 이러한 소유 사회는 모든 사람이 자신에게만 몰입한 나머지 불우한 사람들을 생각하지 않고 자기 스스로를 보호하는 사회에 지나지 않는다.

억만장자 투자자이자 사회 개혁가인 조지 소로스(George Soros)가 말한 시장 근본주의로의 회귀, 즉 개인의 이기심이 작동하는 시장이 사회 발전과 공공 정책 최고의 수단이라는 맹목적인 믿음은 전 세계 교육개혁 전략에 막대한 영향을 미쳤다.[9] 학교 선택권, 학교 성적 순위, 최고의 학생을 유치하기 위한 마그넷 스쿨, 차터 스쿨, 학원 간 경쟁이라는 정의가 없는 자유, 도덕성 없는 시장의 교육적 유산으로, 그리고 성공한 학교는 일반적으로 성적이 저조한 이웃 학교를 희생시키면서 번영을 누린다.[10]

그러나 시장 근본주의가 사회 및 교육 역사의 종착역이나 인류가 나아갈 유일한 미래 방식은 아니다. 저명한 사회 이론가 제레미 리프킨은 사라져가는 아메리칸드림과 개인의 물질적 발전이라는 작은 갈망에 대한 강조를, 새로운 유럽 드림과 점점 더 상호 연결된 세상에서 더 큰 갈망인 인류의 개선에 대한 국제적 헌신과 대조하여 설명한다.

"아메리칸드림은 위험, 다양성, 상호의존성이 증가하는 세계에서 개인의 물질적 발전에 너무 집중하고 광범위한 인간 복지에는 관심이 너무 적습니다.[11] (중략) 유럽 드림은 개인의 자율성보다 공동체 관계를, 동화보다 문화적 다양성을, 부의 축적보다 삶의 질을, 무한한 물질적 성장보다 지속가능한 개발을, 끊임없는 노동보다 깊은 유희를, 재산권보다 보편적 권리와 자연의 권리를, 일방적인 힘의 행사보다 국제적 협력을 강조합니다."[12]

영국의 작가이자 신문 칼럼니스트인 윌 허튼은 영국이 유럽의 경제 및 사회 모델보다는 미국의 모델을 따르는 경향이 지나치게 강해지고 있다고 지적한다.[13] 저임금 서비스업이 많고 경제적으로 창의적인 소규모 기업이 중심인 미국 모델은 사회 및 교육 불평등 확대, 국가 지원 감소, 경제적 경쟁 심화, 국내 부채 증가 등의 문제를 동반하고 있다. 반면 유럽 모델은 경제에 대한 장기적 공공 투자로 강력하게 뒷받침되고 필요한 사람들을 위한 복지 안전망으로 보호되는 고숙련, 고임금 경제에서 모든 사람의 교육 및 경제 참여와 투자를 극대화하고자 한다.

스탠퍼드 대학교의 교육사학자 데이비드 라바리(David Labaree)는 공교육과 공익을 위해 헌신하는 것은 민주주의의 도덕적 의무일 뿐만 아니라 개인과 집단의 이기심에도 도움이 된다고 주장한다. 공교육은 우리가 범죄 증가와 불평등 심화로 인한 불안감으로부터 스스로를 보호하기 위해 사립학교, 엘리트 학원, 벽으로 둘러싸인 지역사회로 격리되려는 경향을 완화시킬 수 있다.[14] 지금 공교육에 지출되는 돈은 향후 급증하는 수감자를 관리하는 데 드는 돈을 절약할 수 있게 해준다.

따라서 교육리더십의 과제는 학생과 학부모의 사익을 돌보는 것뿐만 아니라 공공의 이익을 위해 헌신하는 것이다. 그것은 자신의 리더십 실행이 영향을 미치는 이웃 학교의 학생과 교사를 배려하는 것이다. 알리 호흐차일드(Arlie Russell Hochschild)가 말했듯이, 세계화 시대에 우리 모두는 주변의 친구와 가족뿐만 아니라 우리가 볼 수 없는 먼 곳의 사람들, 즉 우리의 옷을 만드는 착취당하는 아동이나 우리가 수출하는 폐기물 속에서 살아야 하는 빈곤한 지역사회까지 돌봄의 사슬로 연결되어 있다.[15] 사회적으로 정의롭고 지속가능한 리더십은 완전한 의미에서 책임감 있는 리더십이다. 제리 스타랏(Jerry Starratt)은 교육 리더는 학생들의 학습에 대한 전문가로서의 책임뿐만 아니라 시민, 지역사회 구성원, 윤리적 인간으로서 자신의 행동이 영향을 미치거나 미칠 수 있는 모든 사람들에 대한 책임이 있다고 지적한다.[16]

기업 부문에 대한 신뢰가 급격히 무너지고 단기적 주주 가치에 대한 이기적이고 자기 파괴적인 집착으로 인해 기업 및 환경 부문의 리더들은 공적 책임을 진지하게 받아들이고 주변 공동체에 끼친 영향과 피해를 바로잡기 위해 창의적이고 헌신적인 방법을 모색하고 있다.

크리스틴 아레나(Christine Arena)가 직접 연구한 10개 기업을 포함해 점점 더 많은 기업의 환경친화적 자세에 대해 정리한 『성공의 요인(Cause for Success)』이라는 책을 읽어보는 것도 좋다.

"기업의 유일한 기능은 가능한 한 많은 돈을 버는 것이라는 자본주의적 교리(사회와 분리되고 자선 활동은 배제)는 점점 더 자멸하고 있습니다. 기업이 자신을 둘러싼 사회적, 환경적 불평등, 특히 자신의 행동이 영속화하는 데 도움이 되는 불평등에 대한 의식이 떨어질수록 기업은 의미도 없는 천하무적의 존재가 되는 경향이 있으며, 반대로 기업이 집단적 이익을 위해 운영될수록 사람들의 삶을 개선하고 사회 문제를 해결하기 위해 더 많은 일을 할수록 궁극적으로 더 꼭 필요한 지속가능한 존재가 될 수 있습니다."[17]

보스턴 시가 146억 달러 규모의 빅디그(세계에서 가장 거대한 건설 프로젝트 중 하나로, 도시의 흉물스러운 고가도로를 지하터널로 바꾸는 프로젝트)를 추진하면서 건축가들은 이 프로젝트로 인해 파괴되는 공원, 습지, 녹지 공간마다 도시 어딘가에 새로운 공간을 조성하기로 합의했다. 본서의 1장에서 설명한 게리 에릭슨의 클리프 바(Clif Bar) 회사는 "우리가 벌어들이는 돈과 일하는 시간의 일부는 항상 지역사회에서 지구촌에 이르기까지 환경, 사회, 문화적 필요를 지원하고 개선하는 데 쓰일 것"이라고 약속했다.[18] 이는 폐수를 인근 지역으로 배출하는 피해를 피하는 것뿐만 아니라 2003년에 직원 1인당 연간 거의 24시간이 근로자가 선택한 지역사회 봉사 프로젝트의 적극적인 공익에 투입되는 것을 의미했다. 2006년부터 유럽 연합은 모든 자동차 제조업체가 한번 만든 자동차를 회수하여 폐기물과 환경에 미치는 영향을 줄이도록 의무화할 예정이다. 아니타 로딕의 바디샵은 감옥에 갇힌 국제 인권 운동가들의 석방을 위해 끈질기게 캠페인을 벌이고 해외 대기업의 비윤리적인 비즈니스 관행을 폭로했다.[19] 환경, 지역사회, 더 나아가 세계에 대한 기업의 책임은 전 세계적으로 증가하고 있다.

지속가능한 리더십과 사회 정의 사이의 연관성을 생각하는 한 가지 방법은 '생태발자국'이라는 개념을 통해 생각해 볼 수 있다. 캐나다의 환경운동가 빌 리스는 처음으로 생태발자국을 우리의 선택과 소비 패턴이 우리 주변의 취약한 환경과 우리 각자가 살아가는 데 필요한 천연자원의 양에 미치는 영향과 흔적이라고 정의했다.[20] 부유한 소비 수준, 교통 이용, 폐기물 생산, 천연자원 사용으로 인해 부유하고 인구 밀도가 높은 국가는 가난한 국가보다 생태발자국을 더 많이 남기게 된다. 예를 들어, 미국과 캐나다는 1인당 사용하는 자원의 총 생태발자국이 각각 9.7헥타르와 8.8헥타르인 반면, 브라질과 방글라데시의 생태발자국은 1인당 2.4헥타르와 0.5헥타르에 불과하다.[21]

여러분의 리더십은 더 넓은 지역사회에서 활용될 수 있는 교육 및 리더십 인재라는 주변의 희소한 자원에 어떤 생태학적 발자국을 남기고 있는가? 여러분의 학군이 더 높은 급여와 기타의 보상으로 유능한 교사와 지도자를 도심으로부터 유인하고 있는가? 신입생 선발을 전략적으로 시행함에 따라 지원자가 많은 인기 학교는 다른 학교의 학생들을 재능이 떨어지고 아무도 원치 않는 인간 '쓰레기(waste)'라는 낙인을 찍고 있지 않은가? 우수한 학생과 교사, 학교행정가 그리고 유수의 재계 협력사의 인적 자원만 활용하여 보통 사람들에게는 특별한 교육의 기회가 부재한 것은 아닌가? 지속가능하고 사회적으로 정의로운 리더십은 생태계에 미치는 영향에 대해 심사숙고하며 책임을 지는 리더십이다. 그들은 다른 사람들에게 미치는 부정적인 환경 영향을 줄이는 것은 물론 적극적으로 환경 회복에 기여하기 위해 끊임없이 노력한다.

## 더 정의로워지기

환경과 기업 세계뿐만 아니라 교육계에서도 사회 정의와 정의로운 리더십에 대한 탁월하고 창의적인 사례가 나타나고 있다. 이들 중 다수는 개별 학교를 넘어 강자와 약자, 흑인과 백인, 부자와 가난한 사람 등 다양한 학교에 리더십과 그 효과를 전파하고 있으며, 성공적인 학교의 리더가 자신의 행동이 영향을 미치는 다른 학생과 학교에 대해 무관심하거나 무감각하기 때문에 일부 학교가 기본적으로 고통을 받는 것이 아니라, 모든 어린이와 학교가 이러한 리더십 행동의 긍정적인 영향을 받고 있다. 사회적으로 정의롭고 지속가능한 리더십을 위한 몇 가지 실용적이고 바람직한 방안들을 살펴보면 다음과 같다.

### 협력학교(Paired schools)

성공적인 학교는 어려움을 겪고 있는 학교를 코칭하고 개선하도록 도울 수 있다. 학교가 지역 학생과 사회에 비슷한 종류의 서비스를 제공하는 것이 가장 좋다. 버지니아주 뉴포트뉴스 교육청에서는 코디네이터 데이브 블랙번(Dave Blackburn)의 영감 넘치는 리더십 아래 짝을 지어주는 학교 모델이 개발되었다.[22] 교육구의 지원을 받아 실적이 저조한 학교는 더 높은 성과를 내는 파트너를 선택할 수 있다. 성과가 높은 학교의 소규모 행정팀이 들어와 성과가 낮은 동급 학교를 평가하고 개선하는 등의 일을 한다. 짝을 이룬 학교 모델은 리더십의 공유와 분산을 촉진한다. 카운슬러는 카운슬러를 코치하고 부서는 부서를 코치한다. 동료 지원이 매우 중요하게 다뤄진다. 학습은 양방향으로 이루어지며, 성과가 저조한 학교도 우수한 사례를 통해 성과가 높은 파트너 학교에 도움을 줄 수 있다.

짝을 이룬 학교, 또래 지원, 공유 리더십은 뉴포트뉴스 학군 학생들의 성적을 향상시켰다. 희망재단의 지원으로 이러한 사례는 미국 전역의 다른 수십 개 학군에서도 목격되고 코칭되었으며 확산되었다.[23] 그런데 영국이나 일부 미국 주와 같은 곳에서는 이러한 리더십과 변화 모델이 덜 성공적이었는데, 이는 성과가 저조한 학교가 갑자기 다른 곳의 성과가 우수한 학교의 소규모 평가 및 개선팀을 외부에서 파견받아 임시방편적 문제 해결을 시도했기 때문이다.[24]

### 네트워크화된 학군

지속가능한 리더십에서 사회 정의라는 과제를 해결하려면, 한 아이를 위한 교육에 한 학교만을 연결시키는 아이디어를 적극 발전시킬 필요가 있다. 예를 들어, 이미 천 개가 넘는 특수 중등학교를 보유하고 있으며 궁극적으로 전국적으로 대다수 학교로 성장할 예정인 영국 특성화 위탁학교(English Specialist Schools Trust)에서는 거의 모든 학교가 스포츠, 기술, 예술 또는 환경 등 고유한 전문 분야를 강조한다.[25] 이러한 종류의 틈새 마케팅은 일부 지역에서 학교가 최고의 학생을 찾도록 동기를 부여할 수 있지만 더 열악한 지역의 중등학교에는 그 어디에서도 원치 않는 (학업 재능이 떨어지는) 학생들만을 남길 수 있다. 다른 곳에서 선택받지 못한 학업 재능이 떨어지는 가난한 지역사회의 학생들은 중등학교를 이탈할 수 있다.

그러나 현재 영국 국립 학교 리더십 대학의 최고 경영자인 스티브 먼비(Steve Munby)가 전임 이사로 재직 중인 리버풀 인근의 노슬리 교육청에서는 특성화 학교가 서로 경쟁 관계에 있는 고립된 학교가 아니라 상호 연관되고 네트워크화된 학습의 중심지로 설립되고 있다.[26] 오전에는 학생들이 각각 한 학교에서 수업을 받고, 오후에는 모든 학생과 이들을 지원할 수 있는 모든 기관의 학습 능력을 향상시키기 위해 협력적이고 상호보완적인 방식으로 개발된 교육청의 고도의 전문성을 지닌 모든 다양한 학습 자원을 이용할 수 있다. 영국의 국립 학교 리더십 대학에서 전국적인 규모로 장려하고 있는 이러한 네트워크 학습 커뮤니티는 엘리트주의 경쟁을 부추기지 않고 선택과 다양성을 활용하여 더 큰 사회 정의를 실현할 수 있는 가장 강력한 아이디어 중 하나이다.[27]

### 지역사회 협의(Community consultation)

선택 학교, 특수 목적 혁신학교, 차터 스쿨은 해당 학교가 위치한 더 넓은 지역사회와 적극적으로 협의하고 기여하면서 지역사회에 해를 끼치지 않도록 해야 한다. 영국의 특성화 위탁학교는 주변 지역사회에 시간과 자원을 기여할 계획에 따라 특성화 지위를 조건부로 부여한다.[28] 우리가 아는 한 차터 스쿨은 학군 밖에서만 교사 채용 광고를 함으로써 인근 도시 공립학교의 우수 인재를 빼앗는 것을 방지한다. 지역사회의 필요를 적극적으로 고려하는 것은 지역사회의 사회 정의와 공익에 기여할 뿐만 아니라 새로 설립된 학교 자체의 장기적 평판, 생존력, 지속가능성에도 도움이 된다.

앞서 소개한 캐나다의 블루마운틴 학교는 1994년에 학습조직이자 공동체로 설립되어 리더와 교사를 직접 뽑을 수 있는 자격을 얻었다. 다른 혁신학교들이 주변 지역사회의 참여를 이끌어 내지 못해 시간이 지나면서 사라지는 것을 지켜본 블루마운틴 학교는 주변 학교들이 자신들을 의심하거나 부러워하는 주변 학교들과 협의하는 데 실패하는 것을 보고 인근 학교의 우수한 교사, 리더, 학생들을 빼앗지 않도록 세심한 주의를 기울였다. 교장은 학군 및 다른 고등학교 교장들과 협의하여 학교가 학군 내 어느 한 학교나 연령대의 교사에게 불균형하게 몰리지 않도록 쿼터제를 운영했다. 다른 학교의 요구에 부응함으로써 교장은 사회 정의에 대한 책임을 다했을 뿐만 아니라 이웃의 시기와 분노를 불러일으키지 않았다.

블루마운틴 학교는 설립 초기부터 지역사회 구성원들과도 협의했다. 학부모 협의회는 학교와 협력하여 학생들이 고등학교를 졸업할 때까지 달성하기를 기대하는 졸업 성과를 설계했다. 성취도, 행동, 출석에 관한 실망스럽거나 불안한 데이터를 포함한 모든 데이터도 커뮤니티와 공개적으로 공유하여 학교와 커뮤니티 간의 신뢰를 저해하는 비밀이나 당혹스러운 상황이 없도록 했다.

### 집단 책무성(Collective accountability)

2004년 초, 영국 버밍엄 교육청의 여러 학교는 개별 학교의 책무성이 다른 학교와 경쟁하도록 강요하여 함께 학습하고 개선할 수 있는 집단적 역량을 약화시킨다는 우려를 갖게 되었다. 따라서 이 학교들은 정부를 대상으로 집단적 책무성을 통해 성과가 높고 낮은 학교들이 함께 협력하여 성취도 격차를 줄이고 함께 성과를 개선하도록 촉구하여 바로 주변 지역사회에 직접적인 혜택을 줄 수 있도록 성취도 점수를 통합할 정책을 위한 로비를 벌였다.[29]

마찬가지로 1990년대 호주 멜버른에서는 경쟁적인 학교 선택 시스템에서 학생을 모집하는 광고에 예산을 지출하던 인접한 여러 고등학교의 교장들이 각 학교의 광고가 거의 동일하다는 사실을 발견하고 용기와 창의력을 발휘하여 개별 학교의 이미지 제고에 자원을 낭비하는 대신 지역사회 전체의 공동 발전을 위해 노력하는 학교 연합체로 협력하기로 결정했다.[30]

### 환경 영향 평가(Environmental impact assessment)

북미와 다른 많은 국가에서 건설 프로젝트를 시작하거나 새로운 사업을 시작할 때 개발자는 법적으로 해당 건설 또는 회사가 주변 지역사회에 미치는 영향에 대한 환경영향평가를 수행한다. 사회 정의 의식을 강화하고 학교 내뿐만 아니라 학교 전반에 걸쳐 개선과 리더십의 지속가능성을 높이기 위해, 우리는 아카데미, 차터 스쿨, 비콘 스쿨(Beacon Schools) 또는 신축 건물에 있는 학교 등 모든 신설 학교가 물리적 설계, 시장 원칙, 학생 및 교직원 선발 정책이 주변 학교와 지역사회 전반에 미치는 영향에 대한 환경 영향 평가를 수행하여 다른 학교와 지역사회에 피해를 주지 않을 뿐만 아니라 더 광범위한 공익과 사회적 정의에 적극적으로 기여할 수 있도록 할 것을 제안한다.

## 결론

지속가능한 리더십에서 가장 다루기 어려운 부분은 자신과 자기 학교만을 생각하는 이기적인 생각을 뛰어넘도록 자극하는 것이다. 우리가 속해 있는 기관 사람들의 사적 이익뿐만 아니라 우리 커뮤니티 안팎의 모든 사람들의 자녀를 위한 공공의 이익을 위해 봉사하도록 하는 것이다. 지속가능한 리더십은 우리의 행동과 선택이 영향을 미치는 모든 사람, 즉 당장 눈에 보이는 사람뿐만 아니라 눈에 보이지 않는 사람까지 배려하는 것을 의미한다. 지속가능한 리더십의 가장 어려운 부분은 캐나다 시인 프랭크 스콧(Frank Scott)의

말을 빌리자면, 조직의 관리자나 성과 결과를 창출하는 전문가로서가 아니라 공동체 구성원, 시민, 그리고 모두의 이익을 위해 봉사하고 증진하는 인간으로서 "뜨거운 열정"을 갖고 "더 큰 역할을 위해 일어서는 것"이다.[31] 지속가능한 리더십은 한마디로 사회적으로 정의로운 리더십이다.

1 S. Powell, T. Edwards, G. Whitty, & V. Wigfall (2003), Education and the middle class (London: Open University Press).

2 Z. Bauman (1998), Globalization: The human consequences (Oxford, U.K.: Basil Blackwell).

3 W. Ouchi (2003), Making schools work: A revolutionary plan to get your children the education they need (New York: Simon & Schuster).

4 H.-J. Robertson (1998), No more teachers, no more books: The commercialization of Canada's schools (Toronto: McClelland & Stewart).

5 M. McLaughlin & J. Talbert (2001), Professional communities and the work of high school teaching (Chicago: University of Chicago Press).

6 A. Smith (1809), The theory of moral sentiments (12th ed.) (Glasgow: R. Chapman) (original work published 1759).

7 A. de Tocqueville (2000), Democracy in America (Indianapolis, IN: Hackett) (original work published 18__), 109.

8 Tocqueville (18__/2000), 207.

9 G. Soros (2002), George Soros on globalization (New York: Perseus Books).

10 Powell, Edwards, Whitty, & Wigfall (2003).

11 J. Rifkin (2004), The European dream: How Europe's vision of the future is quietly eclipsing the American dream (New York: Jeremy P. Tarcher/Penguin), 3.

12  Rifkin (2004), 3.

13 W. Hutton (2002), The world we're in (New York: Little, Brown).

14 D. Labaree (1988), The making of an American high school: The credentials market and the central high school of Philadelphia, 1838-1939 (New Haven, CT: Yale University Press).

15 A. R. Hochschild (2000), Chains of love, in W. Hutton & A. Giddens (Eds.), On the edge: Living with global capitalism (pp. 130–146) (London: Jonathan Cape).

16 R. J. Starratt (2004), Ethical leadership (San Francisco: Jossey-Bass).

17 C. Arena (2004), Cause for success: 10 companies that put profits second and came in first: How solving the world's problems improves corporate health, growth, and competitive edge (Novato, CA: New World Library), xvi.

18 G. Erickson & L. Lorentzen (2004), Raising the bar: Integrity and passion in life and business: The story of Clif Bar, Inc. (San Francisco: Jossey-Bass), 125.

19 A. Roddick (1994), Soul: Profits with principles: The amazing success story of Anita Roddick & the Body Shop (Three Rivers, MI: Three Rivers Press).

20 D. Suzuki (2003), The David Suzuki reader: A lifetime of ideas from a leading activist and thinker (Vancouver, Canada: Greystone Books).

21 Suzuki (2003).

22 다음의 문헌을 참고하길 바란다. D. Blackburn (2003), School leadership and reform: Case studies of Newport News paired-school model, occasional paper, Newport News Schools, Newport News, VA.

23 희망재단 (The Hope Foundation) 웹사이트 주소는 http://www.communitiesofhope.org이다(2005.04.05. 인출).

24  W. Mansell (2004, March 12), Heads offended by "shotgun marriage," London Times Educational Supplement, 4.

25. H. Wilce (2004, November 19), Prophet of the specialist schools, London Times Educational Supplement, 12.

26  J. Whittaker (2004, October 15), Take a risk and to talk to heads, London Times Educational Supplement, 18.

27  National College for School Leadership (2003), Why networked learning communities? (Nottingham, U.K.: Author); D. Jackson (2003), Like no other initiative (Nottingham, U.K.: National College for School Leadership).

28  C. Tayler (2004), What makes a good school (London: David Fulton).

29  Birmingham advocates collective accountability (2004, November), London Times Educational Supplement.

30  A. Hargreaves & D. Fink (2003), Sustaining leadership, Phi Delta Kappan, 84(9), 693-700.

31   F. Scott (2004), Villanelle for our time, printed and sung on L.Cohen, Dear Heather (CD, Columbia Records).

# V 장

## 다양성
### (Diversity)

상호작용, 개인화, 자율적 학습 및 사고 능력 개발에 기반한 새로운
교육학이 필요하다. 더불어 인성교육을 통해 좋은 인격을 확보하는 것도
필요하다.

-마누엘 카스텔스(『인터넷 은하계』, 2001, 278쪽)

# 복잡성과 응집성

**<지속가능한 리더십 제 5원칙>**

지속가능한 리더십은 응집력 있는 다양성을 촉진하고 정책, 교육과정, 평가, 교직원 개발 및 교육훈련의 획일화된 표준화를 지양한다. 다양성을 키우고 배우며 다양한 구성 요소 간의 결속력과 네트워킹을 조장한다.

## 생물다양성

1988년, 생물다양성이라는 새로운 단어가 영어에 등장했다.[1] 1992년에는 리우 지구 정상회의에서 이 단어는 생물다양성 협약의 주제이자 환경을 생각하는 사고의 필수 요소로 자리 잡았다.[2] 생물다양성의 창시자이자 퓰리처상을 두 번이나 수상한 하버드대의 과학자 에드워드 윌슨(Edward O. Wilson)은 생물다양성을 "같은 종(species)에 속하는 유전적 변이체부터 유전자 배열, 집단, 더 높은 분류학적 수준에 이르기까지 모든 수준에서 고려되는 다양성, 복잡성, 응집력 있는 유기체, 특정 서식지 내의 생물 군집과 이들이 살아가는 물

리적 조건을 포함하는 다양한 생태계를 의미한다"고 정의했다.[3]

월슨에 따르면, 생물다양성은 열대우림이나 산호초와 같은 생태계, 해조류나 제왕나비와 같은 생물 종, 그리고 개별적 특성을 지닌 유전자는 세 가지 수준으로 구성된다. 생물다양성은 울창한 열대우림이나 수생생물로 가득한 호수 등 살아있는 세계의 풍요로움을 나타낸다. 생물다양성은 단순히 종의 수나 범위, 생태계 또는 유전적 다양성만을 포함하는 것은 아니다. 중요한 것은 이러한 시스템을 구성하는 수많은 요소 간의 상호의존성, 상호작용, 응집력 등이다.

월슨은 "생물학적 다양성의 모든 조각들은 귀중하므로, 배우고 소중히 간직해야 하며, 단순히 쉽게 포기되서는 안 된다"라고 말한다.[4] 종은 그 자체로 보존할 가치가 있으며, 종의 보호는 의학 및 과학 발전에 대한 잠재적 이익을 보장한다. 그러나 무엇보다도 생물다양성이 줄어들면, 생물 종, 생태계, 모든 생명체 자체가 위험에 처하게 된다. 생물다양성이 줄어들수록 모든 형태의 생명체는 더욱 취약해지기 때문이다.[5] 따라서 생물다양성은 환경의 지속가능성에 필수 불가결한 요소이다.

생태학적, 진화적 측면에서 생물다양성은 변화와 위협에 직면했을 때, 회복력과 유연성이라는 두 가지 중요한 기능을 수행한다. 캐나다의 환경운동가인 데이비드 스즈키(David Suzuki)는 숲에 다양한 생물이 존재할 때, 병충해, 해충, 홍수, 화재로부터 더 쉽게 회복될 수 있다고 설명한다. 그리고 월슨은 "그 이유는 주변 지역에 남아있는 다양한 종들이 손상된 부분을 보완해 줄 수 있기 때문이다"[6]라고 설명한다.

"생태계에 더 많은 종들이 살아갈수록 생산성이 높아지고 가뭄과 다른 종류의 환경 스트레스를 견딜 수 있는 능력이 커집니다. 우리는 물을 정화하고, 토양을 풍부하게 하며, 우리가 숨 쉬는 공기를 생산하기 위해 다양한 기능을 하는 생태계에 의존하기 때문에 생물다양성은 쉽게 버릴 수 있는 유산이 아닙니다."[7]

목재 생산이 유일한 목적인 대부분의 인공림은 미관상 보기 흉할 뿐만 아니라 새소리가 거의 들리지 않을 뿐만 아니라 예측할 수 없는 환경 변화로 인한 질병이나 피해로부터 회복할 수 있는 능력도 훨씬 떨어진다. 단일 종 내의 유전적 다양성에도 동일한 개념이 적용된다. 다양한 개체군은 종들이 변화하는 환경에 대응하는 데 도움이 되며 종의 생존에 매우 중요하다. 시베리아 호랑이와 같은 희귀종이 매우 적은 수로 줄어들면, 한 유전자가 외부 위협에 대항할 수 있는 유전적 다양성이 부족해져 성공적으로 번식하거나 질병에 저항할 수 있는 가능성이 크게 줄어든다.[8] 역사적으로 일부 왕조는 작은 유전자 풀(pool) 내에서 과도한 근친 교배로 인한 광기와 기형으로 악명을 떨쳤다. 개는 유전적으로 순종으로 완벽하게 선발될 수 있지만, 종종 심각한 유전적 건강 결함을 감수해야 한다. 보편적인 근친상간 금기와 사촌이 서로 결혼하는 것을 방지하거나 말리는 것은 항상 우리가 유전적 다양성을 보존하고 인간 종의 강점과 미래를 보호하는 것이다.

현대 사회에서 생물다양성을 위협하는 두 가지 큰 위협은, (1) 도시와 산업에 의한 자연환경의 파괴, (2) 숲과 농장에서의 대규모 표준화된 단일 작물 재배 관행이다. 이러한 요인들은 인구 증가와 함께 10년에 약 6%의 비율로 생물 종을 멸종시키고 있으며[9], 토착 지식(local knowledge)과 공동체를 파괴하고 일반적으로 "생물다양성의 급격한 감소"를 초래하고 있다.[10] 생태학자 데이비드 틸먼(Daivd Tilman)의 말에 따르면, 생물다양성은 "재앙에 대비한 자연의 보험정책이다. 생물다양성을 유지함으로써 우리는 스스로를 지탱할 수 있다."[11] 따라서 데이비드 스즈키(David Suzuki)는 다음과 같이 결론을 내린다.

"변화는 불가피하지만 예측할 수 없다면 생존을 위한 최선의 전략은 다양성을 최대한 유지하는 방식으로 행동하는 것이다. 그러면 상황이 바뀌어도 새로운 유전자, 종 또는 사회가 새로운 조건에서 지속될 기회가 생길 것이다. 다양성은 회복력, 적응력, 재생 능력을 부여한다."[12]

## 조직적, 문화적 다양성

자연계에서 작동하는 다양성의 많은 원칙은 조직과 인간 사회에도 적용된다. 생물학적으로 가장 다양한 국가는 언어적으로도 가장 다양한 국가이다.[13] 세계적인 과학 저술가인 프리조프 카프라(Fritjof Capra)는 자연을 정복하거나 통제하거나 방해하는 것이 아니라 인간 사회에도 스며들어 있는 자연설계 프로세스와 협력하여 조직과 사회의 변화를 이끌어 내야 한다고 촉구한다. 카프라는 인간 조직도 복잡하고 살아있는 시스템이라는 점을 명확히 이해해야 한다고 말한다. "생태계의 지속가능성의 기초가 되는 생태계의 조직 원칙은 모든 생명체의 조직 원칙과 동일합니다"라고 그는 말한다.[14]

"우리 자녀와 미래세대를 위해 지속가능한 사회를 구축하려면 인간의 설계와 생태학적으로 지속가능한 자연 시스템 사이의 격차를 해소할 수 있도록 많은 기술과 사회 제도를 근본적으로 재설계해야 합니다."[15]

카프라는 기업은 기계가 아니라 살아있는 존재라고 말한다. 기업은 학습과 진화, 그리고 적응을 통해 발전한다. 콜린스와 포라스(Collins and Porras)의 저서 『성공하는 기업들의 8가지 습관(Built to Last)』에 소개된 기업들은 새로운 아이디어를 다양하게 실험하고, 증거와 경험으로 판단하여 효과가 있는 아이디어는 유지하고 나머지는 버림으로써 발전한다.[16] 아리 드 게스(Arie de Gues)가 연구한 장수 기업들도 생명체의 특징을 보여준다. 이들은 외부 세계에 개방적이고, 새로운 사람과 아이디어에 관대하며, 새로운 환경에 적응할 수 있다.[17] 아툴 가완데(Atul Gawande)의 심장외과 의사들(본서의 3장에서 설명)은 리더가 문제를 공개적으로 논의하고 어려움과 도전이 반복될 때 팀원들의 다양한 아이디어를 수용할 수 있었기 때문에 미세수술이라는 새로운 기술을

배우는 데 가장 성공할 수 있었다.[18]

　다니엘 골먼(Daniel Goleman)과 공동 저자들은 저서 『감성의 리더십(The Primal Leadership)』에서 정서적으로 지적인 리더는 주변의 다른 사람들과 '공감'할 수 있을 뿐만 아니라 "과거의 리더보다 더 가치 중심적이고, 더 유연하고 비공식적이며, 더 개방적이고 솔직하다"는 결론을 내렸다. 이들은 사람과 네트워크에 더 잘 연결되어 있다.[19] 또한 이러한 리더는 직원들의 풍부한 문화적 다양성을 중시하고 모든 직원의 집단지성을 활용할 수 있는 방법을 찾는다. 디트로이트와 맨체스터 등 많은 도시의 재생은 창의성과 소득 창출이 가능한 게 이 커뮤니티를 좀 더 밝은 장소로 끌어들여 예술가, 젊은 전문직 종사자, 새로운 가족들이 번영과 문화가 넘치는 혼합된 동네에 밀집하도록 하는 방식으로 이루어지고 있다.

　생명체의 주요 특징 중 하나는 출현의 과정과 속성이다. 카프라(Capra)는 출현이라는 개념을 "새로움의 창조"로 표현하는데, 이는 종종 "출현 전의 형질과는 질적으로 다르다"고 말한다.[20] 그는 설탕의 구조와 성질을 설명함으로써 자신의 주장을 설명한다. "탄소, 산소, 수소 원자가 특정 방식으로 결합하여 설탕을 형성할 때, 그 결과 생성되는 화합물은 개별 원자 자체에는 없는 단맛을 지니게 됩니다."[21]

　일반 사회에서도 발명과 혁신은 같은 방식으로, 즉 출현의 과정을 통해 발생한다. 창의성은 이질적인 아이디어를 결합하거나 서로 다른 다양한 생각을 연결함으로써, 또는 두 가지 모두를 통해 나타난다. 예를 들어, 이 책의 공동 저자인 우리들은 공교육에 대한 열정, 리더십과 변화에 관한 관심, 이론과 실제를 연결하고자 하는 바람이라는 공통점을 가지고 있지만, 서로 다른 배경과 재능, 은유적 표현과 글쓰기 스타일을 가지고 있다.

　우리는 영국인과 캐나다인, 캐나다와 미국 거주자, 역사학자와 사회학자, 학자와 행정가, 이전에 고등학교와 초등학교에서 가르쳤던 교육자 등 다양한 배경과 재능을 가지고 이 탐구에 참여했나. 책 집필을 시작하기 전에 함께 명확한 계획을 세웠지만, 서로 다른 방향성과 집필 과정으로 인해 필연적으로 이러한 책이 나올 수밖에 없었다. 각 장은 서로에게 영향을 미쳤다. 새로운 문헌이 발견되었고, 처음에는 명확해 보였던 작업방식이 전혀 작동하지 않은 것으로 밝혀졌다.

이 모든 출현 속에서 혼돈이 일어나지 않으려면 소통이 필수적이다. 우리는 수백 마일 떨어진 곳에 살고 있지만 공동 저자로서 거의 매일 소통한다. 우리는 고민하고, 걱정하고, 논쟁하고, 초조해한다. 우리는 영감을 주고 조언하고, 긍정하고 훈계하고, 반성하고 반응한다. 이러한 소통은 공통의 목적과 오랜 우정과 함께 결국 프로젝트에 응집력을 부여하고, 하나로 묶어주며, 우리를 앞으로 나아가게 하는 원동력이 된다. 때때로 서로의 다름이 우리를 화나게 하기도 하지만 궁극적으로 우리는 그 다름을 즐긴다. 우회(detours)와 다름이라는 출현 과정, 즉 우회와 다름은 만약에 목적, 관계, 소통이 없었다면, 결국 우리와 우리 책에 패배를 안겨주었을 것이다.

프리조프 카프라(Fritjof Cafra)는 리더십의 임무는 앞서 설명한 것처럼 출현의 과정을 촉진하고 이를 통해 창의성을 키우는 것이라고 말한다. "이는 지시를 내리기보다는 여건을 조성하고, 권위의 힘을 사용하여 다른 사람들에게 힘을 실어주는 것을 의미합니다."[22] 출현의 여건 조성에는 "다양한 피드백 루프를 갖춘 활발한 커뮤니케이션 네트워크" 구축과 "새로운 아이디어와 지식에 개방적이고" "지속적인 질문이 장려되고 혁신이 보상받는" 문화 개발이 포함된다. 이러한 문화는 "다양성을 중시"하며,[25] 아리 드 게스의 말처럼 "우리의 이해를 확장하는 실험과 기행을 환영"한다.[26]

요컨대, 복잡하고 예측할 수 없는 환경에서 효과적인 조직은 기름칠이 잘된 기계의 기계적 정밀성보다는 생명체와 같은 유동성과 적응력으로 운영된다. 효과적인 조직의 특징은 다음과 같다.

- 공통적이고 지속적인 가치, 목표 및 목적 프레임워크
- 기술과 재능의 가변성 또는 다양성 보유 및 개발
- 가변성이 발현되는 과정에 아이디어와 영향력의 상호작용과 교차수분을 촉진하는 프로세스
- 외부 영향에 대한 투과성
- 다양한 요소가 상호 연결되고 외부에서 새로운 요소가 유입됨에 따라 새로운 아이디어, 구조 및 프로세스의 출현
- 환경 변화에 대응하는 유연성과 적응력
- 위협과 역경에 직면하고 이에 대응하는 회복탄력성

## 다양성의 부정

다양성을 수용하고 끊임없이 진화하는 생명체처럼 조직이 어떻게 운영되는지 이해할 수 있는 유연하고 적응력 있는 리더십의 적임자가 있다면 그것은 바로 교육리더십일 것이다. 학교의 목적은 배움이어야 한다. 사람은 학교교육의 산물이다. 학교의 인구는 항상 변화하고 있으며 많은 경우 점점 더 다양해지고 있다. 저희가 근무하는 지역 중 두 곳의 학교에서는 70개 이상의 언어가 사용되었다. 베이비부머 세대의 은퇴로 인해 대규모 인구 이동과 교직원의 불안정성이 발생하고 있다. 많은 국가에서 신규 교사의 최대 3분의 1이 3년 이내에 교직을 떠난다. 교장과 교육감의 이직률도 놀라울 정도로 빠른 속도로 증가하고 있다. 또한 역대 정부가 공교육 개혁의 시급성과 우선순위를 높여가면서 공교육 시스템은 끊임없이 반복되는 변화 증후군에 시달리고 있다.[27]

공교육은 다양성으로 가득 차 있고 불확실성으로 둘러싸여 있다. 공교육은 살아있는 시스템으로서 강점과 약점을 인식하는 리더십이 필요한 시기이다. 그러나 완전히 정반대의 상황이 발생했다. 표준화된 교육개혁은 공교육

을 기계처럼 관리해 왔다. 교육과정 내용의 획일화, 천편일률적인 문해력 프로그램, 답답한 시험 제도, 일부 미국 주에서는 이중 언어 교육을 강제적으로 폐지함으로써 도시 교실과 커뮤니티의 풍부한 다양성은 줄어들었다.[28]

테드 사이저(Ted Sizer)는 "하향식 규제의 증가로 인해 표준화되지 않은 집단에 표준화된 관행이 부과되고, 정해진 수준에서 일반적인 표준화 시험을 통과하는 능력으로 진지한 교육의 목표를 급격히 달성하는 평가가 이루어지고 있다"고 미국의 아동낙오방지법안과 1993년 매사추세츠의 교육개혁법을 맹렬히 비판한다.[29]

예를 들어 캐나다 온타리오주 전체에 유색인종 교육감이 거의 없고, 미국에서는 흑인 교육감은 주로 흑인 학생들이 밀집한 가난한 도시의 교육청에서 근무하는 것으로 나타나 다양한 교육 지도자가 활동하는 우수 사례를 찾기 어렵다. 표준화는 이와 같은 다양한 교육 지도자의 출현을 더 어렵게 만든다. 본서의 들어가기 장에서 이에 대한 증거를 보여주었다. 자연계에 획일 문화를 강요하는 것과 같은 교육적 효과인 표준화는 교실의 창의성 상실, 교육과정 유연성 제한, 교육 혁신 저해, 전문가 커뮤니티 약화 등의 결과를 낳았다.

교육 변화에 대한 50명의 교사들의 정서적 반응에 대한 연구에서 교사들에게 교육 변화가 의미하는 바를 물었을 때, 다음과 같이 극명하게 대조되는 두 가지 의미를 발견할 수 있었다.[30]

"시대에 발맞춰 교수 관련 일상적 활동과 방법들을 변화시키는 것"과 "바람처럼 변하는 정치인들처럼 변화 과정에서 정치적인 측면을 고려하는 것"

"실제로 내가 직접 하는 일"과 "사람들이 나에게 그것을 하는 것"

"교육과정을 개발하고 학생들의 요구를 더 잘 충족시키기 위해 나와 교실 교사가 협력하여 주도하는 변화"와 "교실에 한 번도 가본 적이 없는 사람들이 주도하는 변화"

"교육자보다는 촉진자로서의 교사 강조"와 "교육부 장관과 예산 감축 강조"

"교육 실천의 경우, 문제에 따라 달리 대응한다"와 "정치적으로 일방적 혁신을 강요한다."

이 교사들에게 긍정적인 변화는 자기 주도적이고, 유연하게 개발되며, 교수 및 학습과 연결되고, 전문성 측면에서 최신이었다. 부정적인 변화는 교육적 행위를 이해하지 못하고 다른 비교육적 의제를 실행하기 위해 지원을 철회한 정부와 관료들에 의해 주도된 것이었다. 어떤 경우에는 이러한 좋은 것과 나쁜 것의 대조가 과거 방식과 현재 방식에 관한 것이었다. 과거에는 [교육변화]를 새롭고 참신한 아이디어를 구현하고 있다는 점에서 좋은 일이라고 설명했을 것이다. 요즘에는 아마도 우리가 잘못된 방향으로 가고 있다고 말하고 싶다. 정부가 일방적으로 자신들이 원하는 것을 하고 있다. 일반적으로 당신은 [교육변화]를 학습을 촉진하기 위해 고안된 교육과정의 변화일 것이라고 생각했다. 그러나 이제는 교육적 변화는 재정적 제약에 따른 변화일 수 있다.

표준화된 개혁이라는 단일 문화 시대에 다양성, 탄력성, 학습 능력의 상실은 스펜서(Spencer) 재단이 후원한 연구에 참여한 몇몇 혁신학교와 리더들 사이에서 분명하게 드러났다.

본서의 3장에서 소개한 듀란트 대안학교는 예전에는 생태적 시스템과 매우 흡사하게 운영되었다. 오랫동안 이 도시 학교는 말 그대로 '벽'이 없었다. 이 학교는 여러 가지 방식으로 지역사회와 연결되었는데, 예를 들면 학제 간 학생 중심 교육과정의 내용을 지역사회 구성원들이 때때로 가르치기도 했다. 교장 중 한 명인 데이비드(David)가 문서 작업을 효율적으로 관리할 수 없게 되자, 그의 리더십의 다른 측면을 중요하게 여긴 교직원들은 행정업무에 대한 책임을 자발적으로 분담했다. 듀란트 대안학교의 교수학습에 대한 매력적인 대안적 비전, 학생들에 대한 헌신, 교직원 커뮤니티의 고도의 협력성은 표준화의 잠식으로부터 수년 동안 학교를 보호하는 뛰어난 회복탄력성이 되었다. 그러나 1990년대 들어서면서 주 교육과정이 다루는 폭이 좁아지고 시험이 늘어남에 따라 다양하고 유연한 교원 공동체의 힘에 뿌리를 둔 듀란트의 회복탄력성은 더 이상 유지될 수 없게 되었다.

표준화 이전, 우리의 철학적 개념 중 하나는 우리가 가르칠 내용에 대한 결정을 내릴 수 있도록 교사에게 권한을 부여하는 것이었다. 주정부와 브래드포드 교육위원회(Bradford Board of Education)의 전반적인 지침을 따르는 한, 교육과정을 설정하고 수업 시간을 정할 수 있도록 권한을 부여하고 학교 운영과 관련된 모든 결정을 내릴 수 있도록 권한을 교사들에게 부여하였다. 그중 하나는 이러한 권한을 학생들과 공유하여 학생들이 "이상적으로 학습공동체"를 발전시킬 수 있도록 하는 것이었다.

표준화 이후 시험 준비에 대한 압박이 가중되면서 교사로서의 전문적 판단력이 사라졌다. 나는 학사와 석사 학위를 받기 위해 좋은 대학에서 열심히 공부했다. 나는 훌륭한 선생님 밑에서 인턴을 했다. 저는 가르치는 방법을 배우고, 아이들이 왜 배우는지, 어떻게 배우는지, 그것을 돕기 위해 무엇을 할 수 있는지를 배우며 수년을 보냈다. 그런데 갑자기 주정부가 "아니, 그런 건 아무 의미 없어. … 우리가 무엇을 가르쳐야 하는지 알려줄게요"라고 말하는데, 내게는 "좋아, 그냥 여기 누군가의 비디오테이프를 가져와서 그 사람이 하면 되지"라고 말하는 것과 같았다. 왜냐하면 그것은 아이들에 대한 정보를 너무 많이 무시하고 있었기 때문이다.

이 책의 3장에서 살펴본 것처럼 듀란트 대안학교는 이러한 표준화로 인한 좌절을 딛고 일어설 수 있었지만, 이러한 좌절은 학교의 지역사회에 대한 대응력과 외부 변화에 효과적으로 대처할 수 있는 역량에 지속적인 위협 요인이 되었다.

같은 기간 동안 다른 나라의 다른 학교들, 그리고 혁신에 대해 비슷한 명성을 가진 다른 학교들도 비슷한 직업적 다양성, 유연성, 발현적 디자인 역량 상실을 경험했다. 1990년대 후반 온타리오주에서 고도로 표준화된 개혁 시대가 도래하면서 혁신성이 높았던 블루마운틴 학교의 리더십도 다소 흔들렸다. 예산 삭감, 교직원 감축, 필요한 개혁을 실행하기 위한 짧은 기간에 직면한 학교의 두 번째 리더인 린다 화이트는 전임자보다 더 엄격하게 통제하는 것처럼 보였다. 한 교사의 말을 빌리자면, "적어도 외형상으로는 공동의 책임이 있는 조직에서 이제는 시간…[시간 내에 일을 끝내는 것]에 기반한 매우 선형적인 조직으로 바뀌었다고 생각합니다. 그리고 린다 화이트 교장은 상당히 지시적이고 많은 것을 통제하는 것을 좋아하지만, 휴머니스트이기도 합니다. 하지만 외부의 지시 때문에 공동의 책임감을 잃어버린 것 같아요." 다양성을 존중하지 않는 표준화된 개혁에서 분산형 리더십은 빠르게 상명하달형 관리 형태로 바뀐다.

본서의 3장에서 설명한 미래의 영향력 있는 여성리더들을 배출한 로드 바이런 중학교는 1970년대 온타리오의 중등 교육 구조와 관행에 도전한다는 목적을 가지고 문을 열었다. 초대 교장이 지지하고 초기 교직원들이 채택한

이 철학은 한 교직원이 "바이런 경에 대한 우리의 열망은 학생들을 위한 인간적인 교육 환경, 이성과 상호 존중과 신뢰에서 발전할 수 있는 환경을 개발하는 것"이라고 설명했다.

바이런 중등학교는 온타리오주에서 최초로 학기제를 도입한 학교가 되었다. 이 학교는 학년을 두 개의 교육과정으로 나누어 하루 4시간씩 수업을 진행했다. 이러한 학사 구조 개편을 통해 학생들은 기존 온타리오주 학교보다 더 다양한 과목에서 더 폭넓은 프로그램을 수강할 수 있었다. 기존의 부서장(대부분의 학교에는 20~22명의 책임자가 있음)은 10명의 위원장으로 대체되었다. 이 소규모 리더십팀은 정책과 절차를 수립하는 반면, 학교 정책의 실제 승인은 교직원들로부터 나왔다. 교원노조와 합의한 차별적 인력 배치 모델을 통해 학급 규모를 다양화하여 전문성 개발, 조교 지원, 고품질 자료 등 교직원 지원을 위한 다양한 자원을 확보할 수 있게 되었다. 교직원들은 개교 첫 5년 동안 이 '미래학교'를 방문한 수천 명의 방문객들이 보여준 흥분과 대중의 관심에 대해 다음과 같이 회상했다.

바이런 중등학교는 개방적인 물리적 구조, 유연한 조직 구조, 광범위한 커뮤니케이션, 학제 간 교육과정을 갖춘 발현적 설계(emergent design)의 전형이었다. 학교의 강력한 미션 틀 안에서 조직은 다양한 전문가를 후원하고 성공적으로 배웠다. 이 학교의 여성 그룹 창립 멤버는 다음과 같이 말했다.

"우리는 함께 정말 강력하고 자체적인 역동성을 만들어 내는 무언가에 빠져 있었고, 거기에 우리는 흥분했습니다. 그들은 젊은 교직원들이었고, 일이 잘 풀리면서 많은 것들이 분화되었습니다. 시대를 훨씬 앞선 아이디어로 운영되는 학교였기 때문에 이곳에서는 높은 수준의 협업이 기대되었습니다. 그들은 일반적으로 팀과 파트너십으로 일했습니다. 저는 아주 최근까지 학교에서 그 정도의 상호의존성과 영향력을 본 적이 없습니다. 리더십에 대한 여성의 관심이 어느 정도 증가한 것도 그 때문이라고 생각합니다."

수년에 걸쳐 바이런은 같은 종류의 많은 학교가 겪고 있는 혁신적 정체성의 점진적 쇠퇴를 겪었다. 카리스마 넘치는 설립자 워드 본드(Ward Bond)의 자리를 채우는 것은 어려웠습니다. 교직원 교체도 어려웠다. 학교는 교사와 관리자가 서로에게 개방적이지 못했고 외부 커뮤니티의 요구와 희망에 대해 '긴급'하게 대응할 수 없었다. 시간이 지남에 따라 다른 학교들이 바이런을 부러워했다. 그러자 지역사회는 바이런을 의심하기 시작했으며, 교육구는 임의 지원(discretionary support)을 철회하기 시작했다.

그러나 1990년대에 들어서면서 학교는 다시 활기를 되찾았다. 활기차고 영감을 주는 교감인 제니스 번리(Janice Burnley)가 뒤를 이어 내부적으로 교장직을 승계했다. 번리 교감은 학생 중심의 철학과 교직원의 의사 결정 참여를 지지했다. 새로운 교감과 함께 리더십팀은 변화의 과정에 동참한 공로로 직원들로부터 인정받아 '별 다섯 개'를 받았다. 한 젊은 교사는 "우리 행정팀은 훌륭합니다"라고 이야기했다. "그들은 당신이 필요로 하는 모든 정보를 항상 제공해 줍니다." 이러한 노력은 성과로 나타났다. 예를 들면, 이 학교는 새로 도입된 10학년 문해력 시험에서 학군에서 두 번째로 높은 성적을 거두었다.

그러나 1990년대 후반이 되자 다시 균열을 보이기 시작했다. 예산 삭감, 중간급 리더십을 발휘하는 직책의 상실, 그에 따라 교사들이 계약에서 요구하는 최소한의 업무만 수행하는 교사들의 업무 규칙 준수 행동, 표준화된 개혁의 압도적 단기 이행 요구사항으로 인해 리더십 팀은 직원들에게 훨씬 더 지시적이고 덜 협력적인 태도를 취하도록 압력을 가했다. 학교에서 가장 경험이 많은 교사 중 한 사람의 말에 따르면, 외부의 힘은 교장이 원하는 방식으로 이끌 수 있는 교장의 능력을 "무릎을 꿇게" 만들었다고 한다. 예를 들어, 정부가 많은 교직원이 받아들이기 꺼리는 평가에 대한 새로운 접근방식을 요구했을 때, 교장은 "우리가 그들에게 강요할 수밖에 없었던 것은 컴퓨터 분야에 대한 지식이 있어야 하고, 전자 채점 관리자를 사용해야 하며, 진단과 평가 방식을 바꿔야 한다는 것이었다. 당신이 문제가 있는 경우, 우리가 도와드리겠다. 그러한 것들은 꼭 필요한 것입니다"라고 이야기할 뿐이었다.

지속가능한 리더십은 조직 내에서 다양성, 탄력성, 인적 역량을 개발한다. 이를 통해 사람들은 점점 더 복잡해지는 환경에 적응하고 번영할 수 있다. DDT 살포와 같은 반복적인 변화 노력은 초기에 유망한 결과를 기대하게 만든 후 결국 변화에 대한 저항을 증가시킨다. 표준화된 과학적 효율성은 종종 창의적이고 탄력적인 다양성의 적이다. 이는 지속불가능한 대규모 개혁이라는 단일 문화가 지배함으로써 교육적 혼란을 야기하고, 건강한 발전에 필요한 공유 학습과 교차 수정을 허용하지 않는 지나치게 단순한 시스템을 만들어 낸다. 표준화된 개혁은 너무 많은 다양성을 파괴함으로써 다양한 학생들의 다양한 요구를 인정하고 이에 적응하며, 시간이 지나도 개선을 유지하고, 다음 변화나 위기가 닥쳤을 때 탄력적으로 대응할 수 있는 교육자의 역량을 위협하고 있다.

## 다양성의 회복

환경운동에서는 생물다양성에 대한 공격과 침식에 대한 의문과 도전이 제기되고 있다. 단일 재배 방식을 통해 현금작물의 생산성을 높이고 해충을 제거하기 위해 대규모 화학물질 살포 및 기타 표준화되고 환경에 유해한 방법을 사용하는 것에 대한 대안이 급격히 증가하고 있다. 환경운동가와 농업인들은 표준화된 농법, 화학 살충제, 한계 토지에 대한 끝없는 침범 대신 작물 혼합, 작물 순환, 보다 자연적인 해충 방제 방법을 통해 지속가능한 농업 개발을 촉진하기 위해 전 세계 지역사회와 점점 더 협력하고 있다.

2004년 노벨평화상 수상자이자 케냐의 환경, 천연자원 및 야생동물 담당 차관인 왕가리 무타 마타이는 그 자체로 전설이 되었다. 그녀는 야심 차게 '풀뿌리 나무 심기 운동'이라는 기관을 설립, 조율함으로써 생물다양성 회복의 필요성을 역설했다. 이 상징적인 지도자는 광범위한 삼림 벌채로 인해 자국의 표면 토양, 배수 시스템, 살기 좋은 토지가 심각하게 황폐화되는 것을 목격했다. 가장 큰 피해를 입은 사람들은 장작을 구하기 위해 더 먼 거리를 이동해야 하는 부족 여성들로, 가족과 함께할 수 있는 시간이 점점 줄어들고 농작물을 돌보며 가정에 안정과 교육적 지원을 제공할 수 있는 시간이 줄어들었다. 그린벨트 운동을 통해 케냐 여성들은 현재 전국에 2천만 그루 이상의 나무를 심었다. 이 운동은 여성에게 권한을 부여하고 다양성을 회복하며 교육 기회와 가족생활을 풍요롭게 했다.[31]

다양성 회복은 교육 분야에서도 가능하다. 모든 지역사회 구성원이 지식을 향상시키고, 의지를 강화하며, 환경과 주변 사람들과 함께 일하고, 복원하고, 최선을 다할 수 있는 역량을 개발할 수 있는 교육 기회를 갖지 않고는 지속가능한 발전이 불가능하다. 그리고 다양한 지역사회 내에서 지속가능성의 기본원칙을 인정하고 활성화하지 않으면 가치 있고 광범위하며 지속적인 교육 개선은 있을 수 없다. 단기성으로 부과된 성취 목표, 적절한 연간 진도, 획일적인 교육과정 처방, 만연한 표준화 시험이 역사적 목적은 아니다. 그보다는 그 너머에 더 지속가능하고 다양한 학습과 변화의 세계가 기다리고 있다.

이제 거의 모든 곳에서 흐름이 바뀌고 있다. 영국과 호주, 싱가포르, 일본,

신흥 강국인 중국, 그리고 세계은행, 유네스코, 경세협력개발기구와 같은 국제기구에서 창의성, 혁신, 유연성이 새로운 화두로 떠오르고 있다.

학교 중심의 혁신, 교사가 설계한 평가, 너무 무겁지 않은 책무성, 교육과정의 유연성 향상, 학습에 대한 보다 개인화된 접근방식, 무자비한 학교 간 경쟁보다는 협력과 파트너십의 증가 등 강제적 표준화의 과신과 과잉을 경험한 국가들이 이제 뒤로 물러서는 정책들을 등장시키고 있다. 이러한 발전은 1960년대와 1970년대의 무한하고 일관성 없는 혁신 운동, 즉 줄리 앤드류 교육과정(Julie Andrews curriculum)으로 돌아가는 것을 의미하지 않는다.[32] 대신 정부와 교육자들은 한편으로는 모두를 위한 학습과 성취에 대한 공통의 초점과 긴박감, 일관성을 유지하면서 다른 한편으로는 시스템을 강력하고 탄력적이며 지속가능하게 만드는 다양성과 유연성을 존중하고 장려하는 시스템을 만들기 위해 함께 노력하기 시작했다. 학교와 전체 시스템에서 이러한 종류의 시너지를 창출하는 데 가장 선호되는 해결책 중 하나는 전문적 네트워크이다.

## 네트워크화된 다양성

교사를 위한 전문적 학습 네트워크는 "교사들이 아이디어를 공유하고, 공동으로 계획하고, 서로의 아이디어와 경험을 비판하면서 대부분의 학교에서 겪는 고립감을 줄임으로써 가장 잘 배울 수 있다"는 믿음과 여러 가지 증거에 기반한다.[33] 네트워크는 학교 전체에서 전문적인 상호작용과 학습을 증가시키고, 참여하는 사람들에게는 교수와 학습에 대한 흥미를 불러일으킨다.

### 자연계의 네트워크

전문 네트워크의 잠재력과 위험을 이해하려면 일반적으로 네트워크의 특성을 파악하는 것이 중요하다. 네트워크는 자연 생명체에서 그 기원을 찾을 수 있다. 박테리아는 복잡한 통신 네트워크의 효과로 인해 약물에 대한 빠른 내성을 반복적으로 개발할 수 있다.[34] 세포는 네트워크에서 작동하며 "물질과 에너지의 지속적인 흐름을 사용하여 스스로 생산, 복구 및 영속"한다.[35] 뇌 또한 단순한 회로도가 아니라 복잡한 신경망 경로를 통해 작동한다.[36] 프리조프 카프라에게 생명체는 특정 분자의 존재 여부가 아니라 "스스로 생성되는 대사 과정 네트워크의 존재 여부"로 정의된다.[37] 이러한 네트워크는 "생명의 고유한 창조성의 기초인 새로운 질서의 자발적인 출현"에 있다.[38]

### 기술계의 네트워크

기술 네트워크가 항상 인간의 업무와 조직에 가장 효율적인 시스템을 제공하지는 않았다. 물, 석탄, 증기라는 에너지원은 대규모 공장을 탄생시켰고, 이러한 에너지원과 가까운 곳에 공장을 건설해야 했으며, 특정 건물과 장소에 사람들을 집중시키고 이후 많은 학교를 억압하는 산업적이고 관료적인 조직 패턴을 낳았다.[39] 살아있는 시스템의 작동 방식에 더 부합하는 사회에서 실행 가능하고 가치 있는 조직 형태인 네트워크로의 전환은 이제 커뮤니케이션 형태와 에너지원의 변화에 의해 가능해졌다. 마누엘 카스텔스(Manuel Castells)는 그의 저서 『인터넷 은하계(The Internet Galaxy)』에서 다음과 같이 말한다. "에너지 생산과 분배의 신기술이 산업사회의 조직적 기반인 공장과 대기업을 가능하게 했듯이, 인터넷은 정보화 시대의 조직 형태인 네트워크의 기술적 기반입니다."[40]

인터넷은 "예상치 못한 거대한 과학, 군사 연구, 자유주의 문화의 교차점에서" 새로운 방식으로 진화했다.[41] 이러한 영향으로 지금의 인터넷과 그 이전 시대의 인터넷은 "탈중앙화된 네트워크 구조, 네트워크 노드 전체에 분산된 컴퓨팅 성능, 단절 위험을 최소화하기 위한 네트워크 기능의 이중화"를 갖추게 되었다. 이러한 특징은 시스템의 유연성, 지휘 센터의 부재, 각 노드의 최대 자율성 등 생존 가능성에 대한 군사적 요구에 대한 중요한 해답을 구현했다.[42] 핵 공격이 발생하더라도 미국의 방어 시스템은 쉽게 표적이 될 수 있는 단일 통신 센터에 집중되어 취약해지지 않는다. 대신 이중화, 유연성, 분산 자율성을 통해 방어 네트워크를 복원력 있게 만들었다.

군사적 목적과 반문화적 개인의 자유는 인터넷의 기원을 형성한 가장 기묘한 공통의 매력 중 하나였다. 풀뿌리 반문화와 괴짜 대학원생들의 커뮤니케이션 채널은 회의 시스템, 게시판 및 기타 메커니즘을 통해 인터넷의 기원을 정의하는 데 도움을 주었으며, 접근과 정보의 개방성에 대한 문화의 자유주의적 약속과 신념이 인터넷의 기본 네트워크 아키텍처를 구성했다.

- "네트워킹 아키텍처는 개방형, 탈중앙화, 분산형, 다방향성입니다."
- "모든 통신 프로토콜은 (중략) 개방적이고 분산되어 있으며 쉽게 수정될 수 있습니다."
- "네트워크 거버넌스는 (중략) 인터넷에 내재된 개방과 협력의 원칙에 따라 구축됩니다."[43]

이러한 자유주의적 가치가 부재했던 소련에서는 개방성의 결여로 인해 국가의 컴퓨터 개발이 군사 및 보안 시스템 내에 갇히게 되었고, 결국 기술 혁신과 경제 경쟁력에 대한 국가의 역량이 저하되었다. 네트워크는 냉전 정치의 숙적이었다.[44]

마누엘 카스텔스는 정보화 시대에 관한 자신의 책에서 "네트워크는 조직이 만들어지고 만들어질 근본적인 요소"라고 예언적으로 주장했다.[45] 그는 "네트워크의 형태는 상호작용의 복잡성 증가와 그러한 상호작용의 창의력에서 발생하는 예측 불가능한 발전 패턴에 잘 적응하는 것 같다"라고 말했다.[46]

기업들은 점점 더 공급업체와 유통업체의 수직적 네트워크뿐만 아니라 좀 더 간결하고 유연하며 분산된 관리 시스템 내에서 파트너십과 전략적 제휴의 수평적 네트워크를 통해 운영되고 있다.[47] 대학은 학습, 정보, 회의, 교육 및 아이디어 교환을 위해 네트워크를 활용한다. 개인 생활에서도 사람들은 의료정보에 접근하고, 족보를 조사하고, 오랜 친구와 연락하기 위해 네트워크를 이용한다. 조직은 재정적 투자, 유권자 등록률 제고, 환경 보호 운동, 글로벌 범죄 활동 참여 등 다양한 목적으로 네트워크를 활용한다. 네트워크의 목적이 항상 바람직한 것은 아니지만, 네트워크는 현대 생활에서 점점 더 널리 퍼지고 있는 것이 사실이다.

### 교육계의 네트워크

학교시스템은 다른 조직에 비해 네트워크 학습과 커뮤니케이션이 제공할 수 있는 기회를 포착하는 속도가 느렸지만, 네트워크가 그들에게 낯선 것은 아니다. 1990년대에 호주의 전국학교네트워크에 속한 100개 이상의 학교는 노조 계약 규칙과 정부의 관료적 규정을 면제하는 데 동의하여 네트워크를 통해 상호 연결될 수 있는 혁신적인 학교 정책을 창출할 수 있었으며, 특히 학교 교사들이 모인 프로젝트 회의에서 이러한 혁신적 정책이 만들어질 수 있었다.

같은 기간 동안 캐나다 온타리오주에서 노조가 후원하는 '변화 문화 만들기 네트워크'는 학교 개선을 위해 보다 협력적인 접근 방식을 개발하고자 하는 학교에 변화 촉진 지원과 상호 교류 기회를 제공했다.[48] 영국은 '교육 액션 존', '비콘 스쿨(Beacon School)', '도시 우수 학교' 등 특정 정부 이니셔티브에 참여하는 학교를 연결하는 네트워크를 만들었으며 정부의 통제에서 독립적으로 존재하는 영향력 있는 학교 개선 네트워크(모두를 위한 교육 질 향상)가 하나 이상 있다.[49] 영국 교사 중 40%가 전문 네트워크의 일원이라고 주장하고 있다.[50] 미국에서는 일련의 '공통 교육 원칙'에 가입한 학교를 포함하는 코머 스쿨(Comer Schools), 선문학교연맹(League of Professional Schools), 핵심학교연합(Coalition of Essential Schools)과 같은 학교 개선 네트워크를 이루고 있다.[51]

미국의 전국 작문 프로젝트는 매년 수천 명의 열정적인 교사들이 모여 소통하고, 실천적 지식을 공유하며, 작문 교육 개선 방법을 모색하기 위해 연결된다.[52] 교사 연합 개혁 네트워크는 다른 사람의 개혁 전략에 단순히 반대하는 것이 아니라 의미 있는 개혁을 지지하는 교사들을 소집하고 연결한다.[53] 행동 연구, 직원 개발, 비판적 동료(자신의 수업에 건설적인 피드백을 제공하는 동료), 교과 기반 네트워크는 모두 비슷한 기능을 수행한다.

혁신적이기는 하지만 이러한 네트워크 중 상당수는 클럽이나 그룹 형태에 더 가깝다. 이러한 네트워크는 주로 회의나 콘퍼런스에서 대면 상호 작용을 위해 함께 모이는 사람들로 구성된다. 고등학교 과목 부서처럼, 이러한 네트워크는 예측은 어렵지만 기하학적으로 정확한 패턴을 따르는 여러 개의 상호 연결된 영향력 노드를 통해 연결되는 대신 단순하게 중앙 집중화된 영향력 경로를 통해 네트워크의 나머지 부분으로 확장되는 커뮤니케이션 경로가 있는 제어 허브를 갖는 경향이 있다. 네트워크의 복잡성과 상호 연결성을 다른 차원으로 끌어올리는 것은 카스텔스(Castells)가 지적한 것처럼 기술 기반 상호 작용에 대한 광범위한 접근과 참여이다.

토론토 대학교의 배리 웰먼(Barry Wellman) 교수는 커뮤니티와 네트워크의 속성을 연구하는 데 25년 이상을 보냈다.[54] 1976년 '국제 소셜 네트워크 분석 네트워크'를 설립한 그는 현재 컴퓨터 네트워크와 소셜 네트워크 간의 관계를 연구하고 있다. 그는 이제 우리는 공공장소에서 촘촘하게 짜인 그룹 속에서 생활하는 대신 "수시로 여러 그룹을 넘나드는 거대한 네트워크 속에서" 일하고 생활하며, 어느 한 그룹에 대한 강한 애착을 줄이면서 많은 그룹과 연결되고 있다고 말한다.[55]

이러한 네트워크는 그 성격과 형태가 매우 다양하다. 어떤 네트워크는 긴밀하고 어떤 네트워크는 느슨하다. 어떤 네트워크는 광범위하고 많은 연결 고리를 가지고 있다. 어떤 네트워크는 규모가 작고 연결 고리가 적다. 어떤 네트워크는 광범위한 참여에 개방적이다. 배타적이고 폐쇄적인 네트워크도 있다.[56] 네트워크는 외부의 영향을 받을 수도 있고 외부로부터 철저히 봉쇄될 수도 있다.[57] 그러나 모든 네트워크에서 우리는 특정 네트워크에 가끔 접속하는 데 그치지 않고 점점 더 그 안에서, 그리고 그 사이에서 살아가고 있다고 웰먼(Wellman)은 말한다.[58] "네트워크의 네트워크"라고 처음에 언급했던 것처럼 우리는 평생 동안 네트워크에 참여한다. 이러한 "네트워크 사회" 내에서 우리가 상호작용하는 그룹의 수는 점점 더 많아지고 또한 그 사이의 경계는 점점 더 투과성이 높아진다.

대면 네트워크와 함께 기술 지원 네트워크가 대체가 아닌 추가가 됨으로써 교육에서 리더십과 변화를 위한 중요한 가능성을 제공한다. 교육정책과 리더십은 더 이상 선형적이고 위계적인 의사 결정과 교육과정 제공의 기계적인 시스템에서 과도하게 조정되고 표준화될 필요가 없으며, 상당한 규모의 리더십, 혁신 및 개선의 더 나은 아키텍처를 개발할 수 있으며, 이러한 종류의 교육 네트워크를 만들기 위해 많은 노력이 이루어지고 있다. 캐나다 산업부가 후원하고 정부 및 교육 전문가들과 협력하는 스쿨넷(School-Net)에 참여하는 100개 이상의 학교는 정보 및 통신 기술을 통합하는 혁신적인 학교의 노력을 후원하고자 한다.[59] 영국에서는 초등 전략 학습 네트워크가 1,500개의 미니 네트워크로 구성되며 각 네트워크에는 6개의 소규모 학교가 있다.[60] 그리고 스페셜리스트 스쿨 트러스트(Specialist Schools Trust)는 혁신 사례를 함께 자극하고 공유할 혁신학교의 글로벌 네트워크를 구축하고 있다.[61]

대규모 교육 네트워크를 개발하기 위한 가장 광범위한 노력 중 하나는 영국의 국립 학교 리더십 대학(the National College for School Leadership(NCSL))의 네트워크 학습 커뮤니티 이니셔티브이다. 이 프로그램은 e-러닝 및 정보 교환과 콘퍼런스 및 워크샵을 통해 학교를 연결한다.[62] 이 프로그램의 평가자 중 한 명인 마크 하필드(Mark Hadfield)는 이 이니셔티브에 대해 다음과 같이 말한다.

이 "네트워크의 네트워크"에는 현재 영국 전체 학교의 5%가 참여하고 있다. 현재 109개의 네트워크가 총 1,259개의 학교와 협력하고 있다. 네트워크의 규모는 최소 6개에서 평균 10개 내외로 다양하다. 이들 모두가 새로운 네트워크는 아니며 실제로 60%는 이전 중앙 정부의 이니셔티브에 따라 이미 어떤 종류의 네트워킹에 참여하고 있었다. (중략) 이전 중앙 정부의 이니셔티브에 따라 (중략) 또는 다양한 이유로 다른 지역 학교들과 함께 모인 학교 리더들의 열정과 헌신을 통해 이루어졌다. 네트워크화된 학습 커뮤니티(NLC, Network Learning Communities) 프로그램은 이러한 기존 및 신규 네트워크를 한데 모아 3년 동안 소액의 재정 지원을 제공하고, 촉진자, 연구자 및 관리자로 구성된 중앙 팀의 지원을 제공하며, 서로 배울 기회와 구조를 만들었다.[63]

네트워크화된 학습 커뮤니티(NLC) 설계자인 전 수석 교사 데이비드 잭슨(David Jackson)은 이런 종류의 전문 네트워크가 다음과 같은 역할을 한다고 주장한다.

- 학교가 아이들의 더 나은 학습을 도울 수 있는 이미 존재하는 상당한 지식을 공유하고 이전할 수 있도록 지원하고 장려한다. 개별 학교는 지식이 제한되어 있지만 집단적으로는 필요한 만큼의 많은 지식을 가지고 있다.
- 교사가 학생들에게 더 효과적으로 가르치는 데 도움이 되는 방식으로 동료들과 배우고 상호 작용하는 데서 오는 직업적 성취감과 동기 부여를 자극한다.
- 상호 학습과 도움을 방해하는 치열한 경쟁과 표준화의 강요를 통해 다양성을 완전히 부정하는 대신 다양한 유형의 학생에게 서비스를 제공하거나 학생에게 대응하는 방식이 다른 교사와 학교 간의 긍정적 다양성을 활용한다.
- 교사와 다른 사람들에게 자신의 학교 환경을 넘어 인간관계, 프로그램 및 문제 해결

에 대한 측면 리더십(lateral leadership)의 기회를 제공한다.[64]

네트워크화된 학습 커뮤니티의 다른 장점은 다음과 같다고 말한다.[65]

- 증거에 기반하고 연구 결과에서 도출된 실천적 지식을 활용하고 발전할 수 있는 기회를 제공한다.[66]
- 관심 있는 대규모 학교 그룹에 혁신과 보급을 촉진한다..[67]
- 전문적이고 학교 기반 의사 결정에서 교사에게 더 많은 발언권을 부여한다.[68]
- 모든 학교를 학습공동체로 개별화하여 지나치게 규정된 프로그램에 종속되지 않고 네트워크를 통해 확산되고 자체 필요에 맞는 새로운 솔루션을 채택할 수 있도록 지원한다.[69]
- 이러한 공동체는 위기나 잘못된 방향의 시스템 이니셔티브가 성공하지 못하더라도 유연하고 탄력적으로 대처하여 새로운 학습과 새로운 솔루션이 등장하고 잘못된 시작과 실패가 남긴 교훈을 학습한다..[70]

## 네트워크의 한계

다양한 네트워크는 단일화 및 표준화에 대한 대안이지만, 그 자체로는 만병통치약이 아니다. 마이클 풀란은 네트워크가 더 많은 전문가의 의견이 필요한 복잡한 학습 영역에서는 잘 작동하지 않을 수 있고, 신뢰할 수 있는 지식보다는 신념과 의견의 공유로 이어질 수 있으며, 집중력을 잃고 그 자체로 자기 방종적인 목적이 될 수 있고, 책임성을 보장하는 데 불충분할 수 있다고 우려한다.[71]

교육 네트워크에 대한 다른 우려도 있다. 전반적인 영향력과 참여의 규모는 제한적인 것으로 보인다. 방대한 NCSL 네트워크조차도 여전히 전체 학교의 20개 중 하나에 불과하다.[72] 자유주의적 뿌리가 요구하는 네트워크의 자유롭고 개방적이며 자발적인 특성은 네트워크가 다른 혁신 운동의 운명을 좌우할 수 있으며 기존 애호가들만 포함될 수 있다는 것을 의미한다.[73] 그러면 열성적인 사람들은 지나치게 참여하여 스스로 소진될 위험이 있다.[74] 전문 네트워크에 자금을 지원하고 통제함으로써 결속력과 포용성을 확보하려는 정부의 시도는 종종 좋은 의도를 가지고 있지만, 결국 시간 흐름에 따라 네트워크를 유지하는 본질적인 자발성과 자유주의적 기반을 약화시킨다. 결국 네트워크는 봉사하는 사람들이 아닌 다른 누군가의 소유가 된다. 정부는 기본적으로 합리적이고 선형적이며 단방향적인 아날로그 시스템이지만, 네트워크는 다양하고 때로는 필연적으로 중복되는 긴급한 통신 시스템에서 여러 채널로 작동하는 디지털 시스템이다. 아날로그 시스템은 디지털 시스템을 규제할 수 없다.[75]

이러한 어려움은 교육 네트워크에만 국한된 것이 아니라 네트워크 자체의 본질에 내재되어 있다. 카스텔스(Castells)는 저서 『네트워크 사회의 도래(The Rise of the Network Society)』에서 네트워크의 본질적인 딜레마를 다음과 같이 지적한다. "특정 네트워크의 성과는 네트워크의 두 가지 기본 속성, 즉 구성 요소 간의 잡음 없는 커뮤니케이션을 촉진하는 구조적 능력인 네트워크의 연결성과 응집성, 즉 네트워크의 목표와 구성 요소 목표 간 이해관계가 어느 정도 공유되는지에 따라 달라집니다."[76]

네트워크는 풀란이 이야기하는 연결성과 응집력 사이의 근본적인 긴장에 직면해 있다.[77] 카스텔스의 말에 따르면, "네트워크의 특정 규모와 복잡성을 넘어서면 기능을 조정하고, 특정 목표에 자원을 집중하고, 주어진 작업을 수행하는 데 상당한 어려움을 겪는다."[78]

## 네트워크 솔루션

이러한 모든 어려움에도 불구하고 네트워크 딜레마는 모든 수준의 리더가 지속적으로 관심을 기울인다면 관리될 수 있다. 카스텔스는 비즈니스 세계에서 네트워크는 다음과 같은 다섯 가지 기본 기능을 갖출 때 가장 잘 작동한다고 주장한다.[79]

- 필요에 따라 구성 요소의 수를 늘리거나 줄일 수 있는 **확장성** 그리고 네트워크는 노드 수가 고정되어 있을 필요도 없고 고정되어서도 안 됨.
- 기존의 수직적 커뮤니케이션 채널을 뛰어넘는 모든 관련 당사자와의 실시간 또는 선택된 시간의 **상호작용**.
- 전략적 지침과 다양한 상호작용을 결합한 **유연성 관리**
- **브랜딩**, 특히 최종 제품의 특성과 품질에 대한 엄격한 관리
- 표준화가 아닌 고객 선호도에 대한 대응력을 갖춘 **고객 맞춤화**

여기에는 교육 네트워크를 위한 솔루션이 무엇인지에 대한 단서가 있다. 네트워크는 다음과 같은 경우 다양성이 증가하는 상황에서 지속가능한 리더십과 변화의 패턴으로 작동할 수 있다.

- 사람들이 단결할 수 있고 모든 어린이의 학습과 성공에 연결되고 초점을 맞추는 명확한 도덕적 목적을 가지고 있다. 이러한 목적이 없으면 네트워크는 자기 방종적인 형태가 되고 참여자들의 헌신을 유지하지 못할 위험이 있다.[80]
- 명확성, 집중력, 규율을 갖추고 있으며, 그렇지 않으면 구성원들의 노력이 소멸되고 단명할 수 있다.[81]
- 이들은 네트워크가 무엇을 하고 왜 중요한지를 '브랜드화'하는 명확한 매개변수와 제품을 가지고 있다.
- 이들은 증거에 기반하고 연구, 데이터, 검증이 가능한 지식은 물론 경험과 직관에도

주의를 기울인다. 그렇지 않으면 네트워크는 무지와 편견, 소문을 모으는 장소가 될 수 있다.

● 셀(cells) 또는 노드는 어린이와 성인을 위한 학습의 목적과 과정에서 역량을 강조하고 개발하는 강력한 전문적 학습 커뮤니티이다. 루이스 스톨과 로나 얼(Louise Stoll and Lorna Earl)의 말을 따르면, "네트워크 학습 커뮤니티는 더 넓은 영역에서 활동하는 전문적 학습공동체이다."[82] 네트워크 셀이 약하다면, 즉 진정한 전문적 학습공동체가 아니라면, 개선된 실천적 지식을 이끌어 내지 못하고 무관심한 관행을 영속화할 것이다.[83]

● 이들은 자율적인 프로젝트 문화, 공개적으로 공유되는 기술과 지식, 창의성을 향한 추진력을 촉진하는 '해커' 윤리를 개발한다. 네트워크는 "자유, 협력, 호혜성, 비공식성, 공동선을 기반으로 하는 기술 창의성 문화"를 육성해야 한다.[84]

● 이러한 네트워크는 성취 데이터, 연구 증거, 전문가 조언에 적시에 즉시 접근할 수 있는 휴대용 기술을 통해 적시에 실행될 수 있다(예: 본서의 3장의 누메아 초등학교 사례).

● 이러한 학교는 학교 안팎으로 분산된 측면 리더십을 지원하고 지원받으며, 교육자들과 그들의 리더십 재능이 종종 갇혀 있는 분리된 작은 세계를 넘어 중요한 리더십 기회를 제공한다.

● 그들의 건축물들은 특히 학생들이 나이가 들어감에 따라 리모델링된 학교 구조와 연결되어 학생들이 더 독립적이고 개인화되며 유연한 학습을 할 수 있도록 하여 교사가 더 이상 1교사 1학급 기준으로 배정되거나 대규모 집단을 관리해야 하는 부담을 갖지 않도록 하며 실제 학교 시간에 네트워크나 네트워크 학습에 접근할 수 있도록 한다.

● 통제할 수 없고 방해만 할 수 있는 정부 네트워크는 모순이다. 정부는 아날로그이고 네트워크는 디지털이다. 정부는 일관성과 일관성을 확보하기 위한 정책, 교육과정, 직원 교육 및 기타 요소를 선형적으로 조정하는 경향이 있다. 반면 네트워크는 다양한 요소를 끊임없이 끌어당기는 응집력을 통해 작동한다. 정부는 선형적인 전달 및 실행 시스템에서 성과와 표준을 제공하는 반면, 네트워크는 새로운 혁신 시스템에서 성과를 개발하며, 정부 네트워크는 항상 퇴색하거나 실패하는 경향이 있다.

이전 장에서 소개한 영국 노슬리 교육청의 스티브 먼비 전 교육감은 14세에서 19세 사이의 학생들을 위한 대학을 설립하여 지역교육청, 중등학교, 추가 교육(커뮤니티) 컬리지, 고용주 간의 파트너십을 통해 학생들에게 더 많은 선택권을 제공했다. 〈런던 타임즈 교육관련 기사란(The London Times Educational Supplement)〉은 교육 당국의 협력적이고 포용적인 접근 방식에 대해 다음과 같이 보도했다.

모든 학생은 10과 11학년이 되면 학교 밖에서 새로운 '14-16 직업 기술 센터', 세 곳의 학습 센터 중 한 곳, 전문 [학교] 등에서 공부할 수 있다. 작년에 이 자치구의 10, 11학년 학생 중 1/3이 학교 밖에서 학습에 참여했으며 더 많은 아이들이 16세 이후에도 교육을 계속 받고 있다. (중략) 향후 6년 동안 (정부 지원금으로) 이 자치구는 11개의 중등학교를 모두 불도저로 밀어버리고 훌륭한 학습 센터로 대체하는 것을 목표로 하고 있다. "우리는 학교라고 부르지도 않을 겁니다."라고 [먼비]는 말한다. "우리는 모든 것을 무너뜨리고 21세기 학습이 어떤 모습이어야 하는지 처음부터 설계하는 것을 목표로 합니다."[85]

노슬리는 네트워크화된 전문적 학습이 네트워크화된 학교 학습, 즉 교육구와 협력적이고 유연하게 일하는 강력한 전문적 학습 커뮤니티인 학교와 연결될 때 더 의미가 있다는 것을 보여준다. 노슬리의 네트워크는 상호 연결된 의제를 통해 지속가능성의 여러 요소를 동시에 충족시킨다.

- 학습 센터 네트워크를 통해 학생들에게 유연하고 개인화된 학습을 제공한다.
- 이는 먼비의 표현을 빌리자면 "진정한 협력, 집단적 의사 결정, 정의로운 리더십"을 학교에 제공하는 분산형 리더십의 맥락에서 이루어지며, 전직 수석 교사(교장)가 어려움에 당면한 학교에 리더십 코칭을 제공하고, 필요시 학교 간 교직원이 교환된다.

- 성공적 리더십은 높은 기대와 신뢰에서 나온다. 먼비는 교장 선생님들과 "상호 신뢰에 기반한 관계를 맺어야 했다"고 말한다. "그들은 우리를, 우리는 그들을 믿어야 했습니다."
- 모든 학생에게 깊은 학습과 성취감을 제공한다. 2001년 전국에서 가장 저조한 성적을 기록했던 노슬리 교육구가 전국 교육구 순위에서 상승하기 시작한다.
- 학습 목표는 일반적이고 합의된 것이지 강제적으로 부과된 것이 아니다.
- 먼비는 이 기관은 중앙정부와 적극적인 관계를 맺고 있으며, "우리가 일하는 방식에 부합하는 경우에만 이니셔티브를 채택한다"고 말하지만, 여전히 정부로부터 존경을 받고 있습니다. 노슬리는 정부의 국가 전략 문서에 포함되도록 선정된 5개의 사례 연구 중 하나이다.

노슬리에서 네트워크 학습은 추가 프로세스나 특별한 프로젝트가 아니다. 노슬리는 모든 사람이 일하고 생활하는 "네트워크 사회"이다.[86] 이 사회는 명확하고 설득력 있는 목적, 긴박감, 모든 아동의 학습을 지원한다는 측면에서 사회 정의에 대한 헌신, 강제적인 목표보다는 합의된 목표를 달성하기 위해 의도적으로 분산된 리더십의 높은 신뢰 문화, 개선 목표를 함께 달성하고자 하는 당국 사람들의 의지에 대한 믿음에 기반을 두고 있기 때문에 잘 작동한다.

그렇다면 네트워크와 관련하여 정부의 역할은 무엇일까? 정부의 리더십은 네트워크와 전혀 관련이 없어야 할까? 정부는 인내하거나 무시하기만 하면 되는 것일까? 지금까지의 주장과 증거를 바탕으로 우리는 정부가 네트워크화된 학습을 지원하는 데 강력한 역할을 할 수 있다고 믿는다.

첫째, 정부는 국민과 함께 설득력 있고 응집력 있는 도덕적 목석의식을 조성하고, 정당하다면 공교육에 대한 긴급한 분위기를 조성하는 것이 정부의 역할이다.

둘째, 정부는 네트워크 책임에 대한 프레임워크를 제공하는 책임 메커니즘을 구축해야 한다. 이는 책임이 집단적이고 학교와 교사를 하나로 묶을 때 가장 효과적이며, 꼭 필요한 경우에만 '가벼운 터치'를 통해 테스트하고 가능한 경우 언제든지 사용 가능한 대화형 피드백을 제공할 때 가장 효과적이다. 또한 다양한 형태의 책임감을 부여하는 네트워크가 좁게 정의된 교육 및 학습 방식에 갇히는 것을 방지해야 한다.

셋째, 네트워크에는 강력한 셀이 필요하다. 네트워크 학습 사회에서 정부의 가장 중요한 우선순위 중 하나는 전문적 학습 커뮤니티를 개발하는 것을 돕는 것이지 강요하는 것은 아니다.

넷째, 정부는 네트워크와 네트워크의 조정을 촉진하고 지원하기 위한 자원을 제공할 수 있고 제공해야 하며, 궁극적으로 네트워크의 활동이나 결과를 세밀하게 관리하지는 않지만 그들이 결과에 대해 책임을 지게 해야 한다.

다섯째, 네트워크는 이미 존재하는 네트워크에 추가하는 것이 아니라 개선을 위한 대체 구조가 되어야 한다. 네트워크는 자원의 추가가 아니라 자원의 전환이 필요하다. 그렇지 않으면 경제가 확장되는 낙관적인 시기에만 번영하고 어려울 때마다 위축될 것이다. 정부는 수백만 달러에 달하는 과도한 책무성 부과에서 벗어나 자원을 재할당하여 학교 전체에 걸쳐 강력하고 성공적인 전문적 학습 커뮤니티 네트워크를 점점 더 강력하게 확장할 수 있도록 해야 한다. 영국에서 개발 중인 것과 같이 표준화된 시험과 외부 점검에 중점을 두지 않고 교사가 개발한 평가와 학교 자체 검토에 중점을 두는 가벼운 간섭 방식의 책임 시스템은 이러한 변화를 더욱 실현 가능하게 만든다.

네트워크가 전부가 되어서는 안 된다. 네트워크는 효과적인 대면 관계를 대체하는 것이 아니라 이를 보완하는 수단이어야 한다. 지그문트 바우만

(Zygmunt Bauman)은 "오늘날 우리는 '네트워크'보다 더 엄숙하고 즐거운 것은 없다고 이야기한다. 왜냐하면 밀접하게 짜인 네트워크, 견고하고 안전한 연결, 제 기능을 갖춘 완벽한 관계 등 '진짜 물건'이 거의 와해되다시피 했기 때문이다."[87] 따라서 "우리는 '네트워크'에서 구원을 얻는다"라고 말한다. "네트워크의 장점은 연결과 단절을 똑같이 쉽게 할 수 있다는 점"이기 때문이다.[88] 교육 네트워크는 강력한 전문적 학습공동체를 핵심으로 하지 않는다면 아무런 가치가 없다. 그리고 전문적 학습공동체는 업무를 처리하고 데이터를 분석하기 위해 모이는 피상적인 팀이 아니라 공동의 목적과 서로를 위해 헌신하는 활기찬 문화를 가질 때만 진정한 힘을 갖는다.

## 결론

지속가능성은 다양성을 필요로 한다. 그러나 획일화는 이를 방해한다. 경쟁은 다양성을 약화시킨다. 생산적인 다양성을 위해서는 더 많은 시험보다는 더 적은 시험, 교육과정의 유연성과 창의성, 문화적으로 다양한 커뮤니티 지식과 학습 요구에 대한 명시적 인정과 참여, 표준화된 교육보다는 개인화된 학습, 강제적 정렬보다는 응집력, 획일적으로 위계화된 연수보다는 고도화되고 개별화된 전문성 개발이 요구된다.

다양성을 중시하고 네트워크화되어 있는 학교조직의 리더십은 학생의 문화적 다양성, 교사의 전문적 다양성, 학교의 조직적 다양성을 조율하여 우리가 함께 일할 수 있도록 도와준다. 강력한 목적의식 아래 집단적이고 다중적이며 다소 가벼운 책무성이 요구되는 강력한 네트워크 학습 커뮤니티는 수년간의 표준화로 인해 고갈되거나 파괴된 다양성을 회복하기 위한 전략 중 하나이다.

인구구성이 점점 더 다양해지는 국가에서는 교육청, 학교의 리더십 선략이 다양하고 유연하며 즉각적으로 대응할 수 있어야 한다. 전문적 헌신과 건전한 리더십이 뒷받침된다면 다양성은 혼란이 아닌 응집력으로 이어질 수 있고 또 그래야 한다. 그렇지 않으면 표준화된 시스템은 지속가능성에 대한 낙관적인 전주곡에 그치고 단지 단기적 목표 달성이라는 성과만을 제공할 것이다.

1 E. O. Wilson & F. M. Peter (1988), Biodiversity (Washington, DC: National Academy Press).

2 E. O. Wilson (2002), The future of life (New York: Vintage Press), 185.

3 E. O. Wilson (1992), The diversity of life (Cambridge, MA: Belknap Press), 393.

4 Wilson (1992), 32.

5 Wilson (1992), 10-11.

6 D. Suzuki (2003), The David Suzuki reader: A lifetime of ideas from a leading activist and thinker (Vancouver, Canada: Greystone Books), 46.

7 Wilson (1992), xxiii.

8 D. Suzuki & A. McConnell (1997), The sacred balance: Rediscovering our place in nature (Seattle: Mountaineer Books), 133.

9 Wilson (1992), xviii.

10 Suzuki (2003), 200.

11 D. Tilman, quoted in D. Suzuki (2003), The David Suzuki reader: A lifetime of ideas from a leading activist and thinker (Vancouver, Canada: Greystone Books), 76.

12 Suzuki & McConnell (1997), 138-139.

13 "Babel runs backwards" (2004, December 29), The Economist.

14 F. Capra (2002), The hidden connections: A science for sustainable living (New York: HarperCollins), 100.

15 Capra (2002), 99.

16 J. Collins & G. Porras (2002), Built to last: Successful habits of visionary companies (rev. ed.) (New York: Harper Business Essentials).

17. A. de Gues (1997), The living company: Habits for survival in a turbulent business environment (Boston: Harvard Business School Press).

18 A. Gawande (2002), Complications: A surgeon's notes on an imperfect science (New York: Metropolitan Books).

19 D. Goleman, R. E. Boyatzis, & A. McKee (2002), Primal leadership: Realizing the power of emotional intelligence (Boston: Harvard Business School Press), 248.

20 Capra (2002), 41.

21 Capra (2002), 41.

22 Capra (2002), 122.

23 Capra (2002), 122.

24 Capra (2002), 123.

25 Capra (2002).

27 E. Abrahamson (2004), Change without pain: How managers can overcome initiative overload, organizational chaos, and employee burnout (Boston: Harvard Business School).

28 T. Wiley & W. E. Wright (2004), Against the undertow: Language minority education policy and politics in the "age of accountability," Educational Policy, 18(1), 142-168; P. Gandara (2000), In the aftermath of the storm: English learners in the post-227 area, Bilingual Research Journal, 24(1-2),

1-13.

**29** T. Sizer (2005, February 20), The unidentified business of education reform, Boston Globe, D1.

**30** A. Hargreaves (2004), Inclusive and exclusive educational change: Emotional responses of teachers and implications for leadership, School Leadership and Management, 24(2), 287-309.

**31** W. Maathai (2004), The Green Belt Movement: Sharing the approach and the experience (New York: Lantern Books).

**32** A. Hargreaves (2003), Teaching in the knowledge society: Education in the age of insecurity (New York: Teachers College Press).

**33** W. Veuglers & J. M. O'Hair (Eds.) (in press), School-university networks and educational change (Maidenhead, U.K.: Open University Press/McGraw-Hill).

**34** Capra (2002), 29.

**35** Capra (2002), 31.

**36** Capra (2002).

**37** Capra (2002), 67.

**38** Capra (2002).

**39** 사실 중국인에 의해 관료제가 처음으로 제안되었지만 산업화로 인해 현대 세계로 확산되었다.

**40** M. Castells (2001), The Internet galaxy: Reflections on the Internet, business, and society (Oxford, U.K.: Oxford University Press), 1.

**41** Castells (2001), 17.

**42** Castells (2001).

**43** Castells (2001), 28-29.

**44** Castells (2001).

**45** M. Castells (1996), The rise of the network society (Oxford, U.K.: Blackwell), 168.

**46** Castells (1996), 61.

**47** Castells (2001).

**48** N. Bascia & P. L. Shaw (1994), Creating a culture of change: A work in progress, Orbit Magazine (Ontario Institute for Studies in Education, Toronto).

**49** D. Hopkins, A. Harris, & D. Jackson (1997), Understanding the school's capacity for development: Growth states and strategies, School Leadership and Management, 17(3), 401-411.

**50** C. Day, M. Hadfield, & M. Kellow (in press), Network learning and the democratising power of action research, in W. Veuglers & J. M. O'Hair (Eds.), School-university networks and educational change (Maidenhead, U.K.: Open University Press/McGraw-Hill).

**51** D. E. Muncey & P. J. McQuillan (1996), Reform and resistance in schools and classrooms: An ethnographic view of the Coalition of Essential Schools (New Haven, CT: Yale University Press); C. Glickman & C. F. Hensley (1999), A guide to renewing your school: Lessons from the League of Professional Schools (San Francisco: Jossey-Bass).

**52** A. Lieberman & D. R. Wood (2002), Inside the National Writing Project: Connecting network learning and classroom teaching (New York: Teachers College Press).

**53** Teacher Union Reform Network (2005), Transforming teacher unions to become agents of reform, retrieved April 5, 2005, from http://www.gseis.ucla.edu/hosted/turn/turn.html.

**54** B. Wellman & S. D. Berkowitz (1988), Social structures: A network approach (Cambridge, U.K.: Cambridge University Press).

**55** [[AUTHOR: Please provide note.]].

**56** Wellman's Web site is at www.class.utoronto.ca/wellman/vita/index.html (retrieved February 22, 2005).

**57** D. Hargreaves (2004), Education epidemic:Transforming secondary schools through innovation networks (London: Demos).

**58** Wellman & Berkowitz (1988); J. Lima (1997), Colleagues and friends: Professional and personal relationships among teachers in two Portuguese secondary schools, unpublished doctoral dissertation, Universidade Dos Acores, San Miguel, Portugal.

**59** 학교넷(SchoolNet)이라는 웹사이트(http://www.schoolnet.ca.)를 참고하길 바란다.

**60** M. Fullan (2004b), System thinkers in action: Moving beyond the standards plateau (London: Department for Education and Skills and National College for School Leadership), 10.

**61** 전문학교 신탁(the Specialist Schools Trust)의 iNet 웹사이트(http://www.sst-inet.net )를 참고하길 바란다(2005.04.05. 인출).

**62** D. Jackson (2003), Like no other initiative (Nottingham, U.K.: National College for School Leadership).

**63** M. Hadfield (in press), From networking to school networks and "networked learning": The challenge of the networked communities learning program, in W. Veuglers & J. M. O'Hair (Eds.), Schooluniversity networks and educational change (Maidenhead, U.K.: Open University Press/ McGraw-Hill).

**64** D. Jackson (2004, January 6–9), Networked learning communities: Characteristics of "networked learning"—what are we learning?, paper presented at the annual conference of the International Congress for School Effectiveness and Improvement, Rotterdam, the Netherlands.

**65** Veuglers & O'Hair (in press); Day, Hadfield, & Kellow (in press); D. Hargreaves (2004).

**66** Day, Hadfield, & Kellow (in press).

**67** Day, Hadfield, & Kellow (in press).

**68** Veuglers & O'Hair (in press).

**69** Association of California School Administrators, Task Force on Administrator Shortage (2001), Recruitment and retention of school leaders: A critical state need (Sacramento: Author).

**70** C. Giles (2005), Change over time: Resistance, resilience and sustainable education reform, unpublished manuscript, University of Buffalo, State University of New York.

**71** Fullan (2004b).

**72** Hadfield (in press).

**73** D. Hargreaves (2004).

**74** D. Hargreaves (2004).

**75** Castells (2001).

**76** Castells (2001), 171.

**77** Fullan (2005).

**78** Castells (2001), 2.

**79** Castells (2001), 76-77.

**80** Day, Hadfield, & Kellow (in press).

**81** D. Hargreaves (2004); D. Hopkins (2003), Understanding networks for innovation in policy and practice, in Organization for Economic Cooperation and Development, Networks of innovation: Towards new models for managing schools and systems (Paris: Author).

**82** L. Stoll & L. Earl (2004), Making it last: Building capacity for sustainability, in B. Davies & J. West-Burnham (Eds.), Handbook of educational management and leadership (London: Pearson Education).

**83** D. Hargreaves (2004).

**84** Castells (2001), 50.

**85** J. Whittaker (2004, October 15), Take a risk and talk to heads, London Times Educational Supplement, 3.

**86** See Wellman's Web site at http://www.class.utoronto.ca/wellman/ vita/index.html.

**87** Z. Bauman (2004a), Identity (Cambridge, U.K.: Polity Press), 69.

**88** Bauman (2004a), 93.

# VI장
----------
# 풍부한 자원
## (Resourcefulness)

우리는 문제를 만들어 내는 동일한 사고방식으로 문제를 해결할 수 없다.

-알버트 아인슈타인

# 자제와 재생

**<지속가능한 리더십 제 6원칙>**

지속가능한 리더십은 물적 자원과 인적 자원을 고갈시키지 않고 오히려 개발하며, 구성원에게 활력도 불어넣는다. 지속가능한 리더십은 신중한 방식으로 자원을 풍부하게 만드는 리더십으로 돈과 사람을 소모시키지 않는다.

## 개선과 에너지

개선에는 에너지가 필요하다. 지속가능한 개선을 위해서는 인적 및 물적 자원으로 전환할 수 있는 지속가능한 에너지가 필요하다. 하지만 어떤 자원이 필요할까? 그리고 이러한 자원을 어떻게 유지할 수 있을까? 이 문제에 대해서는 두 가지 견해가 지배적이다.

첫 번째는 화석 연료가 사라지고 온실가스가 심화되고 있으며 시간과 공간이 부족하다는 지구 자원의 유한성에 초점을 맞추고 있다. 한 세기 이내에 선진국과 그 국민은 성장의 한계에 도달할 위험성이 있기 때문에 우리는 더 많은 생산과 소비를 중단해야 한다. 우리가 자연유산을 보존하고 그 안에서 우리 자신의 생존을 원한다면, 선진국 국민은 욕망을 자제하고 이제는 이 정도로도 충분하다는 점을 인식할 필요가 있다.[1]

두 번째 입장은 지구가 위기 상태에 있다는 사실을 인정하지만, 우리가 신중하면서도 창의적인 방식으로 문제에 접근한다면 주변 환경을 훼손하지 않고도 기본적인 물질적 필요를 충족하고 모든 사람의 잠재력을 개발하는 것이 여전히 가능하다는 주장이다.[2]

첫 번째 입장이 지속할 능력이 있다는 입장이라면, 두 번째 입장은 지속가능한 개발도 할 수 있다는 입장이다. 우리가 논의하고자 하는 자원의 풍부성이라는 개념은 지구와 인류의 관계와 발전에 대해 지속가능한 능력 보유와 지속가능한 개발이라는 두 가지 관점을 함께 인식하고 대응한다는 뜻을 지닌다.

## 폐쇄형 시스템과 개방형 시스템

에너지에 대한 유한한 관점은 열역학 제 2법칙이라는 물리학의 원칙을 기반으로 한다. 이 법칙은 에너지가 한번 변환되면 더 이상 미래에 사용할 수 있는 자원이 아니라는 것을 말한다. 열역학 제 2법칙은 1865년 독일의 수리 물리학 교수인 루돌프 클라우지우스(Rudolf Clausius)가 처음 주장한 것으로 다음과 같이 매우 간결하게 표현될 수 있다.

① 우주의 에너지는 일정하다.
② 우주의 엔트로피(entropy)는 극대값을 지향한다.[3]

클라우지우스는 엔트로피 개념을 발명했다. 엔트로피는 에너지의 온도를 측정한다. 에너지가 고온에서 저온으로 이동하면 유용한 일을 할 수 있는 능력이 떨어진다. 에너지는 분산되어 유용성이 떨어지고(여전히 보존되어 있더라도) 무질서해지거나 엔트로피가 증가하는 경향이 있다.[4]

엔트로피는 에너지 변환에 대한 자연의 형벌이라 할 수 있다.[5] 인간과 자연 시스템은 평형에 도달할 때까지 끊임없는 소멸하는 상태에 있으며, 이 시점에서 모든 에너지가 변형되어 궁극적으로 소진되어 죽음에 이르게 된다. 나이가 들어감에 따라 거울을 들여다보면 대기 오염과 독성 폐기물과 마찬가지로 엔트로피의 증거를 볼 수 있다. 우리는 엔트로피를 늦출 수 있을 뿐 멈출 수는 없다. 그래서 우리는 운동을 하고, 재활용도 하고, 빈곤층에 기부하는 등의 활동을 한다. 예를 들어, 재활용은 엔트로피를 늦추는 중요한 방법이지만 다른 에너지원의 소비가 필요하다. 신문, 병, 캔을 재활용하여 지자체에서 제공하는 플라스틱 상자에 넣으면 트럭이 내용물을 가져간다. 하지만 상자를 제조하고, 트럭에 연료를 공급하고, 재활용 공장을 운영하는 데에도 에너지가 필요하다. 그럼에도 불구하고 제품과 재활용 기계의 잔재물과 찌꺼기는 여전히 매립지에 버려진다. 우리는 대형 차량에서 연료를 낭비하거나 소형 차량에서 연료를 절약하고, 끊임없이 변화하는 패션으로 옷을 입거나 가족이 물려준 옷을 소중히 입고, 새 종이에 글을 쓰거나 재활용 제품에 의존하지만, 결국 모든 것은 폐기물로 남게 된다. 이것은 엔트로피의 과정이며 요람에서 무덤까지 수명 주기가 있는 설계, 생산, 그리고 소비 과정도 우리와 마찬가지이다.

엔트로피가 우리의 최적의 라이프스타일과 습관에 미치는 생태학적 영향은 명확히 알려져 있다. 즉, 피해를 늦추고, 연료를 절약하고, 재사용 및 재활용하고, 신중하고 자기희생적이며, 식욕을 제한하고, 나쁜 일을 적게 하는 것이다. 노벨상을 수상한 물리학자 일리야 프리고진(Ilya Prigogine)은 이러한 관점이 다소 우울하다는 생각을 갖고 생명체는 엔트로피와 반대 방향으로 진화한다는 사실도 관찰했다. 생명체는 단순하고 무질서한 방향에서 복잡하면서 질서가 있는 방향으로 신화한나고 보았다. 그는 우주의 일부가 기계적인 방식으로 작동하고 엔트로피 법칙의 적용을 받는 폐쇄형 시스템이라고 보았다. 그러나 대부분의 사회와 생물학적 시스템은 개방형 시스템으로 에너지, 물질, 정보를 환경과 교환한다. 자연계의 개방형 시스템에는 뇌, 면역 체계, 세포, 개미 군집 등이 있으며, 개방형 시스템에서는 에너지가 소멸될 필요가 없이 교환, 보충, 재생이 가능하며, 서론에서 설명한 자연자본주의(환경과 경제의 상호이익을 추구하는 자본주의) 실천가들처럼 한 기업의 폐기물을 필요한 자원으로 전환하여 폐기물(또는 엔트로피) 수준을 거의 제로 수준으로 줄이려고 노력한다.[6]

생태 및 산업 디자이너인 윌리엄 맥도너와 마이클 브라운가트(William McDonough & Michael Braungart)는 제조 공정이 무질서를 질서로 바꾸는 개방형 생활 시스템으로 설계될 수 있음을 보여준다.[7] 예를 들어 샴푸를 생산하는 경우, 생산 과정에서 화학물질 배출의 부정적인 영향을 어떻게 제한할 수 있는지 묻는 대신 샴푸의 부산물이 실제로 강의 수질을 어떻게 개선할 수 있는지 물어야 한다. 실제로 이들은 샴푸의 기능을 잘 살리면서도 샴푸를 만들고 난 다음 나오는 공장 폐기물이 공장에 입고할 때 원재료보다 덜 해로운 물질이 되도록 설계했다. 따라서 맥도너와 브라운가트는 요람에서 무덤까지 디자인하는 대신 생명체의 자연적 과정과 기술적 독창성에서 영감을 얻어 요람에서 요람까지 디자인하는 에너지 교환 모델을 제안했다. 요람에서 요람으로의 접근방식에서는 자원이 손실되지 않고 재생과 개선을 촉진하는 방식으로 재생되고 보충된다.

따라서 환경, 조직 및 교육 자원을 이해하고 접근하는 방법에는 자제와 재생이라는 두 가지 방법이 있다. 자제는 나쁜 일을 덜 하고 사람이나 사물을 지치게 하는 행동을 피하거나 제한하도록 촉구한다. 재생은 좋은 일을 더 많이 하고 사람들에게 활력을 불어넣거나 시스템 내에서 에너지를 더 효율적으로 교환할 수 있는 방법을 찾도록 영감을 준다. 우리의 업무와 세상에서 발생하는 문제들은 진보와 변화를 위한 내러티브 속에 엔트로피를 늦추고 에너지를 재생하거나 교환하는 이 두 가지 방법을 모두 부정할 때 발생한다.

## 기계적 소모

서구 세계와 과학 시대의 진보에 대한 지배적인 내러티브는 기계에 대한 내러티브였다. 이 내러티브는 마치 세상이 예측 가능한 질서의 보편적인 물리 법칙을 따르는 것처럼, 그리고 기술적 숙달을 통해 자연을 통제할 수 있는 것처럼 세상을 조직화한다. 엔트로피의 중요성을 부정하거나 축소하고, 인간의 노동력과 에너지뿐만 아니라 자연 자원을 무한정 사용할 수 있는 것처럼 제한 없이 이용하고 착취할 수 있다는 가정하에 작동한다. 이 기계적 내러티브에서 진보는 더 나은 세상을 만들기 위해 모든 것을 먹어치우는 창조적 파괴의 탐욕스러운 기계이며, 그 여파로 여기저기에 흐트러져 있는 자연과 인간의 쓰레기는 알지 못한다.

17세기와 18세기에 프랜시스 베이컨의 과학적 방법과 르네 데카르트의 수학적 주장, 이후 아이작 뉴턴은 직관, 윤리, 신앙 등과 같은 방식의 지식을 거부함으로써 이러한 기계적 우주관의 기초를 마련했다. 이러한 사상가들은 사고와 이성을 통해 합리적이고 선형적이며 이해할 수 있다고 여겨지는 세상을 만드는 데 기여했다. 불변의 법칙에 기반한 예측 가능하고 알 수 있는 우주에 관한 생각은 인류의 사회 및 경제 활동에서 자연법칙을 발견하고자 했던 철학자 존 로크에게 깊은 인상을 주었다.

로크(Locke)는 삶의 목적이 최후의 심판에 대비하는 것이라는 교회의 가르침을 거부하고, 삶의 실제 목적은 사람들이 지금 여기에서 자기 이익을 돌보는 것이라고 주장했다. 정부와 기타 기관의 역할은 사람들이 인생에서 원하는 것을 성취할 수 있는 길을 열어주는 것이었고, 사람들의 복지를 향상시키기 위해 자연을 착취할 수 있다고 생각했다. 소유권 사회를 옹호하는 현대인들 사이에는 존 로크의 주장은 분명한 울림이 있다. "모든 장난감을 가지고 죽는 자가 승리한 사람이다"라는 프랑크 시라트라의 모토 속에서 우리는 로크의 사상이 밑바탕에 있다는 것을 알 수 있다.

기계중심적 사고방식은 다음과 같다.

- 우주와 사회 및 경제생활에도 정확한 수학적 질서가 존재한다.
- 자연의 무질서를 인간의 질서로 바꾸기 위해서는 사람이 개입해야 한다.
- 인간의 이기심은 지속적인 성장과 발전에 달려 있다.
- 과학과 기술은 무한한 발전과 성장을 이룰 수 있는 도구이다.

이 네 가지 원칙은 4세기 이상 우리 삶을 지배해 왔으며 여전히 경제 발전, 정치 전략, 하향식 교육 개혁을 뒷받침하고 있다. 이러한 요소들은 자본주의, 산업화, 현대 도시 생활, 세계화된 경제 활동과 라이프스타일을 만들어낸 창조적 파괴의 힘을 발휘해 왔다. 또한 기계적 내러티브는 환경 파괴를 야기하고 자원을 둘러싼 전쟁을 유발했으며 수백만 명의 인명을 빼앗아갔다.[8] 실제로 기계적 내러티브는 클라우지우스의 열역학 이론, 즉 진보의 대가인 엔트로피의 법칙을 부정하고 무시해 왔다고 볼 수 있다. 엔트로피 법칙에 직면하지 못한 채 표준화된 교육 개혁 관행에서 단기적인 목표와 결과의 대가로 사람들은 스트레스와 소진을 겪게 되었고,[9] 학습 면에서도 광범위하면서도 심각한 손실이 발생했다.[10]

제니스 번리(Janice Burnley)는 로드 바이런 고등학교 교장으로 부임한 지 2년째 되던 해에 학교 자원이 급격히 줄어든 상황에서 정부의 광범위한 개혁

의제를 이행해야 하는 엄청난 도전에 직면해야 했다. 온타리오주 정부의 재정 지원 방식이 변경되면서 바이런 고등학교의 부장 자리가 9개에서 4개로 감소했다. 이제 4명의 부장은 각각 체육, 미술, 음악, 연극, 기술 교육 등 여러 분야를 담당해야 했다. 교장은 이러한 학교의 부장 교사 리더십의 고갈을 "파괴적"이라고 표현했다.

번리 교장과 교감은 11명의 신규 교사 멘토링, 교사 감독, 지역사회 및 교육청 연락 등 이전에 부장 교사가 수행하던 많은 책임을 떠맡아야 했다. 교감은 "보통 아침 7시 15분에 출근하여 보조교사[대체교사]를 부르고, 수업을 진행하고, 수업이 정상적으로 진행되는지 확인하는 것으로 하루 일과를 시작한다. 그리고 업무 중간중간에 가능한 한 많은 아이들을 만나고 싶은데, 업무로 바빠 그럴 수 없다. 나는 수업을 통해 아이들을 많이 만나고 싶은데, 그렇지 못해 기분이 좋지 않다. 어젯밤은 10시 30분에 근무가 끝났다."

이제 학교에 전임 상담사가 한 명밖에 남지 않았기 때문에 관리자들은 "다른 무엇보다도 더 많은 지도 업무를 하고 있다." 일부 교사들은 업무량 때문에 과외 활동에 참여하기를 거부했고, 이에 번리 교장은 프로그램을 유지하기 위해 배구팀 지원도 하게 되었다. 번리 교장은 "세상에 대한 강한 책임감"을 느꼈다. "매년 저는 더 이상 열심히 일할 수 없다고 말하지만, 매년 더 열심히 일해야만 합니다. 일을 실현할 수 있는 지원 시스템은 더 이상 존재하지 않습니다." 번리 교장과 비서는 의사 결정에 교직원들을 참여시키려고 노력했지만, 시간적 압박과 가속화되는 여러 가지 개혁적 요구사항으로 인해 그녀는 본의 아니게 지시를 많이 하게 되고 비협조적인 태도를 보이는 경우가 많았다.

예를 들어, 지역교육청에서는 모든 학교에 교육부의 새로운 보고시스템을 즉시 구현하도록 요구했다. 비록 기술적 결함이 있었지만 번리 교장은 모든 교직원에게 이 시스템 사용과 관련된 연수를 강제로 듣게 했다. 교장이 된

지 얼마 되지 않았기에 그녀는 지역교육청 장학관에게 "아니오"라고 말할 수 있는 위치에 있지 않았고, "꽤 고립된 느낌"을 받았다고 했다. 그녀는 학교의 리더라기보다는 정부의 관리자라고 생각하게 되었다. "학교행정가로서 변화를 주도하거나 복도나 교실 등에서 학생 및 교사들과 교류할 수 있는 기회가 너무 적었다"라고 그녀는 불평했다.

리더십 구조가 약화되면서 리더들은 스스로 자신을 방어해야 했다. 수업에 더 많은 시간을 할애해야 한다는 요구, 수업 외 시간에 대한 제한, 전반적인 업무의 강화는 학교의 비공식적 리더십을 약화시켰다. 지역교육청의 관료주의로 인한 낭비를 없애겠다는 중앙정부의 조치로 인해 미술 교사는 다른 학교 동료들의 선의에 의존해야 했고, 신규 음악 교사는 이웃 학교의 교사나 자영업을 하는 악기 수리공의 선의에 의존해야만 했다. 교사들은 교직 관련 업무가 더 힘들어질 뿐만 아니라 학생복지도 우려된다고 하면서 무력감을 심하게 느끼게 되었다. 시간과 자원이 부족한 교사들은 낡은 교재와 고장 난 컴퓨터, 현장 학습과 스포츠 활동을 없애는 것에 대해 끊임없이 불만을 토로했다. 한 교사는 "우리는 컴퓨터와 우리가 알지 못하는 다른 사람이 정한 마감일에 의해 움직입니다"라고 말했다. 예산 자원이 줄어들면서 인적 자원도 함께 고갈되었다. 2년도 채 되지 않아 지역교육청의 자원 위기가 심화되면서 로드 바이런 고등학교는 인근 특수교육학교와 통합되었다.

로드 바이런 고등학교의 교사들과 행정가들만 자원 부족을 경험한 것이 아니었다. 설문조사에 참여한 온타리오 중등학교 교사들은 반복적인 변화와 강요된 개혁으로 인해 "두들겨 맞고", "이마를 맞고", "비방당하고", "끊임없이 비판받는 데 지쳤다"고 토로했다. 응답자의 67%는 개혁 이후 동료 교사들과의 협력이 줄었다고 답했고, 80%는 학교 관리자와의 업무 관계가 개선되지 않았다고 답했으며, 43%는 학부모와의 접촉이 줄었다고 응답했으며,

무엇보다도 88%는 자녀에게 교직을 추천하지 않을 것 같다고 응답했다.[11]

교사들의 분노와 고통, 여러 개혁을 서둘러 실행해야 하는 법적 의무 사이에서 교장과 교감들은 자신의 리더십에 회의적인 태도를 보이게 되었다. "내 삶 전체가 단시간에 바뀌었다. 왜 나는 정치적 변화에 압도당하고 있는 걸까?" 한 교장이 말했다. 또 다른 교장은 "나는 동의하지도 않는 정부 정책을 시행하고 있다"고 했다. 그리고 "어떻게 하면 리더가 될까? 고민하는 사람을 시스템은 관리자로 만들고 있다. 그래서 다시 교사가 된 것 같고 교사처럼 행동한다. 한때는 교장으로서 교사들의 참여가 낮은 교육 현실을 변화시키기 위해 노력했지만 이제는 자신이 별 가치가 없고 권한도 주어지지 않는다고 생각하는 교사처럼 자신도 행동하기 시작했다"라고 말할 때는 주위에 있던 그의 동료들이 모두 공감하는 분위기였다.

5년 만에 온타리오주 정부는 공교육 시스템에서 재정 지원을 줄여서 납세자들에게 수백만 달러를 돌려주었다. 그리고 학생들에게 부담이 되는 교육과정을 부여하고, 다양한 표준화 시험을 도입하고, 교사들에게 더 많은 학생들을 가르치도록 요구함과 동시에 다루기 힘든 컴퓨터를 활용한 성적 시스템을 시행했다. 이 모든 것을 놀라울 정도로 민첩하게 수행한 결과, 반복적인 변화가 학교의 중요한 운영 원리로 인식하는 경향이 짙어지게 되었다. 교육과 관련해서 많은 변화가 빨리 진행됨과 동시에 재정까지 줄어듦으로써 교장과 교사들 사이에서 볼 수 있었던 열정, 자신감, 헌신, 신뢰 등이 급격하게 감소하게 되었다. 정부가 일방적이면서도 기계적 방식으로 교육정책을 집행함으로써 합리적 발전 모델을 기반으로 하는 교육 환경을 황폐화했다.

## 생태적 자제와 재생

물적 자원과 인적 자원의 사용에 대한 좀 더 바람직한 내러티브, 즉 자제

(Restraint)와 재생(Renewal)의 내러티브가 있다. 어떤 내가를 지르더라도 성과 기준을 지속적으로 높여야 한다는 요구와 압박이 있다고 해서 모든 것을 소모할 필요는 없다. 그리고 생태계는 에너지, 물질, 정보를 환경과 교환하는 개방형 시스템이다. 생태계는 재생 가능하고, 회복되기도 하고 활력을 되찾을 수 있다. 패자가 승자가 될 수 있고, 실패가 성공이 될 수 있으며, 약자가 강자가 될 수 있다. 이전 장에서 살펴본 것처럼 생태계에서는 모든 것이 다른 모든 것과 연결되어 있다. 짐 로어와 토니 슈워츠는 '완전한 몰입의 힘'에서 "기업은 역동적인 에너지의 개별 세포로 구성된 살아 숨 쉬는 실체"라고 주장한다.[12] 프리조프 카프라는 "지속가능성은 개인의 속성이 아니라 전체 관계망의 속성이며, 전체 커뮤니티를 포함한다."[13] 존 로크는 다른 생각을 했으며, 프랭크 시나트라도 마찬가지였다. 삶의 목적은 우리 자신을 위해 모든 장난감을 모으는 것이 아니라, 가능한 한 욕망을 자제하고 다른 사람들과 함께 성장하고 발전하여 우리 모두에게 이익이 되는 공익을 위해 함께 환경을 재생하는 것이다.

## 자제

빌 맥키벤(Bill McKibben)은 세계 최고의 환경운동가 중 한 명이다. 그는 일찍이 지구 온난화에 대해 경고했다.[14] 그는 열정과 많은 증거를 바탕으로 지구는 이미 너무 많이 황폐화되어 인간을 포함한 모든 종의 생산, 소비, 폐기 패턴을 바꾸지 않으면 황무지가 될 것이라고 주장해 왔다. 맥키벤의 예측 중 많은 부분이 처음에는 극단적이고 매우 우려스러운 것으로 여겨졌지만, 이제는 과학적 지혜로 널리 받아들여지고 있다. 예를 들어, 2005년에 세계자원연구소와 협력하여 95개국의 천여 명의 연구자들이 전 세계 생태계를 평가한 결과, 인간 활동이 지구의 공기, 물, 영양분의 기본 순환 시스템과 생명의 근본적인 다양성에 부정적인 영향을 미쳐 미래세대를 지탱할 수 없을 정도

로 지구의 지속가능성을 심각하게 위협하고 있다는 결론을 내렸다.[15]

모든 에너지 자원이 무한한 것은 아니다. 유전을 새롭게 발견하기도 하고 석유 추출 기술이 발전함에도 불구하고 전 세계 석유 공급량은 다른 광물자원과 마찬가지로 처음에는 영에서 출발하여 정점에 도달하게 되고, 석유 소비량이 추출 가능한 속도를 초과하는 순간부터 영원히 감소한다. 데이비드 굿스타인(David Goodstein)은 그의 저서 『아웃 오브 가스(Out of Gas)』에서 불과 몇 년 안에 "수요 증가와 공급 감소가 맞물려 재앙적인 결과를 초래하는 지점에 도달할 것"이라고 예언했다.[16] 우리는 석유 시대의 종말에 다다르고 있으며, 주의하지 않으면 깨끗한 물, 산호초, 신선한 공기의 종말에 도달하게 될 것이다. 수소와 풍력과 같은 대안을 찾고 그동안 우리의 소비 욕구와 환경 파괴적인 행동을 심각할 정도로 자제하지 않는다면 우리의 미래는 희망이 없다.

교육리더십과 학교 교육의 변화도 위에서 언급한 문제가 동일하게 적용될 수 있다. 로어와 슈워츠는 에너지를 보존하고 재생해야 하는 네 가지 영역, 즉 신체, 정서, 정신, 영적 에너지가 있다고 주장한다.[17] 우리의 에너지와 장기적인 효과는 다음과 같은 경우에 고갈된다.

- 수면 부족, 휴식 부족, 그리고 운동을 적절하게 하지 못하는 경우
- 동료들과 적절한 사회적 관계를 맺을 시간을 갖지 못할 정도로 과로하거나 정서적으로 소원해지는 경우
- 항상 너무 빨리 생각해야 하거나 피상적으로만 생각하는 경우
- 우리 자신이 추구하는 윤리적 목적을 달성할 수 없거나 그것과 관련이 없는 경우

로어와 슈워츠(Loehr and Schwartz)는 이러한 에너지 부족 문제를 우리가 어느 정도는 해결할 수 있다고 보았다. 그러나 그들은 또한 일부 조직 및 업무

환경으로 인해 에너지가 고갈된다고 보았는데 그 정도가 심각하면시도 역설적인 면도 존재한다고 주장했다. 이러한 유형의 환경에 대한 논의는 본서의 교육적 상황 속에서 자주 등장한다. 주로 다음과 같은 학교에서 그와 같은 환경의 특성을 발견할 수 있다.

- 교수와 학습의 범위와 깊이 면에서 여유를 허용하지 않는 협소하면서도 성급한 교육과정
- 교육과 학습이 꾸준한 마라톤이나 다양한 종목의 달리기 경기라기보다는 끊임없이 힘든 장애물 달리기처럼 학업성취 목표가 단기적이면서도 타인에 의해 설정됨
- 책무성 정책으로 학교를 변화의 소용돌이에 빠지게 함
- 학교를 관료적 과로와 혁신 과부하로 인한 반복적인 변화 증후군에 노출시켜 피로, 불안감, 반성, 보충 및 재생의 기회 부족을 초래
- 성적이 낮은 학교에 대한 수치심과 비난으로 교사들의 자신감이 저하되고 헌신이 고갈됨

지나치게 압박받는 환경에서 기계적으로 추진되는 과도한 개혁은 세계 여러 지역에서 교사들의 스트레스, 자신감 상실, 정서적 위축을 초래했다.[18] 교사들의 노력이 별 성과가 없게 되면 교장에게도 부정적인 영향을 미치게 된다. 호주 빅토리아주에서 교장들을 대상으로 실시한 주정부 전체 설문조사에 따르면 교장 10명 중 8명이 '불필요한 서류 작업'과 업무의 관리적 특성으로 인해 높은 수준의 스트레스를 경험한 것으로 나타났다.[19] 조사 대상 학교들에서 표준화된 개혁이 시작된 지 불과 몇 년 후, 에릭 웨스트(Eric West) 교장은 스튜어트 하이츠에서 근무한 후 새 학교로 옮긴 지 3일 만에 병원에 입원했고, 노스리지 학교의 다이앤 그랜트는 공립학교에서 처음으로 교장직을 맡은 후 엘리트 여자 사립학교로 갔다. 모범적인 교사 리더 그렉 앨런은 조기 퇴직을 했고, 제니스 번리는 다른 학교로 옮겼으며, 개혁 요구가 거세지는 상

황에서 두 학교를 연달아 개혁하려는 노력에 지친 샤메인 왓슨은 조기 퇴직 후 대학원에 입학했다.

　표준화 시대와 단기 성취 목표를 달성하기 위한 압박 속에서 교사와 교장들은 정부로부터 마치 고갈이 없는 에너지 창고인 것처럼 취급받아 왔다. 그러나 그들은 그러한 존재가 아니다. 교육자들이 긴장을 풀고, 재조정하고, 에너지를 재충전하지 못한다면 이는 아마도 그들의 판단력이 부족하고 개인 상호 간의 균형이 부족하기 때문일 것이다. 공교육 시스템이 스트레스가 심해지고 에너지가 고갈되는 것은 필수 인적 자원에 대한 착취적 태도의 결과이다. 이러한 상황에서 국민과 정부는 2003년 온타리오 유권자들이 기존 정부의 교육 및 환경에 불만을 품고 새로운 정부를 선출한 것처럼 "이제 그만"이라고 말하고 다음과 같은 방법으로 고갈과 낭비의 엔트로피 과정을 늦추는 교육청 리더들의 모범을 따라야 할 때이다.

- 온타리오주, 브리티시컬럼비아주, 영국 정부가 그랬던 것처럼 공교육 체제에 추가 자원과 에너지를 투입하여 더 나은 교육시설을 만들고 학급 규모를 줄이고, 지원 인력을 증가시키고, 학교 발전을 위한 전략을 마련하는 데 필요한 시간을 확보한다.[20]
- 외부에서 부과한 목표를 내부적으로 합의한 개선 목표로 대체한다.
- 개혁 실행의 속도와 범위, 그리고 만족할 줄 모르는 속도를 줄이고, 진전 속도(성적을 얼마나 빨리 올릴 수 있는지 포함)에 인간적 한계가 있음을 인정한다.
- 성적이 낮은 학교와 교사 및 교장을 비난함으로써 그들의 사기를 꺾는 방식의 변화 전략을 폐기하고, 교원의 긍지와 역량 및 자신감을 고취할 수 있는 지원적 전략을 활용하여 학생들의 성적 저하는 방지하면서 학교 개선과 변화를 도모할 수 있도록 한다.

　학교 개선과 자원 사용에 대한 접근 방식을 재고하기 위해 교육계 지도자들이 노력한 유망한 사례가 몇 가지 더 있다.

- 영국 정부는 교직 재구조화 사업(Workforce Remodeling Initiative)에 3,700만 파운드를 투자했다. 이는 학생들의 학업성취도 향상에 교사가 가장 중요하다는 인식을 기반으로 교사의 행정업무를 경감하고, 교사의 직무만족도를 증진시키며, 교직에 대한 지위를 향상시키는 역할을 맡은 보조 지원 인력을 배치하는 사업이었다.[21]
- 캐나다 매니토바주 정부는 지난 11년 동안 교원들과 교육위원회 관계자들의 사기를 떨어뜨리고 심지어 자신들이 희생양이라고 생각하게 만드는 상명하달식의 강압적 교육정책 집행 방식을 개선했다.[22] 주정부는 교수학습에 대한 투자, 모든 파트너 존중, 개선을 위한 학교 역량 구축, 교실 기반 평가 전문성 개발, 최상의 증거와 연구에 기반한 접근방식에 중점을 둔 "더 나은 방식"을 채택했다.[23]
- 빌 앤 멜린다 게이츠 재단(The Bill and Melinda Gates Foundation)은 미국 전역의 지역사회에서 학교 규모를 줄이기 위한 개혁을 지원하고 있다. 이 재단은 교사들에게 협력하고 새로운 기술을 강화할 수 있는 시간을 제공하고 신기술을 교수학습 환경에 통합함으로써 학생과 교사의 에너지를 생산적으로 활용하고자 노력하고 있다.[24]
- 온타리오주 자유당 정부는 단기적인 목표 달성에 대한 의구심에도 불구하고 공교육에 추가 예산을 투입했을 뿐만 아니라 주요 교사노조와 평화와 안정을 위한 합의에 동의하여 이전 정부하에서 교사들의 줄었던 급여와 동료와의 업무 계획 시간을 상당 부분 회복했다.

따라서 생태적 재생 접근은 교사와 지도자의 에너지를 무자비하게 착취하지 않고 교육계에 추가 인적 및 재정적 자원을 투입하여 교원의 열정과 노력을 보존하게 만드는 효과가 있다.

### 재생

존 굿라드(John Goodlad)는 학교 재생을 가장 강력하게 지지하는 사람 중 한 명이다. 80대에 접어든 굿라드는 워싱턴 대학교 교육재생센터의 공동 설립자이자 이사로 있으면서, 이 센터는 "민주주의 교육이라는 큰 맥락에서 초중고 학교와 교육자의 교육을 동시에 재생하기 위해 노력하고 있다."[25]

굿라드는 재생과 개혁을 구분한다. 개혁은 "시간과 공간을 초월하여" 학교

밖에서 시작되며[26] "학교의 성격과 상황을 수용"하지 않는다.[27] 굿라드는 기존의 대규모 개혁 노력은 무언가 잘못되었다고 가정하고 표준화된 "맥스쿨(McSchools)"을 만들기 위해 시스템 전반에 걸친 구조조정이 이루어져야 한다고 주장했다. 그러나 재생은 학교와 그 안에서 일하는 사람들의 삶에 생태학적 근거를 두고 있다. 그는 "학교는 외부의 교란에도 흔들림 없이 기능할 수 있는 균형 상태를 유지하고자 하는 문화가 있다. 보다 큰 생태계 안에 학교라는 작은 생태계가 있다"[28] 라고 말한다.

굿라드는 재생이 "가내수공업"과 같다고 주장한다. 이는 공통의 목적과 문화적 유대를 통해 다른 가내수공업과 연결된 특정 사람과 장소에 관한 것이다. 각 학교는 교육청이라는 생태계 내에서 하나의 생태계가 되며, 학교와 교육청이 공동의 목표를 향해 협력하는 네트워크 상호작용을 통해 재생이 이루어진다.[29] 좋은 학교에서는 이러한 상호 작용이 건강하여 학교가 일상 업무를 효과적으로 수행하고 긴급 상황에 대처할 수 있다. 열악한 학교에서는 이러한 상호 작용이 건강하지 않아 업무 수행이 어렵다. 부실한 학교는 지속적인 위기 또는 위기에 가까운 상태에 있다.[30]

부조화를 처리하면서 평형을 유지하는 능력은 학교혁신에 필수적이다. 굿라드는 "학교 재생의 언어는 다차원적이며, 좋은 사람과 나쁜 사람, 목적과 수단, 결과라는 선형성에서 상대적으로 자유롭습니다. 이러한 언어와 정신은 주변 사람이, 특히 학교 구성원들이 더 나은 학교를 만드는 데 필요한 효능감을 얻고 협력 메커니즘을 개발하는 것입니다"라고 말한다.[31]

1912년부터 이스트사이드 기술 전문학교(Eastside Technical School)는 온타리오주에서 가장 보수적인 도시 중 한 곳에서 여러 세대에 걸쳐 학생들에게 직업 프로그램을 제공해 왔다. 이스트사이드 기술전문학교는 직업 교육의 선구자로 빠르게 명성을 얻었으며, 그 역사를 통틀어 최첨단을 유지해 왔다.

한 기지 예를 들면, 1970년 라디오 및 텔레비전 방송과 프로그래밍이 교육 과정의 일부가 된 텔레비전 예술학과가 개설되었고, 1977년 11월에는 최초의 FM 스튜디오가 문을 열었으며, 학생들은 매일 아침 굿모닝 이스트사이드 쇼를 진행하면서 교육 텔레비전(ETV) 스튜디오와 상점에서 일했다. 학생들은 학교 텔레비전 및 라디오 프로그램 제작에 전적으로 참여했으며 지역 라디오 방송국에서도 일했다. 비즈니스 및 시각 예술 프로그램과 간호조무사 및 기타 직업을 위한 특정 과정으로 인해 다양한 지역에서 학생들이 입학하게 되었다.

취업 준비를 하는 학생들에게 우수 모범 사례이면서 그 지역 교육관계자들에게 명성도 있었지만, 이스트사이드의 커뮤니티는 이 학교가 '진짜' 학교에서 성공할 수 없는 학생들을 위한 학교라고 생각했다. 일반 학교의 교장들은 종종 이 학교를 "적응하지 못하는 학생들을" 보내 버리는 학교로 인식했다. 한 전직 이스트사이드 교사는 많은 사람들이 이 학교를 다음과 같이 좋지 않은 별명으로 낙인찍었다고 회상했다. "50년대에는 '기름쟁이', 70년대와 80년대 초반에는 '마약쟁이'가 이스트사이드에 다녔다"라는 식이었다.

1980년대와 1990년대에는 다른 직업학교와 전문대학 간 치열한 경쟁과 함께 전통적인 학교 구조를 따르라는 그 지역의 압력으로 인해 이스트사이드의 교장과 교직원들은 음악과 창업 분야에서 그 지역교육청의 방향에 반하는 창의적인 정책과 프로그램을 개발하여 다른 방식으로 경쟁력을 향상시켜야 했다. 이 모든 과정에서 이스트사이드 학교의 교원들은 "아직까지 얻어 본 적 없는 부정적인 평판"에 계속해서 대항해야만 했다.

1990년대 중후반의 자원 삭감 기간 동안 이스트사이드는 학교를 "재건, 재생 및 활성화"하기 위한 야심 찬 학교 발전 프로젝트에 착수함으로써 우수 학생을 빼앗아 갈 위협을 주고 있는 종교계 사립학교 시스템과 경쟁할 수 있다. 이 사업은 학교의 명성을 높이기 위해 학교가 추구해야 하는 발전 전략의 전환점이 되었다. 당시 전국적으로 유명했던 예술 프로그램이 다시 시작되었고, 기술 분야 실험실과 교실은 최첨단 자원으로 가득 채워졌다. 1990년대 말, 이스트사이드의 교직원은 학교에 오는 학생들의 교육적 요구를 충족시키기 위해 고령이지만 충성스러운 교사들이 중심이 되어 이끌었다. 더 긴 근무 시간과 업무량 증가라는 에너지를 고갈시키는 개혁이라는 비난에도 불구하고 그들은 직업 프로그램에 대한 정부의 무관심을 활용하고 학교 이미지 쇄신과 개선 작업에 집중할 수 있었다.

교사들은 여전히 전통적으로 이스트사이드 기술학교와 관련된 부정적인 고정 관념에 맞서 싸우고 있지만 이제는 이러한 평가에 대해 오히려 자랑스럽게 여기고 차별성과 그들이 제공하는 특별하고 다양한 학생들의 요구에 더 창의적으로 적응할 수 있는 자유를 즐기기 시작했다. 실제로 공사를 모두 마치고 학교 문을 다시 열었을 때, 이 학교 학생들의 성취에 관한 긍정적인 기사들만 대중 매체에 실렸다. 따라서 이스트사이드는 한 세기가 넘는 시간 동안 학교의 목적과 프로그램을 지속적으로 갱신함으로써 항상 위태로웠던 정체성을 보존해 왔다.

이스트사이드 학교와 마찬가지로 블루마운틴 학교는 결코 '맥스쿨(McSchool)'이 아니었다. 본서의 3장에서 설명한 이 독특한 전문적 학습공동체는 주변의 대부분의 학교와 동일한 종류의 자원 감축과 외부 개혁 명령에 직면했지만 결과는 달랐다. 여러 차례 교장이 바뀌고, 교사들이 이직했으며 학교 개선을 위해 투자할 수 있는 시간과 인력이 급격하게 줄었음에도 불구하고 블루마운틴의 전문적 학습공동체는 2003년 새 정부가 선출된 후 개혁 및 자원 환경이 감소되었을 때마저 다시 회복할 수 있을 만큼 회복력을 유지했다. 이 학교의 전 부장 교사 중 한 명은 이렇게 말했다.

지난 6년 동안 학교에 남아 있던 공식적, 비공식적 리더들은 학교 프로그램에서 학생 중심의 특성을 상당 부분 살리는 데 성공했습니다. 많은 폭풍이 몰아쳤던 것은 의심의 여지가 없습니다. 학교의 옛날 일부 선생님들은 한동안 학교 행정가에 대한 믿음을 잃었다고 생각합니다. 현재 학교의 외부인으로서 저는 교직원들이 새로운 리더십팀과 함께 더욱 열정적이고 진취적으로 일하고, 학교의 발전 방향과 각종 사업들을 진행함에 있어서 분산적 리더십 역량을 학교 전체 수준 및 부서 수준에서 강화하고 있는 것을 목격하고 있습니다. 한마디로 학교가 활력이 넘치고 새로운 전성기를 맞고 있는 것 같습니다.

듀란트 대안학교는 비우호적인 개혁 환경으로부터 끊임없는 공격을 견뎌야 했던 독특한 정체성을 가진 또 다른 혁신적 교육기관이라 할 수 있다. 이전 장에서 살펴본 것처럼 외부의 방해에 대응하여 항상 자신들을 재구성하고 발전시킬 준비가 되어 있었기 때문에 학교 차원에서 탄력적으로 대응해온 모습도 확인되었다. 예를 들어, 1990년대 후반에 학교가 자체 예산과 교직원 및 자원에 대한 통제권을 잃었을 때 학생, 교사 및 학부모들은 교육기관으로부터의 지원이 감소한 부분을 충족하기 위해 학교발전기금을 마련하는 데 총력을 기울였다. 주정부가 실시하는 학업성취도 평가를 듀란트 대안학교도 시행해야 한다는 조치에 대해 듀란트 대안학교가 위치한 지역 주민들은 공개적으로 반대 의사를 밝히기도 했다. 그리고 주정부 내에 소재하는 듀란트와 같은 대안학교들과 네트워크를 구축하여 보다 혁신적인 교육과정 및 평가 운영을 위한 추가적인 보상을 요청하기도 하였다.

이스트사이드, 블루마운틴, 듀란트 세 학교는 표준화된 개혁으로 인해 물리적으로나 정서적으로 자원이 고갈된 환경 속에서도 혁신을 거듭했다. 1990년대에 다른 학교의 교사들이 환멸과 사기를 경험할 때, 이 학교들은 표준화의 과잉에 적극적으로 저항하고, 그들을 지원할 수 있는 다른 사람들과 네트워크를 형성하고, 교사들의 에너지와 목적을 새롭게 하는 프로그램 혁신을 통해 새로운 기회를 창출함으로써 혁신적인 정체성을 유지했다.

이러한 우수사례는 지속가능성의 7가지 원칙에 부합하는 학교 재생을 위한 다음과 같은 7가지 기본원칙을 제시한다.

- 이 학교들은 지역의 다른 학교와 차별화되는 고유한 목적과 사명을 지속적으로 재생함으로써 학생과 교직원을 위한 **깊고 넓은 학습경험**을 재창조했다. 블루마운틴은 의도적으로 학습조직을 구축했으며, 이스트사이드는 소외된 학생들을 위해 한 세기 동안 헌신해 왔고, 듀란트 대안학교는 개별화된 학습 요구와 지역사회와 연계된 유연한 학생 프로그램을 중심으로 학교체제를 구축했다. 학교 외부의 인사들이 부과한 목적을 단순히 구현하는 대신, 학교 자체의 목적과 교육활동에만 집중했다. 그 결과 학교 구성원들의 정신적 차원 및 활력도가 항상 새롭게 충전되었다.
- 경력이 높은 리더들이 계속 이어갈 수 있도록 관심을 기울이고 학교가 수월할 때나 힘들 때나 상관없이 상당한 교사 리더들을 계속 충원하고 유지할 수 있는 **지속성**을 확보했다. 해마다, 그리고 한 교사 세대에서 다음 세대로 이어지는 리더십의 연속성을 유지하는 학교는 상황과 인력의 끊임없는 변화에 적응하는 데 소모되는 집단적, 정서적 에너지를 절약할 수 있다.
- 이 학교들은 교장이 왔다 갔다 하더라도 의도적으로 리더십을 교직원 전체에 분산함으로써 리더십의 폭을 넓혔다. 리더십을 분산하는 학교는 교직원에게 정서적으로 지원하고 지적으로 더 풍부한 자원을 제공

하기 위한 부담, 학습 빛 보상을 널리 분산한다.

■ 이 학교들은 불우한 학생들의 특별한 요구를 보호하고, 창의적이고 도전적인 교육과정을 제공하여 또래 학생들에게 롤모델이 되는 우수한 학생들이 경쟁자들의 유혹에 빠지지 않도록 하며, 스스로를 발전시키고자 하는 이웃 학교를 적극적으로 훼손하지 않음으로써 사회 정의를 증진한다. 이스트사이드와 듀란트 대안학교는 온타리오의 종교계 사립학교들과 뉴욕주의 마그넷 학교(magnet school, 다른 지역 학생들을 유치하기 위해 일부 교과목에 대해 특수반을 운영하는 대도시 학교)의 확장에 대항하여, 자신들의 존재와 정체성을 지키기 위해 고군분투했다. 블루마운틴은 주변의 어느 교육기관이나 교사들에게 영향을 미치지 않으면서도 자체 학습 커뮤니티를 구축했다. 다양한 학생을 위해 노력하는 학교는 가장 취약한 학생에게 최상의 지원을 제공하고 낭비되는 삶을 방지했다. 또한 이웃과 경쟁하기보다는 이웃과 협력하는 학교는 시간적, 정서적으로 소모되는 경쟁에 요구되는 에너지를 절약한다.

■ 이 학교들은 다양성을 존중했다. 이스트사이드는 도시 전역에서 학생들을 끌어모았으며 직업 및 기술 교육의 혜택을 받을 수 있는 학생이라면 누구에게나 기회를 제공했다. 듀란트는 정규 학교 구조에서 성공하기 어려운 학생들에게 교육 기회를 제공해야 한다는 의무감을 가지고 있었고, 블루마운틴은 점점 더 다양해지는 다문화 커뮤니티의 모든 학생들을 수용하는 완전한 종합학교였다. 다양성을 존중하는 학교는 가장 소외된 학생들이 사회로부터 외면받지 않도록 보장하고, 다양하고 생산적인 학습공동체를 유지하는 학생 구성을 유지하며, 학교의 기존 지적 자원을 활용하는 직업적 다양성을 장려한다.

■ 학교들은 물리적, 재정적 자원의 혜택을 받았다. 물리적 환경은 재생을 위한 중요한 자원이다. 세 학교 모두 비교적 새롭거나 상당히 개선된 시

설에서 운영되었다. 블루마운틴은 밝고 통풍이 잘되는 새 건물로, 기존 교실뿐만 아니라 매력적인 공공 공간에서 학생과 교사의 상호작용을 촉진하고 최신 통신 기술을 통합 및 촉진하도록 설계되었다. 1990년대 중반에 진행된 이스트사이드의 리모델링 공사는 학교의 딱딱한 이미지를 바꾸고 학업 성취도가 높은 학생들을 유치하는 데 도움이 되었다. 듀란트가 더 나은 시설로 이전하면서 교사와 학생들은 변화하는 주정부의 교육 상황에 맞게 프로그램을 조정하기 위해 노력했다. 반면, 쉘든, 스튜어트 하이츠, 로드 바이런 학교들과 같이 사기가 저하되고 쇠퇴의 소용돌이에 갇혀 있던 학교들은 심각한 결함이 있는 낡고 과밀한 건물에서 운영되고 있었다. 학교는 모든 학생의 학습 신장이라는 의무를 다하기 위해 적절한 시설과 같은 재정적, 물리적 자원뿐만 아니라 인적 자원도 필요하다. 그렇기 때문에 경제적으로 빈곤한 지역사회에서는 영국의 중등학교 재건 사업과 같이 풍부한 자원을 확보하는 것이 학교 발전의 핵심 요소가 된다. 학교 개선은 풍부한 자원이 필요하다.

■ 학교들은 역사적 기원과 전통, 목적을 **보존**하는 데 주의를 기울였다. 각 학교는 학교가 무엇을, 누구를 상징하는지, 그리고 어디로 나아가고 있는지에 대한 풍부하고 오랜 감각을 가지고 있었다. 학교 재생에는 가장 중요한 정서적, 정신적 자원 중 하나인 과거에 대한 자부심을 바탕으로 한 열정과 목적이 필요하다.

풍부한 자원을 확보하는 것은 부분적으로는 엔트로피 속도를 늦추고, 에너지를 절약하며, 끊임없이 높아지는 학업성취 기준을 따르면서도 때로는 "일시 정지"라고 말할 준비를 하는 것이다. 변화의 속도를 늦추고, 개혁의 정서적 분위기를 개선하고, 교육기관에 재정 및 자원을 투입하고, 일반적으로 사람들의 에너지 비축량을 어디까지 활용할 것인지에 대해 자제력을 발휘하는 것 등은 풍요로운 자원을 확보하는 네 필수요소이다. 학교와 지역교육청의 행정가들을 계속 양성하고 리더십을 개발하는 과정에도 많은 자원이 필요하다. 그들의 헌신은 고취하고 개인 및 직무 관련 전문성 증진과 정신적 역량을 강화하면서 건강 증진을 위한 각종 지원이 필요하다고 볼 수 있다.

재생과 자제는 자원이 풍부하고 지속가능한 리더십을 개발하려는 우리의 도전에서 선택의 여지가 없다. 재생과 자제, 에너지 교환과 엔트로피 둔화, 개인의 행동과 교육 시스템의 변화, 이 모든 것들은 지속가능한 리더십과 개선에 필요한 요소들이다.

## 재생에 요구되는 3가지 요소

교육 변화에서 요구되는 인적 자원의 세 가지 원천인 신뢰(Trust), 자신감(Confidence), 감정(Emotion)을 살펴봄으로써 재생의 힘(the power of renewal)을 확인할 수 있다.

### 신뢰

전쟁으로 인해 진실이 묻힌다면, 강제된 개선 및 개혁은 신뢰를 손상한다. 수 세기 전에 공자는 정부는 무기, 식량, 신뢰라는 세 가지가 필요하다고 말한 바 있다. 이 중 하나라도 희생해야 한다면 마지막은 신뢰여야 한다고 말했다.[32] 따라서 신뢰는 개선 및 개혁에 없어서는 안 될 중요한 자원이다.

효과적인 조직은 신뢰를 바탕으로 발전한다. 인간관계와 조직에서 신뢰는 사람들이 서로 의지할 수 있는 상태를 의미하며, 이를 통해 그들의 세계와 관계는 일관성과 연속성을 갖게 된다. 우리가 신뢰할 때, 우리는 다른 사람들이 합의되거나 가정된 기대에 따라 합리적으로 예측 가능한 방식으로 행동할 것이라고 믿으며, 선의에 대한 공유된 이해와 가정이 있는 맥락에서도,

특히 자신이나 상대방이 부재할 때에도 마찬가지이다. 레이나와 레이나는 『직장에서의 신뢰와 배신(Trust and Betrayal in the Workplace)』이라는 책에서 세 가지 형태의 신뢰에 대해 다음과 같이 설명한다.[33]

- **계약적 신뢰(Contractual trust)**는 공유된 성과 기준, 합의된 목표, 명확한 직무 설명, 과제 계약 등 비인격적이고 객관적이며 종종 서면으로 작성된 계약을 통해 표현된다. 계약적 신뢰는 의무를 이행하고, 계약을 완료하고, 약속을 지킬 것을 요구한다.
- **역량 신뢰(Competence trust)**에는 자신과 다른 사람들이 유능하다고 믿고, 사람들이 유능해질 수 있도록 충분한 지원과 학습 기회를 제공하려는 의지가 포함된다. 효과적으로 업무를 위임하고 다른 사람의 성장과 발전을 위해 전문성을 제공하는 것은 역량 신뢰의 강력한 지표이다.
- **커뮤니케이션 신뢰(Communication trust)**는 공유된 이해와 선한 의도를 전달하는 인간적인 상호작용에서 분명하게 드러난다. 커뮤니케이션이 명확하고, 개방적이면서도 양질의 내용이 빈번하게 상호작용하는 것이 커뮤니케이션 신뢰의 특징이다. 정보를 공유하고, 진실을 말하며, 신뢰를 유지하고, 실수를 기꺼이 인정하는 것도 마찬가지이다.

신뢰의 반대는 배신이다. 배신은 신뢰가 없거나 깨졌을 때 발생한다. 예를 들어, 파트너에 대한 불성실함이나 동료의 아이디어 도용과 같은 일부 배신 행위는 엄청난 것이지만, 대부분의 배신은 사려 깊지 못한 행동이나 단순한 무심함에서 비롯된 사소하고 누적된 행위이다. 교사의 신뢰와 배신에 관한 연구에서 교사들은 동료가 자신의 역할을 다하지 않거나, 항상 같은 내용을 가르치거나, 회의에 참석하지 않고 노조에 대해 불평할 때(계약 배신), 동료에게 끊임없이 불만을 품고, 위임하지 않고, 동료가 하는 모든 일을 지시하거나 사사건건 관리하려고 할 때(역량 배신), 동료에 대해 험담하고 다른 사람 앞에서 비판하거나 수치심을 줄 때(커뮤니케이션 배신) 배신을 당했다고 느낀다는 사실을 발견했다.[34]

신뢰는 자원이다. 신뢰는 에너지, 헌신, 관계를 생성하고 통합한다. 신뢰가 깨지면 사람들은 헌신을 줄이고 관계에서 물러나며 엔트로피가 감소한다. 토니 브라이크와 바바라 슈나이더(Tony Bryk & Barbara Schneider)는 시카고 초등학교의 학교 개혁에 대한 대규모 연구에서 "학교 개선을 위한 자원으로서 신뢰가 중요하다"고 결론 내렸다.[35] "학교에서의 신뢰에서 그들은 관계적 신뢰(레이나와 레이나의 커뮤니케이션 신뢰와 유사)라고 부르는 것이" 보다 효과적인 의사결정, 혁신에 대한 사회적 지원 강화, 교직원의 업무에 대한 보다 효율적인 사회적 통제, '아이들을 위해 더 노력해야 한다'는 도덕적 권한의 확대 측면에서 긍정적인 조직적 결과를 가져온다고 말했다.[36]

학교의 교직원들이 상호적이고 관계적인 신뢰로 함께 일을 잘하면 개선의 에너지가 증가하고 이는 학업성취에 도움이 된다고 보았다. 1990년대 초부터 중반까지 시카고 교육청의 연도별 학업성취도 데이터를 바탕으로 브라이크와 슈나이더는 연도별 학업성취도 향상 측면에서 개선된 학교와 개선되지 않은 학교의 상위 100위와 하위 100위를 파악할 수 있었다. 이들이 발견한 교원 간 신뢰 수준과 학업성취도 향상 사이의 관계는 일관적이면서 설득력도 있었다.

> 1994년에는 학업 성취도가 향상되는 학교로 분류된 학교의 신뢰도가 다른 학교들(비교집단)보다 평균적으로 훨씬 더 높은 것으로 나타났다. 이러한 차이는 1997년까지 지속되어, 비교집단에 해당하는 학교의 4분 3에서 언어와 수학 성적이 교원들의 신뢰도와 부정적인 관계를 보이는 것으로 나타났다. 1994년에 신뢰도가 매우 높다고 보고한 학교는 신뢰도

가 매우 낮다고 보고한 학교보다 언어 및 수학에서 성적이 향상된 것으로 분류될 확률이 3배 더 높았다. 1997년에는 신뢰도가 매우 높은 학교가 성적 향상 그룹에 속할 확률이 약 50%였다. 반면, 신뢰도가 매우 낮은 학교의 성적 향상 가능성은 7분의 1에 불과했다. 무엇보다도 1994년과 1997년에 모두 신뢰도가 낮은 학교는 언어와 수학 두 과목에서 성적이 향상될 가능성이 거의 없었다는 점이 가장 두드러진 연구결과이다.[37]

학교에 대한 신뢰는 필수적이다. 그러나 우리는 점점 더 신뢰하는 사회처럼 행동하지 않고 있다. 공동의 이해, 공동의 헌신, 상호 책임의 문화를 통해 확보된 개선은 비인간적인 성취 기준과 추상적인 책임을 강조하는 규정 준수에 의해 대체되고 있다. 영국의 연례 유명 인사들이 참여하는 리스(Reith) 강연 발표자 오노라 오닐(Onora O'Neill)은 신뢰가 사라지고 책임감이 넘쳐나는 세상에서 "전문가들은 기록과 보고에 대한 끊임없는 요구를 충족하기 위해 더욱 엄격한 모범 사례와 적법 절차의 기준에 맞춰 일해야 하며, 정기적인 평가와 구조조정의 대상이 되고 있다"고 주장한다. 실제 업무를 손상시키는 방식으로[38] "신뢰의 문화에서 성과 계약으로 전환함으로써 우리는 전문직 종사자의 적절한 목표, 즉 우리가 봉사하는 사람들과의 효과적인 상호작용을 왜곡"하고 있다고 그녀는 말한다.[39] 각 전문직에는 고유한 목표가 있기 때문에, 이는 "정해진 절차와 요건에 따라 정해진 목표를 달성하는 것으로 환원될 수 없다"고 그녀는 주장한다.[40] 실제로 그녀는 계약에 의한 변화는 불신을 낳을 뿐만 아니라 의심, 냉소주의 및 사기 저하를 유발한다고 지적한다.

교장이자 저자인 데보라 마이어(Deborah Meier)는 교사와 학교에 대한 정부의 만연한 불신을 지적하면서 이 주장에 동의한다. "우리는 교사의 판단을 믿지 않기 때문에 교사의 선택을 제한한다. (중략) 우리는 공교육 체제 전체를 신뢰하지 않기 때문에 학교에서 가장 멀리 떨어진 사람들이 학교 내에서 일어나는 일상적인 상호작용을 근본적으로 변화시키는 정책을 지시하도록 허용한다. (중략) 사회적 불신은 학업성취 기준을 강조하는 학교교육과 관료화의 증가를 통해 '책임성을 회복'하려는 과격한 시도의 형태로 교육에서 나타난다."[41]

신뢰는 효과적이다. 신뢰는 조직을 개선하고 성취도를 높이며 에너지와 사기를 북돋아 준다. 하지만 신뢰를 구축하는 일은 쉽지 않다. 신뢰는 맹목적인 믿음도 아니고 무관심도 아니다. 데비 마이어(Debbie Meier)의 말을 빌리자면, 신뢰는 "어렵게 얻은 것"이며, 직업적 헌신을 요구하는 것이다. 수년간의 학업성취도 기준을 중심으로 한 교육 개혁으로 인해 교사에 대한 정치적 신뢰와 정부에 대한 교직의 신뢰를 차례로 무너뜨렸다. 인터뷰에 응한 한 교사의 말을 빌리자면, "성공할 수 있는 시간이나 전문성을 증진할 수 있는 연수 등을 제공하지 않음으로써 공교육 체계가 얼마나 망가졌는지 보여주는 것이다."

신뢰가 낮은 환경에서는 학습이 제대로 이루어지지 않는다. 신뢰 상실의 쓰라림은 얼룩처럼 여전히 교육계에 남아 있다. 예를 들어, 정부에 대한 교사들의 불신의 유산은 신임 교육부 장관들과의 적대적인 계약 협상에서 볼수 있다. 온타리오의 신임 교육부 장관은 교사의 불안이 "단순히 과거의 잔재"이며 교직이 "상처받은 아픈 경험"에서 치유되려면 시간이 걸릴 것이라는 점을 인정한다. 그는 "그 시대를 뒤로하고 더 나은 길을 개척하자"고 촉구하는 많은 사람들을 대변하고 있다고 볼 수 있다.[42]

## 자신감

두 번째 에너지의 원천은 자신감이다. 하버드 경영학 교수인 로자베스 모스 캔터(Rosabeth Moss Kanter)는 자신감은 "훌륭한 결과에 대한 긍정적인 기대감으로 구성된다"고 말한다. 자신감은 돈, 시간, 평판, 정서적 에너지 또는 기타 자원을 투자하거나 투자를 보류하거나 회피하려는 의지에 영향을 준다.[43] 캔터 교수는 성공 또는 실패의 오랜 역사를 가진 기업과 스포츠팀, 파산 상태에서 부자가 된 기업 또는 그 반대의 기업 등 네 가지 유형의 기업과 스포츠팀을 대상으로 광범위한 연구를 수행했다. 그녀는 성공적인 비즈니스와 승리하는 팀의 핵심 요소는 자신과 팀원 또는 동료, 조직의 구조와 정책, 자원을 제공하는 외부 환경에 대한 자신감이라고 강조한다.

한번 잃은 자신감은 다시 회복하기 어렵다. 자신감의 상실은 다양한 사례를 통해 확인할 수 있다. 로드 바이런 학교에 근무하는 교사들이 보고시스템에 결함이 있음에도 불구하고 오히려 당황스러운 태도로 대응해야 했다. 탈리스만 파크 학교에서는 커피를 마시면 이야기를 나누던 소모임이 활성화되었는데 어느 순간부터 교사들이 냉소적인 태도로 참여하지 않게 되었다. 한편, 스튜어트 하이츠 학교 교사들은 자신의 학생들에 대한 기대감이 낮아져 그들의 문제행동이 개선될 가능성이 낮다고 보았다. 셸던 학교에서는 학교행정가와 교직원 노조 간 갈등이 고조되면서 교원들의 자신감이 감소하게 되었다. 학업성취도 중심의 교육개혁 움직임이 자신감을 감소시키는 상황 속에서 앞에서 언급한 학교들은 캔터 교수가 말하는 '파멸의 올가미(doom loop)'에 빠져 상황이 점차 악화되었다.

"쇠퇴는 정지된 상태가 아니라 궤적이다."[44] "스포츠 경기에 연승하는 팀은 연이어 이기는 특징을 갖고 있는데 그것은 바로 투자의 지속성이라 할 수 있다. 반면 연패하는 팀은 혼란과 이탈, 흔들림, 그리고 투자 부족이 특징이다."[45] 캔터 교수는 "성공은 긍정적인 모멘텀을 만들어 낸다"라고 설명한다. 승리할 가능성이 높다고 믿는 사람들은 어려운 순간에도 승리를 위해 더 많은 노력을 기울일 가능성이 높다. 반면에 실패는 스스로를 먹이로 삼는 경우가 많다. (중략) 모멘텀은 멈추기 어려울 수 있다.[46]

대규모 개혁이 영국 교사들에게 미친 영향에 대한 길 헬스비(Gill Helsby)의 연구에 따르면, 교사의 자신감은 어느 정도는 개인의 태도와 지역 문화에 따라 영향을 받지만, 일반적으로 "교사가 자신의 고유 업무에 대한 책임감이 외부의 각종 조치로 감소하거나, 자원의 제공이 부족하고 창의적으로 업무를 처리하기보다 규정을 준수하는 일이 강조되는 경우 교사로서 전문적인 자신감을 유지하기 더 어렵다"라고 결론 지었다.[47]

캔터 교수는 자신감은 절망과 과신 사이의 '스위트 스팟(sweet spot)'이라고 설명한다.[48] 과신은 "자신의 예측이 정확하다고 확신하는 것으로, 예측의 정확성을 넘어서는 것이다."[49] 이는 지나친 낙관주의에서 비롯된다. 어떤 이들은 이를 오만이라고 부른다. 오만은 재능 있는 자의 특권이 아니라 허영심 많고 어리석은 자의 방종한 자만심이다.

그녀는 최고 경영자들의 과신으로 인해 질레트(Gillette) 직원들이 점점 더 비현실적인 분기별 목표를 달성해야 하는 압박을 받고 재정적으로 재앙적인 결과를 초래했다고 설명한다. 과신은 정부 지도자들이 전쟁이 빨리 끝나고 손실이 적을 것이라는 거짓되고 비극적인 믿음으로 전쟁을 벌이도록 유도하는 데서 찾아볼 수 있다. 스페인 함대, 트로이의 함락, 베트남 전쟁은 모두 사실적 증거를 무시하고, 중요한 조언에 귀를 막고, 자신의 어리석음을 망각한 '멍청한' 지도자들의 과신으로 인한 결과라고 할 수 있다.[50]

도미닉 존슨(Dominic Johnson)은 『과신과 전쟁(Overconfidence and War)』이라는 책에서 정부가 자신의 전략, 능력, 그리고 미래를 통제할 수 있다는 과장된 생각이 '긍정적 환상'에 얼마나 쉽게 노출되는지 보여준다.[51] 교육 분야에서 과신하는 정부는 영향력의 범위를 넓히고, 개선 기간을 단축하며, 적은 자원으로 더 많은 것을 생산할 수 있기를 기대한다. 하지만 결국 자신감을 잃고 성과 저하의 '파멸의 올가미'에 빠지는 교사들만 양산할 뿐이며, 그 결과는 엔트로피 증가와 낭비뿐이다.

자신감은 다른 사람들에게 줄 수 있는 것이 아니다. 그리고 자기 자신 안에서 스스로 얻을 수 있는 것이다. 자신의 관리자들과 관련하여 교사들이 자신감을 회복하는 것이 무엇보다도 중요하다. 하지만 그보다 더 중요한 것은 교사 스스로 자신감을 회복하여 학생들이 절실히 원하는 일련의 학교 개선을 시작할 수 있는 보다 낙관적인 환경을 조성하는 것이다. 헬렌 켈러의 말을 빌리자면, "낙관주의는 성취로 이끄는 믿음이다. 희망과 자신감 없이는 아무것도 할 수 없다."[52]

## 감정

감정은 인간에게 없어서는 안 될 에너지의 원천이다. 긍정적인 감정은 에너지를 생성하고 부정적인 감정은 에너지를 약화시킨다. 조직에서 감정의 역할을 이해하는 방법에는 여러 가지가 있다. 가장 잘 알려져 있고 가장 많이 사용되는 관점은 감성(정) 지능의 관점이다.[53] 이 관점은 조직에서 개인이 자신의 감정을 이해하고, 표현하고, 관리하고, 주변 사람들의 감정에 공감할 수 있는 학습 가능한 기술과 역량을 강조한다.[54] 여기서는 개인과 조직을 더 긴밀하게 연결하는 감정과 그 효과를 이해하는 방법을 다룬다.

20여 년 전 사회학자 알리 호흐차일드(Arlie Hochschild)는 비행기 승무원에 대한 고전적 연구를 수행했다. 연구 결과를 바탕으로 쓴 『감정관리(The Managed Heart)』라는 책에서 감정 노동이라는 새로운 개념을 도출했다. 그녀는 서비스 경제 부문이 성장하면서 점점 더 많은 사람이 육체노동이나 정신노동이 아니라 조직이 다른 사람에게 요구하는 감정을 만들어 내기 위해 자신의 감정을 조작하거나 감춰야 하는 감정 노동에 종사하고 있다고 말했다.[55] 호흐차일드는 감정 노동은 "다른 사람에게 적절한 마음 상태를 만들어 내는 외적인 표정을 유지하기 위해 감정을 유도하거나 억누르는 것을 요구한다"고 주장했다. 호흐차일드에게 감정 노동은 고객이나 부하 직원에게 동기를 부여하기 위해 자신의 일부분을 금전적 보상이나 고용 안정과 맞바꾸는 것을 의미한다. 판매, 상담, 간호, 승무원 업무, 교육 등이 이러한 감정 노동을 수반하는 직업들이다.

호흐차일드는 이윤을 추구하는 항공사가 직원을 축소하고 업무 운영을 표준화하여 승무원이 더 이상 승객과 원하는 방식으로 상호작용할 시간이나 기회가 없다고 느낄 때, 승무원이 승객을 친절하게 대해야 하는 업무가 어떻게 더 힘들어지는지 설명하고 있다. 승무원의 업무 부담이 가속화됨에 따라 일부는 직업의 의미와 목적을 잃고 퇴사하고, 일부는 승객과 좋은 관계를 유지하면서 새로운 업무를 수행하려다 소진되고, 일부는 승객을 더 이상 돌볼 가치가 없다고 스스로를 설득하면서 냉소적으로 변한다.

교사와 학교 행정가들에게도 다른 사람들에게 동기를 부여하고 기분과 감정을 관리해야 하는 광범위한 감정 노동이 수반된다. 호주에서 질 블랙모어(Jill Blackmore)는 여성 교장들이 자신들이 원하지 않았지만 정부가 강요한 교육개혁 방안을 중간 관리자로서 시행할 때도 감정 노동을 하고 있다고 보았다. 정부의 교육정책이 비현실적이라고 탐탁지 않게 생각하는 교원들을 독려하는 과정에서 교장 자신의 정체성과 함께 건강도 잃는 경우가 많았다.[56]

연구에 참여한 샤메인 왓슨 교장은 교사들을 포용하기를 원했지만 개혁 요구로 인해 교사들이 시간을 빼앗기자 그냥 "낙관주의 모델링"으로 전락한 자신을 발견했다. 상담을 전공한 에릭 웨스트 교장은 새 학교의 문화를 이해하고 시간을 갖기를 원했지만, 급박한 개혁 요구로 인해 그의 인본주의적 접근 방식이 약화되었고 결국 병상에 누워 교장직을 수행할 수 없게 되었다. 제니스 번리와 린다 화이트 교장은 자신이 원했던 것보다 교사들에게 훨씬 더 지시적인 태도를 취하는 자신을 발견하고는 다른 학교로 자리를 옮겼다. 우리가 소집한 동료 교장 지원 회의에서 노스리지의 또 다른 전직 카운슬러였던 신임 교감은 교사들의 쟁의행위가 한창일 때 매일 일찍 학교에 출근했고, 교사들이 노조의 지시에 따라 출근 시간에 딱 맞추어 출근하는 일종의 준법투쟁을 처리하고, 불만이 가득 담긴 각종 민원을 처리하는 데 애를 먹었다고 회고하면서 공개적인 장소에서 울먹이기까지 했다.

그러나 감정 노동이 부정적인 결과만 꼭 초래하는 것은 아니다. 호흐차일드의 인상적인 연구 논문이 발표된 이후에 수행된 다른 연구에 따르면, 감정 노동은 사람들이 업무에서 요구하는 감정 노동의 종류와 동일시하고 근무 조건이 감정 노동을 제대로 수행할 수 있을 때 긍정적으로 고양되며 활력을 불어넣을 수 있는 경우가 많다.[57] 예를 들어, 형사는 용의자를 심문하는 감정 노동을 통해 보람을 느끼지만 화난 피해자를 달래는 감정 노동을 통해서는 피로를 느낀다고 한다.[58] 교육 분야에서도 마찬가지이다. 긍정적이고 지지적인 근무 환경에서의 감정 노동은 사랑이 있는 노동이다.[59] 따라서 감정 노동은 에너지를 창출하기도 한다.

앨버타주 정부와 주 교사노조는 학생의 학업성취도를 높이기 위한 정부의 교육개혁 방안을 놓고 대립하고 있었다. 신임 장관은 교사들의 전문성 개발을 통한 교육 발전에 항상 긍정적인 입장이었던 교사노조 간부들이 참석한 회의에서 다른 방식으로 교육개혁 방안에 접근하기로 결정했다.

그들은 1999년에 '앨버타주 학교교육 개선 사업(AISI, Alberta Initiative for School Improvement)'을 공동으로 출범시켰다. 이 사업은 "각 학교 당국의 고유한 요구와 상황을 반영하여 추진하는 과제"로써 다양성과 유연성 문제를 해결했다.[60] 매년 6,800만 달러(캐나다 달러)의 자원이 지역사회 개선 프로젝트에 투입되었다.

학교 개선 프로젝트는 매우 다양한 문해력 향상 프로그램과 함께, 교실에서 차별화된 수업 전략을 사용할 수 있는 교사 역량 개발 프로그램, 전문적 학습공동체 구축, 원주민 커뮤니티의 가정-학교 커뮤니케이션 개선, 컴퓨터 기술 능력 개발, 특정 과목의 역량 강화, 학교 구성원 간 관계의 질 향상

등 다양한 분야에 초점을 맞추고 있다. 개선 주기는 3년에 걸쳐 진행되며 현재 앨버타 학교의 90%가 참여하고 있다.

이 과제는 정부가 교육목표를 부과하거나 이를 강조하는 풍토를 지양한다. 오히려 개별 학교가 학생들의 학습에 미치는 영향 요인들과 만족도 차원에서 자체적으로 그 학교만의 목표를 설정했다. 놀랍게도 학교 구성원들이 이 목표를 공유함으로써 90%의 학교가 매년 대부분의 목표 관련 측정 항목에서 기준을 초과 달성했다. 3년 동안 이 과제를 추진한 학교의 거의 절반이 학생들의 학습 차원의 개선이 이루어졌고, 57%의 학교들은 학생과 교사, 학부모의 만족도가 향상되는 것으로 나타났다. 그리고 이것은 시작에 불과했다.

이 과제가 학생들의 학습 향상을 가장 중요하면서도 명확한 목표로 설정한 것은 지속가능성의 첫 번째 원칙이기도 하다. 기계적인 책임의 명령 및 통제 시스템이 아닌 학교교육 발전을 위한 네트워크에서 지역의 자원을 조정하여 필요한 부문에 자원을 투입하는 방식도 큰 도움이 되었다. 그러나 이 프로젝트의 첫 번째 주요 보고서는 "뇌과학 연구에 따르면, 감정이 주의력, 학습, 기억, 행동을 주도한다는 사실이 밝혀졌다"라며 학교와 교사가 스스로를 개선할 수 있도록 믿고, 신뢰하고, 지원하는 정신이 교육 시스템에 인적 에너지와 자원을 불어넣었다고 보고했다. 앨버타 교육 프로젝트에 참여한 교직원들이 보여준 감성적 차원의 투자는 학교 개선에 대한 새로운 에너지와 흥분을 불러일으켰다. 이 사업은 학교 개선 목표와 교실 관행을 명확하게 일치시키는 학교와 관할 지역사회의 지속적인 개선에 대한 공동 책임 문화를 장려한다. 학습공동체로 운영되는 학교는 교사와 학생 모두를 학습에 적극적으로 참여시켰다.[61]

앨버타 교육 프로젝트는 학습에 초점을 맞추고 주정부 전역의 다양한 개선 방식에 대응하고 연결하는 방식으로 강력한 전문적 학습공동체를 구축하는 데 중점을 두었다. 학생들의 학업성취도 향상을 확인할 수 있는 최종 목표 관련 측정치뿐만 아니라 근사치를 평가함으로써 장기적이고 신뢰할 수 있는 개선 관점을 유지토록 했다.

앨버타 교육 프로젝트는 에너지 교환과 재생을 창출하는 교육 시스템에 추가 자원을 투입하여 엔트로피를 낮추면서, 단순히 학생들의 시험 점수를 피상적으로 높이는 것이 아니라 학습의 진정한 개선을 다루는 공동의 목표를 통해 모든 교사의 마음과 정신, 의지력과 기대감을 높이는 데 참여시킴으로써 엔트로피를 감소시켰다. 자원이 부족한 상황에서 무리하고 조급한 목표는 에너지를 고갈시킨다. 지속가능한 발전 모형을 설정한 학교를 위해 필요한 자원을 재조정해야만 하는 상황에서 고려해야 할 공동의 목표는 바로 에너지 재생이라 할 수 있다. 석유가 풍부한 앨버타주에서 공동 목표와 에너지 재생은 허황된 공상이 아니라 학생과 학교에 실질적인 변화를 가져오는 엄연한 현실이다.

앨버타 교육부의 독창성, 블루마운틴 창립 교장의 영감을 불러일으키는 리더십, 듀란트 교장들의 활기차고 탄력적인 리더십, 학업성취도 기준 중심의 교육개혁이 시작되기 전 학교에서 많은 행정가들이 누렸던 감정적 만족은 모두 근무 조건과 정책 환경이 뒷받침될 때 긍정적이고 활력을 주는 리더십 자원으로서 감정 노동의 힘을 잘 보여준다. 이제는 두려움과 수치심을 불러일으키는 문화와 결별하고 교사의 에너지를 고갈시키는 하향식 실행의 기계적 모델에 대한 묵인을 끝내고, 대신 교육 변화와 쇄신의 생명인 사람과 전문가, 그리고 희망과 낙관주의를 포용해야 할 때이다.

# 결론

칠레에서 서쪽으로 비행기로 5시간 거리에 있는 태평양의 외딴섬인 이스터섬은 다른 육지로부터 1,000마일 이상 떨어져 있다. 1722년 부활절에 네덜란드인이 발견한 이 작은 이스터섬에는 거대한 석상들이 흩어져 있으며, 그중 일부는 높이가 70피트에 달한다. 목재와 밧줄이 없는 황량한 섬에서 어떻게 거대한 석상을 옮기고 세울 수 있었는지에 대한 궁금증은 이후 고고학적 발견에 의해 해답을 얻었다.

현재까지 많은 논란 속에 증거를 기반으로 확인된 것은 폴리네시아인들이 처음 거주했던 시기에 이스터섬은 숲으로 덮여 있었으며, 인구도 많았다고 한다. 해산물이 풍부해서 인구도 더 증가했으며 그로 인해 농사짓기 좋은 장소들이 점차 사람들의 터전으로 변모하게 되었다. 여러 씨족으로 나뉜 사람들은 조상을 기리는 기념비를 세우기 시작했다. 각 씨족들이 더 크고 웅장한 조각상을 세우기 위해 경쟁하는 데서 문제가 발생했다. 여러 세대에 걸쳐 경쟁이 치열해지면서 조각상을 섬 전체로 끌고 다니기 위해 더 많은 나무를 베어내야 했고, 조각상을 끌기 위한 목재와 밧줄을 구하기 위해 더 많은 나무를 베어내야 했다. 15세기에 이르러 마지막 나무까지 모두 제거되었다. 그 후 수십 년, 수백 년 동안 섬 주민들이 물고기와 다른 해산물을 잡을 때 사용한 배도 이제는 목재가 부족하여 수리도 못 하고 더 만들 수도 없게 되었다. 나무를 사용한 집도 짓지 못하게 되어 사람들은 동굴과 돌 밑으로 피신하게 되었다. 인구도 자연적으로 감소했다. 제임스 쿡(James Cook) 선장은 그가 만난 남은 사람들을 "작고, 마르고, 소심하고, 비참했다"고 묘사했다.[62] 기근, 전쟁, 식인 풍습은 번영에 안주하고 지속가능성을 소홀히 하며 경쟁적 시기심으로 분열된 사회의 종착점이었다.

현대 사회는 국제사회에서 그 어떤 경쟁국보다 더 높은 성과 기준을 달성하기 위해 배움의 진정한 가치와 교육 생태계의 실체이자 영혼인 교사와 리더의 무자비한 희생을 강요하고 있다. 지속가능성을 무시한 채 무자비하고 단기적인 목표 달성 경쟁 추구로 인해 현대 교육 시스템은 '이스터섬'으로 전락할 위기에 처해 있다.

생태계는 기계가 아니다. 생태계는 이기심보다 공동체의 이익을, 동일성보다 다양성을, 개인주의보다 연결성을 중시한다. 생태계는 상호 연결성 및 연관성으로 구성되어 있다. 제레미 리프킨(Jeremy Rifkin)에 따르면 '전체(whole)'라는 단어는 건강, 원기왕성, 치유라는 어근이 되는 고대 영어 단어 '할(hal)'에서 파생된 단어이다.[63] 지속가능한 리더십은 건강한 리더십으로 원기왕성하고 치유하는 리더십이다.[64] 건강한 조직은 자원을 재생하고 재활용하지만, 건강하지 못한 조직은 자원을 소진하고 낭비한다. 건강한 조직은 지구와 우리 자신의 생명 유지 능력의 유한한 측면을 존중하는 개발과 성장을 촉진하지만, 건강하지 못한 조직은 소수의 이익을 위해 자연과 인적 자원을 착취하는 탐욕스러운 조직이다. 의기소침한 리더는 많은 개선을 가져올 수 없다. 그러나 리더가 활기차고 살아 있음을 느끼면 성취할 수 있는 것에는 한계가 거의 없다고 볼 수 있다. 자원이 풍부한 리더는 활력 증진의 기회를 더 많이 제공한다. 따라서 풍부한 자원은 지속가능성의 필수요소 중 하나이다.

1   B. McKibben (2003), Enough: Staying human in an engineered age(New York: Times Books).

2   D. M. Meadows, J. Randers, & W. Behren (1972), The limits togrowth (Rome: Club of Rome).

3   D. Goodstein (2004), Out of gas: The end of the age of oil (New York: Norton), 95.

4   Goodstein (2004), 93.

5   J. Rifkin (1981), Entropy: A new world view (New York: Bantam Books).

6   P. Hawken, A. Lovins, & L. H. Lovins (1999), Natural capitalism: Creating the next industrial revolution (New York: Little, Brown).

7   W. McDonough & M. Braungart (2002), Cradle to cradle: Remaking the way we make things (New York: North Point Press).

8   Z. Bauman (2004b), Wasted lives: Modernity and its outcasts (Cambridge, U.K.: Polity Press).

9   R. Evans (1996), The human side of school change: Reform, resistance, and the real-life problems of innovation (San Francisco: Jossey-Bass).

10  A. Hargreaves, L. Earl, S. Moore, & S. Manning (2001), Learning to change: Teaching beyond subjects and standards (San Francisco: Jossey- Bass).

11  For more details, see A. Hargreaves (2003), Teaching in the knowledge society: Education in the age of insecurity (New York: Teachers College Press).

12  J. Loehr & T. Schwartz (2003), The power of full engagement: Managing energy, not time is the key to high performance and personal renewal (New York: Free Press), 23.

13  F. Capra (2002), The hidden connections: A science for sustainable living (New York: HarperCollins), 214.

14  B. McKibben (1989), The end of nature (New York: Random House).

15  See the World Resources Institute Web site at http://www.wri.org/.

16  Goodstein (2004), 17.

17  Loehr & Schwartz (2003), 8-9.

18  S. Dinham & C. Scott (1997), The Teacher 2000 project: A study of teacher motivation and health (Perth, Australia: University of Western Sydney, Nepean); G. Troman, & P. Woods (2000), Careers under stress: Teacher adaptations at a time of intensive reform, Journal of Educational Change, 1(3), 253-275; G. Helsby (1999), Changing teachers' work: The reform of secondary schooling (Milton Keynes, U.K.: Open University Press); A. Hargreaves (2003), Teaching in the knowledge society: Education in the age of insecurity (New York: Teachers College Press).

19  P. Gronn & F. Rawlings-Sanaei (2003), Principal recruitment in a climate of leadership disengagement, Australian Journal of Education, 47(2), 172-185.

20  Teachernet (2005), School workforce remodelling, retrieved from www.teachernet.gov/uk/ wholeschool/remodelling/.

21  Teachernet (2005).

22  B. Levin & J. Wiens (2003), There is another way: A different approach to educational reform, Phi Delta Kappan, 84(9), 660.

23  Levin & Wiens (2003), 664.

24  Bill and Melinda Gates Foundation (2005), Making the case for small schools, retrieved from

www.gatesfoundation.org.

25 J. Goodlad (1997), Beyond McSchool: A challenge to educational leadership, retrieved February 12, 2005, from Center for Educational Renewal Web site:

26 Goodlad (1997).

27 Goodlad (1994), Educational renewal: Better teachers, better schools (San Francisco: Jossey-Bass), 218.

28 Goodlad (1994), 218.

29 Goodlad (1994), 217.

30 Goodlad (1994), 219.

31 Goodlad (1997).

32 Confucius (1998), Confucius: The analects (London: Penguin Books), 64.

33 D. Reina & M. Reina (1999), Trust and betrayal in the workplace (San Francisco: Berrett-Koehler).

34 A. Hargreaves (2002), Teaching and betrayal, Teachers and Teaching: Theory and Practice, 13(4), 393–407.

35 A. Bryk & B. Schneider (2004), Trust in schools: A core resource for improvement (New York: Russell Sage Foundation), 121.

36 Bryk & Schneider (2004), 22.

37 Bryk & Schneider (2004), 110-111.

38 O. O'Neill (2002), A question of trust: The BBC Reith lectures 2002 (Cambridge, U.K.: Cambridge University Press), 49.

39 O'Neill (2002), 50.

40 O'Neill (2002), 49.

41 D. Meier (2003), In schools we trust: Creating communities of learning in an era of testing and standardization (Boston: Beacon Press).

42 Canadian Press (2003, March 2), Kennedy blames Tories for teacher work-to rule, Toronto Star.

43 R. M. Kanter (2004), Confidence: How winning streaks and losing streaks begin and end (New York: Crown Business).

44 Kanter (2004), 95.

45 Kanter (2004), 139.

46 Kanter (2004), 139.

47 G. Helsby (1999), Changing teachers' work: The reform of secondary schooling (Milton Keynes, U.K.: Open University Press), 173.

48 Kanter (2004), 8; B. Tuchman (1984), The march of folly: From Troy to Vietnam (New York: Knopf).

49 Kanter (2004), 72.

50 Tuchman (1984).

51 D. Johnson (2004), Overconfidence and war (Cambridge, MA: Harvard University Press).

52 H. Keller (1990), The story of my life (reissue ed.) (New York: Bantam Classics).

53 A. Hargreaves (1998), The emotions of teaching and educational change, in A. Hargreaves, A.

Lieberman, M. Fullan, & D. Hopkins (Eds.), The international handbook of educational change (Dordrecht, Netherlands: Kluwer).

**54** D. Goleman (1995), Emotional intelligence (New York: Bantam Books).

**55** A. R. Hochschild (1983), The managed heart: The commercialization of human feeling (Berkeley: University of California Press).

**56** J. Blackmore (1996), Doing "emotional labour" in the education marketplace: Stories from the field of women in management, Discourse: Studies in the Cultural Politics of Education, 17(3), 337-349; B. Beatty (2002), Emotional matters in educational leadership: Examining the unexamined, unpublished doctoral dissertation, University of Toronto.

**57** B. E. Ashforth & R. H. Humphrey (1993), Emotional labour in service roles: The influence of identity, Academy of Management Journal, 18(1), 88-115.

**58** B. Stenross & S. Kleinman (1989), The highs and lows of emotional labour: Detectives' encounters with criminals and victims, Journal of Contemporary Ethnography, 17(4), 435-452.

**59** S. Fineman (Ed.) (2000), Emotion in organizations (London: Sage).

**60** Alberta Learning (2004), Improving student learning: Alberta Initiative for School Improvement (Edmonton, Canada: Author), 8.

**61** Alberta Learning (2004), 5.

**62** Captain James Cook, quoted in R. Wright (2004), A short history of progress (New York: Carroll and Graf), 61. See also J. Tainter (1988), The collapse of complex societies (Cambridge, U.K.: Cambridge University Press); J. Diamond (2005), Collapse (New York, Penguin Books).

**63** J. Rifkin (1981), Entropy: A new world view (New York: Bantam Books).

**64** Hale means "vigorous and healthy," as in hale and hearty.

# VII장

## 보존
### (Conservation)

나는 불멸은 다양한 삶이나 경험을 통해 얻은 영혼의 전승이라고
생각한다. 이것은 진심을 다하여 살고, 사용하고,
학습된 유용한 것들을 다음 세계로 이어주며, 더 풍부하고,
더 높고, 더 행복해지며, 지나간 것에 대한 진정한 기억만을 가져가는
것이다.

-루이자 메이 알콧(1884)

# 역사와 유산

**<지속가능한 리더십 제 7원칙>**

지속가능한 리더십은 더 나은 미래 구축을 위해 과거를 존중하고 그것을 기반으로 한다.

## 과거 요소 결합 및 재조합

대부분의 교육 변화 이론과 실천은 과거를 소홀히 다룬다. 변화의 화살은 오직 앞으로만 움직인다. 과거는 미래에 더 가까워지기 위해 서둘러 무시하거나 극복해야 할 대상으로 여겨진다.[1] 변화에 끌리거나 심지어 중독된 사람들에게 과거는 현재에 머물기를 좋아하고 감정적으로 오래된 습관과 애착, 신념을 버리지 못하는 사람들 사이에서 나타나는 퇴행적이고 비이성적인 저항의 창고로 여겨진다. 또한 과거는 어둡고 암울한 시대라는 다소 경멸적인 시각으로 본다. 과거에 획일화된 공장 모형으로 운영되었던 공교육의 부정적 특징이나, 자료와 정보에 기반하지 않고 직관에 의존했던 각종 교육적 판단

으로 인해 교육이 현대화되는 데 부정적인 영향을 주었다는 식이다.[2]

변화에 현재 또는 미래 시제만 있을 때, 그것은 지속가능성의 반대말이 된다. 지속가능한 개발은 과거의 가치 있는 모든 것을 존중하고, 보호하고, 보존하고, 새롭게 하며, 더 나은 미래를 만들기 위해 과거로부터 교훈을 얻는다. 오래된 환경, 멸종 위기에 처한 종, 문화적 전통, 토착 지식, 집단기억은 그 자체로 가치가 있고 학습과 개선의 강력한 원천이기 때문에 보호하고 보존해야 한다.[3]

몇몇 변화 이론 연구자들이 이미 수행해 온 바와 같이 변화 이론은 과거 유산을 다루어야 한다.[4] 변화 이론가들은 경력이 풍부한 구성원들이 취하는 변화에 대한 저항적인 태도나 과거에 대한 향수를 변화에 대한 장애물로만 보지 말고 지혜와 배움의 원천으로 보는 법을 배워야 한다.[5] 그들은 과거의 유산을 무시하거나 지우려 하지 말고 그 위에 변화를 구축하기 위해 열심히 노력해야 한다. 변화를 고려할 때마다 지속가능한 리더십은 과거에서 재창조하고 개선할 수 있는 선례와 이전에 성공하거나 실패한 사례의 증거를 찾아야 한다. 이는 과거에 얽매여 살라는 뜻이 아니라 과거를 소중히 여기고 배워야 한다는 의미이다.

반복적 변화 증후군을 비판한 에릭 에이브러햄슨(Eric Abrahamson)은 "미래를 창조하기 위해 과거를 지워야 한다"라고[6] 말하는 창조적 파괴는 재고해 볼 필요가 있다고 주장하면서, 변화만을 계속 추구하는 것은 조직을 불안하게 만들고, 직원들의 소진을 유발하며 축적된 전문지식과 기술, 각종 경험들을 낭비하는 결과를 초래한다고 경고한다.[7] 이에 대한 대안으로 에이브러햄슨은 창조적 재조합(creative recombination)을 제안한다.

창의적 재조합은 우수한 워크샵처럼 운영된다. 단순히 과거를 재사용하거나 재활용하는 것이 아니라, 창의적이고 장인적인 방식으로 과거의 가장 좋은 부분을 재조합하여 이미 사용 가능한 것에서 새로운 것을 만들어 내기 때문에 자원도 절약하고 새로워진다. 새로운 구조, 새로운 기술, 새로운 인력에 자금을 지원하는 대신, 고통 없이 변화를 주도하는 리더는 "조직이 이미 보유하고 있으나 잘 맞지 않는 부문을 찾아 재사용하고 재배치하고 재결합"한다. 다시 말해, 창의적 재결합은 [그림 7.1]에서 볼 수 있듯이 과거의 요소를 변형하는 것을 의미한다.

지속가능한 리더십과 개선은 과거와 미래에 관한 것이다. 사람들의 지식, 경험, 경력을 일회용 쓰레기로 취급하지 않고 가치 있고 재생 가능하며 재조합이 가능한 자원으로 간주한다. 지속가능한 리더십은 과거를 맹목적으로 지지해서도 안 되지만, 항상 과거를 존중하고 그로부터 배워야 한다.

■ 해고와 재고용     ⇨     기업이 이미 보유한 인재 재배치

■ 새로운 커뮤니케이션 개발     ⇨     기존 소셜 네트워크에 연결 및 재창조

■ 새로운 가치의 창출     ⇨     기존 가치의 부활 및 재생

■ 새로운 직무과정 재설계     ⇨     기존의 우수한 직무과정 살리기

■ 완벽한 구조조정     ⇨     기존 구조의 재작업 및 재구축

[그림 7.1.] 재생을 위한 창조적 재조합

## 지혜와 기억

2004년 말 남아시아 지역에 쓰나미가 인도양을 휩쓸고 지나갔을 때, 그 길목에는 세계에서 가장 오래되고 고립된 원주민 부족들이 있었다. 구조대원들은 원주민 부족들이 홍수에 휩쓸려 죽음을 맞이할 것이라고 확신했다. 하지만 대부분은 성공적으로 고지대로 피신했다. 적어도 일부의 경우, 구전으로 전해 내려오는 토착 지식 덕분에 목숨을 건진 것으로 보였다.[8] 예를 들면, 리틀 안다만(Little Andaman)섬의 온지(Onge) 부족과 협력하는 인류학자

마리쉬 차우디(Marish Chaudi)는 "원주민들이 쓰나미에 대해 알고 있고 대처 방법을 알고 있다는 분명한 증거가 있다"고 말했다. 신화와 이야기로 전해 내려오는 원주민의 토착 지식 안에 "거대한 땅의 흔들림과 높은 물의 벽"을 의미하는 내용이 포함되어 있었다.[9]

유럽 관광객과 인도양 섬에서 수백 년 동안 거주해 온 정착민들은 비록 현대적인 지식 체계는 상당했지만 그들에게는 쓰나미의 공포로부터 자신을 보호할 수 있는 원주민들의 오래전부터 축적해 온 지식과 집단 기억에서 나오는 대비책은 없었다.

## 과거 묵살하기

교육과 다른 삶의 영역에서 우리가 직면한 변화와 도전은 다행히도 앞에서 말한 쓰나미보다 그 규모가 매우 작다. 하지만 흥미진진하든 압도적이든 혁신과 개혁의 물결은 여전히 학교에 큰 영향을 미치고 있다. 많은 수의 고경력 교사들은 이전에 이러한 파도 또는 이와 유사한 파도가 밀려오는 것을 목격하고 대응하는 방법을 배웠다. 그러나 그들이 오랜 세월 동안 쌓아온 경험, 지혜, 전문지식은 종종 진부한 표현(흔들리는 진자, 아기와 목욕물), 비이성적인 저항과 냉소("전에도 해봤는데 안 먹혔어"), 기만적인 합리화("이미 하고 있어"), 심한 완고함("내 눈에 흙이 들어가기 전에는(절대 안 된다)") 또는 이기적인 비굴함("최고의 학생들을 포기할 순 없어, 내 인생에 시간 더 투자하기, 퇴직 직전 한 가지를 바꾸려고!")으로 무시당하기 일쑤이다. 전문가의 지혜는 종종 변화와 변화옹호자에 대한 도전으로 인식되거나 변화 과정을 지연시키기 때문에, 전문가의 지혜를 수용하여 잘 활용할 적극적인 기회로 보기보다는 무시하거나 제거해야 할 '짜증나는' 장애물로 간주된다.

에이브러햄슨은 반복적인 변화 신드롬이 어떻게 끝없는 축소, 구조조정, 재설계와 함께 직원과 리더십의 대규모 출혈로 이어지고, 이로 인해 "조직의 기억 상실"로 이어지는지 설명한다.[10] 조직의 전통을 기념하고, 조직의 목적과 사명을 실천하며, 일을 가장 잘 수행하는 방법에 대한 지식과 전문성을 전수하고, 신입사원에게 지름길과 문제 해결을 위한 구체적 수단과 방법을 보여줄 사람은 아무도 남아있지 않게 된다.

조직이 고위직이나 중간급 리더를 너무 많이 해고하면 장기적인 효율성을 잃게 된다. 항공사나 철도 회사처럼 사람들의 안전에 영향을 미치는 기관이 조직의 기억을 간직하지 못하면 비극적인 인명 손실로 이어질 수 있다. 1990년대 영국의 철도가 민영화되고 중간 및 고위 경영진 사이에서 '낭비 요소 제거' 캠페인이 널리 퍼졌을 때, 문제 해결 방법에 대한 엔지니어링 전문지식의 상실은 일련의 치명적인 사고에 기여했을 뿐만 아니라 이후 철도가 수백 차례의 감속과 폐쇄를 겪었을 때보다 현명한 수리 결정을 내릴 수 있는 지혜와 기억, 경험을 가진 기술자가 없었기 때문에 지나치게 조심스럽게 대응하는 결과를 초래했다.[11]

원로교사들을 부적격 교사나 일회용 쓰레기로 취급하는 대신 로드바이런 고등학교의 그렉 앨런처럼 멘토링, 지속적인 학습활동 장려, 개혁의 참여와 같은 기회를 제공함으로써 학교 환경과 교육의 질을 높일 수 있는 재생 가능한 자원으로 접근하는 것이 중요하다.

50명의 교사들에게 나이에 따라 변화에 대한 반응이 어떻게 달라지는지, 다른 연령대의 교사들이 어떻게 다르게 반응하는지에 관해 설문조사를 실시했다. 그 결과 젊은 교사들은 불안감이 커지는 직업적, 사회적 환경에서 생존에 필요한 적응력을 배워온 열정적이고 대체로 낙관적인 개인으로 기술되었다. 고령의 교사들은 경력이 끝날 무렵, 신체가 악화되기 시작하고 반복적인 교육 변화의 경험으로 지쳐가고 은퇴가 임박하면서 다른 사람들에 대한 통제력이 약해지면서, 교실 밖의 변화 노력에 직면하여 지항력과 회복력을 키우고 남은 에너지를 교실 내에서 적당한 수준의 성취감 향상에 더 집중하게 되었다. 중간 시기에 해당하는 교직 생활의 중년기에 접어든 교사들은 열정을 유지하면서도 어느 정도 절제했으며, 자신감, 역량, 안정감이 커지면서 변화 도입에 대해 개방적이면서도 선택적인 태도를 유지하는 것으로 나타났다.[12]

이러한 조사 결과는 정책 입안자들에게 의미 있는 시사점을 제공한다. 젊은 교사들은 변화에 적극 참여토록 하고, 변화에 대한 열린 태도를 개혁 정책에 어울리도록 조정한다. 적절한 인재를 버스에 태우면 젊은 층과 노년층의 부정적인 인구통계학적 '격차'가 변화의 기회라는 긍정적인 인구통계학적 '배당'으로 바뀔 수 있다.[13] 하지만 이러한 인구통계학적 배당은 자동으로 개선이 이루어질까? 연구에 따르면 젊은 교사들은 나이 든 동료들보다 변화에 대해 더 열정적이고 개방적이지만 (부분적으로는 비교할 과거가 없기 때문에) 변화를 구현하고 이해하는 데 있어 유능감과 자신감이 떨어진다.[14] 변화에 대한 개방성을 만드는 기억의 부재는 그러한 변화를 자신의 관점으로 볼 수 있는 경험의 부재를 필연적으로 수반하게 된다.

교사들의 감정에 관한 연구 과제에서 또 다른 흥미로운 사실을 발견했다. 교육 변화에 대한 교사 자신의 감정적 반응이 다른 세대 그룹의 동료들이 교사에게 보이는 반응과 항상 일치하는 것은 아닌 것으로 나타났다. 선배교사는 그 반대의 경우보다 젊은 동료에 대해 더 많은 공감을 나타냈다. 젊은 교사는 선배 동료교사에 대해 덜 관대한 경향이 있으며, 그 과정에서 변화에 대한 그들의 지혜를 과소평가하는 경향이 있었다. 현재와 미래의 교육계에서 교직의 인구학적 이직률로 인해 경험이 적은 젊은 층이 증가할 것으로 예상된다. 그러나 선배 동료교사에 대한 공감이 여전히 약하다면, 이는 경력 교사의 변화에 대한 방향성에 대한 여러 가지 오해로 이어져 그들의 지혜와 전문성을 더욱 멀리할 것이다. 교직의 세대 차이는 우리가 처리해야 할 골칫거리가 아니라 소중한 자산으로 다루지 않는다면 신규 교사들이 증가한다고 교육이 개선된다고 보기 어려울 것이다.

하버드 대학교의 수잔 무어 존슨(Susan Moore Johnson) 교수와 동료 연구자들은 21세기 초에 대거 교직에 입문한 신세대 교사들을 연구해 왔다. 신규 교사가 교직에 남을지 여부에 영향을 미치는 요인 중 하나는 그들이 처음 근무하는 학교에 어떤 문화가 존재하는지이다. 존슨 교수와 동료 연구자들은 초보자 중심 문화, 경력자 중심 문화, 혼합 문화의 세 가지 문화를 확인했다. 우리가 우려하는 것은 초보자 중심 문화이다.[15]

교사가 첫 직장에 부임하면 차터 스쿨, 신설 학교 또는 새로운 교직원으로 재구성된 학교와 같이 혁신적이고 신생적인 환경에서 근무하게 될 수 있다. 교장들은 이러한 학교에 새로 교육을 받고 활기차며 아직 학교교육에 대한 냉소주의에 물들지 않은 젊은 신입 교사들을 배치하는 경우가 많다. 처음에 이 학교의 신입 교사는 모든 것을 스스로 해야 한다고 느낄 수 있다. 그들의 임명은 보람 있고 심지어 스릴 넘치는 것처럼 보인다. 그들은 같은 세대의 동료 교사들에게 둘러싸여 있으며, 처음부터 주도할 기회가 주어지고, 누구도 그들을 방해할 수 없다. 이 젊고 새로운 교사들은 학교를 활기차게 만들 수 있다. 그리고 한동안은 그렇게 유지할 수 있다.

초보자 중심의 문화가 있는 학교의 교사들은 열정적이고 아드레날린이 넘쳐나며, 정서적 표현도 강렬하다. 신규 교사는 선배 동료교사의 지식과 기억력, 지혜에 대해서는 별 관심이 없다. 선배 교사들의 지식과 지혜는 문제 해결의 길을 알려 줄 수도 있고, 신규 교사들이 새로 만들 필요도 없이 기존에 사용하던 자원 활용법도 알려주며, 학생들의 각종 요구에 대해 힘들어지게 될 때 다소 거리를 둘 방안도 알려주는데 이와 같은 기회를 갖지 못하는 것이다. 선배들의 전문적 지혜와 기억에 접근하지 못하면 초보자 중심의 문화에서 신규 교사들은 소신을 빨리 경험한다. 이런 현상은 학교를 넘어선 상위기관에서도 찾아볼 수 있다. 교육청과 정부가 청소년에 대한 과도한 투자를 해답으로 삼으면 새로운 교사를 쉽게 채용할 수는 있지만 유지할 수 없다는 것을 알게 된다.[16] 교사의 지혜와 조직의 기억은 우리가 해결해야 하는 문제가 아니라 교육 변화를 위한 해결책의 일부가 되어야 한다.

## 과거 망각하기

조직이 기억해야 하는 이유는 여러 가지가 있다. 조직이 잊어야 할 때도 있다. 현명한 조직은 이러한 구분을 알고 있을 뿐만 아니라 언제 망각해야 하는지도 잘 알고 있다.

파블로 마틴 드 홀란과 넬슨 필립스(Pablo Martin de Holan & Nelson Phillips)는 쿠바의 호텔 산업을 조명하는 연구를 수행했다. 쿠바 외부의 기존 호텔 체인과 파트너십을 맺은 신규 호텔들은 새로운 문화권에서 새로운 사람들과 함께 일하고 있었다. 현지 쿠바인들은 자본주의적이고 소비주의적인 호텔 문화에 어떻게 적응할 수 있을까? 호텔 관리 직원은 기존의 지식을 쿠바 문화라는 매우 다른 맥락에 어떻게 적용할 수 있을까? 각자가 기억해야 할 중요한 것은 무엇이고, 잊어버려야 할 것은 무엇이었을까?

드 홀란과 필립스는 쿠바 사례에서 네 가지 유형의 조직적 망각을 확인했다. 망각의 과정이 의도적인지, 의도적이지 않은지, 오랫동안 확립된 지식에 적용되는지, 최근에 습득한 지식에 적용되는지에 따라 분류했다(그림 7.2 참조).

드 홀란과 필립스는 조직의 망각에 대한 요인과 그 연구결과를 다음과 같이 요약했다. "일부 기업은 알아야 할 것을 잊어버려서 잃어버린 지식을 대체하기 위해 막대한 비용을 지출한다. 다른 조직은 잊어야 할 것을 잊어버리지 않고 경쟁력 없는 기술, 역기능적인 기업 문화 또는 시장에 대한 근거 없는 가정에 의존하면서 과거에 갇혀 있다. 반면에 성공한 기업은 학습뿐만 아니라 망각에도 능숙하여 급변하는 환경에 빠르게 적응할 수 있다."[17]

| | 새로운 지식 | 확립된 기존지식 |
|---|---|---|
| **우발성** | · 통합실패<br>· 소멸 | · 유지실패<br>· 퇴화 |
| **의도성** | · 포기된 혁신<br>· 중단 | · 관리된 비학습<br>· 제거 |

[그림 7.2.] 조직망각의 형태

출처: 드 홀란 & 멜슨 필립스(2004), 조직망각의 역학

## 소멸

소멸은 새로운 지식이 조직에 들어왔지만 이를 다른 사람들에게 전달하거나 사람들의 기억 속에 심어 오래도록 지속되고 조직의 효율성을 유지하는 데 도움이 되도록 만들 의지나 방법이 없을 때 발생한다. 카리스마 넘치는 리더가 때때로 어렵게 느끼는 새로운 지식을 전수하고 공유함으로써 소멸을 방지할 수 있다. 본서의 3장에서 설명한 아툴 가완데의 유능한 심장외과의사들처럼 새로운 기술을 자주 연습하고 그 사용법을 직접 코칭하고 감독하는 것이 중요하다. 또한 드 홀란과 필립스는 새로운 지식이 사람들의 기존 지식이나 이전 지식과 명시적으로 연결되고 관련성이 있을 때 어떻게 고착화될 가능성이 더 높은지 설명한다. 예를 들어, 이전 장에서 소개한 이스트사이드 기술 전문학교는 컴퓨터 기술과 같은 혁신을 주류 고등학교의 기술 및 상업 교육 관행에서 벗어나 학교의 오랜 경험 및 자랑스러운 전통과 연결하여 반복적으로 적용할 수 있었다.

## 퇴화

두 번째 종류의 조직 망각인 퇴화는 "잘 확립된 지식이 우발적으로 손실될 때 발생한다."[18] 전문가들 사이의 지식 퇴화는 "핵심 인력의 이직"이 있고 "그들의 존재나 즉각적인 감독 없이 성공적인 집단행동을 가능하게 하는 집단 지식을 창출할 수 없거나 의지가 없을 때"에 흔히 발생한다.[19] 우리 연구에 참여한 거의 모든 학교에서 리더십 승계가 빈번하게 이루어지면서 조직 기억 지우기 또는 신임 리더의 이해 및 활용 능력이 상시적인 위협으로 작용했다. 높은 교직원 이직률은 특히 새로운 교사가 부임하고 기존 교사가 떠날 때마다 독특한 목표, 구조 및 관행을 검토하고 갱신해야 하는 혁신학교에서 유사한 어려움이 야기된다. 1990년대 영국 철도에서 보았듯이, 그리고 본 연구의 교육청에서 경영 손실로 인해 학교 교장 지원 능력이 축소되었을 때 발생한 것처럼 중간 관리층의 갑작스러운 축소 또는 제거도 저하를 초래할 수 있다.

## 중단

조직의 많은 망각은 우발적인 것이지만, 일부는 고의적인 것으로서 변화와 개선을 구현하기 위한 고의적인 전략에 해당한다. 드홀란과 필립스는 "성공적인 기업"은 "학습뿐만 아니라 망각에도 능숙하다"고 말한다.[20] 짐 콜린스와 조지 포라스는 비즈니스에서 장기적인 성공을 이끄는 요인 중 하나는 기업이 다양한 실험에 참여하고, 성공적인 혁신을 언제 어떻게 계속할지 알고, 나머지는 언제 포기할지 아는 능력이라고 말한다.[21] 드홀란과 필립스는 이러한 종류의 망각을 일시 중단이라고 불렀다.[22] 경영 전문가 피터 드러커(Peter Drucker)는 '조직적 포기'라는 용어를 선호한다.[23]

피터 드러커는 조직적 포기의 목적은 "더 이상 성과를 내지 못하는 것을 유지하는 데 투입되는 자원을 확보하는 것"이라고 말한다.[24] 조직적 포기를 통해 변화를 이끄는 리더는 모든 것들에 대해 정기적으로 "수명을 시험"한다.[25] 조직적 포기는 관행의 효율성이 떨어지거나 더 우수한 관행의 도입을 방해할 때 요구된다. 피터 드러커는 포기가 막연한 의도에 불과하다면 결코 일어나지 않을 것이라고 주장한다. 자발적으로 일을 포기하기란 너무 어렵다. 대신, 조직은 정기적으로 포기를 목적으로 하는 회의를 열어 무엇을 남길 것인지에 대해 엄격하고 집중적인 결정을 내려야 혁신을 위한 공간을 확보할 수 있다.

브라이언 콜드웰은 교육에서 포기는 드러커가 말한 생산성과 효율성의 이유뿐만 아니라 기회의 평등, 접근권 등 소중한 교육적 가치의 성취를 보호하기 위해서도 이루어져야 한다고 주장한다.[26] 콜드웰은 다음과 같은 조직적인 포기 영역을 제안한다.

- 시대에 뒤떨어진 교육과정
- 더 이상 작동하지 않는 교수법
- 설계가 더 이상 적절하지 않은 건물
- 증거나 연구가 뒷받침되지 않는 전문성
- 다른 사람이 처리할 수 있는 교육 및 관리 업무[27]

규정된 국가 교육 과정을 줄이고 다른 디자인을 사용하는 성공적인 학교에 세제 혜택을 주며 외부 책임의 부하를 줄이고 외부 시험이 어린아이들과 교사에게 미치는 영향을 줄이고 담임 교사가 처리했던 수백 개의 행정업무를 다른 직원에게 이전하고 오늘날 학생 학습에 더 적합한 새 건물을 만들기 위해 낙후된 지역의 오래된 건물을 불도저로 철거하는 등의 방법을 사용한다.[28]

애초에 하고 싶지 않았던 업무와 관행을 버리는 것은 쉽고 매력적인 일이다. 예를 들어, 연구 대상인 캐나다 학교의 교사들은 업무 규칙 변경으로 회의 참석에 대한 요구가 사라지자 기뻐했다. 그들 중 일부는 교실 수업이 그 어느 때보다 더 좋아졌다고 말했다. 다른 사람들은 그들이 어렵게 느끼고 익숙하지 않은 새로운 관행으로 강요되었던 정책의 종식을 환영했다. 그러나 학교와 교사 누구나 자신이 좋아하고 편안하다고 생각하는 관행을 포기하기는 어려웠다. 따라서 이를 위해서는 좀 더 조직적이고 집중적이며 체계적인 과정이 필요하다.

조직적인 포기를 해결하기 위한 일반적인 학교 개발 기법은 "중지, 시작, 유지"로 알려진 연습으로, 여기에 네 번째 범주인 "무시/전복"을 추가한다. 학교(또는 기타 조직)에서 무엇이 가치 있고 효과적인지, 무엇이 자주 실행되는지(또는 실행되지 않는지)를 파악한 후 집단은 다음과 같이 결정한다.

- 자주 실행하지만 다른 활동에 비해 가치가 거의 없거나 적은 활동은 중단(조직적 포기).
- 현재 자주 실행되지 않거나 전혀 실행되지 않는 매우 가치 있는 과제를 시작(발명, 창의적 재조합 등의 활용).
- 이미 자주 실행되고 있는 매우 가치 있는 활동을 지속(이는 조직의 기억을 보존하는 데 도움 제공).
- 지금까지 실행되지 않았지만 외부 기관에서 의무화하기 시작한 가치나 효과 가능성이 거의 없는 활동은 무시/전복(변화에 대한 저항을 자기 보호라는 부정적 과정이 아닌 건설적이고 사려 깊은 가치 보존의 과정으로 전환)

잊어버리는 것은 쉬운 일이 아니다. 그러나 조직적 포기는 특정한 종류의 망각을 통해 실현 가능하고 의도적이고 바람직한 것을 만들어 낼 기회를 제공한다.

# 제거

때로는 우리가 간직하고 기억하고 있는 것들을 잊거나 최소한만 간직하는 것이 중요하다. 잘못된 관행, 나쁜 습관, 새로운 문화나 새로운 시대의 요구에 부합하지 않는 낡은 업무방식 등. 이 모든 것이 조직 청산의 대상이다. 드 홀랜과 필립스(De Holan & Phillips)는 캐나다 호텔 협력지점들이 새로운 쿠바 지점과 쿠바 사람들을 몬트리올의 교외 지역처럼 대하지 않아야 했고, 쿠바 서비스 직원들은 자신이 좋아하는 서비스가 아니라 외국인이 좋아하는 수준의 고객 서비스를 제공해야 했다고 이야기한다.[29]

우리가 효과적이라고 느끼는 오래된 관행을 버리고 초기에는 효과가 적을 수밖에 없는 새로운 관행으로 대체하는 것은 편안하지도 즐겁지도 않은 일이다. 사람들이 과거에 집착하고 싶은 유혹을 느끼는 것은 정상적이고 이해할 수 있는 일이다. 모든 변화에는 상실이 수반되며, 상실해야만 하는 내용이 편하면서도 작동이 잘되는 경우에는 새로운 변화에 더 저항하려는 태도가 나타난다.[30] 그러나 오래되고 좋은 경험이 많은 것을 고의적으로 평가 절하하면서 조직의 기억을 지우는 것은 바람직하지 않다.

- 신임 교장이 유사한 프로그램의 장단점 및 우선순위의 존재를 인정하지 않고 반려동물 프로그램을 밀어붙이는 경우[31]
- 반복적인 변화, 과잉 개혁, 성급한 실행 절차로 인해 교장이 과거 유사한 변화 노력에서 배울 수 있는 교훈에 대해 숙련된 직원들의 의견과 피드백을 구하지 않고 변화를 강행하도록 압력을 가하는 경우[32]
- 지나치게 획일화된 시스템에서 편협한 개혁 관행으로 인해 리더가 다른 의견이나 의심할 만한 충분한 이유가 있는 숙련된 교사의 목소리를 존중하고 경청하기 어려울 때[33]
- 학교 및 교육청의 리더가 변화에 대해 흥분은 하나 상실감을 거의 갖지 않는 젊은 교

사들에게 과도한 믿음과 긍정을 부여하는 경우[34]

학습하지 않거나 제거해야 할 것이 문해력 교육 방식, 평가에 대한 태도, 학부모와의 소통 절차 또는 학교 운영 방식이든, 두 가지 부분에 특히 우리는 관심을 가져야 한다. 첫째, 비학습(unlearning) 영역이 정확하게 진단되었는가, 그리고 이러한 비학습이 교육적으로 바람직한가, 아니면 정치적 편의주의에서 나온 것인가? 둘째, 비학습을 새로운 학습으로 대체하는 지식 전환 과정이 지원적인 방식으로 관리되고 있는가, 아니면 트라우마로 작용하는가? 학교와 기타 조직은 올바른 방식으로 잊기에 적합한 것을 잊어야 한다. 조직의 망각에 대한 진단이나 개발 과정이 잘못되면 학교와 리더는 교사들의 향수(nostalgia)라는 강력한 장애물에 직면하게 될 것이다.

## 과거에 대한 향수

과거에 대한 향수, 노스탤지어(nostalgia)는 기억과 망각의 독특하고도 비뚤어진 조합이다. 과거에 대한 향수는 현재의 괴로운 경험과 대조되는 과거에 대한 선택적이고 왜곡되고 이상화된 관점으로 구성된다. 크리스토퍼 라쉬(Christopher Lasch)는 노스탤지어를 "기억의 퇴위"라 불렀다.[35] 기억에는 추억, 회고, 회상이 포함될 수 있지만 반드시 감성적인 것은 아니다. 반면 노스탤지어는 항상 감성적이다. 그러나 모든 감성이 향수를 불러일으키는 것은 아니다. 노스탤지어의 특이한 점은 불만족스러운 현재에서 더 안심하고 목가적인 과거로 기억하고 돌아가고자 하는 소망을 불러일으키는 데 있다.

과거의 향수를 불러일으키는 이상향이 모두 잔인하거나 냉혹한 현재에 대한 긍정적인 특징만을 묘사하는 것은 아니다. 프랭크 맥코트(Frank McCourt)의 『엔젤의 재(Angela's Ashes)』나 브라이언 우드러프(Brian Woodruff)의 『냅 엔드로 가는 길(he Road to Nab End)』과 같은 인기 있는 장르의 자서전에서는 작가의 어린 시절이 가난과 혼란, 잔인함으로 점철된 과거로 묘사된다.

그러나 유쾌한 풍자를 특징으로 하는 디킨스식 방식(Dickensian fashion)으로 이러한 끔찍한 역사는 따뜻함, 사랑, 탈출, 즐거움의 순간을 통해 부분적으로 나마 완화되며, 궁극적으로 주인공이 경험한 역경을 이겨내는 능력을 통해 구원받는다. 어렵게 자랐다고 기억하는 사람, 자란 것이 아니라 끌려 올라왔다고 말하는 사람, 고전적인 영국의 코미디 작가와 배우들이 모여서 만든 그룹인 몬티 파이썬(Monty Python) 스케치에서처럼 신발 상자에서 살았지만 그것이 좋았다고 말하는 사람은 자신의 고통에 대해 슬퍼하고, 자신의 고통을 공유하지 않은 것처럼 보이고 너무 쉽게 살아온 후배들에 대해 경계하거나 심지어 원망하기도 한다. 황금기라기보다는 교직 생활의 막다른 골목에 내몰려 '지옥 같은 수업'을 했던 암흑기를 기억하는 교사들은 이러한 복잡한 향수의 특징을 보인다.

교육 개혁가들은 여러 가지 이유로 과거에 대한 부정적인 이미지를 그리지만 주로 현재 또는 미래에 대한 영웅적인 견해와 대조하기 위해 과거의 부정적 이미지를 사용하기도 한다. 그들은 과거의 교육이 진보주의 교육철학을 부적절하게 적용하였다고 하고, 교육과정이 체계적이지 않았고, 정부도 자신들의 교육방안들을 맹신하면서 과도하게 집행하고자 하는 경향을 대표적 이미지로 생각했다. 교사들이 과거에 대한 왜곡된 이미지를 이상적으로 그린다면, 개혁가들은 미래에 자신들이 담당해야 할 책임을 정당화하기 위해 과거를 악마화하는 반-노스텔지어(anti-nostalgia)에 빠지기 쉽다.

수년간의 강요되고 압도적인 교육개혁과 전문가로서의 교사에 대한 대중의 폄하에 직면한 연구 대상 학교의 경력 교사들은 한때 자신들에게 힘을 실어주고 지위와 가치를 높여주었던 근무 조건의 상실을 슬퍼했으며, 동료 간의 신뢰, 공동의 목적의식, 가족의 지지, 권위 존중, 배우고자 하는 학생들로 특성지어셨넌 과거의 학교 환경을 그리워했다.

　미국 북동부에 위치한 셸던 학교의 교사들은 1960년대 후반 이 학교를 지역의 보석 같은 학교로 기억하고 있다. 그들은 이렇게 회상했다. "아이들은 학업에 더 관심이 많았습니다. 그들은 고등교육을 받을 것으로 예상됐습니다. 그리고 그들 중 상당수가 학업에 열중하고 있었죠." 일부 교사들은 "자신이 배우는 것에 정말 관심을 갖고 학업에 흥미를 가졌던" 학생들을 기억했다. 베이비붐 세대의 교사들은 그들이 막 경력을 쌓기 시작했을 때, 어떻게 "젊고 야망이 있었는지" 그리고 "독신으로 [외부] 책임이 없는" 것을 즐겼던 것을 기억했다. 이로 인해 "더 쉽게 (중략) 학생 및 동료들과 친하게 지낼 수 있었습니다." 표준화된 개혁, 독재적 리더십의 계승, 학교 기반 기획팀의 '가짜 정책'에 직면한 이 교사들의 이상주의는 인종 갈등 심화, 학습에 대한 학생들의 관심 감소, 그리고 교사들의 자율성을 감소시키는 하향식, 때로는 모순적인 명령에 지친 고령화된 교수진 사이에서 직업적 고립감과 함께 사라져갔다.

　탈리스만 파크 중고등학교의 커피 마시는 모임은 씁쓸한 향수의 화신이었다. 동아리 회원들은 "대부분 백인 아이들"이었던 "문제도 적고", "돈도 많고", "학교 운영에서 발언권도 많았던" 학생들이 어떻게 변했는지 회상했다. 그들은 "안정적인 가정"에서 왔고, "배울 준비가 되어 있고 배울 수 있으며", 학교의 친밀한 가족 문화를 동일시했다. 이와는 대조적으로, 교사들은 오늘날의 학생들이 이전 세대보다 더 다양하고 덜 부유한 배경을 가지고 있으며 "처리해야 할 일이 훨씬 더 많다"고 느꼈다. "한부모 가정의 학생들은 생존, 음식, 옷을 구하는 데 어려움을 겪었다." 제2외국어로서의 영어에 대한 지원이 필요한 학생들도 늘어났으며, 일반적으로 학생들은 더 이상 학교를 삶의 중심지로 생각하지 않았다. 몇몇 교사는 "증가하는 규율 문제", "불량한 학습 습관", "단기 집중력 저하"를 그 이유로 꼽았다. 또 다른 교사는 부모가 더 이상 자녀에게 "필요한 교육과 지도"를 제공하지 않기 때문에 권위에 대한 학생들의 태도가 나빠졌다고 느꼈다. 33년 경력의 한 영어 교사는 셰익스피어와 같은 고전에 집중하는 오늘날의 학생들을 "상상"할 수 없었다고 회고했다. 한 동료교사는 "미식축구에 관심을 가진 아이들이 충분하지 않아 학교 역사상 처음으로 고학년 미식축구팀이 없었다"고 한탄했다.

이처럼 화려했던 "황금기"를 회상하는 것은 정부 개혁이 "상상력을 발휘할 여유가 없이 너무 빠르게 진행되고 있다"는 교사들의 우려에서 비롯되었다.[36] 교사들은 공적 시스템의 실패에 대한 "희생양"으로 이용당하고 있다고 느꼈다. 다른 응답자들은 "부모들은 자녀가 제대로 대처하지 못할까 봐 불안해하고" "관여하고 싶지 않다", 개혁에 "예산이 부족하다", "교사들의 통제력이 부족하다", "개혁이 학생들에게 도움이 되지 않는다." "기계적인 과정이다", "답이 없는 질문이 너무 많다"고 답했다.

예산 삭감으로 인한 재정 삭감으로 커피 마시는 모임과 다른 사람들은 "교사가 업그레이드할 돈이 없다", "교직원 연수 일이 없다", "보조교사를 점점 더 사용할 수 없게 되었다", "지원 부서장들을 없앴다"고 불평했으며, 중간 관리직이 부담을 더 안게 되어 "부서장"이 되고자 하는 교사도 자연스럽게 감소했다. 더 큰 직업적 자율성에 대한 정치적 향수와 더 온화하고 의욕적인 학생들에 대한 개인적, 사회적 향수, 그리고 탈리스만 파크학교 교사들의 현재에 대한 원망으로 인해 과거에 잃어버린 영광을 더 크게 인식하게 되었다.

학교가 변화하고, 사회적 요구가 증가하고, 자원이 줄어들고, 개혁의 압력이 거세지면서 연구 대상 학교의 교사들은 인종 갈등 없는 공동체, 준비된 상태로 수업에 임하는 학생, 학교 교육의 가치를 반영하고 지지하는 안정적인 공동체로서의 학교를 잃게 된 것을 안타까워했다. 이러한 상실감의 일부는 현재 문화적 다양성이 증가하고 빈곤이 증가하며 백인 학생들의 진학이 증가하는 상황에 비해, 다루기 더 쉽고, 더 좋고, 더 친절했던 학생과 커뮤니티에 대한 과거의 향수에서 비롯되었다. 반복되는 변화 증후군에 대응하여 교사들은 전문적 자율성, 지위, 정치적 발언권, 학생들 요구에 적합한 전문적 결정을 내릴 수 있는 팀워크와 능력에 대한 정치적 향수를 표현하기도 했는데, 이는 교사들이 과거에 잃어버렸다고 느꼈던 것들이다.

모든 향수는 불안정한 현재의 쓰라린 경험에 의해 변형되고 오염된 과거에 대한 회상이다. 교사로서 전문적 자율성과 잃어버린 사명에 대한 향수는 개혁, 축소된 비전, 표준화, 자율성 상실이라는 현재 상황에서 나온 것이다. 보다 전문적이고 친밀한 환경에서 배우기를 원했던 백인 학생들에 대한 향수는 인종적 다양성 증가, 빈곤층 학생의 증가, 특수교육이 필요한 학생의 증가로 특징 지워지는 불편한 현재의 교육 현실과 대조를 이룬다.

대규모 교육개혁은 종종 전문직으로서 교사라는 과거에 대한 향수를 유발하는 해고나 폄하로 인해 실패하는데, 이는 여론과 편견에 편승해 교직을 소외시키고 교사가 소중히 여기는 세대적 사명을 무시하는 행위이기도 하다. 반 노스탤지어는 윤리적으로 논쟁의 여지가 있을 뿐만 아니라 변화에 대한 광범위한 저항을 증폭시키고 방해가 된다고 인식하는 나이 든 교사들 사이에서 고착화되고 씁쓸한 향수를 강화하기 때문에 전략적으로도 문제가 된다. 현재 상황에 저항하는 경력 교사들은 과거를 낭만화함으로써 도피처를 찾는다.

강요된 망각은 숙련된 교사들이 자신의 실무를 개선하도록 영감을 주는 대신, 나이 든 교육자들을 방어적인 향수의 허상에 빠지게 하여 전문직의 지혜를 낭비하고 사기가 저하된 교사와 불만을 품은 동료로 만든다.

## 과거 재생하기

열정적 개혁가들은 과거를 무시하는 경향이 있다. 개혁의 대상이 되는 사람들은 과거를 낭만화하는 경향이 있는데, 이들이 직면한 과제는 과거로부터 보존해야 할 것을 보존하고 가능한 한 과거로부터 배워야 한다는 것이다.

과거를 보존하는 것은 환경주의의 가장 중요한 가치이다. 영국에서 윌리엄 워즈워스(William Wordsworth)는 자연을 경외하기보다 자연을 찾고 자연에서 영감을 얻도록 국민들을 설득한 최초의 인물 중 한 명이다.[37] 19세기 중반, 산업 시대가 시작되던 매사추세츠주에서 미국의 '환경 보호 운동의 선지자' 헨리 데이비드 소로우(Henry David Thoreau)는 다른 대중이 견뎌야 했던 '조용한 절망의 삶'에서 벗어나 월든 연못의 숲속 거친 오두막에서 수개월 동안 금욕적인 생활을 하며 창작 활동을 했다. 그는 "야생(wildness)"은 "세상을 보존하는 것"이라고 선언했다.[38] 훗날 세계 최초의 환경보호단체인 시에라 클럽(the Sierra Club)을 설립한 존 뮤어(John Muir)는 1870년 캘리포니아 시에라 네바다의 요세미티 계곡에 들어갔고, 그곳에서 "영원히 사는 법(immortality)"을 발견했다.[39]

이러한 시작에서 조류보호단체인 오듀본 협회(Audubon Society), 국립공원, 세계 야생동물 기금, 세계자연보호기구, 그리고 현재의 제도와 경제 내에서 야생과 생물다양성을 보존하는 데 전념하는 수많은 소규모 단체 등 방대한 자연보호 운동이 발달했다.[40] 에드워드 윌슨(E.O. Wilson)에게 "보존 윤리는 인간 외 세계의 가장 좋은 부분을 미래 세대에게 물려주는 것을 목표로 하는 윤리이다."[41]

보존주의에는 비판적 요소도 있다. 우선, 윌슨은 신사적인 야만인은 없다고 말한다. 그는 폴리네시안 마오리족이 뉴질랜드의 날지 못하는 큰모아새를 식용하는 바람에 멸종시켰다고 지적한다. 호주에 원주민이 도착하면서 가장 큰 포유류가 빠르게 멸종했다.[42] 그리고 로빈 후드 시대에 영국의 삼림이 황폐화되자 현지인들은 다른 곳에서 직접 장작을 구입하여 영국 해군을 바다로 보낼 수 있도록 가용 목재를 사용하게 했다.[43]

둘째, 환경 보호론자들은 과거를 존중해야 한다고 믿지만, 이것이 모든 것에 적용되는 것은 아니다. 예를 들어, 하와이에 육식성의 수천 마리 야생 돼지를 풀어 토착 조류의 수를 35종으로 줄이거나, 윌리엄 셰익스피어가 언급한 모든 새를 소개하려는 목적으로 한 수집가가 찌르레기 100마리를 야생에 풀어 놓는 바람에 전염병처럼 퍼진 미국 전역의 찌르레기 혼란이 여기에 해당된다.[44]

셋째, 환경 보호론자들이 과거를 보존한다고 해도 과거 자연은 그들이 주장하는 것처럼 순수하고 야생적이지 않다. 역사학자 사이먼 샤마(Simon Schama)는 그의 저서 『풍경과 기억(Landscape and Memory)』에서 자연은 순수하고 사람들은 자연을 더럽힌다는 단순한 관점을 거부한다. 대신, 우리는 자연에서 거대한 삼나무의 '대성당 숲(cathedral groves)'과 같은 현상을 볼 때, 경외심과 불멸에 대한 우리의 감정과 해석에 문화의 신화와 이해를 가져 온다고 말한다.[45] 대성당 숲은 그 자체로 존재하는 것만큼이나 우리가 그것들을 만들어 내는 것이다. 존 뮤어는 엄격한 아버지로부터 도망쳐 대자연에서 안식과 부활을 찾았다. 자연은 그의 정신적 안식처이자 영혼에 대한 일종의 향수였다. 그러나 우리는 자연의 일부이지 자연을 침범하는 특별한 존재가 아니다. 존 듀이(John Dewey)는 우리에게 도움이 되지 않는 양극화를 반대하는 데 앞장섰으며, 자연과학의 기계적 전통이 우리에게 가져온 '인간과 자연'의 분리에 도전했다.[46] 그는 "인간의" 목적과 목표는 "자연조건에 따라 실행 여부가 결정되며, 그러한 조건과 분리되면 공허한 꿈과 공상이 된다"고 지적했다.[47]

물리학 실험을 하는 관찰자처럼 황야에 들어가는 순간 우리의 존재 자체가 우리가 보는 것을 변화시킨다. 산업혁명과 식민주의가 도래하기 이전 자연 그대로의 황무지, 아니면 자연과 인간 사이의 완벽한 조화는 존재하지 않았다. 그러나 이러한 사실이 '과거 재생하기'라는 움직임을 폄하할 명분은 되지 못한다.

그렇다면 보존 윤리에 대한 이 복잡하고 다소 낭만적인 이해에서 우리는 무엇을 배울 수 있을 것인가? 우리의 학습과 삶, 그리고 야생과 세계에서 지속가능성에 접근하는 데 어떻게 도움이 될 수 있을까? 가장 근본적이고 광범위한 교훈은 다음과 같다.

- 우리는 과거를 인지하고, 최선의 것을 보존하고 그 나머지에서도 배워야 한다.
- 야생성, 다양성, 무질서는 우리의 삶과 업무에 풍요로움과 아름다움을 가져다준다. 미시적으로 관리되는 조직은 열심히 잘 다듬은 잔디밭과 같다. 헨리 데이비드 소로가 말했듯이, "개혁가들은 가장 인내심이 많은 사람들이다."[48]
- 자연과 마찬가지로 과거는 깨끗하지도 순수하지도 않다. 과거를 인정하되 낭만화하지 않는 것이 중요하다.
- 우리가 돌아갈 수 있거나 돌아가야 하는 역사, 자연, 아동 중심 학습, 교사가 개발한 교육과정의 이상향이나 황금기는 존재하지 않는다.
- 과거에 대한 우리의 해석은 현재 우리의 다양한 경험과 책임에 의해 영향을 받으며, 과거는 다양한 요인들과 함께 이해되어져야 한다.
- 우리는 항상 자연과 과거의 일부이다. 그것들은 우리 밖에 존재하는 것이 아니다. 자연과 과거는 고정되어 있지 않다. 우리의 임무는 과거와 현재, 자연과 발전을 분리하는 것이 아니라 하나로 모으는 것이다.
- 지도자와 개혁가들이 과거를 무시하거나 비하할 때, 그들은 자신의 틀 속에 갇혀 있는 사람들 사이에 씁쓸하고 저항적인 향수를 불러일으킨다.
- 영국의 위대한 낭만주의 시인이자 최초의 환경 보호론자인 윌리엄 워즈워스는 "과거로부터 배우고, 현재로부터 이익을 얻고, 미래를 더 잘 살아내기 위해 과거로부터 배우자"고 선언했다.[49]

이러한 원칙과 이를 지지하는 사람들은 환경운동의 다른 주장 및 옹호자들과 결합될 때 특히 강력해진다. 환경주의는 사회운동이며, 다양한 집단과 서로 다른 강조점, 공통의 대의를 향한 열정의 "창조적 불협화음"이라 할 수 있다.[50] 환경운동이 지지하는 지속가능성 프로젝트의 강점은 전통적인 환경 보호론자, 농촌 공간과 마을 생활의 특권적 보호자, 그린피스 환경 전사, 심층적 생태학자, 생태 페미니스트 등을 모두 포함한다는 점이다. 영국의 '푸르고 쾌적한 땅'을 위협하는 원치 않는 고속도로 건설 계획이 발표되자, 나무 꼭대기에 몸을 묶고 불도저에 저항하는 젊은 급진주의자나 들판에 진을 치고 있는 데모하는 열렬한 생태학자뿐만 아니라 농부, 지주, 흰 복장의 성직자, 트위드(간간이 다른 색깔의 올이 섞여 있는 두꺼운 모직 천) 치마를 입은 할머니까지 모두 보존이라는 대의와 그 이상의 지속가능성이라는 목표를 지키고 있는 것을 발견할 수 있다. 환경운동의 힘과 효과는 끈질긴 집념으로 공동의 목표에 집중하는 다양성 자체에서 찾을 수 있다. 과거를 구현하는 노년층은 환경 보존을 위해 동요하는 젊고 급진적인 사람들만큼이나 환경운동에서 강력한 역할을 한다.

교육을 변화시키기 위한 다양한 시도들과 그 과정 속에 교직 안팎의 연령, 경험, 역할, 문화, 스타일, 성향 등 가진 다양한 구성원들을 인정하고 포용할 수 있을 때 성공적일 수 있다. 과거의 일부 관행은 배우지 않거나 잊어야 한다. 하지만 모든 역사가 현대화를 방해하는 것은 아니다. 과거에 반대하거나 과거에 맞서지 않고 과거와 함께 일하기 시작하는 순간, 반복적인 변화 증후군과 그로 인한 광범위한 저항이 종식되는 것을 보게 될 것이다. '덜 나빠지는' 방법과 보존에 대한 피해를 최소화하는 방법뿐만 아니라 더 나은 미래를 만들기 위해 과거를 적극적으로 통합하고 지능적으로 선별하는 방법에 대한 몇 가지 아이디어를 제시하면 다음과 같다.

■ **일 년에 한 번 또는 이 년에 한 번 연찬회를 가져라.** 특히 학교 구성원들이 많

이 바뀐 경우 학교의 비전과 핵심 가치를 점검하고 새롭게 할 기회를 갖는 것이 중요하다.

■ **여러분과 다른 많은 사람들이 최근에 조직에 들어간 경우 조직의 집단 기억을 검토하라.** 이를 위한 한 가지 방법은 연대표를 그려서, 모든 사람에게 조직에 합류한 시점에 자신들의 이름을 적도록 요청한다. 그런 다음 사람들에게 오늘날에도 조직의 삶에 중요한 흔적을 남길 수 있는 초창기에 겪었던 중요한 사건과 중요한 혁신에 대한 이야기를 들려달라고 요청한다.

■ 기관 내 모든 사람의 기술, 지식 및 자원에 대한 **자산 목록을 작성하여** 더 이상 개별 교실에 숨어있지 않고 모든 교직원들이 서로 액세스할 수 있도록 한다.

■ 더 나은 새로운 것을 위해 **가치가 낮거나 덜 효과적인 구조, 프로세스 또는 관행을 폐기하는 데 특화**된 회의를 통해 조직적인 폐기를 유도한다.

■ **교장과 교감을 학기 말이 아닌 학기 중간에 임명**하여 조직이 운영되는 동안 조직의 문화와 역사를 파악한 후 보다 체계적인 방법으로 개선할 방법을 모색할 시간을 가진다.

■ **회의, 수련회, 사교 모임에서 자신만의 이야기를 나누도록 한다.** 사람들의 경험, 특히 공유된 경험에 대한 이야기를 들려주는 것은 기억과 그 기억이 의미하는 바를 생생하게 유지하는 방법이다. 공동의 기억에 대해 이야기하지 않으면 기억을 잃게 된다.

■ **멘토링을 진지하게 받아들인다.** 경험이 지혜나 은혜를 자동적으로 가져다 주는 것은 아니며, 젊은 소로(Thoreau)조차 "노인들은 젊은이들에게 해 줄 중요한 조언이 없다"고 판단했다.[51] 그러나 우리 대부분은 배울 것이 있고 훌륭한 멘토로부터 소중한 지원을 얻을 수 있다. 리더십의 핵심 임무는 멘토링을 조직하여 제공하고, 스스로 멘토링을 찾게 하는 것이다. 모든 사람의 경험이 비슷한 것이 아니므로 서로 성향이 잘 맞아야

한다.[52] 그렇지 않으면 멘토는 금방 괴롭히는 존재로 느껴질 수 있다. 하지만 공통된 가치관과 흥미를 유발할 수 있는 차이점이 충분하다면 좋은 멘토링 관계는 과거보다 발전할 수 있는 훌륭한 방법이다.

- **꾸준히 기록하라.** 토론토의 의과학자 프레드릭 밴팅(Frederick Banting)은 인슐린을 생산하는 방법을 발견하는 획기적인 성과를 거두었을 때, 그 과정을 기록하는 것을 잊었다. 그는 그 과정을 다시 발견하는 데 오랜 시간이 걸렸다. 좋은 기록과 포괄적인 기록보관소는 사람들이 조직을 떠날 때 규칙과 절차를 자신들의 머릿속에 담아가는 것이 아니라 조직의 집단기억에 남기는 역할을 한다. 우리가 연구한 학교들 중 가장 강력하고 자랑스러운 학교 문화는 포괄적인 기록보관소를 갖고 있는 학교였다. 이런 학교는 사람들이 기억하고 싶어 하는 학교였다. 그러나 부실한 학교는 불행한 가족처럼 기억하고 기록하는 데 전혀 관심이 없었다.
- **혼합형 문화를 만들어라.** 수잔 무어 존슨 교수와 동료 연구자들은 신규 교사를 유지할 가능성이 가장 높은 학교 문화는 젊음과 경험이 혼합된 문화로, 신규 교사가 리더십, 멘토링에 대한 접근성, 경험이 많은 동료와의 상호 학습에 참여할 기회를 가질 수 있다는 사실을 발견했다.[53]
- **반복적인 변화를 창조적인 재조합으로 대체하여** 혁신과 개혁이 과거를 없애거나 모욕하는 것이 아니라 과거에서 가장 좋은 부분을 재조합하여 미래를 향해 효과적, 효율적으로 나아갈 수 있도록 한다.

## 결론

지속가능한 리더십에는 운전자의 앞을 볼 수 있는 유리창뿐만 아니라 뒤를 볼 수 있는 백미러도 필요하다. 백미러가 없다면 상황이 계속 추월되거나 추돌할 수 있다. 때때로 과거는 자부심과 명예의 대상이 되기도 한다. 예를 들어, 일부 정부와 노조 사이에 있었던 것처럼 수년간의 갈등, 불만, 학대가 있었다면 과거는 오히려 치유해야 할 대상이 될 수 있다. 예를 들어, 2005년 4월 온타리오주 정부-노조 간 평화와 안정을 위한 합의의 목적이 바로 여기에 있다. 변화 리더나 변화 중독자로서 과거를, 특히 고통스러운 부분까지 직면하지 않는다면, 어린 시절 학대를 받았던 사람들처럼 그 실수를 계속 반복하게 될 것이다. 이것은 우리 중 너무 많은 사람들을 괴롭혀 온 반복적인 변화의 고통이다. 다행히도 앞서 살펴본 바와 같이 이는 피할 수 있다. 시인 마야 안젤루(Maya Angelou)의 말에 따르면, "역사는 쓰라린 고통에도 불구하고 반복될 수 있지만 용기를 갖고 직면한다면 다시 경험할 필요는 없다."[54]

1   A. Hargreaves & I. Goodson (2004), Change over time? A report ofeducational change over 30 years in eight U.S. and Canadian schools Chicago: Spencer Foundation).

2   M. Fullan (2003), Change forces with a vengeance (London: Routledge/Falmer Press).

3   의학 분야에 대한 토착지식의 기여는 매우 의미 있는 사례이다. 왜냐하면 오랫동안 보유해 온 공동체의 정당한 지적 재산인 토착지식이 그동안 서양의 연구 기관에 의해 무시되는 경우가 많았기 때문이다.

4   K. S. Louis & M. B. Miles (1990), Improving the urban high school: The what and how (New York: Teachers College Press); S. Sarason (1971), The culture of the school and the problem of change (Boston: Allyn & Bacon).

5   I. Goodson, S. Moore, & A. Hargreaves (in press), Teacher nostalgia and the sustainability of reform: The generation and degeneration of teachers' missions, memory and meaning, Educational Administration Quarterly.

6   E. Abrahamson (2004), Change without pain: How managers can overcome initiative overload, organizational chaos, and employee burnout (Boston: Harvard Business School), 23. 257p) 7. Abrahamson (2004), 10.

7   Abrahamson (2004), 10.

8   그러나 토착지식이 항상 쓰나미로부터 사람들의 탈출을 보장해 주는 것은 아니어서 토착지식의 중요성에 대해서는 논란이 있다. 특히 인터넷 시대에 역사와 뉴스는 다양한 해석을 낳기 때문에 현상에 대한 모든 설명이 신뢰할 수 있는 것은 아니다. 예를 들어, 방콕 포스트(The Bangkok Post)는 태국 남부 수린 섬의 원주민 모켄족, 즉 바다 집시들이 "어느 날 바다의 배꼽이 모든 물을 빨아들여 파도의 형태로 다시 뱉어낼 것이고 이로 인해 많은 사람들이 죽을 것이다"라는 전승된 토착지식에 의해 보호받고 있다고 보도한 적이 있다(Karnjarsya Sulering[2005, 1월 28일], 안다만(Andaman) 바다 집시들은 쓰나미 전조 현상에 귀를 기울였다: 바다의 지혜, 방콕 포스트). 태국에서도 모켄족 원로들이 "물이 빨리 빠지면 빨리 다시 돌아오고 사라진 양만큼 다시 나타난다"고 말했다고 보도했다(Phang Nga [2005], 오래된 지혜로부터 구원받다: 집시들은 그들의 바다를 알고 있다. 더 네이션(The Nation), 태국). 그러나 더 네이션은 모켄족을 "모건족"으로 잘못 보도했다. 이 실수는 AP 통신을 통해 CTV Canada(2005)를 포함해 많은 다른 웹사이트로 전송되었다. 태국의 "바다 집시, 쓰나미로부터 마을을 구하다"라는 기사는 2005년 2월 25일 http://www.ctv.ca/servlet/articlenews/story/CTVNews/1104556665753에서 검색된다. 뉴요커의 추가 조사에 따르면, 모켄족 사람들은 구조된 후 이 신화에 대해 물었을 때 "몹시 당황한 것 같았다"고 답했다. 한 나이 든 여성의 말에 따르면, "우리는 파도가 오는 것을 보고 도망쳤을 뿐입니다."(태국에서 온 엽서: 바다의 집시들[2005년 1월 24일], New Yorker, 2005년 2월 25일, http://newyorker.com/talk/content/?050124ta-talk-griswold에서 인출). 본문에 제시된 이야기는 인류학적으로 더 신빙성이 있어 보인다. S. 바우믹(S. Bhaumik, 2005, 1월 20일)의 '쓰나미 신화가 섬 주민들을 구하다'를 참고하길 바란다(http://news.bbc.co.uk/1/hi/world/south-asia/4181855.stm, 2005년 2월 2일 인출).

9   Bhaumik (2005).

10  Abrahamson (2004), 3.

11  C. Wolmar (2001), Broken rail (London: Aurum Press).

12  A. Hargreaves (in press), Educational change takes ages, Teaching and Teacher Education.

13  J. Collins (2001), Good to great: Why some companies make the leap . . . and others don't (New York: HarperCollins); M. Fullan (2002, March 18-19), The role of leadership in the promotion of knowledge management in schools, paper presented at the meeting of the Organization for Economic Cooperation and Development, Oxford, U.K.

14  Hargreaves (in press).

15  S. M. Johnson (2004), Finders and keepers: Helping new teachers survive and thrive in our schools (San Francisco: Jossey-Bass).

16  Organization for Economic Cooperation and Development (2005), Teaching matters (Paris: Author).

17  P. M. De Holan & N. Phillips (2004a), Managing organizational forgetting, Sloan Management Review, 45(2), 7.

18  De Holan & Phillips (2004a), 3.

19  P. M. De Holan & N. Phillips (2004b), The dynamics of organizational forgetting, Management Science, 50(11), 1606.

20  De Holan & Phillips (2004a), 7.

21  J. Collins & G. Porras (2002), Built to last: Successful habits of visionary companies (rev. ed.) (New York: Harper Business Essentials), 2.

22  De Holan & Phillips (2004b).

23  P. Drucker (2001), Management challenges for the 21st century (New York: HarperCollins), 74.

24  Drucker (2001), 74.

25  Drucker (2001), 74.

26  B. J. Caldwell (2000), A "public good" test to guide the transformation of public education, Journal of Educational Change, 1(4), 307-329.

27  Caldwell (2000).

28  Teachernet (2005), School workforce remodelling, retrieved from www.teachernet.gov/uk/wholeschool/remodelling/.

29  De Holan & Phillips (2004a); De Holan & Phillips (2004b).

30  R. Marris (1974), Loss and change (London: Routledge Kegan Paul).

31  A. Hargreaves, L. Earl, S. Moore, & S. Manning (2001), Learning to change: Teaching beyond subjects and standards (San Francisco: Jossey-Bass).

32  A. Datnow, L. Hubbard, & H. Mehan (2002), Extending educational reform: From one school to many (London: Routledge/Falmer Press).

33  A. Gitlin & F. Margonis (1995), The political aspect of reform, American Journal of Education, 103, 377-405.

34  Johnson (2004).

35  C. Lasch (1991), The true and only heaven: Progress and its critics (New York: Norton), 82.

36  Goodson, Moore, & Hargreaves의 언론 보도 자료도 참고하길 바란다.

37.  E. O. Wilson (2002), The future of life (New York: Vintage Press), 14.

38  H. D. Thoreau (1951), Walden (New York: Norton).

39  B. McKibben (1989), The end of nature (New York: Random House).

40  Wilson (2002), 73.

41  Wilson (2002), 131.

42.  Wilson (2002), 131.

43  S. Schama (1996), Landscape and memory (New York: Vintage).

**44** Wilson (2002), 71.

**45** Schama (1996), 282.

**46** J. Dewey (1916), Education as a necessity of life, in Democracy and education (New York: Free Press), 282.

**47** J. Dewey (1903), Democracy and education, Elementary School Teacher, 4(4), 285.

**48** McKibben (1989), 4; Thoreau (1951), 4.

**49** Quote attributed to William Wordsworth, 1770-1850.

**50** M. Castells (1997), The power of identity (Malden, MA: Blackwell), 112.

**51** B. McKibben, Introduction to Thoreau.

**52** A. Hargreaves & M. Fullan (2000), Mentoring in the new millennium, Theory into Practice, 39(1), 50-55.

**53** Johnson (2004).

**54** M. Angelou (1993, January 20), The inaugural poem: On the pulse of morning, poem presented at the inauguration of President William Clinton, Washington, DC.

# 마무리하기

개혁가들은 세상에서 가장 인내심이 많은 사람들이다.

-헨리 데이비드 토리아

# 지속가능한 리더십의 실행

## 골라 먹는 메뉴가 아닌 영양이 풍부한 한 끼의 식사

지속가능성은 영양이 풍부한 한 끼의 식사이지 골라 먹는 메뉴 방식이 아니다. 따라서 고르고 선택할 수 없다. 모든 요소들이 서로 잘 어울리는 것이 요구되므로 당신도 '모든 채소'를 다양하게 먹어야 한다. 깊고 넓은 학습이 이루어지지 않고 시험 점수만 올리는 것은 아무 의미가 없다. 모두를 위한 학습 개선에 모든 사람들을 신속하게 참여하게 하려는 영웅적인 노력이 교사와 교장을 지치게 한다면 그것은 거의 가치가 없다. 새로운 과제를 시행할 때 초기 성공은 열성적인 지지자들을 중심으로 구축함으로써 얻을 수 있지만, 처음부터 이에 대해 우려하는 사람들이 포함되지 않는다면 학교 전체로 확산되기는 어려울 것이다. 또한 한 학교의 개선 목표가 주변 학교를 희생시키면서 달성된다면 결국은 그 학교의 개선 목표도 흐트러질 것이다.

개별 학교의 개선 노력은 더 이상 다른 학교에 대해 고려하지 않고 단기간에 단편적으로 시도하거나 판단되서는 안 된다. 리더십과 개선 노력은 시간과 공간에서 서로 연결되고 확장된다. 이것이 바로 지속가능성 또는 지속불가능성의 본질이다.

수년에 걸쳐 개선 노력을 기울이고 있는 학교들과 함께 일하고, 30년 동안 여러 리더와 개혁 운동에 걸쳐 고등학교의 교육 변화 기록을 조사한 연구를 통해 우리는 어떤 변화가 지속되고 어떤 변화가 시간이 지남에 따라 사라지는지, 그리고 그 이유는 무엇인지에 대한 통찰력과 상당한 증거들을 확보했다.

전반적으로 연구 결과가 고무적이지는 않다. 대부분의 개혁 노력과 변화 이니셔티브, 심지어 가장 유망한 것들조차도 지속가능하지 않았다. 스튜어트 하이츠의 빌 앤드류 교장은 학교를 변화시키는 데 상당한 진전을 이루었지만 개선 사항이 정착되기도 전에 교육청에서 해임되었다. 웨이번의 샤메인 왓슨 교장은 교직원들이 모든 학생의 진정한 문해력에 집중하도록 하여 불과 2년 만에 문해력 점수를 크게 향상시켰지만, 지원 없는 개혁 환경에서 엄청난 노력을 기울이다 보니 그녀와 일부 핵심 교사 리더들은 지칠 대로 지쳐 버렸다. 바렛 마크넷 고등학교의 교장과 교사들은 이 도시 학교를 미국 내 상위 150개 학교로 끌어올릴 수 있었지만, 그것은 인근 쉘던 고등학교의 교사와 학생들을 희생시키면서 얻은 것이었다.

교육개혁에서 가장 논란이 많은 문제 중 하나인 목표에 대해 명확히 하는 것이 특히 중요하다. 외부에서 부과된 단기적인 성취 목표는 장기적인 지속가능성과 양립될 수 없다. 리더십, 지속가능성, 변화에 대해 많은 부분을 공유하고 동의하는 동료 연구자이자 친구인 마이클 풀란과 결별한 이유도 바로 여기에 있다. 마이클 풀란은 "새로운 현실은 정부가 한 번의 선거 임기(일반적으로 4년) 내에 사회적 우선순위와 관련하여 진전을 보여줘야 한다는 것이다. 우리의 지식 기반은 단기적 결과를 가져오는 전략을 설계하고 구현하는 데 실패할 이유가 없다"[1]고 이야기한다.

마이클 풀란 자신의 기준으로 보더라도 이 주장은 설득력이 부족하다. 마이클 풀란이 많은 근거를 제시한 영국의 학부모 대부분은 현재 어린 자녀를 대상으로 한 표준화된 시험에 반대하고 있다.[2] 캐나다 학생 성취도에서 가장 성공적인 주인 앨버타주는 부과된 목표가 아닌 구성원들이 설정한 공유된 목표를 통해 성취도를 향상시키고 있다.[3]

전 세계 사람들은 유아교육에 대한 정치적 투자 확대를 지지하는 열의를 보여 왔지만, 그 성과는 수년 동안 뚜렷하게 나타나지 않았다. 이 책에서 살펴본 바와 같이 투자, 소비, 비즈니스 관행에서도 점점 더 많은 사람들이 삶에서 더 오래 지속되고 지속가능한 것을 찾고 있다. 단기적인 목표는 정치인에게는 편하고 대중 일부에게는 매력적으로 보일 수 있지만, 지속가능한 개선이라는 목표를 훼손한다.

최근까지 마이클 풀란은 "효과적 실천에 있어 중요한 사항은 강제할 수 없다"라고 반복해서 주장한 것으로 유명하다.[4] 우리도 이에 동의한다. 여전히 변한 것은 없다. 정부는 그 반대의 주장을 하고 시행하기를 원할지 모르지만, 표현을 약간 바꾸어 말하자면 "효과적인 실행을 위해 단기적인 달성 목표를 의무화할 수는 없다"고 할 수 있다. 이러한 다양한 영역에 피해를 주고 있는 근시안적인 관행으로 인해 가장 큰 피해를 입는 것은 단순히 지적 논쟁만이 아니라 아이들과 교사, 그리고 지도자들의 삶과 학습이다.

부과된 단기 성취 목표(또는 연간 적정 성적향상도)는 지속가능한 리더십과 학습의 모든 원칙에 위배된다.

① **깊이**. 단기 목표는 대부분의 학교로 하여금 학습보다 시험에 집중하게 하고, 측정하기 쉬운 학습에만 우선순위를 두며, 학습의 폭과 깊이를 희생시키며, 긴박감을 공포와 공황 상태로 만들어 교사의 학습을 단절시키고 숫자 암기식 교육으로 대체하게 한다.

② **지속**. 정부 장관과 그들의 임무를 이행하는 교육청 리더는 종종 목표를

세때 달성하지 못하고 일자리가 사라지는 것을 발견한다. 일부는 억지로 목표를 달성하거나 속임수를 써서 목표를 달성하지만 교육청 내의 감시가 느슨해지면 성과는 금방 정체된다. 기적적인 해결책을 제시할 수 있는 소수의 리더가 나타나기를 바라며 리더들을 계속 바꾸면 학교는 성과 저하의 덫에 빠질 뿐이다.

③ **너비.** 강요된 변화와 목표의 가속화 및 표준화는 교사들이 진정한 학습공동체로서 천천히 그리고 지속적으로 서로 협력하고 서로에게서 배울 수 있는 시간을 감소시킨다. 분산된 리더십은 다양한 학습공동체에게 권한을 위임하는 방식을 취한다.

④ **정의.** 목표 달성 중심의 경쟁적 책무성 강화 교육정책은 이웃 학교들과 학습과 전문성을 공유하지 못하게 만든다. 또한 모범적인 성공 사례를 찾아보면, 교육청이 이웃 학교를 희생시키면서까지 높은 성과를 내는 학교를 우대하여 관심, 자원, 지원을 우선적으로 할당하도록 장려하고 있다.

⑤ **다양성.** 단기 목표가 제시되면 원래 심도 깊게 다루어야 할 본질적인 교육 목표는 시험 성적 위주의 목표로 전환된다. 표준화는 학생과 교사가 지닌 힘의 원천인 다양성을 파괴하고 부정한다.

⑥ **풍부한 자원.** 개선에는 에너지, 즉 소모되거나 고갈되지 않고 보존되고 재생될 수 있는 에너지가 필요하다. 단기 목표 달성을 위해 교육정책을 성급하게 집행하면 과도한 에너지를 사용하고 재생할 시간을 주지 않으며, 사람들의 에너지 고갈을 초래한다.

⑦ **보존.** 단기 목표는 우리가 현재와 미래 시제만을 생각하고 일하도록 강요한다. 그들의 과감한 파괴행위는 우리가 시간을 들인 과거의 요소들을 인정하고 배우고 재결합한 다음 그것들을 넘어서는 것을 어렵게 만든다. 단기 목표는 우리를 우수한 유산을 경시하게 만들어 우리를 반

복적이고 끊임없는 변화의 세계로 내던진다.

환경운동가들과 마찬가지로 우리가 과거 지속가능성에 대해 실패한 경험이 있다고 하더라도 미래에 지속불가능할 것이라고 단정할 필요는 없다. 우리는 미래의 지속가능한 개선에 대해 낙관적인 태도를 지니고 있으나, 오히려 다른 정부나 개혁가들의 태도는 그렇지 않다. 그들은 대개 제도와 사람을 관리하고 개혁할 수 있는 자신의 힘에 대해 지나치게 믿는 반면, 사람들의 변화 의지나 능력에 대해서는 지극히 비관적이다.

역사는 개혁가들의 편이 아니다. 우리가 연구한 고등학교의 30년 동안의 개혁 노력은 교육학자 세이모어 새라슨(Seymour Sarason)이 "교육개혁의 예측 가능한 실패"라고 냉소적으로 표현한 것처럼, 과거로부터 반복적으로 배우지 못하는 교육개혁의 실패를 보여주는 증거이다.[5] 개혁가들은 확산적이고 지속적인 방식으로 매우 중요한 사항들을 강제할 수 없다.

그러나 사람들이 다른 누구도 아닌 자신의 열정과 목적을 가지고 있고, 그 열정이 함께 추구되고 긴박감이나 죄책감으로 날카롭게 다듬어질 때, 성취할 수 있는 것에는 한계가 없다. 시민권, 여성 해방, 남아프리카공화국의 인종차별정책의 종식, 환경에 대한 태도의 조용한 혁명은 모두 정책이 아닌 사람들로부터 시작되었으며, 종종 야당과 정부 변화에 대한 저항 차원에서 시작되었다.

우리는 정부의 표준화된 교육개혁 정책이 학교 교육과 학습에 미치는 악영향을 끈질기게 폭로하고 정부의 통치와 정책을 종식하는 데 도움을 준 온타리오의 학부모들처럼 자녀를 보호하고 상식을 증진하는 학부모의 힘에 대해 낙관적 태도를 갖고 있다. 우리는 과도한 시험이 자녀의 학습에서 즐거움을 앗아간다는 것을 알 수 있고, 대다수 영국 학부모들처럼 정부에 압력을 가해 극단적인 목표와 시험을 완화할 수 있는 학부모들이 많다는 점에 대해서도 궁정적으로 평기한다.[6] 또한 비이런 여성 그룹처럼 해당 주에서 가장 영향력 있고 교육적으로 수준 높은 고위 지도자들로 구성된 단체처럼 교사들이 리더십이 주어질 때까지 기다리지 않고 리더십을 주도하는 것에 대해 낙관적이다.

연구 대상인 모든 학교에는 낙관할 수 있는 충분한 근거가 있었다. 학교와 그들의 리더가 학습을 우선시하도록 허용하고 격려할 때, 장기적이고 지속적이며 측정 가능한 개선을 가져올 수 있는 역량을 확인할 수 있었다. 그리고 학교의 모든 교사가 함께 학습과 개선에 집중하여 전문적 학습공동체의 진정한 힘과 성과도 확인할 수 있고, 개별학교나 교육청에서 교육행정가들이 적절한 방식으로 교체될 때도 지속가능한 개선이 이루어진다는 데 의심의 여지가 없다. 학교가 이웃의 어려움에 무관심하거나 그들의 곤경에서 이익을 취하는 대신, 주변의 학교를 돕기 위해 실용적인 전략을 채택하고, 학업성취도에만 집중하는 학교나 행정가들이 취하는 과도한 표준 중심의 활동들을 비판하면서 새로운 방안을 탐색하는 용기 있는 회복력도 찾아볼 수 있었다. 그리고 헌신적이고 노련한 전문가들 사이에 숨겨진 지혜와 미개발된 에너지에서 리더들은 구식이고 원치 않으며 '정보에 근거하지 않은' 전문가적 판단의 '쓰레기 더미'에 맡기는 대신 재사용, 갱신, 재결합하는 방법을 알고 있었다.

진정한 지속가능성은 선택이나 종합이 아닌 통합이다. 사람에 투자하고, 직장에 반기를 들기보다는 함께 협력하며, 정부가 윤리적 목적을 가지고 행동하고, 당장 임기 후의 결과가 분명하더라도 지속가능한 개선 제안에 전념할 용기를 가질 것을 요구할 때 궁극적으로 낙관적인 전망을 보일 수 있다.

## 지속가능한 리더십을 위한 행동 원칙 5가지

지속가능성을 실천하기 위해서는 지속가능성이 무엇인지 아는 것도 중요하지만 어떻게 달성할 수 있을지 아는 것도 중요하다. 이를 위해 환경주의자의 경험, 지속가능한 비즈니스 관행 및 우리 학교들의 증거를 바탕으로 실제로 지속가능성을 달성하기 위한 다섯 가지 행동 원칙을 간략하게 제시하면 다음과 같다.

- 활동가 되기
- 경계심
- 인내심
- 투명성
- 디자인(설계)

### 활동가 되기

**지속가능한 리더십은 활동가들처럼 환경에 적극적으로 참여한다.** 표준화된 개혁에 직면하여 혁신학교는 많은 우위를 잃는 경향이 있다. 그러나 외부 변화에 탄력성이 좋은 학교는 외부의 원치 않는 압력에 반응하는 데 그치지 않고 환경에 적극적으로 참여한다. 활동가 리더십은 개인 및 전문 네트워크를 활성화하고, 지역사회와 전략적 제휴를 맺고, 신문에 기사를 쓰고, 라디오 및 텔레비전 프로그램에 출연하고, 잘못된 정책에 대해 공개적으로 항의함으로써 환경에 영향을 준다. 활동가형 리더들은 적극적인 리더이다. 케냐의 왕가리 마타이인, 노슬리 교육청의 스티브 먼비, 호주의 제니 루이스, 듀란트 대안학교의 교장처럼 이들은 사람들의 미래가 위험에 처해 있을 때 상급자에게 맞설 수 있는 용기를 가지고 있다. 주변환경이 가장 비협조적일 때, 지속가능한 리더십이 가장 필요로 하는 것은 바로 활동가의 자세입니다. 인류학자 마거릿 미드(Margaret Mead)는 "사려 깊고 헌신적인 소수의 시민이 세상을 바꿀 수 있다는 것을 의심하지 마십시오. 실제로 지금까지 세상을 바꾼 것은 바로 그들뿐입니다."라고 말한 바 있다.[7]

## 경계심

**지속가능한 리더십은 항상 경계를 늦추지 않는다. 환경이 건강하게 유지되고 있는지, 쇠퇴하기 시작하지 않았는지 확인하기 위해 환경을 모니터링한다.** 19세기에는 광부들이 유독가스를 흡입하고 있는지 알 수 없는 상태에서 탄광에 들어가곤 했다. 메탄은 냄새가 없어서 그 존재를 알 수 없었기에, 광부들의 건강한 신체도 탈출하기에는 너무 늦을 정도로 오랫동안 독성물질을 흡수했다. 그래서 광부들은 가스를 감지하여 환경 위험과 악화를 조기에 경고하는 민감한 장치로 작은 카나리아를 사용했고, 험프리 데이비(Humphry Davy)가 발명한 작은 램프를 탄광에 내려보냈다.

오늘날 우리는 고래나 개구리와 같은 민감한 종의 개체 수 변화를 모니터링함으로써 자연환경의 상태가 악화되는 신호를 찾는다. 우리는 때때로 우리를 숨 막히게 하는 연기와 먼지를 볼 수 있지만, 현대의 오염 물질은 보이지 않는 소리 없는 살인자 역할을 하는 경우가 더 많다. 따라서 어떤 환경에서든 너무 늦기 전에 상황이 악화되고 있는지 확인하고 실제로 개선되고 있는지 확인하기 위해 데이터, 도구 및 측정을 이용할 필요가 있다.

학교와 교육청도 인간의 잠재력을 낭비하고 일회용처럼 보이는 유독한 환경이 될 수 있다. 때로는 범죄, 무질서, 결석, 학습 부족, 희망 상실 등 모든 사람이 볼 수 있는 증거가 존재한다. 그러나 그 영향은 더 미묘한 경우가 많으며, 점점 더 뜨거워지는 물그릇 속의 개구리처럼 상황이 악화될수록 사람들은 그 악화를 인식하지 못할 뿐만 아니라 오히려 더 편안하다고 느낄 수도 있다. 성적은 향상될 수 있지만 이는 소수의 고득점자로 인한 결과일 수 있고, 겉으로 보기에 성공한 학교의 교사들은 편안하게 안주할 수 있으며, 의욕이 넘치는 중산층 학생들은 스스로 시험을 통과하고, 정부는 강력한 개혁 조치를 통해 시험 점수를 빠르게 올릴 수 있지만 결과적으로 교직에 남거나 리더십 역할을 수행하려는 동기는 감소하기 시작할 수 있다.

따라서 지속가능성을 실천하는 학교와 리더는 특히 가장 취약한 학교와 학생 집단이 쇠퇴하지 않고 건강하게 유지되고 있는지 확인하기 위해 광범위하고 다양한 증거와 데이터를 수집하고 검토한다. 교사의 태도와 행동 또는 학생 참여도의 변화에 대한 근접한 측정치를 수집하여 진정한 학생 학습의 장기적인 결과가 향상되고 있다는 확실한 신호로 삼는다. 시험 점수 및 성취도 결과, 출석 및 정학 학생 수, 학생 만족도, 참여도 및 학습 스타일에 대한 데이터, 교사 채용, 유지, 동기 부여 및 사기에 대한 데이터, 우수한 학생 작품 샘플 등 많은 종류의 데이터가 중요하다.

중요한 것은 이러한 데이터가 마케팅이나 여론 달래기뿐만 아니라 전반적인 학습 환경의 보존과 개선을 위해서도 사용된다는 것이다. 한 도시나 지역의 학교들이 집단적으로 책임을 지게 되면 서로 개선 노력을 돕도록 격려하고 영감을 줄 수 있다. 표준화된 시험 데이터를 지속적으로 수집하면 교육 시스템 전반의 효과 측정치를 유지할 수 있지만, 전수 조사가 아닌 표본 조사를 통해 이를 수행하면 학교에 대한 부정적인 교육적 영향과 시스템에 대한 전반적인 비용을 줄일 수 있다. 지속가능한 리더는 깨어 있는 리더이다. 그들은 위험의 초기 징후를 경고하고 개선과 성공으로 가는 길에 필요한 지원과 디딤돌을 제공하는 데이터를 갈망한다.

### 인내심
**지속가능한 리더십은 즉각적인 결과를 추구하는 대신 만족을 미루는 인**

**내심을 갖고 있다.** 지속가능한 리더십은 인내심과 끈기가 있다. 개선에 긴급히 투자하지만 즉각적인 성공을 기대하거나 고집하지 않는다. 학생들의 성취는 지연된 만족감, 즉 열심히 공부하고 경제적 어려움을 견디며 청소년기의 순간적인 유혹과 산만함을 견뎌내고 미래에 더 큰 보상을 얻기 위한 의지의 산물로 여겨지곤 한다. 지속가능한 학교 개선은 또한 빠른 결과를 위해 조급해하지 않는 마음가짐에 달려 있다.

하지만 우리는 더 이상 인내와 영속성을 중시하는 세상에 살고 있지 않다. 대신 우리는 소위 일회용의 사회에 살고 있다. 지그문트 바우만(Zygmunt Bauman)은 그의 저서 『낭비되는 삶』에서 "이 세상에는 영원할 뿐만 아니라 오래 지속될 수 있는 것은 없다. 오늘날 유용하고 없어서는 안 될 물건도 내일이면 쓰레기가 된다. 진정으로 필요한 것은 없으며, 대체할 수 없는 것도 없다. 모든 것은 임박한 죽음의 낙인을 찍고 태어난다. 모든 것은 '사용 기한'이 적힌 채로 생산 라인을 떠나게 된다. 어떤 단계도, 어떤 기회도 단 한 번뿐이며, 취소할 수 없는 것은 없다. 돌아올 수 없는 지점에 도달할 만큼 오래 지속되는 약속은 없다. 모든 것은 (중략) 별도의 공지가 있을 때까지 일회용이다"[8]라고 했다. 미래의 뛰어난 리더십을 키우기 위해 리더십 개발 학교를 설립하고 단기적 임시 리더십 개발 전략을 추구할 수 있다.

일회용 사회는 무분별한 낭비의 사회이다. 그 사회에서는 물건을 오래 사용할 수 있기보다는 계획적으로 금방 구식이 되게 만드는 사회이며, 현재의 일시적인 허기를 채우기 위해 미래를 저당 잡힌 개인 부채가 증가하는 사회이고, 유연한 노동정책으로 인해 기업에 대한 충성도를 무용지물로 만드는 사회이다. 이 사회에서는 연애도 쉽게 하고 의사소통도 즉각적으로 이루어져 친밀한 대화나 지속적인 관계는 찾아보기 힘들다.[9] 일회용 사회는 또한 즉각적인 영향, 반응과 빠른 수정의 필요성에 따라 정책이 여론조사와 방송들에 영합하는 사회이다. 일회용 정책이 유행에 민감한 후속 정책의 파괴적인 변화의 사이클을 반복하면서 자원, 인적 에너지, 사람들의 시간을 낭비하게 된다. 영국과 캐나다 일부 지역의 단기 성과 목표와 미국의 연간 학업성취도 적정 향상도 요구는 즉각적인 정치적 만족에 대한 갈망을 키우고 이에 굴복하는 낭비적이고 지속불가능한 정책의 전형이다. 지속가능한 리더십은 이러한 욕구에 저항하며, 즉각적인 행동에 대한 긴급한 필요성뿐만 아니라 진정성 있고 지속적이며 널리 퍼진 성공이라는 도덕적 목적을 달성하기 위해 결과에 대한 만족을 연기할 수 있는 능력에 의해 주도된다.

## 투명성

**지속가능한 리더십은 투명하며, 항상 면밀한 조사와 점검에 개방되어 있다.** 마사 스튜어트(Martha Stewart), 닉 리슨(Nick Leeson), 노텔(Nortel), 엔론(Enron), 월드컴(WorldCom)은 수상한 관행, 모호한 수치, 내부자 거래, 노골적인 기업 사기를 바탕으로 주식 가치와 CEO 연봉이 천정부지로 치솟았던 기업 및 금융 오만의 시대를 상징하고 종말을 알린 이름들이다. 새로운 밀레니엄은 고객을 희생시키면서까지 자신의 이익을 추구하고, 경제 발전에는 한계가 없으며 이 파티는 끝나지 않을 것이라고 대중을 속인 불투명하고 책임감 없는 비즈니스 및 금융 세계에 대한 신뢰가 무너진 시기였다.

기업이 숫자를 그럴듯하게 제시하고 장부를 조작하여 사람들의 생계, 즉 저축, 연금, 일자리를 위협하고, 의료 및 환경 단체가 그들의 어려움을 위장하면 결국 그들은 그들의 실수를 덮게 된다. 기름 유출과 원전 사고 등을 은폐하거나 새로 출시된 의약품의 치명적인 부작용에 대한 데이터를 공개하지 않는 등의 문제는 사람들의 생계뿐 아니라 생명 자체를 위협한다.[10]

기업 윤리의 붕괴와 정부의 그럴듯한 의견 제시로 인해 사람들은 자신의 삶에 영향을 미치는 조직에 대해 점점 더 의심하게 되었다. 현대 통신 기술에 대한 접근성이 높아지고 사용법이 정교해지면서 결단력 있고 헌신적인 시민들은 이제 의심에 따라 행동하고 기관으로부터 정보를 캐낼 수 있으며, 이로 인해 기관들은 더욱 개방적인 자세로 경제활동에 임해야 한다. 때때로 이것은 끊임없는 외부 압력에 직면하여 마지못해 수용하는 것이다. 하지만 데이터를 공개적으로 공유하고, 적극적으로 피드백을 구하고, 실수에 대해 솔직하게 인정하는 것은 고객 및 커뮤니티와의 신뢰를 회복하려는 선도적인 기업들의 적극적인 노력의 결과이기도 하다. 이것은 투명성의 강화이고 불투명성의 약화를 의미한다.

데이비드 배트스톤(David Batstone)은 투명성을 무결성(integrity)과 수익성을 창출하고 유지하기 위한 8가지 원칙 중 하나로 꼽았다.[11] 이 원칙에 따르면 "기업의 비즈니스 운영은 주주, 직원, 대중에게 투명해야 하며, 경영진은 의사 결정의 진실성을 지켜야 한다."[12]

민감한 데이터를 숨기고, 오류를 숨기고, 이해하기 어려운 언어로 소통하고, 자신에 대한 긍정적인 정보만 제시하는 조직은 투명성이 결여된 조직이다. 투명성과 무결성이 결여된 조직은 물고기처럼 머리부터 썩는다. 학교가 시험 점수를 조작할 때, 교장이 학부모의 불만에 도 불구하고 항상 교사를 지지할 때(불만이 정당한 경우에도), 교사가 자녀의 학습이나 행동 장애에 대해 솔직하지 않은 태도로 일반 학부모의 비판이나 소송을 피하려고 할 때, 그리고 모두 사람이 다 그렇게 한다고 변명할 때이다. 실제로 배트스톤(Batstone)의 주장처럼, 이것은 전체 문화가 부패해서 "당신이 위험에 처해 있다는 최고의 신호일 수 있다"고 할 수 있다.[13]

투명성은 지속가능한 조직에서 필수요소이다. 그러나 투명성은 순진하거나 마음이 약한 사람들을 위한 것만은 아니다. 잘 알려진 진통제인 타이레놀을 누군가 조작했다는 증거가 드러나자, 생산업체인 존슨 앤 존슨(Johnson & Johnson)은 즉시 북미의 모든 유통업체에서 제품을 회수하고 안전 점검에 착수했다. 이 회사는 수백만 달러의 손실을 입었고 주가는 급격히 하락했지

만, 신속하고 공개적인 조치 덕분에 대중의 신뢰를 다시 얻었고 매출과 주가는 1년 만에 반등했다.[14]

블루마운틴 학교는 불안감을 불러일으킬 수 있는 데이터를 포함한 모든 데이터를 학부모와 공개적으로 공유했다. 블루마운틴의 데이터는 호의적인 인상을 주기 위해 조작하거나 실패 또는 성공에 대한 단정적인 판단을 내리기 위한 수단으로 간주되지 않았다. 대신, 데이터와 증거는 학교의 더 넓은 학습공동체 내에서 질문과 대화의 기회를 제공했다. 예를 들어, 학생들의 문제행동 및 결석률 증가와 스포츠 및 기타 분야 과외 활동에 대한 교사들의 헌신 간 관계를 논의할 기회로 취급되었다.

지속가능한 리더십은 지역사회로 확산한다. 직접적인 참여, 어려운 전문용어가 없는 양방향 커뮤니케이션, 학생, 학부모, 지역사회가 학교생활에 의미 있게 참여하도록 유도한다. 지속가능한 리더십은 성공뿐만 아니라 실패에 대해서도 정직하고 솔직하다. 지속가능한 리더십은 더 높은 청렴성을 추구하기 때문에 투명성 증대를 옹호하고 이를 두려워하지 않는다. 지속가능한 리더십은 장밋빛 색안경을 끼고 보는 것이 아니라 있는 그대로의 모습을 보고 싶어 한다.

### 디자인

**지속가능한 리더십은 디자이너가 만든 것으로, 사람들이 사용할 수 있도록 개인화되고 인간의 역량과 양립할 수 있는 시스템을 만든다.** 자연의 모든 시스템은 진화적 적응의 산물이며, 자연에서 생겨난 것이다. 인간은 언어와 개념화 능력이 뛰어나기 때문에 자연보다 훨씬 복잡한 구조를 설계할 수 있다. 하지만 우리의 노력은 종종 실망스럽다. 우리는 다양한 사람들과 지역 환경에 더 효과적이고 조화롭게 작동하는 생태학적 모델이나 디자이너 모델보다는 자연을 지배하고 통제하려는 구식 기계 모델을 강요한다.

시속가능한 리너십은 킴 비센테(Kim Vicente)가 인적 요인을 고려하는 구조를 고안한다.[15] 토론토 대학의 엔지니어인 비센테는 사람들이 기술에 적응하기를 기대하기보다는 사람과 환경에 맞게 기술을 조정해야 한다고 주장한다. 비센테는 우리가 어떻게 매우 복잡한 기술을 생산할 수 있는 기계적인 세계와 끊임없이 적응하고 조정하기 위해 고군분투하는 인간 및 자연 세계를 만들어 냈는지 설명한다. 이는 호머-딕슨이 말한 창의성 격차, 즉 인간이 설계한 기술을 따라잡거나 문제를 해결할 능력이 없는 전형적인 사례이다.[16] 킴 비센테에 따르면 체르노빌 원전 사고와 그로 인한 인적 및 환경적 피해는 너무 복잡해서 비상 상황에서 사람들이 효과적으로 대응할 수 없는 기술의 결과였다.[17] 미국 병원에서 예방할 수 있었던 98,000건의 사망 사건은 지나치게 긴 교대 근무, 잘못된 기술의 사용, 잘못된 약물 분배로 인해 발생했다.[18] "일상적인 상황이나 복잡한 시스템 등 어디를 보든 인간의 통제 능력을 넘어서는 기술을 볼 수 있다."[19] 비센테는 이러한 기술에는 원자력 발전기나 정수 처리 시설과 같은 하드 기술과 복잡한 작업 일정 및 사용 설명서 같은 소프트 기술도 포함된다고 설명한다.

학교의 인적 요소를 고려한 기술을 통해 교사와 학교행정가들은 학생들의 학습을 발전시키는 데 에너지를 사용할 수 있다. 누메아 초등학교는 기술을 지능적으로 설계하고 사용하여 교사에게 학생의 학습 정보를 적시에 제공한다. 이 소프트웨어는 접근성이 뛰어나고 통합되어 있으며 쉽게 배울 수 있어 교사의 시간을 낭비하지 않고 절약할 수 있었다. 블루마운틴 학교는 네트워크 학습과 학제 간 교육을 촉진하는 대규모 학제 간 작업실과 같은 구조를 만들었다. 영국 정부의 인력 쇄신 전략은 교사들이 불필요한 서류 작업과 행정 업무에서 벗어나 학생들에게 집중할 수 있도록 설계되었다.

인적 요인을 무시하고 창의적 디자인의 자연스러운 원칙을 무시하는 기술은 교육과 학습의 업무에서 귀중한 에너지를 감소시킨다. 예를 들어, 온타리오주 정부가 스튜어트 하이츠와 탈리스만 파크와 같은 학교에 대대적인 교육과정 및 평가 방식의 변경을 시행하면서 해당 교육청에서는 학생 관리의 전체 구조도 변경했다. 기술적으로 결함이 있는 이 시스템은 불완전하거나 잘못된 학급 명단과 학생 출석 보고서를 내놓고, 교사가 꼼꼼하게 입력한 정보를 지우는 방식 등으로 이미 지친 교사와 교장을 좌절시켰다. 설계상의 문제는 단순히 기술적인 문제만이 아니었다. 또한 인간적인 문제도 있었기 때문에 서로의 요구사항을 인식하기 어려운 상명하달식 구현 방식이라는 기계적인 시스템을 만들었다.

지속가능한 리더십은 잘 설계된 것으로, 사람을 우선시하고 그들의 필요에 맞게 맞춤화된다. 보고 시스템, 학생 관리 프로세스, 출석 시스템, 특수교육 추적 절차와 같은 기술 시스템은 사용자 친화적이어야 한다. 누메아 초등학교와 같이 학생 성과에 대한 정보를 수집하고 집계할 수 있는 데이터 관리 시스템은 적절한 이유와 적절한 방법으로 적시에 광범위하고 쉽게 접근할 수 있어야 한다. 상급기관에서 만든 교육책무성 기제는 전수 조사가 아닌 표집 조사를 해야 하고, 아동에게 적합한 시기에 유연하게 시험을 시행해야하며, 외부의 판단과 함께 높은 수준의 내부 자체 검토를 포함해야 한다. 사례는 다양하지만 원칙은 동일하다. 생태학적 다양성과 인간의 다양성에 기반을 둔 개선 설계를 통해 기계적 정렬이 아닌 응집력을 통한 집중력을 창출하는 것이 중요하다.

교사가 리더를 인간으로서 신뢰할 수 있어야 한다면, 업무의 많은 부분을 정의하는 설계된 시스템도 신뢰할 수 있어야 한다. 시스템이 언제든 추락할 것처럼 행동하는 항공사 조종사에게 자신의 생명을 맡길 사람은 거의 없을 것이다. 그리고 사람들이 다루기 어렵고 인간의 요구에 반응하지 않는 추상적이고 기계적인 시스템에 자녀의 삶을 맡길 가능성은 낮다. 따라서 지속가능한 리더십은 표준화되고 기계적인 리더십이 아니라 개인화되고 접근이 쉬운 유연한 디자이너 리더십이다.

## 지속가능성의 영역

학교, 지역, 주 또는 국가에서 지속가능한 리더십은 어떤 모습이어야 하는가? 이를 이해하는 우리의 방식은 강제적인 정렬 시스템에서 위계적으로 배열된 영향력 수준의 기계적 은유를 사용하는 기존의 모델에 기반하지 않는다. 이러한 추상적이고 위계적이며 체계적인 변화 모델은 지속가능성의 아이디어와 실천의 핵심인 자연스럽고 독창적인 디자인의 원칙과 맞지 않는다.

대신, 우리는 학교, 지역, 주 또는 국가가 상호 영향을 미치는 영역으로 서로 연결되어 있으며, 각 영역은 기계적 정렬이 아닌 응집력 있는 다양성을 통해 조직된 강력한 세포 네트워크이며 영역 간에 영향력이 투과되는 막을 가지고 있다고 본다. 각 영역의 리더십은 고유한 역동성과 책임이 있지만 다른 영역의 리더십과도 밀접한 관련이 있다. 지속가능한 리더십에 대한 이러한 이해는 환경 및 기업 지속가능성에 대한 문헌, 이론, 실천에 철저하게 기반을 두고 있으며, 우리의 실무 경험, 현장 연구 지식, 학교 및 학군과의 긴밀한 개선 파트너십에서 분명하게 드러나며, 영국, 호주의 대부분, 캐나다의 여러 주, 경제협력개발기구 및 세계은행과 같은 국제기구를 포함한 세계 여러 지역의 정책 사고와 전략 수립 등에서도 두드러지게 나타난다.

단기적인 목표와 즉각적인 결과를 달성하기 위해 주도되는 상명하달식 변화의 기계식 모델과 지속가능한 개선을 위한 진정한 방식을 조화시키는 것은 쉽지 않다. 대신 우리는 연구와 개선 노력을 바탕으로 좀 더 낙관적이고 실용적이며 목적 수립 및 설계에서 진정으로 지속가능한 것을 다음과 같이 제안한다.

## 학교와 지역사회 수준의 지속가능한 리더십 영역

지속가능한 학교 리더십은 도덕적 목적, 즉 무결성(integrity)에서 시작된다. 이는 성취나 시험에 앞서 배움을 우선시한다. 학습은 다른 모든 것의 필수 전제 조건이며, 지속가능한 학습은 문해력과 수리력의 기본을 훨씬 뛰어넘는 깊고 광범위한 것이다. 이미 세계 최고 수준의 문해력 기록을 보유한 학교, 교육청, 지방 또는 국가는 해외에서 규정된 문해력 솔루션을 일방적으로 도입하지 않는다. 끝까지 기다리지 않고 지금 당장 기초를 넘어 모든 어린이가 어느 정도 수준만 갖추면 간신히 자격을 갖출 수 있는 낮은 수준의 서비스가 아니라 가장 높은 수준의 창조적 지식 경제에 참여할 기회를 제공한다. 지속되는 학습은 느리지만 지속된다. 외부에서 부과된 단기 목표를 달성하기 위해 설계된 일련의 광란의 성과로 변질되지 않는다.

학습을 위한 지속가능한 학교 리더십은 목표 설정에 반대하지 않는다. 그것은 교사와 학생, 그리고 학교 공동체의 교사와 학부모가 함께 공유하고 지속적인 책임으로 함께 개발하는 목표를 장려하고 지지한다. 교육자에게 외부에서 부과된 목표에 투자하도록 촉구하는 것은 진정한 개선을 위한 고품격 소유권이 아니라 다른 사람의 의제를 저급하게 임대하는 것과 같다. 또한 외부 목표를 "열망적"이라고 말하면서 "그럴듯하게 제시"하는 것도 아니다.[20] 공유 목표는 그냥 공유된 목표일 뿐이다. 정부와 교육청은 학교와 협력하여 목표가 지나치게 신중하거나 지나치게 야심적이지 않도록 해야 하지만, 결국 진정한 의미의 목표는 의무적인 준수가 아니라 공동의 헌신과 약속이어야 한다.

학습 및 공유 목표 설정을 위한 리더십 맥락은 명확한 도덕적 목적과 비전을 개발하고 갱신하며, 학습에 초점을 맞추고, 지속가능성의 기본원칙과 양립하며, 반복적으로 명확하게 표현되고 모델링되며, 주기적으로 수련회 및 기타 수단을 통해 종합적으로 검토된다.

학습과 목표 설정에 대한 책임을 공유하려면 분신된 리더십과 강력한 전문적 학습 커뮤니티, 즉 지속가능한 시스템의 강력한 세포를 만들어야 한다. 이를 위해서는 영웅적인 교장이 필요한 것이 아니라, 리더십이 즉각적이고 단호한 방식으로 분배되는 문화를 조성하여 커뮤니티가 증거에 기반하고 경험에 근거한 대화에 참여하여 모두를 위한 깊고 폭넓은 학생 학습의 목표를 촉진하는 최선의 수단에 대해 논의할 수 있도록 도울 수 있는 교장들이 필요하다. 실행의 긴급성, 결과에 대한 인내심, 목적의 무결성(완전성), 노력의 집중, 동료 간의 신뢰, 증거에 대한 존중, 존중하는 대화의 성숙한 규범은 지속가능한 학교 리더십의 문화적 특징이다. 누메아 초등학교와 같은 통합 데이터 시스템과 정보 관리를 위한 역할 분담(교육 연구에 대한 접근 포함)은 전문적 학습 공동체가 잘 작동할 수 있는 기술적 인프라를 제공한다.

지속가능한 학교 리더십은 현재를 넘어 미래를 생각한다. 자원이 사라진 후에도 그 영향이 오래 남는 교육, 신뢰 구축, 팀워크에 자원을 투입한다. 승계 계획을 학교의 개선 계획에 통합하고 새 교장 임명을 담당하는 사람들에게 학교의 승계 필요성에 대해 교육하는 등 승계를 진지하게 받아들이도록 한다. 지속가능한 리더십은 교사 경력의 첫 몇 달부터 야심 찬 리더십을 개발하고 베테랑과 초보자가 함께 일하고 배우는 리더십 문화를 구축하여 승계 관리 문제를 더 쉽게 해결할 수 있으며, 세계적 수준의 리더십 개발 학교는 장기적인 리더십 개발 전략을 추구하고 달성할 수 있는 장소 중 하나이다. 지속가능한 리더십은 임기가 끝날 무렵의 사후 고려 사항이 아니라 리더가 새로 임명된 첫날부터 다가오는 승계와 유산의 필요성을 다루며, 리더가 자신의 노력이 더 넓은 문화에 포함될 때까지 학교 개선에 머물도록 장려하는 동시에 리더가 결국 떠날 때를 대비해 정서적, 전략적으로 직원을 준비시킨다.

지속가능한 학교 리더십은 학교 건물 안에만 갇혀 있지 않고 다른 학교,

특히 학교 자체의 개선 활동이 영향을 미치는 학교에게 도움을 제공하고 조언을 제공한다. 지속가능한 리더십은 이웃 학교의 학생, 교직원 또는 시스템 자원을 빼앗지 않고 그 학교 자체의 필요를 충족하는 데 사려 깊은 태도를 보인다.

지속가능한 학교 리더십은 결국 사라지는 고정된 프로그램이 아니라 지속된다는 확고한 원칙을 고집한다. 지속가능한 학교 리더십은 문화적, 언어적 다양성에는 교육적 다양성이 필요하다는 것을 인식하고, 교사도 학생만큼이나 다르게 배운다는 것을 이해한다. 기계적 리더십은 획일적이고 지나치게 정렬된 프로그램과 획일적인 교육 접근 방식을 강요한다. 지속가능한 학교 리더십은 다양한 형태의 수업 우수성을 인정하고 장려하며, 교실, 학년, 부서 간 네트워킹을 통해 교사의 레퍼토리를 확장하고, 학교에 아직 없는 경우, 교육과 개발을 통해 연구 기반 수업 요소를 추가한다.

지속가능한 학교 리더십은 리더를 포함한 사람들의 에너지를 보존하고 새롭게 한다. 지속가능한 리더는 반복적인 변화를 지속하는 것이 아니라 이전의 변화를 바탕으로 개선점을 구축한다. 지속가능한 리더는 학생들의 학습에 해를 끼치는 외부적이고 지속불가능한 의제를 실행하는 것을 거부하는 적극적이고 활동적인 리더이다. 지속가능한 리더는 모든 것을 스스로 해결하려고 하지 않으며, 문을 항상 열어두지 않으며, 밤늦게까지 일하지도 않습니다. 지속가능한 리더는 자신의 일이 삶, 가족, 자녀와 양립할 수 있음을 보여주며, 자신의 직업이 일 중독자의 마지막 피난처가 아니라는 것을 보여준다. 그들은 자신을 위한 연수에 참석함으로써 자신의 에너지를 새롭게 하고, 주기적으로 학교와 떨어져 시간을 보내고, 멘토와 코치의 정서적 지원을 받고, 실수뿐만 아니라 성공에 대해서도 감정적으로 개방적인 태도를 보인다.

지속가능한 학교 리더십은 과거를 방해물이 아닌 자원으로 취급한다. 지속가능한 학교 리더십은 새로운 과제를 시작할 때마다 과거에 감사하고, 자산을 활용하고 집단기억을 도식화하고 학습하며, 더 이상 유용하지 않은 것은 신중하게 버리고, 변화의 초기 단계, 특히 변화에 대한 방향이 회의적이어서 저항이 있을 때도 부정적 기억을 가진 사람들도 참여시킨다. 지속가능한 학교 리더십은 풍부한 기록들을 편집하고 디지털 사진 및 기타 시각적 기억을 저장하고 축하 의식에 참여하고 퇴임하거나 은퇴하는 사람들을 적절히 기리고 학교의 신화와 가치를 지속적으로 다시 새기는 스토리텔링에 참여함으로써 집단기억을 생생하게 유지한다.

### 지역교육청 수준의 지속가능한 리더십 영역

학생은 항상 변화의 목적이자 초점이 될 것이다. 그리고 정부가 아닌 학교가 항상 그 중심이 될 것이고 개선 노력이 초기에 그리고 궁극적으로 집중되는 장소가 될 것이다. 교육청의 임무는 학교를 지원하고 자원을 제공하며, 학교의 노력에 결속력을 부여하고, 목적의 중요성과 긴급한 분위기를 조성하며, 효과적인 모니터링과 고도의 책임성을 보장하는 것이다. 따라서 기초자치나 광역 자치 지역에서 지속가능한 리더십은 다음과 같은 사항을 수행해야 한다.

- 학습, 성취, 그리고 시험이라는 순차적 우선순위를 분명히 한다.
- 교직원이 더 강력한 학습공동체가 될 수 있도록 학교 내 시간, 교직원 지원, 전문성 개발, 수련회 기회 등의 자원을 확보한다.
- 리더십 코치 및 프로세스 컨설턴트를 제공하여 학교가 더 강력한 학습공동체가 될 수 있도록 지원한다.
- 뛰어난 미래 리더십을 키우기 위한 리더십 개발 학교를 설립한다.
- 학교 기반 데이터, 지역 축적 데이터, 외부 연구 증거를 포함한 정보 및 데이터 관리를 위한 기술적, 인적 시스템을 구축한다.
- 개선 방안으로 학교 주도의 질문과 점검을 장려한다.

- 시스템 내 멘토, 코치 역할을 하는 은퇴한 리더, 봉사하는 교장을 위한 정기적인 지원 그룹 회의를 제공한다.
- 모든 학교에 승계 계획이 있고 이를 교육청과 공유하도록 보장하고, 과도한 승계 빈도를 제한하고 수학적으로 예측 가능한 정기적인 교장 순환 관행을 폐지한다.
- 교사, 관리자, 교육청 공무원, 지역사회 구성원이 함께 공동의 개선 목표에 대한 약속을 개발할 수 있는 프로세스를 수립한다.
- 책무성과 관련된 여러 지표를 개발하고 학교가 서로를 지원할 수 있는 개인적, 집단적 인센티브를 적용한다.
- 학교가 효과적인 실행과 개선 전략을 공유할 수 있도록 지역 네트워크를 장려하고 자금을 지원한다.
- 교육청과 학교가 취약한 학습 영역에 집중적인 교육 훈련을 실행하고 학교마다 자율성을 고려한 다양한 대안을 제시하고, 학교들이 공유할 수 있도록 한다.
- 새로운 변화 과제를 시작하기 전에 과거의 정책과 변화 경험을 검토한다.

## 국가, 주정부, 광역 지방 수준의 지속가능한 리더십 영역

국가적 차원에서 지속가능성은 과도한 정렬, 명령과 통제 행정, 숫자만 보고 지시하는 기계적 전략에서 다양성을 통해 확산되고 지속되는 방식으로 개선을 창출하고 이를 책임질 최고 수준의 리더를 유치하고 유지할 수 있는 체계적 전략으로 전환해야 한다. 이 영역에서 지속가능한 리더십의 필수요소는 다음과 같다.

- 경제와 사회에 적합한 광범위한 목적을 설정한다.
- 불필요한 관료적 책임을 덜어주고, 교실 수업에 보조교사 및 지원 인력을 제공하며, 증거에 기반 한 개선에 참여할 수 있는 학교 내 시간 자원을 확보하고, 학교 기반의 혁신, 탐구, 연구를 위한 재정적 인센티브를 제공함으로써 학교가 강력한 전문적 학습공동체가 되도록 지원하는 환경을 제공해야 한다.
- 앨버타 학교 개선 이니셔티브에 참여한 학교와 같이 모든 학교는 까다로운 개선 목표를 설정하고 이를 달성하기 위해 투명하게 책임을 지되 목표를 바로 달성하지 못할

경우 즉결 처분을 받지는 않도록 요구한다. 이 프로세스는 학교 기반 검토, 개선 계획 및 승계 계획에 포함될 수 있다.

- 기계적이고 아날로그적인 표준화 시험 시스템에서 네트워크화된 개선 및 학습의 디지털 시스템으로 상당한 자원을 재할당하여 학교가 집중적이고 네트워크화 된 교사 학습을 통해 학생의 학습과 성취도를 향상시킬 수 있도록 한다.

- 모든 학생과 학교를 대상으로 하는 막대한 시간과 비용이 소요되는 전수조사 대신 통계적으로 신뢰할 수 있고 타당하며 경제적으로 신중하고 자원이 풍부한 학생과 학교 표본에 표준화된 성취도 검사를 적용함으로써 자원을 절약할 수 있다.

- 교직 경력 첫 달부터 경력 전반에 걸쳐 리더를 식별하고 개발하기 위한 프로그램을 시작하고 지원한다.

- 단기 목표의 부과와 이로 인해 발생하는 에너지, 인력, 자원 낭비에 대해 "그 정도면 됐어"라고 말하고, 대신 교육자들이 함께 책임을 공유할 수 있는 함께 설정한 목표로 대체할 수 있게 한다.

## 결론

리더십은 쉬운 일이 아니며 쉬워서도 안 된다. 그러나 우리 모두가 리더십을 실행에 옮길 기회를 더 빨리 가질수록 더 좋다. 성공적인 리더가 되는 것은 어렵지만 지속가능한 리더가 되는 것은 더욱 어렵다. 지속가능한 교육 리더는 지속적인 학습을 장려하고 실천한다. 지속가능한 리더는 함께 대의를 추구하면서 다른 사람들을 지탱한다. 지속가능한 리더는 또한 자신의 쇄신에 주의를 기울이고, 공동체에 봉사할 때 자신을 지나치게 희생하지 않으며 스스로를 지탱한다. 지속가능한 리더는 실행 과정에 함께하고, 떠나지 않고, 끝까지 생존한다.

대부분의 리더는 중요한 일을 하고, 다른 사람들이 그 일을 함께하도록 영감을 주고, 그리고 자신이 떠난 후 유산을 남기고 싶어 한다. 지속가능한 리더십을 발휘하는 리더도 한 인간이다. 때때로 그들은 학교와 자신을 실망케

할 수도 있다. 그들이 이끄는 시스템도 마찬가지이다. 그러나 지속가능한 리더십은 모든 학교 리더의 가장 중요한 부분이 되어야 한다. 변화가 중요하고, 확산되고, 지속되려면 많은 리더들이 지속가능한 리더십을 발휘할 수 있도록 이러한 리더십이 리더들이 일하는 시스템의 최우선 순위가 되어야 한다.

지속가능성은 리더십의 첫 번째이자 마지막 과제로 매우 중요하다. 이는 중앙정부와 주정부의 최고위급 리더들에게 가장 큰 도전으로, 열렬한 환경 운동가들은 지속가능성을 매우 의미 있게 정의한 바 있다. 점점 더 많은 기업들이 돈을 버는 것뿐만 아니라 도덕성도 중요하게 인식하기 시작했다. 수년간의 자원 고갈을 초래하는 교육 표준화 정책 도입 이후 많은 정부는 모든 학생들을 위한 지속적이고 광범위한 교육 개선을 위해 점점 더 신중하고 독창적인 방법을 모색하고 있다. 이제 세계의 다른 정부들도 이러한 선례들을 따르고 있다. 이러한 선례를 따르는 것이 결코 학생들의 에너지를 낭비하고 정책의 긴급성과 효율성을 희생하지 않는다는 점을 인식하고 각 학교가 스스로 발전하는 데 더 큰 신뢰와 지원을 보내야 할 때다. 우리는 더 이상 교사와 리더의 시간과 에너지를 낭비할 여유가 없다. 무엇보다도 우리는 더 이상 아이들의 낭비되는 삶을 용납할 수 없다. 이 두 가지는 서로 연결되어 있다. 우리에게는 끝없는 낭비의 기계적인 시대를 뒤로하고 보다 지속가능한 희망의 쇄신 시대로 진입할 수 있는 기회가 있다. 이것은 우리가 반드시 잡아야 할 기회이다. 왜냐하면 우리 아이들의 삶과 우리가 물려줄 유산이 모두 여기에 달려 있기 때문이다.

1   M. Fullan (2005), Leadership and sustainability: System thinkers inaction (Thousand Oaks, CA: Corwin Press), 25.

2   M. Shaw (2004, April 9). End testing of infants: Seven is too young for tests say parents in TES poll, London Times Educational Supplement, 1.

3   Alberta Learning (2004), Improving student learning: Alberta Initiative for School Improvement (Edmonton, Canada: Author). Similar work on networks for performance-based school improvement is emerging in British Columbia; see www.npbs.ca (retrieved April 30, 2005).

4   M. Fullan (1993), Change forces: Probing the depths of educational reform (London: Falmer Press), 21.

5   S. Sarason (1990), The predictable failure of educational reform (San Francisco: Jossey-Bass).

6   Shaw (2004).

7   Goodson, Moore, & Hargreaves의 언론 보도 자료도 참고하길 바란다.

8   Z. Bauman (2004b), Wasted lives: Modernity and its outcasts (Cambridge, U.K.: Polity Press), 96.

9   Bauman (2004b).

10  E. Brubaker (2001), Lessons learned from Walkerton, paper presented at the ninth annual conference of the Canadian Council for Public-Private Partnerships, Toronto; D. Tapscott & D. Ticoll (2003), The naked corporation (Toronto: Viking Canada), 6, 20, 58.

11  D. Batstone (2003), Saving the corporate soul and (who knows?) maybe your own (San Francisco: Jossey-Bass).

12  Batstone (2003), 51.

13  Batstone (2003), 57.

14  Tapscott & Ticoll, 22.

15  K. Vincente (2003), The human factor: Revolutionizing the way people live with technology (Toronto: Knopf Canada).

16  T. Homer-Dixon (2000), The ingenuity gap: Can we solve the problems of the future? (New York: Knopf).

17  Vincente (2003).

18  Vincente (2003).

19  Vincente (2003), 27.

20  영국 학교 수석 감사관인 데이비드 벨(David Bell)의 표현을 빌려온 것이다. 다음의 문헌을 참고하길 바란다. D. Lepkawske(2004, August 27), Ministers shun pleas to axe 2006 targets, London Times Educational Supplement, 1.

연구자료(Research Sources)

이 책에 나타난 각종 연구와 분석은 스펜서 재단의 지원을 받아 Andy Hargreaves 교수와 Ivor Goodson 교수가 공동 책임을 맡은 [장기간에 걸친 변화(Change Over Time)]라는 연구과제에서 인용한 것이다. 최종 연구보고서는 다음과 같다.

Hargreaves, A., & Goodson, I. (2003). Change over time? A study of culture, structure, time and change in secondary schooling. Project #199800214. Chicago: Spencer Foundation of the United States.

위 연구과제의 내용들은 2005년 Educational Adminstration Quarterly 저널의 특별호에 여러 편의 논문으로 게재되었다. 연구 내용을 상세히 알고자 하는 독자들은 다음 5편의 논문들을 참고하길 바란다.

Hargreaves, A., & Goodson, I. Educational change over time? The sustainability and non-sustainability of three decades of secondary school change and continuity.

Goodson, I., Moore, S., & Hargreaves, A. Teacher nostalgia and the sustainability of reform: The generation and degeneration of teachers' missions, memory and meaning.

Fink, D., & Brayman, C. School leadership succession and the challenges of change.

Baker, M., & Foote, M. Changing spaces: Urban school interrelationships and the impact of standards-based reform.

Giles, C., & Hargreaves, A. The sustainability of innovative schools as learning organizations and professional learning communities during standardized reform.

스펜서 재단의 후원을 받는 프로젝트 중에서 표준화 개혁의 효과나 전문적 학습공동체의 잠재적 영향력에 관심이 있는 독자는 다음 두 서적을 참고하기 바란다.

Hargreaves, A. (2003). Teaching in the knowledge society: Education in the age of insecurity. New York: Teachers' College Press.

Goodson, I. F. (2004). Professional knowledge, professional lives: Studies in education and change. Buckingham, U.K.: Open University Press.

리더십 승계 및 지속가능성에 대한 우리의 작업은 이전의 여러 논문과 보고서를 통해 개발되었으며, 여기에 이를 사용할 수 있도록 허락해 주신 출판사에 감사드린다. 앞서 나열된 Fink와 Brayman의 논문 외에도 아래의 다른 논문과 보고서의 내용도 참고하였다.

Hargreaves, A., Moore, S., Fink, D., & White, R., with S. Moore. (2002). An investigation of secondary school principal rotation and succession in times of standards-based reform and rapid demographics. Toronto: Ontario Principals Council.

Hargreaves, A., & Fink, D. (2003). Sustaining leadership. Phi Delta Kappan, 84(9), 693-700.

Hargreaves, A., & Fink, D. (2000). Three dimensions of educational reform. Educational Leadership, 57(7), 30-34.

Hargreaves, A., & Fink, D. (2004). The seven principles of sustainable leadership. Educational Leadership, 61(7), 8-13.

Hargreaves, A. (2005). Succeeding leaders? Kappa Delta Pi, 69(2).

Hargreaves, A. (2005). The changing world of leadership. Kappa Delta Pi, 69(2).

Hargreaves, A. (2005). Sustaining leadership. In B. Davies & J. West-Burnham

(Eds.), Handbook of educational leadership and management (pp. 435-450). London: Pearson Education.

Hargreaves, A. (2004). The carousel of leadership succession. In M. Coles & G. Southworth (Eds.), Developing school leaders: Creating tomorrow's schools. London: Open University Press.

학교장의 리더십에 대해 보다 실질적인 현실에 대해 심층적으로 알기 원하는 독자는 다음 서적을 참고하기 바란다.

Fink, D. (2005). Leadership for mortals: Developing and sustaining leaders of learning. Thousand Oaks, CA: Corwin Press.

# 삶의 행복을 꿈꾸는 교육은
## 어디에서 오는가?

● **교육혁명을 앞당기는 배움책 이야기** 혁신교육의 철학과 잉걸진 미래를 만나다!

## ● 비고츠키 선집 시리즈 발달과 협력의 교육학 어떻게 읽을 것인가?

-------------------------------------------------------------------------

● 경쟁과 차별을 넘어 평등과 협력으로 미래를 열어가는 교육 대전환! 혁신교육 현장 필독서

# 참된 삶과 교육에 관한
## 생각 줍기